大学科技城协同创新理论与实证研究

Research on Collaborative Innovation Theory and Empirical of University Science and Technology City

◎ 成鹏飞　周向红　曾祥炎　周志强　著

吉林大学出版社

·长春·

图书在版编目（CIP）数据

大学科技城协同创新理论与实证研究 / 成鹏飞等著.
—长春：吉林大学出版社，2021.12
ISBN 978-7-5692-9362-3

Ⅰ.①大… Ⅱ.①成… Ⅲ.①高等学校－技术革新－研究 Ⅳ.① G640

中国版本图书馆 CIP 数据核字 (2021) 第 227644 号

书　　名　大学科技城协同创新理论与实证研究
　　　　　DAXUE KEJICHENG XIETONG CHUANGXIN
　　　　　LILUN YU SHIZHENG YANJIU

作　　者　成鹏飞　等著
策划编辑　李承章
责任编辑　周春梅
责任校对　魏丹丹
装帧设计　朗宁文化
出版发行　吉林大学出版社
社　　址　长春市人民大街 4059 号
邮政编码　130021
发行电话　0431-89580028/29/21
网　　址　http://www.jlup.com.cn
电子邮箱　jdcbs@jlu.edu.cn
印　　刷　湖南省众鑫印务有限公司
开　　本　787mm×1092mm　1/16
印　　张　19.25
字　　数　339 千字
版　　次　2022 年 10 月　第 1 版
印　　次　2022 年 10 月　第 1 次
书　　号　ISBN 978-7-5692-9362-3
定　　价　98.00 元

版权所有　翻印必究

序　一

习近平指出"创新是引领发展的第一动力"。党的十八大强调要"以全球视野谋划和推动创新，提高原始创新、集成创新和引进消化吸收再创新能力，更加注重协同创新"。协同创新是科技创新的重要模式，是我国实施创新驱动发展战略的有效途径。大学科技城聚集了大量高校、科研院所和企业，是协同创新的重要载体，是国家创新体系的重要组成部分，对创新型国家建设、经济高质量发展具有重要作用。

目前，我国对大学科技城协同创新还缺乏系统研究，尚未及时总结大学科技城协同创新的经验。为有效解决上述问题，本书作者对我国大学科技城协同创新进行了系统研究。在全面梳理大学科技城发展历程，对比分析国内外大学科技城发展路径和发展模式的基础上，本书构建了大学科技城协同创新的理论分析框架，探讨了大学科技城协同创新的环境因素及作用机理；对大学科技城协同创新的动力机制、伙伴选择、创新效率、成果转化和风险管控等进行了系统研究，并分别构建了指标体系和分析评价模型。

作为系统研究大学科技城协同创新的学术成果，本书对提升大学科技城协同创新效率和成果转化绩效，提高我国区域创新能力，加快科技成果转化，具有重要的理论价值和现实意义。一是系统探讨了大学科技城协同创新发展的内在机理，构建理论分析模型，有效丰富了大学科技城协同创新理论。二是实证检验了所建模型与方法的科学性和有效性，进一步完善了大学科技城协同创新的研究方法。三是系统梳理了我国大学科技城协同创新过程中可能出现的各种问题，提出了大学科技城协同创新体系的优化路径与对策建议。

相信本书的出版发行，必将对大学科技城的建设与发展起到有益的引导作用。是为序。

中国工程院 院士　桂卫华

2021年12月18日

序 二

当今时代,创新能力是社会生产力的决定性因素,是区域经济竞争的核心。习近平指出,创新是引领发展的第一动力。党的十八大对实施创新驱动发展战略作出了重要部署,强调要"以全球视野谋划和推动创新,提高原始创新、集成创新和引进消化吸收再创新能力,更加注重协同创新",为我国创新发展指明了方向。

改革开放四十多年来,回顾我国所取得的发展成就无不体现出创新的强大动力。管理创新、技术创新、机制创新等举措层出不穷,创新模式也变化多样,创新已展示出强大的发展势头。可以说,解放思想,开拓创新是中国改革开放的重要经验总结。随着社会专业化分工越来越细,创新主体更精进于单一技术,然而一个产品或服务往往又是多个技术综合应用的体现。因此,跨领域、跨主体的协同创新是未来经济社会发展的必然趋势。大学科技城拥有大量高校、科研院所和企业等创新主体,创新氛围浓厚,沟通协作便利,成果转化高效,是协同创新的沃土。国外大学科技城发展实践证明,在一定条件下,大学科技城能有效聚集创新要素,通过协同创新,促进研发及其成果转化,加快技术与成果扩散,引领和带动区域经济与社会发展。可见,协同创新是大学科技城的重要创新组织形式,也是大学科技城作为区域经济发展引擎的关键所在,对提升区域创新能力具有重要作用。

我国大学科技城起步较晚,目前仍处于探索阶段,与世界一流大学科技城相比,其功能发挥和创新绩效仍存较大差距。纵观我国大学科技城协同创新,在如下几个方面尚存在一定的问题。

(1) 大学科技城概念的界定不统一。大学科技城是以大学为主体的科技产业发展区域,但其内涵学术界尚未统一。在大学科技城发展实践中,不同地区赋予大学科技城的使命各不相同,具体表现形式也大相径庭。创新是大学科技城的重要特征,但不是大学科技城的全部内涵。因此,只有科学梳理并定义大学科技城,弄清楚其中要义,才能更好地开展后续理论研究,更好地指导大学科技城发展。

(2) 大学科技城的协同创新影响因素众多,创新质量不高。在大学科技城协同创新过程中,由于创新环境优化、合作伙伴选择、成果转化等缺乏理论指导和实践经验总结，导致大学科技城存在内部协同难、分配机制不合理、主体参与积极性不高等诸多问题。因此，梳理归纳国内外大学科技城建设管理经验，阐释大学科技城协同创新的机理，构建协同创新可操作性的机制，提升创新质量和数量，打造区域创新高地，显得十分必要。

(3) 大学科技城的协同创新风险管控难。大学科技城协同创新涉及众多创新主体，类型多样，沟通协调较难。若协同创新风险管控不力，则可能导致创新失败。因此，如何控制好协同创新风险，更好地促进协同创新实践，也是当前亟待研究的问题。

针对上述问题，本书从多个维度开展理论与实证研究，取得了一些成果。

(1) 提出了大学科技城协同创新的逻辑框架。将大学科技城协同创新划分为创新前、中、后等多个阶段，阐释了协同创新参与主体的作用，界定了多主体参与的协同创新模式，构建了大学科技城协同创新的逻辑框架，为读者深入了解大学科技城协同创新提供了基本认知。

(2) 丰富了大学科技城协同创新理论。从创新环境、伙伴选择、成果转化评价等多方面揭示了大学科技城协同创新机制。在大学科技城协同创新情境中，通过创新运用耦合分析、模糊评价、风险预警等模型与方法，为大学科技城协同创新运行系统提供了可行的量化解决策略，丰富了大学科技城协同创新理论。

(3) 对所提出的理论模型与方法进行了实证分析。通过实证分析，验证了大学科技城协同创新中所构建的理论模型与方法的可行性和有效性，为我国大学科技城协同创新发展实践提供参考。

在本书出版之际，特推荐这部新作，期望对从事相关工作的读者有所帮助。是为序。

中南大学商学院教授　高阳

2021年12月18日

前　言

  大学科技城是协同创新的重要载体，是国家创新体系建设的重要组成部分，亦是推动科技和经济高质量发展，加快提升科技创新整体效能的重要突破口。发达国家的大学科技城起步较早，在引领科技进步和促进经济发展中发挥了极其重要的作用。如美国硅谷大学科技城人口虽只有美国总人口的1%，却创造了13%的专利和5%的GDP；法国索菲亚科技城聚集了全球60多个国家1 300多家高科技机构和研发型企业，以及3万多名科技创新人员，有效带动了当地科技与经济的快速发展。比较而言，我国大学科技城起步较晚，协同创新经验相对欠缺，仍面临诸多亟待解决的问题，其创新能力和创新效率都还存在较大提升空间。如何科学、系统地推进大学科技城的协同创新，提升区域的创新能力和协同创新效率，规避创新风险，是当前政界、学界和产业界共同关注的问题。因此，本书遵循大学科技城协同创新生命周期"创新准备—创新实施—成果转化"的演化逻辑，构建协同创新系统理论分析框架，从协同创新环境、创新动力、伙伴选择、成果转化、创新效率和风险管理等方面，对大学科技城协同创新进行深入系统研究，具有显著的理论价值和实践意义。

  本书立足于大学科技城协同创新这一重要主题，通过分析创新环境对创新主体与协同创新能力的影响，剖析影响创新主体行为的动力因素，探析大学科技城主体参与协同创新的动力演化机制，构建协同创新伙伴评价指标体系和选择模型，探讨大学科技城协同创新成果的转化模式、转化绩效、创新效率和风险控制，拓展和丰富了协同创新理论体系，具体包括以下内容。

  (1) 梳理了大学科技城的发展历程。分析了大学科技城的发展背景与研究现状，明晰了大学科技城的概念、内涵与特征，探讨了国内外大学科技城的缘起，重点探析了美国硅谷、日本筑波和我国中关村等典型大学科技城的发展特征，总结了发展经验，并给出了我国加快发展大学科技城的启示。

  (2) 构建了大学科技城协同创新的理论分析框架。厘清了大学科技城协同创新的概念和内涵，探讨了大学科技城协同创新的几种模式，梳理了创新理论、协同理论、三螺旋理论、增长极理论和技术生命周期理论等基础理论，紧扣大学科技城协同创新的特点及发展规律，构建了大学科技城协同创新理论分析框架。

(3)探讨了大学科技城协同创新的环境因素。从政策、经济、社会和技术四个维度分析了大学科技城创新环境与协同创新能力的互推作用,构建了大学科技城创新环境与协同创新能力耦合指标体系和耦合协调度模型,并实证分析了岳麓山大学科技城2011—2018年创新环境与协同创新能力的耦合协调程度。研究发现,大学科技城的环境优化对协同创新意愿、协同创新能力的提升均具有显著的促进作用,可进一步提升大学科技城及周边区域的产业发展质量和效率。

(4)探究了大学科技城协同创新的动力机制。从利益分配、风险偏好和监管体系等内外部动力因素视角,分析了影响大学科技城主体参与协同创新意愿的因素与机理,建立了学研方、企业和大学科技城管委会三方演化博弈模型,探讨了学研方、企业和管委会参与协同创新的演化博弈过程与策略。研究发现,学研方和企业的协同创新策略受投机收益、政府奖励、政府处罚、收益成本比等因素的影响。信任程度、利益分配比例,以及创新资源互补性等是影响学研方和企业参与协同创新意愿和策略的主要因素。管委会的监管策略,不仅受到监管成本等因素的影响,更受到协同创新带来的长期收益等因素的影响。

(5)剖析了大学科技城协同创新的伙伴选择。深入分析了影响大学科技城协同创新伙伴选择的因素,构建了协同创新伙伴评价指标体系和异质VIKOR评价模型,能有效抑制主观赋权波动对排序的影响,有助于创新主体选择最佳创新伙伴,从而降低协同创新风险,提升协同创新效率,并实证检验了异质VIKOR评价模型的有效性和稳定性。研究表明,基于多源异构VIKOR协同创新伙伴选择决策模型,能高效解决大学科技城协同创新伙伴选择决策问题,可协助决策者从众多候选伙伴中选择最佳协同创新伙伴。

(6)探析了大学科技城协同创新的成果转化。在详细分析几种协同创新成果转化模式的基础上,建立了大学科技城协同创新成果转化绩效评价指标体系和熵权TOPSIS评价模型,并实证分析了岳麓山大学科技城2011—2018年间协同创新成果的转化绩效,详细探讨了成果转化绩效影响因素及作用机理。研究发现,岳麓山大学科技城协同创新投入与协同创新成果转化绩效呈显著正相关,协同创新主体的重视度对协同创新成果转化绩效有显著正向影响。由分析结果可知,岳麓山大学科技城协同创新成果产业化发展整体情况较好。

(7)分析了大学科技城协同创新的创新效率。从契约经济学视角,分析了契约类型、合作剩余分配对大学科技城协同创新效率的影响。然后,围绕协同创新中的投入—产出因素，构建了协同创新效率评价指标体系。并从契约成本高低、资产专用性程度、协同创新水平等方面对协同创新效率进行了实证研究，梳理出影响协同效率的关键因素。研究发现，大学科技城主体间协同创新的关系越稳定，协同创新收益就越高。主体之间的契约关系对协同创新具有重大影响。主体之间的信任是大学科技城打造协同创新体系的基础，合作伙伴之间的隐性契约是参与主体之间信任的主要表现形式。

(8) 研究了大学科技城协同创新的风险管理。依据大学科技城协同创新风险管理流程，设计了风险评估与风险预警评判标准，从内部、外部两个维度分析了协同创新风险因素。在此基础上构建了风险评价指标体系，建立了基于二元语义证据推理的协同创新风险评估模型与基于二元语义BP神经网络协同创新风险预警模型，并进行了实证研究。

(9) 给出了大学科技城协同创新体系优化路径。分析了国内大学科技城协同创新体系架构，子系统分工协同与作用机理。既剖析了大学科技城协同创新体系存在的共性问题，也具体分析了岳麓山大学科技城协同创新存在的具体问题，并从完善发展环境、优化动力机制、加快成果转化、协调创新利益、强化风险管理等维度，给出了岳麓山大学科技城协同创新体系的优化路径。

综上所述，本书对大学科技城协同创新的重要问题进行了深入研究，在总结归纳现有研究的基础上，构建了大学科技城创新环境与协同创新能力耦合模型，分析了两者之间的内在机理，探讨了协同创新的动力机制，建立了协同创新主体的动力模型。在本书之前，尚未有研究大学科技城协同创新方面的书籍出版，而众多身处大学科技城的管理者和学者迫切希望能得到关于大学科技城协同创新的理论与实践指导。为此，作者总结提炼近年来课题组在大学科技城协同创新方面的科研与实践成果，汇编成书出版发行，旨在为我国大学科技城协同创新理论与实践水平的提升尽绵薄之力。作为研究类著作，本书的价值主要体现在以下4个方面。

(1) 系统梳理了大学科技城协同创新相关研究成果，构建了协同创新理论分析框架，系统分析了协同创新过程中各个环节的关键问题，建立了理论分析模型，完善了大学科技城协同创新理论。

(2) 应用管理学、经济学理论和方法深入分析了大学科技城协同创新环境、协同创新伙伴选择、协同创新动力机制、协同创新成果转化、协同创新绩效和协同创新风险管理等具体问题，是国内外第一部尝试对大学科技城协同创新过程中的具体问题进行系统阐释，分析其内在规律和作用机

(3) 针对大学科技城协同创新过程中的系列关键问题进行了系统的理论分析和实证研究，构建了量化分析理论模型，并实证检验了模型的科学性和适用性。

(4) 融合了多学科理论与方法，构建了理论模型，总结了内在机理、发展规律、优化路径和对策建议。

本书不仅可作为研究大学科技城、协同创新的参考书；也可作为大学科技城具体管理者的实践指导书；还可作为各级政府制定大学科技城发展规划与政策制度的决策参考书。

本书由湖南科技大学大数据与智能决策研究中心成鹏飞、周向红、曾祥炎、周志强合作完成：成鹏飞负责全书提纲的制定与统纂工作，并撰写了第1、2、4、5、6、7、11章；周向红负责书稿资料整理、补充和编辑工作，并撰写了第3、10章；曾祥炎负责审稿工作，并撰写了第8章；周志强负责校稿工作，并撰写了第9章。在本书成稿之际，作者首先要感谢国家社科基金后期资助项目(19FGLB011)、国家社科基金重大项目(2018MZD008)、国家社科基金重点项目(18AJY022)、湖南省社科联社科成果项目重大招标课题(XSP2016040508，XSP21ZDI004)、湖南省哲学社会科学基金项目(21YBA11)为本书完成所提供的研究条件。然后要感谢湖南科技大学副校长刘友金教授、中南大学商学院高阳教授，在本书撰写过程中，他们不仅对研究内容、研究思路、研究方法和具体案例均提出了建设性指导，还对书稿中存在的具体问题提出了修改建议。同时也要感谢曾小明博士，以及李丹萍、李松亮、谢力、李舜、成思婕、付浩、丛敬奇、关晓东、黄钰譞、王华银、刘念、王佳慧、杨秀丽等同学在本书相关研究中的不懈努力和智力贡献。其次，本书在分析、研究相关问题时，引用了大量国内外研究成果。由于篇幅有限，本书仅列出了部分参考文献。在此，谨向已列和未列参考文献的作者表示衷心感谢。最后，本书的顺利出版离不开大数据与智能决策研究中心的各位同仁和出版社各位编辑的辛勤劳动，在此一并致以诚挚的感谢。

本书涉及管理科学、经济学、博弈论、计算机科学等众多领域，由于作者的知识水平与时间有限，书中难免存在疏漏或不到之处，恳请广大读者批评指正。

成鹏飞

2019年4月27日

目　　录

第1章　大学科技城协同创新研究背景与现状 ··············· 1
1.1　背景及意义 ······································ 1
1.1.1　研究背景 ·································· 1
1.1.2　研究意义 ·································· 3
1.2　国内外研究动态及述评 ···························· 4
1.2.1　大学科技园研究动态 ························ 4
1.2.2　大学科技城研究动态 ························ 11
1.2.3　协同创新研究 ······························ 13
1.2.4　现有研究述评 ······························ 16
1.3　研究思路和内容安排 ······························ 17
1.3.1　研究思路 ·································· 17
1.3.2　内容安排 ·································· 18
1.4　研究方法与创新之处 ······························ 20
1.4.1　总体研究方法 ······························ 20
1.4.2　关键问题研究方法 ·························· 21
1.4.3　主要创新之处 ······························ 22
1.5　本章小结 ·· 24

第2章　大学科技城发展经验与启示 ······················· 26
2.1　大学科技城的概念与特征 ·························· 26
2.1.1　大学科技城 ································ 26
2.1.2　大学科技城主要特征 ························ 29
2.2　国外大学科技城缘起与典型案例 ···················· 31
2.2.1　国外大学科技城缘起 ························ 31
2.2.2　国外大学科技城典型案例 ···················· 32
2.3　国内大学科技城缘起与典型案例 ···················· 38
2.3.1　国内大学科技城缘起 ························ 38
2.3.2　国内大学科技城典型案例 ···················· 40
2.4　大学科技城发展经验比较分析 ······················ 44

  2.5 大学科技城发展启示 ·· 46
  2.6 本章小结 ··· 51

第3章 大学科技城协同创新理论分析框架 ··················· 53
  3.1 大学科技城协同创新相关概念 ································ 53
    3.1.1 创新理论 ··· 53
    3.1.2 协同理论 ··· 53
    3.1.3 协同创新 ··· 54
    3.1.4 大学科技城协同创新 ································· 56
  3.2 大学科技城协同创新主要特征 ································ 57
    3.2.1 开放性 ··· 58
    3.2.2 非线性 ··· 58
    3.2.3 共赢性 ··· 59
    3.2.4 生态性 ··· 59
  3.3 大学科技城协同创新要素及功能定位 ························ 60
    3.3.1 企业 ··· 60
    3.3.2 高校和科研院所 ····································· 61
    3.3.3 政府 ··· 62
    3.3.4 中介机构 ··· 63
    3.3.5 其他创新要素 ·· 63
  3.4 大学科技城协同创新模式 ····································· 64
    3.4.1 基于主体关系视角 ··································· 64
    3.4.2 基于主体作用视角 ··································· 66
    3.4.3 基于创新组织视角 ··································· 67
  3.5 大学科技城协同创新相关理论 ································ 68
    3.5.1 三螺旋理论 ·· 68
    3.5.2 技术生命周期理论 ··································· 68
    3.5.3 增长极理论 ·· 69
    3.5.4 创新生态系统 ·· 70
  3.6 大学科技城协同创新理论分析框架构建 ····················· 71
  3.7 本章小结 ··· 73

第4章 大学科技城协同创新环境研究 ······························ 74
  4.1 理论基础 ··· 74
    4.1.1 耦合理论 ··· 74

  4.1.2 协同度 ··· 75
4.2 创新环境 ··· 75
  4.2.1 政策环境对协同创新的影响 ······································ 77
  4.2.2 经济环境对协同创新的影响 ······································ 77
  4.2.3 社会环境对协同创新的影响 ······································ 78
  4.2.4 技术环境对协同创新的影响 ······································ 78
4.3 创新环境与协同创新能力耦合分析 ···································· 79
  4.3.1 指标体系构建 ·· 80
  4.3.2 创新环境与协同创新能力耦合模型 ······························ 83
4.4 实证分析 ··· 89
  4.4.1 指标赋权 ·· 89
  4.4.2 耦合协调度分析 ·· 90
  4.4.3 结果分析 ·· 91
4.5 本章小结 ··· 93

第5章 大学科技城协同创新动力机制研究 ································· 95
5.1 理论基础 ··· 95
  5.1.1 演化博弈论 ··· 95
  5.1.2 演化稳定策略 ·· 96
  5.1.3 复制动态方程 ·· 96
5.2 协同创新动力机制 ·· 97
  5.2.1 协同创新动力因素 ··· 97
  5.2.2 协同创新动力系统 ··· 98
  5.2.3 协同创新动力机制演化分析 ······································ 101
5.3 协同创新演化博弈模型 ··· 102
  5.3.1 模型假设 ·· 102
  5.3.2 管委会不监管的协同创新演化博弈模型 ······················· 103
  5.3.3 管委会实施监管的协同创新演化博弈模型 ···················· 108
5.4 数值仿真分析 ·· 110
  5.4.1 参与主体初始意愿对系统演化的影响 ·························· 110
  5.4.2 收益分配系数对系统演化的影响 ································ 113
  5.4.3 政府监管对系统演化的影响 ······································ 114
5.5 结论与建议 ··· 115
  5.5.1 分析结论 ·· 115

5.5.2 提升协同创新动力的对策 ……………………………… 117
5.6 本章小结 ……………………………………………………… 118

第6章 大学科技城协同创新伙伴选择研究 …………………… 120
6.1 理论基础 …………………………………………………… 120
6.1.1 评价信息 …………………………………………… 120
6.1.2 德尔菲法 …………………………………………… 121
6.1.3 VIKOR 决策方法 …………………………………… 123
6.2 评价指标体系 ……………………………………………… 124
6.2.1 评价指标设计原则 ………………………………… 124
6.2.2 协同创新伙伴评价指标分析 ……………………… 124
6.2.3 基于德尔菲法的指标优化 ………………………… 129
6.3 伙伴选择评价模型 ………………………………………… 132
6.3.1 模型分析 …………………………………………… 132
6.3.2 伙伴选择模型构建 ………………………………… 133
6.4 实证分析 …………………………………………………… 138
6.4.1 协同创新伙伴排序 ………………………………… 138
6.4.2 敏感性分析 ………………………………………… 142
6.5 本章小结 …………………………………………………… 143

第7章 大学科技城协同创新成果转化研究 …………………… 144
7.1 理论基础 …………………………………………………… 144
7.1.1 协同创新成果转化内涵 …………………………… 144
7.1.2 协同创新成果转化模式 …………………………… 144
7.1.3 模糊理论 …………………………………………… 146
7.2 协同创新成果转化的影响因素分析 ……………………… 147
7.2.1 内部影响因素 ……………………………………… 147
7.2.2 外部影响因素 ……………………………………… 150
7.3 成果转化绩效评价 ………………………………………… 152
7.3.1 指标体系构建 ……………………………………… 152
7.3.2 协同创新成果转化绩效评价模型构建 …………… 154
7.4 实证分析 …………………………………………………… 157
7.4.1 数据来源 …………………………………………… 157
7.4.2 成果转化绩效分析 ………………………………… 157
7.4.3 协同创新成果转化分析 …………………………… 160

7.5　本章小结 ··· 164

第8章　大学科技城协同创新效率研究 ································· 166
8.1　基础理论 ··· 166
    8.1.1　合作剩余 ·· 166
    8.1.2　协同创新效率度量 ··· 166
8.2　合作剩余最优标准模型 ·· 168
8.3　合作剩余分配契约的激励与约束作用 ··························· 170
    8.3.1　协同创新合作剩余分配契约类型 ·························· 170
    8.3.2　分配契约的激励与约束分析 ······························· 171
    8.3.3　分析结论 ·· 175
8.4　实证分析 ··· 176
8.5　协同创新效率影响分析 ·· 178
    8.5.1　契约环境对协同创新效率的影响分析 ···················· 178
    8.5.2　剩余分配契约类型对协同创新效率的影响分析 ········ 179
8.6　本章小结 ··· 180

第9章　大学科技城协同创新风险管理研究 ························· 182
9.1　理论基础 ··· 182
    9.1.1　委托—代理理论 ·· 182
    9.1.2　全面风险管理理论 ··· 183
    9.1.3　二元语义 ·· 183
9.2　协同创新风险分析 ·· 184
    9.2.1　协同创新风险管理过程 ····································· 184
    9.2.2　协同创新风险评判标准 ····································· 186
9.3　协同创新风险识别 ·· 187
    9.3.1　协同创新风险识别方法的比较分析 ······················· 188
    9.3.2　协同创新风险识别的过程分析 ···························· 188
    9.3.3　协同创新风险因素分析 ····································· 190
    9.3.4　大学科技城协同创新风险指标设计 ······················· 195
9.4　大学科技城协同创新风险评估 ··································· 197
    9.4.1　风险指标权重计算 ··· 197
    9.4.2　协同创新风险评估 ··· 198
9.5　协同创新风险预警研究 ·· 200
9.6　协同创新风险处理 ·· 201

    9.6.1 确定性风险处理方法 ……………………………… 202
    9.6.2 不确定性风险处理方法 …………………………… 203
  9.7 大学科技城协同创新风险管理实证研究 ………………… 204
    9.7.1 大学科技城协同创新风险识别 …………………… 205
    9.7.2 大学科技城协同创新风险评估 …………………… 207
    9.7.3 大学科技城协同创新风险预警 …………………… 209
    9.7.4 大学科技城协同创新项目风险处理 ……………… 209
  9.8 本章小结 …………………………………………………… 211

第10章 大学科技城协同创新体系优化研究 213
  10.1 大学科技城协同创新体系发展现状 …………………… 213
    10.1.1 大学科技城协同创新体系 ………………………… 213
    10.1.2 大学科技城协同创新政策梳理 …………………… 215
    10.1.3 大学科技城协同创新体系存在的主要问题 ……… 228
  10.2 大学科技城协同创新体系优化路径 …………………… 233
    10.2.1 我国大学科技城协同创新体系的主要优化路径 … 234
    10.2.2 岳麓山大学科技城协同创新体系优化路径 ……… 237
  10.3 本章小结 ………………………………………………… 248

第11章 研究结论与展望 250
  11.1 研究结论 ………………………………………………… 250
  11.2 不足与展望 ……………………………………………… 254

参考文献 ……………………………………………………………… 256

附录 …………………………………………………………………… 279
  附录1 大学科技城协同创新伙伴评价指标第一轮专家咨询问卷 … 279
  附录2 大学科技城协同创新伙伴评价指标第二轮专家咨询问卷 … 283
  附录3 大学科技城协同创新项目"投入—产出"效率调研 ……… 285
  附录4 大学科技城协同创新风险评价指标调查问卷 ……………… 288

第1章 大学科技城协同创新研究背景与现状

习近平指出:"实施创新驱动发展战略,是加快转变经济发展方式、提高我国综合国力和国际竞争力的必然要求和战略举措。"把创新驱动发展作为面向未来的重大战略,加快推动以科技创新为核心的全面创新,就能形成新的增长动力,从而推动经济和社会持续健康发展。创新驱动发展战略,既能形成驱动国家快速健康发展的新动力,也是确保"建设创新型国家"发展目标实现的战略举措。而大学科技城的建设与发展是落实创新驱动发展战略的具体举措。大学科技城协同创新是区域创新体系建设与发展的重要模式,也是国家创新体系的重要组成部分。本章从大学科技城协同创新的研究背景、发展现状和研究现状等方面出发,对大学科技城协同创新发展情况进行系统整理、归纳和分析,同时还将阐述大学科技城协同创新的研究思路,以及所采取的研究方法。本章旨在突出深入研究大学科技城协同创新的重要性,并阐明系统研究大学科技城的必要性。

1.1 背景及意义

1.1.1 研究背景

协同创新是实现科技创新的重要模式,是推动实施我国创新驱动发展战略的有效途径。2013年11月,《中共中央关于全面深化改革若干重大问题的决定》中强调,要建立产学研协同创新机制,建设国家创新体系。2014年6月,习近平在两院院士大会上讲话强调,要加强统筹协调,大力开展协同创新,集中力量办大事,形成推进自主创新的强大合力。2015年10月,习近平在《关于〈中共中央关于制定国民经济和社会发展第十三个五年规划的建议〉的说明》中指出,我国科技创新已步入以跟踪为主转向跟踪和并跑、领跑并存的新阶段,急需以国家目标和战略需求为导向,瞄准国际科技前沿,布局一批体量更大、学科交叉融合、综合集成的国家实验室,优化配置人财物等资源,形成协同创新新格局。2017年10月,党的十九大报告进一步强调"加快建设创新型国家",就科技强国、人才强国等做出了新的部署,提出瞄准世界科技前沿,强化基础研究,实现前瞻性基础研究、引领性原创成果重大突破。2020年9月，习近平在科学家座谈会提出，我国"十四五"时期以及更长时期的发展对加快科技创新提出了更为迫切的要求：一是加快科技创新是推动高质量发展的需要；二是加快科技创新是实现人民高品质生活的需要；三是加快科技创新是构建新发展格局的需要；四是加快科技创新是顺利开启全面建设社会主义现代化国家新征程的需要。因此，在实施创新驱动发展战略和建设创新型国家的背景下，充分发挥高校、科研院所和企业等创新主体的资源优势，大力推进政产学研协同创新，不仅能实现资源共享和优势互补，促进技术转让或成果转化，也能提高区域创新能力和创新效率，推动产业升级和区域经济高质量发展，加快突破关键技术的瓶颈，解决"卡脖子"的技术问题。

大学科技城拥有高校、科研院所和企业等创新主体，聚集了国际国内技术、人才、知识、资本等高端创新要素，既是技术创新的引领区和先导区，也是推进协同创新的前沿阵地。在知识经济时代，技术更新速度不断加快，产品生命周期持续缩短，市场竞争日趋激烈。企业只有掌握了新技术，才能抢占发展先机，不会被市场淘汰。然而技术创新具有复杂性和风险性等特点，企业、高校和科研院所等主体都难以独自完成技术创新的全过程，因而选择协同创新，共同开展技术攻关成为众多创新主体的理性选择。大学科技城聚合了高校、科研院所、企业等主体和创新资源，能有效实现知识、技术等创新资源的共享和优势互补，具有推动协同创新活动的条件与优势。

毫无疑问，大学科技城的发展对构建区域创新体系、建设创新型国家、推动经济高质量发展具有重要作用。发达国家的大学科技城起步较早，在引领科技进步和促进经济发展中发挥了极其重要的作用。如美国的硅谷大学科技城虽只有全国1%的人口，却创造了全国13%的专利和5%的GDP；法国索菲亚科技城聚集了全球60多个国家1300多家高科技机构和研发型企业，以及3万多名科技人员，有效带动了区域科技与经济的发展。相较而言，我国大学科技城起步较晚，目前仍处于初级阶段，无论是在理论上还是在实践中，都还存在许多亟待研究和解决的问题。在理论上，缺乏对大学科技城协同创新能力提升机理、协同创新动力作用机理、协同创新成果转化绩效评价、协同创新风险管理，以及创新主体之间相互作用机理等问题的深入研究。在实践中，大学科技城存在创新环境不理想、创新动力不足、协同创新能力不强、创新效率不高和风险防范意识薄弱等问题。这些问题都亟待通过研究做出科学回答，并提出切实可行的解决方案，本书正是基于此而展开系统研究的。

1.1.2 研究意义

由于大学科技城协同创新理论研究相对滞后，以及一些管理者缺乏对实践经验的深度分析与总结，目前还没有建立起一套完整的大学科技城理论体系和成熟的管理机制，导致我国大学科技城整体上呈现协同创新氛围不浓，协同创新能力和效率未能有效发挥，协同创新成果产业化效果不佳的局面。因此，开展大学科技城协同创新研究，探索其内在发展规律，优化完善政策、制度，对于提升大学科技城协同创新效率和成果转化绩效，提高我国区域创新能力，加快科技成果转化，推动产业结构优化升级，具有重要的理论价值和现实意义，具体表现如下。

（1）扩展和丰富大学科技城协同创新理论。基于大学科技城协同创新相关研究成果，遵循协同创新生命周期"创新准备—创新实施—成果转化"的演化逻辑，构建大学科技城协同创新理论分析框架，结合协同理论、创新理论、技术生命周期理论、博弈论、模糊决策、评价方法和风险管理等理论与方法，系统探究协同创新过程中的创新环境、动力机制、伙伴选择、成果转化、创新效率、风险管理、体系优化等问题，建立相应的理论分析模型，既能丰富和扩展大学科技城协同创新理论体系，也可为我国大学科技城协同创新活动提供系统的理论指导。

（2）创新与完善大学科技城协同创新研究方法。融合管理学和经济学等相关理论与方法，采用问卷调查与现场调研相结合、理论分析和实证研究相结合的研究方法，深入分析大学科技城协同创新过程中的具体问题，构建大学科技城协同创新分析模型与方法，并通过实证研究验证所构建方法的科学性和有效性，从而有效改进、完善大学科技城协同创新领域的研究方法，对有关学科开展研究方法创新具有重要借鉴价值。

（3）提供研究借鉴与决策参考。本书融合多学科理论与方法，构建协同创新理论模型，总结大学科技城协同创新的内在机理、发展规律，提出优化路径和对策建议，具有以下实践应用价值：一是融合多学科理论，厘清大学科技城协同创新发展的内在机理，建立系列理论分析模型，可作为大学科技城协同创新学术研究的参考书；二是对大学科技城协同创新的具体问题进行理论分析和实证研究，探究问题根源，分析解决问题的思路与办法，可作为具体管理者在实际工作中的实践指导书；三是提出大学科技城协同创新体系优化路径与对策建议，可为政府制定大学科技城发展规划与政策、制度提供决策参考。

1.2 国内外研究动态及述评

20世纪50年代，斯坦福大学创办了世界第一个大学科技园——斯坦福研究公园，后演变成今天的"硅谷"。自此，科技园、大学科技园、大学科技城等在世界各地迅速发展，其相关理论和应用经验也随之得到不断丰富与发展。

从现有文献看，关于大学科技园的研究成果主要侧重于高新技术企业孵化、产学研结合、科技成果转化和复合型人才培养等方面。随着大学科技园的发展，物理空间的不断扩大，配套设施的不断完善，成果的就地转化，大学科技园的功能和条件也在逐步优化，在当地政府的规划与支持下，逐步发展演变成大学科技城。大学科技城是理论界和实践界在近几年提出的全新概念，目前还没有统一的界定。一般认为，大学科技城除了产学研结合、转化创新成果、孵化高新技术企业和培养复合型人才等功能之外，还应为实现转化的创新研究成果和孵化出站的高新技术企业提供产业化、规模化发展的场地和服务，同时能够为创新主体的员工提供良好的住所、医疗、交通和购物等城市功能与要素。由此可见，大学科技城要比大学科技园的功能更全、体量更大、要素更加完备。

大学科技城与大学科技园有许多相似之处，在一定条件下，大学科技园可以向大学科技城转换。因此，研究大学科技城时，可借鉴大学科技园的理论研究和实践经验。本节主要围绕大学科技园、大学科技城的功能定位、运行机制、发展模式，以及协同创新等研究成果进行梳理和评述。本书所涉及的具体理论和方法将在相应章节进行阐述。

1.2.1 大学科技园研究动态

将"大学科技园"作为关键词，对知网收录的CSCD及CSSCI中文期刊文献进行检索，共有366条查询结果，剔除6篇新闻报道、广告、会议纪要和通知，还有360篇研究论文。同时将"University Science Park"作为关键词，对Web of Science收录的核心合集数据库进行检索，共查找到499篇研究论文。分别用VOSviewer对这360篇中文和499篇英文文献进行关键词分析，可发现这些论文主要针对大学科技园的功能定位、运行机制、发展模式、创新研究和协同创新等方面开展研究，详见图1-1。

1. 大学科技园的功能定位

《国家大学科技园"十二五"发展规划纲要》已明确我国大学科技园的主要功能是转化科技成果、孵化高新技术企业和培养复合型人才，但学者们在此基础上，仍提出了各种创造性的观点。

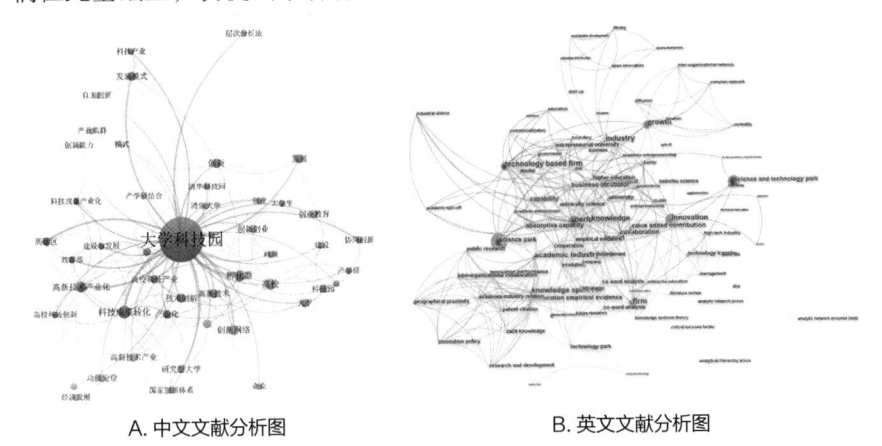

A. 中文文献分析图　　　　B. 英文文献分析图

图1-1　以大学科技园为关键词的分析图

科技园既是高新技术企业的孵化基地，也是我国实现创新驱动发展战略的重要途径。国内外学者普遍认为孵化、辐射和创新是科技园应具备的基本功能(Massey，1990；范德清等，2000；郑英宁和朱玉春，2001)。各级政府设立科技园的目的在于促进产学研协同创新，推动区域经济增长。可见，科技园除了具备孵化、辐射和创新等基本功能外，还应具备促进地区经济发展，以及提升大学互动水平的能力(Link et al.，2003)。然而，不管如何评价科技园的功能，在通常情况下，都将科技园企业数量及科技人员数量的增长作为衡量科技园功能的指标。大学科技园作为科技园的典范，是高科技人才培养、科学技术研究和高技术产业开发"三位一体"的基地，也是大学与社会、科研机构、国内外企业的合作基地(李仕明等，2002)。因此，大学科技园除了应具备科技园的基本功能外，还应具备培育和反馈功能(陈劲，2001)。同时，大学科技园作为实现产学研协同创新发展的重要途径，还应当是前沿科技成果与信息资源的捕捉器、科技企业的孵化器、创新创业人才的培育基地(郑双怡和邹德，2003)，具有培养人才和传播知识、促进科学和知识独立发展、宣扬科学文化等作用(胡平，2004)。

研究大学科技园功能定位的学者很多，除了上述观点外，国内学者还从多个视角对大学科技园的功能定位进行了研究，得到了不同学术观点，详见表1-1。

虽然国内外学者对大学科技园功能定位的表述与观点不尽相同，但所有学者一致认为成果转化和企业孵化是大学科技园的核心功能，企业孵化的重点是对处于产业化前期的企业进行多方位的培育。

表1-1 国内学者关于大学科技园功能定位的主要观点

作者	观点
钟书华（2005）	国家大学科技园的功能定位可以分为基本功能、一般功能和特殊功能三个层次。其中，基本功能主要包括孵化高新技术企业。一般功能包括资源整合功能、产业升级辐射功能、科研成果转化功能、制度创新功能、促进学科发展功能和人才培养功能等。特殊功能主要包括区域产业配置评估等
黄亲国（2007）	大学科技园的功能定位可以分为基本功能和衍生功能。其中，基本功能主要包括企业孵化、人才孵化和研发创新等三个方面。衍生功能主要包括拓宽高校的社会功能，促进高水平研究型大学的发展、推动区域和国家经济社会的发展，促进大学毕业生和社会劳动力就业、辐射创新、创业文化，推动创新型社会的形成和发展等
王健等（2008）	大学科技园需要具备企业孵化中心、技术创新中心、人才培养中心、产学研整合示范基地和综合服务基地等基本功能。同时，大学科技园作为孕育国家前沿技术的重要基地，还应具有网络结点作用、技术辐射中心、产业集群吸引和标准化基地等功能
赵艳华（2014） 史 磊（2015） 史国栋（2015） 黄东升（2017）	大学科技园除了基础功能外，还应包括孵化功能和服务功能。孵化功能主要体现在提供研发、生产、经营的场地，通信、网络与办公等方面的共享设施，系统的培训和咨询，政策、融资、法律和市场推广等方面的支持，从而降低企业的创业风险和项目开发成本，提高企业的成活率和成功率。
张鸿雁等（2016）	服务功能则主要体现为科技中介服务、创新创业人才培养、投融资服务的综合性科技创新平台

2. 大学科技园运行机制

国内外学者普遍认为大学科技园应建立市场化运作和企业化管理相结合的运行机制，即"市场机制，企业运作"。

大学科技园既是产学研协同创新的重要载体，也是大学校区、科技园区与公共社区紧密联系的区域创新网络。大学科技园的运行机制通常可划分为操作层与制度层，制度层是操作层正常运作的条件和保障（夏光和屠梅曾，2007），制度层与操作层的良性互动促进区域创新网络的良性发展。大学科技园主要包括政府、企业及高校三类主体，正是这三类主体的沟通与谈判产生的重叠效应，使得大学研究逐步成为知识密集型网络创新的核心（Etzkowitz and Leydesdorff，2000）。因此，正确处理好政府、企业及高校等主体之间的关系，对最大限度地发挥大学科技园的效用极为重要。然而，要想正确处理好政府、企业和高校三者之间的关系，大学科技园必须根据现代企业制度实行企业化运作，在市场机制、人才激励、文化创新、服务配置、开放合作、产权交易等方面进行体制机制创新(陈劲等, 2001)。另外，政府作为大学科技园的重要主体之一，主要作用在于为大学科技园的发展营造良好的软硬环境，推动市场机制的完善与规范，并遵循"市场机制、企业运作"的原则，建立相应的运行机制(范德清等, 2000)。大学科技园运行体系的构建，不仅与运行机制建设有关(董丞明和李红宇, 2015)，也与大学科技园的运作模式(曾卫勇, 2008)和管理体系等有关(李永顺等, 2014)。大学科技园的运作模式应随着企业生命周期的演化而改变。在种子阶段，应建设研发平台，促进大学和企业知识与技术的相互交流与渗透；在孵化成长阶段，则建设孵化器，为孵化企业提供资源和服务支持，促进科技成果产业化；在发展壮大阶段，融合高新技术工业园区，扩大企业集群创新优势，推动区域科技产业的发展(曾卫勇, 2008)。大学科技园的管理系统主要包括动力机制、公司组织结构、激励机制、规章约束机制和运行机制等方面，其运行过程涵盖企业入园、企业孵化与企业出园三个阶段(李永顺等, 2014)。大学科技园的运行机制主要包括组织管理机制、项目入园机制、企业孵化机制、投融资机制、利益分配机制、人才流动机制与服务机制等(董丞明和李红宇, 2015)。大学科技城还应从加大政策支持力度、创建开放式交流与合作网络、建立风险投融资机构以及引进高端专业人才等方面构建大学科技园的运行机制(杨娟娟, 2017)，从而保障大学科技园处于高效运行状态。

综上可知，大学科技园在其生命周期的不同阶段，运行模式会有明显不同，运行机制也应结合实际情况进行相应调整。

3. 大学科技园发展模式

大学科技园的发展模式对创新资源集聚、成果转化和创新能力的提升都有较大影响，大学科技园发展模式选择受创新资源、主管部门和参与主体等多种因素的影响。国内外学者为厘清大学科技园发展模式演变机理，及其对大学科技园发展的作用机理，主要从以下三个方面进行了研究。

(1)从发展模式比较分析视角。美国硅谷是世界区域创新的典范，是各国科技园区争相模仿的对象。国内大学科技园的发展大都借鉴了世界一流大学科技园的发展模式，因此，我国大学科技园与硅谷等世界一流科技园相比，既有相同之处，又有自身特色。国外一流科技园在发展过程中，政府和高校各司其职，一般高校为主，政府为辅，这样既能充分发挥智力、人才及信息等优势，又能全力营造良好的外部环境(曹斌等, 2003)。我国各省区市的大学科技园，因多种因素影响，发展模式并不完全相同，对区域经济与技术创新的作用，也不一样。但总的来说，我国大学科技园大都是政府为主，高校为辅，没有充分发挥高校的主观能动性。我国大学科技园要发挥高校、研究院所和企业等创新主体作用，强化政府的服务职能，加强市场引导、集聚创新资源、发挥高校技术优势、健全风险投资、促进政产学研合作创新网络建设，从而优化我国大学科技园发展模式(安宁和王宏起，2009)，提升创新能力与创新效率。

(2)从参与主体视角。参与大学科技园投资与建设的主体是影响大学科技园发展模式的关键因素。国内外大学科技园按投资主体划分，主要有高校独立投资、政校共同投资、校企共同投资、混合投资等四种类型(范德清，2000)。投资主体则是决定大学科技园主导主体的重要因素。根据主导主体差别，大学科技园发展模式可划分为混合发展的交叉递进模式、市场主导的内生自发模式及政府主导的引进创新模式三种主要类型(李春梅和施建军，2002；谢仁业，2004；朱北意，2006；党中楼，2008；史国栋，2015)，混合发展的交叉递进模式是当前世界大学科技园的主流发展模式。大学科技园在发展过程中，因所在地高校资源、数量的差别，以及高校之间协同意愿的影响，还存在"一校一园模式""多校一园模式"和"区校共建"三种类型(徐小钦等，2005；闫青和徐庆，2009；郑帆帆，2009；董晓辉，2012)。同时，大学科技园在规划发展过程中，因资金、土地和创新资源等因素影响，存在校内科技园协同发展模式、校外科技园协同发展模式、双向联合协同发展模式、参与型协同发展模式，以及中介协同发展模式五种类型(吴佳惠，2018)。

(3)从理论分析视角。大学科技园既是我国区域创新体系的重要组成部分，也是加快科技成果转化的重要载体(李永顺和贾磊，2011)。大学科技园是由在地理上临近，分工协同的企业、研究机构和高校等构成的区域性组织体系，当科技园区的主体之间频繁互动时，就构成了区域创新系统理论所认为的区域创新体系。大学科技园创新活动包括知识创新、技术创新、知识传播扩散和知识应用(袁新敏和马仁峰，2011；李应博和何建坤，2006)。大学科技园是政府、企业和高校的结合点，并在协调三方主体的共同目标和利益的基础上，共同开展技术创新，发展高新技术产业，带动区域经济增长，实现多方共赢(袁新敏，马仁峰，2011)。大学科技园的建设和发展需要不断投入，应根据实际情况，在政府和高校投入的基础上，主动吸引企业和风险资本。一般可根据参与组建大学科技园利益主体的情况，分为单所高校为主举办和经营、国家主办、地方政府主办、企业与金融机构主办、国家与地方联合主办，以及政产学合办主办等发展模式(谢仁业，2004)。大学科技园的重要职能是成果产业化和孵化创新企业，因此，大学科技园具有苗圃理论所认为的"企业孵化器"职能。大学科技园是一种孵化、培育企业的新型社会经济组织，能为创新企业提供良好环境和服务，降低创业成本和风险，提高企业的成功率和成活率(袁新敏，马仁峰，2011)。大学科技园选择入园孵化企业应遵循对外开放、公开透明、竞争有序的原则。大学科技园要有效配置资源和要素，加大对孵化企业的培育，提高企业孵化成功率(李永顺，贾磊，2011)。因此，成果转化与企业孵化是大学科技园发展的核心理念，其发展模式可划分为"一校一园"模式、"多校一园"模式与虚拟大学科技园模式(闫青和徐庆，2009)。为充分发挥政府、高校、科研院所和企业等主体在大学科技园创新体系中的作用，应构建协同创新机制，强化创新主体之间的战略协同，以提高企业、高校和科研院所的创新层次与水平。

通过梳理分析大学科技园发展模式的相关文献，可知尽管大学科技园发展模式有多种划分方法，且不同国家和地区的发展模式存在较大差别。对我国大学科技园来说最重要的是，应针对我国实际情况，选择适合其发展的模式与路径，从而有利于更好地发挥大学科技园的作用。

4. 大学科技园科技创新

科技创新是大学科技园的基本职能。现有研究成果主要从创新文化建设和创新氛围营造、创新体系建设、创新能力培育、创新绩效提升和创新绩效评估等视角对大学科技园技术创新进行了研究。

(1) 基于创新文化建设和创新氛围营造的研究视角。大学科技园是一种能够有效加强知识创新与技术创新结合的全新经济组织，良好的创新环境有利于激发创新主体的创新热情，而创新文化和创新氛围是创新环境的重要组成部分，是影响大学科技城创新活动和创新能力的重要因素(许合先，2006)。大学科技园作为重要的创新基地和高新技术的孵化器，其重要使命是营造一种有利于创新的文化氛围。大学科技园应出台相应的政策制度，推动高校、研究院所和企业等主体综合发展，促进产业优化升级，加快科技中介服务业的发展，从而营造良好的创新氛围，促进创新文化的形成，为培育更多的创新创业主体提供基础和条件(李应博和张继红，2007)。

(2) 基于创新体系建设的研究视角。大学科技园是一种新型区域创新组织，是国家创新体系的重要组成部分。大学科技园创新体系建设能有效提升创新能力和创新绩效。从不同视角分析大学科技园创新体系，可得到不同的组成模块，基于三螺旋理论视角，创新集群是组成大学科技园创新体系的重要子系统，而大学科技园创新集群可划分为大学孵化器集群、研发机构集群与科技产业集群三种类型(资武成等，2009)；基于共生合作理论视角，大学科技园创新体系包括制度创新、知识创新与技术创新等内容(姜昱汐等，2011)；基于网络空间视角，则认为大学科技园是企业空间集聚的网络化组织，大学科技园创新体系由创新企业、政府、高校与科研院所、中介机构和金融机构等创新主体组成(毛才盛，2013)。各级政府应从政策、资金、人才和服务等方面加大对大学科技园的支持力度，明确职责，增强园区创新要素的集聚扩散效应，引导与推进园区运营管理与机制创新，从而优化大学科技园的创新体系(史国栋，2015)。同时，政府也可通过政策引导中介服务机构创新金融投资服务链条，创新服务平台模式，创新人才培养体系，创新服务产品，以及创新企业孵育模式等创新举措，优化完善大学科技园创新体系，充分发挥创新资源的效能，提升创新能力，加快创新发展(董海林等，2018)。

(3)基于创新绩效提升的视角。大学科技园的创新绩效受制度、管理机制、信息网络系统等因素的影响。其中，制度创新是提升创新绩效的关键，制度创新能有效提高创新要素的集聚程度，从而提升创新主体的运作效率，进而提升大学科技园的创新效率(吴林海，2003)。管理机制创新则不仅是大学科技园不断取得创新发展的源泉(王宇，2003)，还有利于促进信息网络系统的完善，从而在一定程度上减少大学科技园创新寻租的负面效应，促进大学科技园的创新主体积极参与创新(Michael，2003)，从而提升创新产出效率。大学科技园企业集聚的空间临近性，能够增加高科技人才的交流互动，从而有效提升大学科技园的创新绩效(Hu，2008)。

(4)基于培育创新能力的研究视角。大学科技园管委会应由创新引领者转化成创新培育者，出台相关政策制度，鼓励园区创新创业企业与大学互动交流，加强企业家的创新创业教育培训，发挥企业创新苗圃效应，从而提升大学科技园的创新能力(Daniel，1994)。大学科技园可从创新引领、激励手段、环境支撑与人才培养等方面培育与提升创新能力(蒋言斌等，2003)，同时，大学科技园创新能力的形成、培育与发展还依赖于园区基础设施、园区发展、创新环境和智力培育等支持子系统的共同推进(蒋言斌等，2003)。在培育大学科技城创新能力过程中，也要充分发挥市场机制的主导作用，促使大学、企业和政府等创新主体开展深度合作，系统集聚各种创新资源要素，从而培育与形成具有市场核心竞争力的高新技术产业(杜海东和严中华，2009)。大学科技园创新能力可细分为科技园的创新环境、知识创新能力、制度创新能力、技术创新能力与科技园发展能力五个维度(张妙燕，2009)。

(5)基于创新活动评估方法研究视角。评价方法是分析大学科技园创新活动的有效工具和手段，科学客观的评价结果有助于管理者评判大学科技园创新发展水平与能力，发现发展过程中存在的问题与不足。主要研究文献、评估方法和研究结果详见表1-2。

表1-2 大学科技园创新活动评估方法及结果

作者	评估方法	结果
Phillimore（1999）	非线性方法	根据评估结果重新划分了大学科技园的企业类别
Spencer（2003）	实证分析	创新系统不共享知识的企业比创新系统共享知识的企业创新绩效更高，全球创新体系互动的企业比本国创新体系互动的企业创新绩效更高
钱振华（2011）	数据包络分析（DEA模型）	要提升我国大学科技园的创新水平，应从加强国家大学科技园的基础设施建设、高新技术企业孵化器建设及制度环境建设等几个方面着手
吴保根和高长春（2011）	知识创新系统理论	提出了基于SECI的大学科技园知识创新系统模型

从多个视角对大学科技园科技创新研究成果进行梳理，发现大学科技园科技创新体系建设是一个系统工程，涉及创新环境、创新模式、创新绩效、创新能力提升等多个方面，其中，政府作为重要的参与主体，对科技创新制度和机制的引导和建设具有重要作用，有利于营造良好的创新环境和构建完善的创新体系。

1.2.2 大学科技城研究动态

国内研究大学科技城的文献相对较少，成果并不多。本节主要围绕科技城和大学科技城发展的相关研究成果进行梳理。

1. 科技城发展研究

随着科学技术的进步，经济和社会的发展，近年出现了一种新型区域创新载体——科技城。科技城的发展形态、功能特征和传统的科技园并不尽相同。随着我国改革开放的不断深入，政府对科技创新越来越重视，对科技创新的投入力度也越来越大，进而促进了各省区市经济与科技的快速发展，各地出现了科技资源的区域集聚现象，这种科技的区域集聚形态就是科技城的原型(吴贵生和魏守华，2005)。科技城的发展与区域创新紧密相关，一方面，科技的区域集聚催生了科技城，另一方面，科技城的发展又促进了当地技术的进步和经济的繁荣(胡章和蔡震，2015)。科技城的发展路径各异，但通常可分为要素导入期、网络建构期和网络拓展期三个阶段(徐梦周和胡青，2018)。各省区市在设计规划科技城时，一般会充分考虑当地资源特点，并结合地理区位、发展空间和新兴产业等因素，选取主城边缘型的组团式模式，或新城建设型的簇群式模式(杨雪锋和徐周芳，2017)。华为科技城(杨雪锋和徐周芳，2017)、杭州未来科技城(徐梦周和胡青，2018)和长沙科技城(徐进勇和祝文明，2018)是我国近年发展起来的典型科技城，它们都具有驱动创新的产业功能、形态格局和环境品质，以及科技城的基本特征，即创新要素集聚。

2. 大学科技城发展研究

大学科技城是知识和技术的聚集区，大学和科研院所等创新资源是影响科技城创新发展的关键要素，大学科技城是未来科技城最有生命力和潜力的发展模式。发展中国家在各级政府的支持下，可通过建立大学科技城，强化科研机构、大学和科技产业，以及科技园区之间的联系，加快推动科技创新，科技成果转化，为加入先进国家行列打下基础(Lee and Osteryoung, 2004)。大学科技城的技术转移、成果转化能有效推动城市发展，各级政府应制定系统的政策促进高新技术创业企业与高校、研究院所的技术合作，开展协同创新。大学和研究机构的技术、人才和研究平台，以及孵化器对高科技创业企业的发展有重要影响，从技术创新、成果转化、产品成熟到产业化发展进行系统化培育是成功孵化高新技术创业企业的重要措施(Oh, 2002)。大学科技城技术转移和成果转化模式主要有衍生企业模式、公共实验室模式、"带土移植"模式、"风险资本早期介入"模式等(赵旭，2013)。企业、高校和研究院所应根据创新成果情况、环境条件和市场情况等，选择最佳的合作模式，加快创新成果的产业化进程。大学科技城的建设与管理模式，对其发展也有较大影响，各个国家和地区通常会根据自身特点采取不同的建设管理模式，武汉未来科技城采取了一种三重螺旋式的合作建设模式，从而使大学、研究机构和产业的关系更为紧密，有效破除了创新过程中物理的和制度的障碍(周光礼和宋小舟，2016)。我国大学科技城的发展与建设虽取得了一定的成绩，但普遍还存在产学研体系不完善、企业集聚度低、优秀人才流失、地域狭小逼仄、校地矛盾频生等问题，大学科技城可根据各自实际情况聚力机制创新，构建以大学科技城为核心的区域开放、创新发展体系。着力引入重大项目，提升以大学科技城为引领的区域综合服务功能和产业集群功能。致力规划先行，强化大学科技城历史人文特色塑造与"四位一体"融合发展理念等措施予以解决，从而提升创新能力(朱佩娟，2017；王媛媛，2017)。大学科技城在发展过程中应充分认识到大学科技城创新主体多元、创新门类丰富等特点，全面分析发展过程中存在的优势、劣势、机会和挑战，科学构建创新生态系统，系统设计战略规划，全面搭建政策制度，有效提升大学科技城的创新能力，发挥区域创新的外溢效应和集聚效应(解永庆，2018)。

1.2.3 协同创新研究

1. 大学科技园协同创新

科技创新是大学科技园的主要功能，大学科技园聚集了大学和科研院所等创新主体，具有良好的科技创新条件和氛围，而协同创新是科技创新的重要模式。因协同创新能有效降低创新风险、提升创新效率，越来越多创新主体更愿意选择协同创新模式开展科技创新。因此，大学科技园协同创新也被大量国内外学者所关注，针对其概念内涵、体系建设、政府的政策支持、理论分析与经验总结等方面展开了深入研究。

(1) 协同创新的概念内涵。大学科技园协同创新是指大学科技园区高校、科研院所和企业等主体，与其他创新主体共同整合优化创新资源，促使技术、知识不断流动和转移，实现技术与知识增值的复杂过程。大学科技园协同创新包括制度创新、知识创新和技术创新(姜昱汐等，2011)。大学科技园与其他高新园区协同创新的内涵、创新主体和协同创新过程并不完全相同(王书斌和徐盈之，2014)，显著差别在于大学科技城协同创新更多的是技术与知识的输出，创新成果的转化。

(2) 协同创新体系建设。大学科技园协同创新体系由高校、科研院所和众多中小型企业等创新主体，知识、技术、人才等创新要素，以及创新政策、创新文化等共同组成，协同创新体系具有自组织性、开放性和协同发展等特征(胡涌和焦欣，2014)。我国的大学科技园普遍采取"政产学"协同创新模式，政府通过建立、完善和鼓励协同创新的政策制度，提高大学科技园的创新能力和职能效用，构建协同创新机制，形成"政产学"创新合作网络等(赵东霞，2016)，逐步优化建设大学科技园协同创新体系。

(3) 政府的政策支持。政府的政策制度是大学科技园创新环境的重要组成部分，对优化大学科技园协同创新体系具有重要的作用。入驻大学科技园的众多研发机构和企业，因空间上的邻近会自发开展协同创新(Phillips and Yeung，2003)，但适当的制度倾斜和政府嵌入会激励园区内更多的研发企业开展协同创新。我国大学科技园协同创新体系存在人才紧缺、资金不足、科技中介服务机构缺失，以及知识产权保护不力等诸多问题(佟欣和王冰，2014)。政府应合理规划，科学布局，建立系统的政策制度，对大学科技园协同创新进行政策扶持，鼓励加强产学研合作，促进协同创新，整合创新资源，拓展融资渠道(张光辉，2017)，加强主体在资金、中介服务、信息、科研设施和人力资源等方面的交流(佟欣和王冰，2014)，加快形成充满活力的大学科技园协同创新体系。

(4)理论分析与经验总结。我国在推进协同创新过程中，一方面，应借鉴国外高校搭建科技平台的经验、科技平台的运行模式、"科技管道"理念(孙宇和贾申利，2014)；另一方面，应学习国外大学科技园创新实践过程中产生的新理论，如三螺旋理论、共生理论等。三螺旋理论强调高校、企业和政府的协同创新关系，更突出政产学协同创新(赵东霞和张璟，2014；高镇光，2015)。高校协同创新既是建设创新型国家的核心载体，也是推动我国创新发展不可或缺的重要组成部分(蒋开东，詹国彬，2020)。因此，高校不仅应构建协同创新共生良序系统、重塑共生协同创新组织形态、搭建区域互利共生文化平台(蒋开东，詹国彬，2020)，还应以建设大学科技园平台为契机，通过完善、激发大学科技园平台功能，加强校内协同和校外协同，从而促进高校协同创新能力提升与协同发展的可持续性(丁明磊，2015)。同时，高校借助平台协同发展，也能有效提升科技园的创新能力(卢亚楠，2016)。另外，科技园也要让企业利用平台开展协同创新和聚集整合，才能充分发挥科技园应有的作用(曲伟，2016)。大学科技园的建设还应加强大学科技园与地方科技园的协同创新(钱福良，2017)。当前，我国科技园经过多年的发展，协同发展模式愈来愈呈现出多样化的特性，且仍存在利益分配机制不规范、合作服务平台低效率，以及协同发展制度不完备等问题，影响了科技园协同创新的效率(吴佳惠，2018)。因此，我国大学科技园协同创新不应仅仅局限于大学科技园内部主体之间，也应加强与周边高新区的交流与对接，开展与外部主体之间的协同创新，从而规避科技园自身范围过小、创新主体不多、创新资源互补性不强等局限性。同时，应系统分析制约我国大学科技园协同创新的瓶颈问题，进一步借鉴世界一流科技园的发展经验(代晓青，魏志彬，丁琪等，2018)，并制定科学、系统的政策制度，从而加快科技园协同创新发展。

综上可知，现有大学科技园协同创新研究成果主要集中在协同创新体系建设、经验总结和对策建议等方面，对协同创新理论和方法的研究较少。

2. 大学科技城协同创新研究

近年来，随着大学科技城的兴起，国内外研究大学科技城协同创新的学者也随之增加，从高校在协同创新中的作用和大学科技城协同创新发展等视角研究大学科技城协同创新的成果也越来越多。在中国知网上以"大学科技园""大学科技城""协同创新"作为关键词，对收录的CSCD及

CSSCI 中文期刊文献进行检索,用 VOSviewer 对相关性较高的前1000篇文献进行关键词分析,可发现这些论文主要针对大学科技园、大学科技城的创新创业、协同发展、科技创新平台、产学研合作等方面开展研究,详见图1-2。

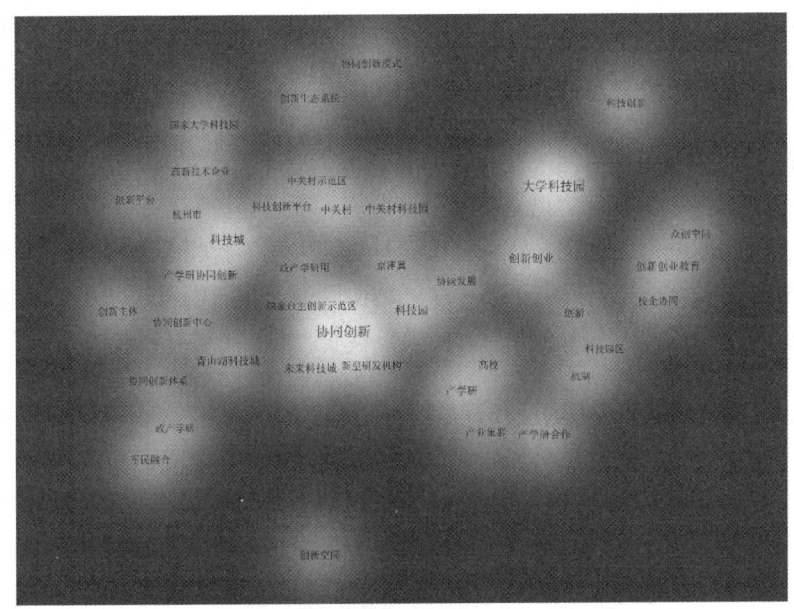

图1-2　大学科技城(大学科技园)协同创新分析图

(1) 高校在协同创新中的作用。21世纪,知识经济已成为经济发展与社会进步的巨大推动力(廖训强,2001),以大学科技进步为依托的产学研协同创新也逐步成为推动区域经济协调发展和社会文明进步的主要动力与路径。高校与企业协同创新是创新生态系统的重要组成部分,高校企业合作与创新成果呈正相关,高校在三重螺旋结构中的使命是提供改进知识社会的新知识和新技术(Mercan and Goktas,2011)。高校与企业协同创新具有正向效应,企业主要看中了高校的专业研究技能和人力资本(大学教师),能为其带来看得见的收益(Alan and Mark,2011)。大学和企业之间的合理匹配,能够实现资源共享和优势互补。因此,要加大搜索和匹配理论和算法的研究,以实现大学和企业的最佳匹配,加快技术在科学家和企业之间的转移(Hellmann,2007),推动经济发展与社会进步。

(2) 大学科技城协同创新发展。大学科技城协同创新是一种新型校企合作模式,其目标是促进知识、技术等创新资源和产业资源的结合,并促使高校和企业以产业为导向,以创新为重点开展研究与开发,实现资源的共享利用。建设现代化的大学科技城,能将产学研融合和协同创新发挥到极致(Mohammad 等，2014)。美国高校实验室的创新成果是科技企业创新发展与成果转化的重要来源，特别是那些具有高度创业活力的大学科技城内的高校，其技术和创新成果能有效促进企业与产业的发展。发展中国家也已认识到高校创新资源的作用，并越来越重视高校的创新能力，注重促进现代大学科技城开展协同创新(John and Linda，2014)。大学科技城创新体系由创新研发系统与人才培养系统共同组成，两者的耦合协调发展能有效实现科教融合与产教融合，并将教学活动，研究活动，以及创新活动聚合在一起，与高校协同发展，这必将会成为未来大学的一种发展模式(周光礼和宋小舟，2016)，也是大学科技城的主要职能和发展目标。

由此可见，目前国内外研究大学科技城协同创新的成果较少，仅有的少量研究成果也主要集中于高校在区域协同创新中的作用，以及大学科技城协同创新模式等方面，急需对大学科技城协同创新展开系统深入研究。

1.2.4 现有研究述评

综上所述，国内外学者从大学科技园的功能定位、发展战略、运行机制、发展模式与技术创新等方面开展了大量研究，取得了较为丰富的研究成果。比较而言，国内对于大学科技城的研究起步较晚，研究成果少，且研究体系还不完整、理论分析还不够深入，具体而言，还存在以下不足。

(1) 成果还不够系统。国内外学者主要研究了大学科技园的相关问题，而围绕大学科技城协同创新的研究才刚刚起步。近年，虽有学者对大学科技园和大学科技城产学研协同创新展开了相关研究，但大都仅限于大学在协同创新中的作用，以及协同创新模式等方面，缺乏系统研究大学科技城协同创新的成果，对大学科技城协同创新关键环节和核心问题的研究更为鲜见，因此，有待于构建有理论解释性和实践指导性的大学科技城协同创新理论分析框架，并系统深入研究大学科技城协同创新环境、协同创新伙伴评价、协同创新动力机制、协同创新成果转化、协同创新绩效分析和协同创新过程中的风险管理等一系列问题，全面厘清大学科技城协同创新的内涵、发展规律和内在机理，进而系统丰富协同创新的理论体系。

(2) 研究还不够科学。目前针对大学科技城协同创新发展过程的关键环节和核心问题，进行系统深入研究的成果还非常缺乏，既缺少针对大学科技城协同创新关键环节和核心问题的指标体系，也很少有针对性强的定量分析模型，更缺乏结合具体大学科技城开展实证研究的成果。因此，在厘清大学科技城协同创新相关问题及内在机理的基础上，有必要围绕大学科技城协同创新环境、协同创新伙伴选择、协同创新动力机制、协同创新成果转化、协同创新绩效和协同创新风险管理等具体问题，结合大学科技城协同创新关键环节的实际情况，构建指标体系、设计定量分析模型，通过定性分析与定量研究相融合，理论分析与实证研究相结合，科学解释大学科技城协同创新演化过程，从而拓展协同创新理论体系。

(3)方法需不断创新。关于大学科技城协同创新的研究成果大都还停留在对问题的分析和经验的总结，以及一般定性描述和简单的数量分析，研究方法传统，很少结合具体的研究对象，采取科学适用的研究方法。因此，为厘清大学科技城协同创新关键环节的核心问题，理顺大学科技城协同创新的发展规律和内在机理，需突破传统研究方法的局限，采用文献研究与现场调研相结合，定量分析与定性分析相结合，理论分析与实证研究相结合，规范分析与数量模型相结合，并创新研究模型与工具，从而在方法上优化协同创新理论体系。

因此，本书试图以大学科技城协同创新为研究对象，构建基于大学科技城协同创新生命周期的系统理论分析框架，探索大学科技城协同创新发展的内在规律，分析协同创新系统内外影响因素的作用机理，并应用建立的理论模型和分析方法，结合国内典型的大学科技城进行实证分析，从而为大学科技城协同创新理论体系提供有益补充，并为大学科技城的协同创新发展提供决策参考。

1.3 研究思路和内容安排

1.3.1 研究思路

聚焦十九大报告和"十三五"规划重点关注的实际问题，探索大学科技城协同创新理论分析框架、协同创新相关问题的理论依据，以及解决问题的量化模型，从而优化大学科技城协同创新体系，以发挥大学科技城的创新优势，推进产业结构优化升级，促进经济高质量发展，加快创新型国家和制造强国建设。具体研究过程和研究思路按前期、中期和后期三个阶段展开研究。

(1)前期研究：构建理论分析框架。一是对国内外大学科技城、协同创新等相关内容的研究现状进行系统梳理，把握研究前沿动态。二是现场调查与访谈。对国内典型大学科技城进行现场调研，对大学科技城、高校、研究院所和相关企业进行深度调研，了解全国大学科技城发展现状、发展经验、存在的主要问题、发展规划与发展思路，收集大学科技城协同创新的有关数据。三是确定分析框架。结合文献梳理和实际调研情况，科学确定大学科技城协同创新的理论分析框架。

(2) 中期研究：针对大学科技城协同创新的共性关键问题，展开理论探索，构建分析模型，探索内在机理、发展规律和问题根源，以及解决路径。重点研究创新环境对协同创新能力的影响机理、协同创新的动力机制、协同创新伙伴选择评价、协同创新成果转化的影响因素和转化绩效、协同创新效率的影响因素，以及协同创新风险识别、评估、预警、处理与监控等内容。

(3) 后期研究：针对国内大学科技城存在的共性问题，结合研究内容，提出大学科技城协同创新体系优化路径。研究突出我国大学科技城在创新型国家建设中的特殊地位、理论研究的基础性及协同创新体系优化路径的实用性。

1.3.2 内容安排

第1章，大学科技城协同创新研究背景与现状。主要阐述选题背景，分析研究现状，并对研究思路、内容安排、研究方法和主要创新点等进行扼要阐述。

第2章，大学科技城发展经验与启示。明晰大学科技城的概念、内涵与特征，梳理大学科技城的缘起与发展历程，总结大学科技城的发展经验与启示。

第3章，大学科技城协同创新理论分析框架。主要厘清大学科技城协同创新的概念与内涵，梳理与研究内容相关的创新理论、协同理论、三螺旋理论、技术生命周期理论和增长极理论等相关基础理论，分析总结大学科技城发展特征和协同创新模式，以此为基础，提出大学科技城协同创新理论分析框架。

第4章，大学科技城协同创新环境研究。分析政策、经济、社会、技术等环境因素对协同创新的影响，构建大学科技城创新环境与协同创新能力耦合指标体系，建立"创新环境—协同创新能力"耦合协调度模型，并对岳麓山大学科技城2011—2018年的创新环境与协同创新能力进行耦合度和协调度分析。

第5章，大学科技城协同创新动力机制研究。主要分析影响大学科技城主体参与协同创新的各种动力因素，基于有限理性和不完全信息假设，分别建立管委会不监管、监管情况下，学研方与企业的演化博弈模型，重点探讨影响学研方、企业参与协同创新的博弈演化动态趋势、均衡点，以及演化稳定策略和博弈演化过程，总结影响大学科技城创新主体参与协同创新的关键因素。

第6章，大学科技城协同创新伙伴选择研究。主要研究影响大学科技城协同创新伙伴选择的因素，综合考虑协同创新伙伴、专家、协同创新伙伴历史创新项目，以及合作者等不同信息来源，设计大学科技城协同创新伙伴主观客观评价指标体系。将主、客观权重结合，构建一种异质VIKOR（折中排序法）方法决策模型，实现大学科技城协同创新伙伴的选择决策。

第7章，大学科技城协同创新成果转化研究。分析影响大学科技城协同创新成果转化的因素，构建协同创新成果转化绩效评价指标体系，综合使用实数与三角模糊数作为指标评价值，运用熵权TOPSIS方法，开展大学科技城协同创新成果转化绩效评价，并对岳麓山大学科技城协同创新成果转化绩效进行实证分析，根据绩效评价结果，分析总结影响岳麓山大学科技城协同创新成果转化绩效的关键因素。

第8章，大学科技城协同创新效率研究。从委托—代理视角分析协同创新主体的几种契约模式，探讨协同创新合作剩余创造与分配机理，剖析协同创新合作剩余的影响因素，并重点研究大学科技城环境下创新主体资产专用性、资产专有性及其在协同创新过程中的相对重要性等因素，以及对合作剩余的形成与分配的具体影响，进而探究大学科技城协同创新效率的提升机制。收集国内多个典型大学科技城协同创新数据，对协同创新效率进行实证研究，探讨分析协同创新主导创新主体和参与伙伴各种策略对协同创新效率的影响。

第9章，大学科技城协同创新风险管理研究。主要分析大学科技城协同创新风险管理流程，提出风险评估和风险预警评判标准，根据协同创新风险管理过程的主体、所处阶段和环境等因素的特点，构建大学科技城协同创新风险评价指标体系，利用二元语义语言和证据推理算法，建立协同创新风险评估模型，同时采用二元语义语言和BP神经网络，建立BP神经网络协同创新风险预警模型，并结合大学科技城协同创新项目对上述模型进行实证分析。

第10章，大学科技城协同创新体系优化研究。分析国内大学科技城协同创新体系运行现状，将既探讨大学科技城存在的共性问题，也剖析岳麓山大学科技城的具体问题。拟以岳麓山大学科技城为例，从优化创新环境、提升协同创新能力、加速创新成果转化、激发创新动力、优化利益协调、强化风险防范等维度，详细探索大学科技城协同创新体系的优化路径。

第11章，研究结论与展望。回顾本书主要的研究工作，总结主要研究成果，分析研究的不足之处，并结合本研究领域的前沿技术和热点问题，展望未来研究方向。

本书的逻辑结构如图1-3所示。

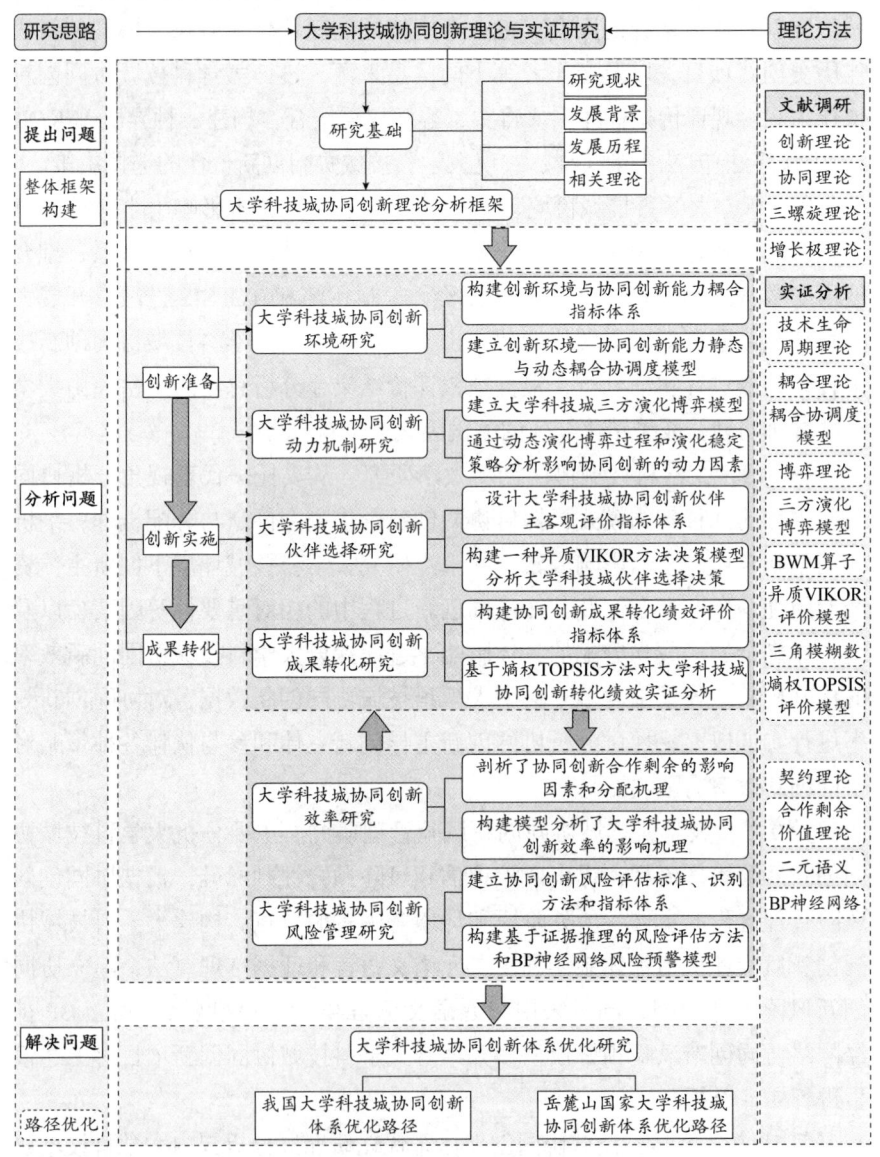

图1-3 全文逻辑结构图

1.4 研究方法与创新之处

1.4.1 总体研究方法

(1) 文献研究与现场调研相结合。广泛查阅国内外相关文献资料，对已有研究成果进行全面分析，对相关研究成果进行归纳总结，并及时跟踪本研究领域的最新研究动态。同时对国内典型大学科技城进行实地调查，通过对大学科技城相关人员的问卷调查、深度访谈，广泛收集与大学科技城协同创新有关的资料与数据，为深入研究大学科技城协同创新打下坚实基础。

(2) 理论分析与实证研究相结合。综合利用协同理论、创新理论、博弈论、评价方法和风险管理等理论与方法，并融合经济学、管理学和数据科学等多学科知识，系统分析大学科技城协同创新过程中的系列关键问题，构建相应的理论分析模型。以国内典型的大学科技城为例，实证检验所构建理论模型的科学性和适用性，系统剖析各种因素与协同创新之间的内在联系和作用机理，力求理论分析严谨、实证研究扎实。

(3) 规范分析与数量模型相结合。对大学科技城协同创新理论研究进行规范分析，探究基于创新生命周期理论的大学科技城协同创新的理论依据。同时，应用耦合协调度模型对岳麓山大学科技城创新环境与协同创新能力进行耦合度和协调度分析，利用演化博弈模型分析创新主体的协同演化过程，采用 VIKOR 方法构建大学科技城协同创新伙伴选择决策模型，利用熵权 TOPSIS 方法评价大学科技城协同创新成果转化绩效，应用合作剩余分配模型分析国内主要大学科技城的协同创新效率。

1.4.2 关键问题研究方法

1. 基于多源异构 VIKOR 协同创新伙伴决策方法

构建基于多源异构 VIKOR 方法的协同创新伙伴选择决策模型，从众多潜在的协同创新伙伴中选择最优协同创新伙伴，从而帮助主导创新主体选择最理想的协同创新伙伴，有效提升协同创新效率和创新水平。具体步骤包括：

(1) 构建标准化的评价矩阵。

(2) 分别计算正理想解（PIS）和负理想解（NIS）。选择 2 个参考点，即正、负理想解，分别记为 y^+ 和 y^-，定义为：$y^+=\max\{y_{ij}|j=1,\cdots,n,$（效益型）\}，$y^+=\min\{y_{ij}|j=1,\cdots,n,$（成本型）\}；$y^-=\min\{y_{ij}|j=1,\cdots,n,$（效益型）\}或 $y^-=\max\{y_{ij}|j=1,\cdots,n,$（成本型）\}。

(3) 计算群效用值 S_i、个人后悔值 R_i 和 Q_i 值。

$$S_i = \sum_{j=1}^{n} w_j \frac{d(y_i^+, y_{ij})}{d(y_i^+, y_i^-)}, \quad R_i = \max\left(w_j \frac{d(y_i^+, y_{ij})}{d(y_i^+, y_i^-)}\right),$$

$$Q_i = v\frac{S_i - \min S_i}{\max S_i - \min S_i} + (1-v)\frac{R_i - \min R_i}{\max R_i - \min R_i}。$$

式中，w_j 代表指标 j 的权重，$d(y_i^+, y_{ij})$ 代表 y_i^+ 到 y_{ij} 的距离，$d(y_i^+, y_i^-)$ 代表 y_i^+ 到 y_i^- 的距离，v 表示决策机制系数，$v\in[0,1]$，$v>0.5$ 表示依据最大化群效用的决策机制进行决策，$v<0.5$ 表示依据最小化个体遗憾的决策机制进行决策，$v=0.5$ 表示依据决策者经协商达成共识的决策机制进行决策。

(4) 对 Q_i 按升序排序，被记为 $A^{(1)}, \cdots, A^{(i)}, \cdots, A^{(m)}$。如果 $A^{(1)}$ 满足评价准则 C_1 和 C_2，则 $A^{(1)}$ 就是最优方案，Q_i 值最小。

2. 基于熵权 TOPSIS 的协同创新成果转化绩效评价方法

构建大学科技城协同创新成果转化绩效评价指标体系，综合使用实数与三角模糊数作为指标评价值，运用熵权 TOPSIS 方法，对大学科技城协同创新成果转化绩效进行评价，分析影响协同创新成果转化绩效的关键因素。具体步骤包括：

(1) 获得评价矩阵。

(2) 对评价矩阵进行标准化处理。

(3) 计算各指标熵权。$H_i = -\frac{1}{3\ln n}\sum_{x=abc}\sum_{j=1}^{n}x_{ij}\left/\left(\sum_{i=1}^{p}x_{ij}\right)\right.\ln x_{ij}\left/\left(\sum_{i=1}^{p}x_{ij}\right)\right.$，$x_{ij}$ 是标准化后的三角模糊数。

(4) 确定正负理想解。

(5) 计算评价对象与正理想解和负理想解之间的距离：

$$\rho(r_j, r^+) = \sqrt{\sum_{t=1}^{2}\rho(r_{o,j}, r_{o,t}^+)}。$$

(6) 计算评价对象与正理想解的贴近度：$\tau_i = \dfrac{\rho(r_j, r^-)}{\rho(r_j, r^+) + \rho(r_j, r^-)}$，其中 $\tau_i\in[0,1]$，按相对优属度最大原则，τ_i 越接近 1，则第 i 个绩效评价对象的结果越好，其绩效越接近最优水平，反之则评价结果越差。

3. 演化博弈模型仿真法

根据岳麓山大学科技城协同创新实际情况，结合协同创新动力机制和大学科技城创新主体三方演化博弈特点，建立复制动态方程，并应用 Matlab 软件对创新主体间的博弈演化行为进行仿真模拟。采用复制动态方程 $\frac{1}{Y_K}\frac{DY_K}{DT} = \left[U(K,S) - \overline{U}(S,S)\right]$，$K=1, 2, \cdots$，分别仿真模拟管委会不监管、监管情况下，学研方、企业参与协同创新所采取的最优策略和博弈演化过程。

1.4.3 主要创新之处

本书以大学科技城协同创新为研究内容，结合当前创新发展背景，较为全面地梳理了国内外关于大学科技城协同创新的相关研究成果，对协同创新的环境优化、创新动力、伙伴选择、成果转化、创新效率和风险管理等一系列问题进行探索性研究，主要创新与特色之处体现在以下几个方面。

(1) 研究内容新颖。首先从宏观视角研究大学科技城协同创新理论的基本原理。剖析大学科技城、协同创新的概念与内涵，分析大学科技城各主体的特点，探讨大学科技城的特征和大学科技城协同创新的特点与模式，并在全面梳理产学研协同创新理论的基础上，构建大学科技城协同创新理论分析框架。然后，以此为主线，从微观视角探究大学科技城协同创新过程的系列问题，构建相应的理论分析模型，并实证检验理论模型的科学性和适用性。

(2) 研究思路独特。本书从多维视角开展大学科技城协同创新的研究。一是从空间维度研究大学科技城的政策环境、经济环境、社会环境、技术环境和协同创新的作用机理，以及大学科技城的企业、高校、研究院所等主体开展协同创新的动力机制、利益分配机制。二是从时间维度分为协同创新准备、协同创新实施和协同创新成果转化等阶段，定性分析和定量研究大学科技城如何营造协同创新氛围(创新环境与创新动力机制)、创新主体如何选择最佳的协同创新伙伴，以及如何提升协同创新成果转化绩效等内容。三是从全局和整体视角研究大学科技城协同创新效率和风险管理等问题，并提出大学科技城协同创新体系的优化路径。从多维度多视角全方位探究大学科技城协同创新，所得出的研究结论更科学、全面与客观。

(3) 研究方法科学。本书涉及大学科技城协同创新多阶段多主体的机理研究，问题复杂，且具有多学科融合交叉的特点，故综合采用多种研究方法与分析技术展开研究，重点突出定性与定量相结合、理论与实证相结合、文献与访谈相结合等。一是既能紧密结合大学科技城协同创新的具体问题与实际情况，又能应用管理学、经济学的理论和方法进行全面分析，以厘清各种因素的内部联系与作用机理，并构建科学合理的指标体系、理论模型与决策方法。二是既采用定量研究工具，又应用定性分析方法，其研究结论更具科学性。三是既从宏观层面分析大学科技城协同创新环境与政策，又从微观层面探讨具体问题，其研究结论更具合理性。四是对大学科技城指标体系的构建既考虑客观指标，也纳入主观指标，指标评价信息既有数值，也有语言变量，其研究结论更加准确。

(4) 研究成果实用。一是本书具有较高的理论价值。研究成果紧密结合大学科技城协同创新这一主题，以提升协同创新能力，建设创新型国家为目标，力求严谨、扎实，引证规范、引文可靠。现场访谈与问卷调查并用，掌握第一手数据，论从据出。定性分析与定量研究并行，理论分析与实证研究并重。从宏观与微观视角，动态而不孤立地研究大学科技城协同创新活动，搭建理论分析框架、构建理论分析模型，是协同创新理论体系的有益补充。二是本书具有较广泛的应用价值。成果将融合多学科理论与方法，拟构建协同创新理论模型，总结大学科技城协同创新的内在机理、发展规律，提出优化路径和对策建议，将具有以下应用价值。第一，成果融合多学科理论，将厘清大学科技城协同创新发展的内在机理，建立理论分析模型，可作为大学科技城协同创新学术研究的参考书籍。第二，成果将对大学科技城协同创新的具体问题进行理论分析和实证研究，拟探究问题根源，分析解决问题的思路与办法，可作为具体管理者在实际工作中的实践指导用书。第三，成果将提出大学科技城协同创新体系优化路径与对策建议，可为政府制定大学科技城发展规划与政策制度提供决策参考。

1.5 本章小结

自改革开放以来，我国先后出现了高新技术开发区、经济技术开发区、大学科技园和大学科技城等多种区域发展模式，这几种区域发展模式既存在较多相同之处，也有较大差异。比较而言，大学科技城在国内出现时间较晚，是近年政府和学界提出的新概念和新模式，其目的在于以高校和研究院所聚集区为核心，集聚各种创新资源，充分发挥区域创新资源作用，将所在区域打造成体制改革和机制创新的试验区、创新创业示范区、产学研协同创新和区域创新体系建设的样板区、科技成果孵化转化区，以及创新技术与成果的辐射区。对于这种区域创新模式的新形式、新变化和新功能，国内外学者的研究成果较为有限，属该领域的前沿问题。

本章的主要目的在于明确大学科技城协同创新研究背景与研究意义，厘清研究思路，为准备开展或正在开展大学科技城研究的读者提供大学科技城协同创新研究的发展脉络，为读者阅读、理解本书后面章节内容奠定基础。

本章从大学科技城协同创新研究背景、研究现状等方面对大学科技城协同创新的发展现状进行了系统整理、归纳和分析，阐明了大学科技城与大学科技园的异同，指出了发展大学科技城的必要性，以及开展协同创新的迫切性。通过对现有相关文献和成果的梳理可知，国内外学者的研究主要集中在大学科技园的功能定位、运行机制、发展模式和技术创新等方面，研究内容主要是问题分析、经验借鉴和对策建议，解决问题的方法主要停留在针对具体问题采取一般定性描述和简单的数量分析进行求解层面。然而，大学科技城协同创新是一个复杂的动态系统，涉及多个主体，时间跨度长，空间跨度大，需构建理论分析框架，应用多学科知识从多维视角进行立体、动态和系统研究。

本书以大学科技城协同创新为研究对象，借鉴大学科技园和产业集群协同创新思想，采用人工智能、系统建模、运筹学和大数据等多学科的理论和方法，紧密结合大学科技城协同创新的具体问题与实际情况，不仅从空间维度研究大学科技城的政策环境、经济环境、社会环境、技术环境和协同创新的作用机理，以及大学科技城的企业、高校、研究院所等主体开展协同创新的动力机制、利益分配机制，而且将以时间为维度从协同创新准备、协同创新实施和协同创新成果转化等阶段为主线，定性分析和定量研究大学科技城如何营造协同创新氛围、创新主体如何选择最佳的协同创新伙伴，以及如何提升协同创新成果转化绩效等内容。还将从全局和整体视角分析研究大学科技城协同创新效率和风险管理等问题，并基于此提出大学科技城协同创新体系的优化路径。

本书所进行的研究是对区域创新体系的有益补充，所提出的创新环境与协同创新能力耦合协调模型、政产学研演化博弈动力模型、协同创新成果转化绩效评价方法和协同创新风险管理与预警模型，填补了该领域研究的不足，协同创新伙伴选择模型、协同创新效率分析模型是对该领域研究的进一步提升。本书可为系统研究大学科技城协同创新提供系列理论工具与方法，同时对有效推进大学科技城协同创新活动具有重要的指导意义。

第 2 章 大学科技城发展经验与启示

大学科技城是一种高效的区域创新系统,其产生、演变和发展有一定的技术条件、现实环境和历史使命。大学科技城既具有城市基本功能,也具有创新要素集聚度高、创新驱动能力强、产城融合度高、社会与自然环境良好等特征。大学科技城能聚集创新要素,促进创新成果转化,并加快技术与成果扩散,引领和带动区域经济与社会发展。由于大学科技城对经济发展和社会进步具有显著的推动作用,各国政府加大政策支持力度,优化区域创新创业环境,鼓励、引导区域科教资源聚集发展,推动以创新企业、科研院所和高校为核心主体的大学科技城的建设。因此,界定大学科技城的内涵,厘清大学科技城产生的背景,探究大学科技城演变的路径、发展的条件、承担的使命,是研究我国大学科技城协同创新的基础和前提条件。

本章将对比分析大学科技城与其他几种创新组织的异同,探究国内外大学科技城产生缘起、演变路径,介绍国内外大学科技城的典型案例,总结国内外大学科技城发展经验,为我国推进大学科技城协同创新提供借鉴和启示,并为本书后续章节开展大学科技城协同创新理论研究和实证分析提供支撑。

2.1 大学科技城的概念与特征

2.1.1 大学科技城

目前国内外学者还没有针对大学科技城给出一个统一标准的定义。一般认为,随着科技要素资源、区域范围和功能定位的不断调整,不断优化,以高校和科研院所等创新资源为基础的特定科技创新组织形式,逐步演变成科技城。全球最早的科技城雏形出现于20世纪50年代,即美国斯坦福大学于1951年创办的斯坦福研究公园,此后逐步演变为闻名世界的"硅谷"。1957年,苏联筹建新西伯利亚科学城。20世纪60年代,英国剑桥科学园和法国索菲亚·路安蒂波利斯科学城相继兴建,标志着科技园向欧洲等工业化国家扩散。我国大学科技园的建设始于20世纪80年代。1985年7月,中国科学院与深圳市政府联合建设了国内第一个科技园。1988年5月,国务院批准建立北京新技术产业开发试验区,即现在的中关村科学城。2001年7月,四川绵阳市建立了我国第一个科技城——绵阳科技城。自此,科技园、科学城、科技城、大学科技城等相近的名称相继出现,然而其概念与内涵并不完全一致,组织形态也不尽相同,各自拥有不同的使命,满足不同的发展需求,被赋予了不同的功能定位,以顺应时代发展要求。

1. 科技园

科技园一般是指集聚高新技术企业的产业园区。科技园的土地类型通常比较复杂,大部分是使用权为50年的工业用地,以及少部分商业和教育混合用地。目前我国科技园主要有三种类型:一是民营企业主导的科技园区,如恒生科技园、联创科技园、联东U谷、博济科技园和创智天地等;二是高校主导以实现产学研结合的科技园区,该类科技园一般都是高等教育产业化的产物,如清华大学国家大学科技园、浙大网新科技园、深圳南山科技园和交大科技园等;三是国有企业牵头主导投资的产业园区。对该类园区来说,政府一般是投资主体,通常政策优厚,土地和物业较便宜,建立了配套的公共服务平台,如张江高科技园区、深圳科技园、常州科教城等。

2. 科学城

科学城一般是中心城市的卫星城,专门规划为科研院所和高校的集聚区。科学城的主要功能不仅是为了缓解中心城区的拥挤,更重要的是,通过利用中心城市优越的社会环境和雄厚的物质技术基础,聚集丰富的创新要素,促进高新技术的发展,如苏联新西伯利亚科学城、日本筑波科学城、我国的广州科学城和西安科学城等。科学城通常具有以下特点:一是科学城功能齐全,一般包括科研、生产、居住、商业、公共服务和绿地等各种功能分区;二是科学城一般有良好的自然环境和市政设施;三是科学城的科技人才占比相对较高;四是科学城离主城区一般较近,通常在50公里以内。

3. 科技城

科技城的功能定位与科学城类似,一般毗邻中心城市,具有区位优势、环境优美、资源丰富、发展空间广阔等优势条件。科技城通常由政府统一规划和建设,重视城市发展和产业投资配套,以吸引更多国内外投资者,聚集更多高层次人才和高端项目。如绵阳中国科技城,杭州未来科技城、武汉未来科技城、北京未来科技城和深圳华为科技城等。因此,在一定程度上可以将科技城与科学城视为同一概念。

4. 大学科技城

大学科技城与科技城、科学城都重视科技创新与科技成果转化,其规划布局、功能定位和发展特点等相似,概念无本质差别。只是大学科技城在科技城和科学城的基础上，更强调高校和科研院所在创新中的作用。然而大学科技城与科技园则存在较大差异，特别是功能定位有较大差别，科技园主要强调企业与项目的孵化功能，而大学科技城则不仅仅是创新成果与企业的孵化，还强调科技创新，成果的产业化发展，以及为城区居民提供良好生活、工作与学习的环境和条件等配套服务功能。可见，大学科技城不仅比科技园的功能更全、体量更大、要素更加完备，且与科技园的第一和第三种类型相比，更强调高校和研究院所在该区域的创新核心作用，这方面则与科技园的第二种类型高度相似。因此，在一定条件下，也可由科技园的第二种类型，即大学科技园演变发展成大学科技城。

随着创新发展理念的不断深化，大学科技城的发展内涵也在不断丰富。与大学科技城名称相类似的还有知识城市、创意城市、高技术城市、技术城和智慧城市等。与大学科技城相比，这些概念虽同样注重对优秀人才的引进、创新环境的创建、知识与文化的积淀等，但各有侧重，分别注入了特定的内涵，其概念、功能定位与大学科技城均存在较大差别，其异同详见表2-1。

表2-1　与大学科技城相近概念的比较

概念	功能定位	与大学科技城相同之处	与大学科技城不同之处
知识城市（Knowledge City）	发挥已有的经济、社会和文化资源优势，促进"知识为基础的发展"战略实施，推动城市转型，提升城市核心竞争力	良好的学习氛围，知识流动与共享，拥有完善的知识服务设施	重点强调以知识为基础的发展，以知识为基础开展生产、分配和应用。科技城更强调高新技术知识的创造与应用
创意城市（Creative City）	以创意人才、创意企业和创意产业集聚作为发展动力的城市	创新的氛围，高素质人才的聚集，包容性强的特征	重点以创意产业发展为主，主要包括艺术、文化、服务业等。科技城更重视高技术产业的发展
智慧城市（Smart City）	充分发挥物联网、互联网等信息技术的作用，广泛用于城市的方方面面	两者都具有完善的信息基础设施，技术创新推进城市快速发展	更侧重城市基础设施、生产经营、居民生活等方面的信息化和智能化建设。科技城功能则更多元化
科技园区（Science and Technology park）	集中提供厂房和服务，以及优惠政策，吸引高新技术企业，并鼓励园区企业开展创新和成果转化	高新技术企业集聚，高素质人才集聚，部分功能定位有相似性	以项目和企业孵化为主，功能相对单一，主体主要由从事高新技术研发的企业组成

具体而言，在我国高等教育变革与国家创新体系建设的背景下，大学科技城是一种以高新技术和战略新兴产业为引领，以工艺技术、创新知识、优秀人才大规模聚集，以及科研、教育、生产一体化发展为特征的新型区域性科研生产组织形式。显然，大学科技城不仅具有城市的基本属性，拥有完善的生产经营和生活休闲等设施，还集科技创新、产业发展、城市功能和文化建设等于一体，是多种功能业态和空间形态完美融合的特定区域。大学科技城是"科技+创新+城"的综合体，是区域内汇聚人才、知识和资本等多种创新资源的"加速器"，也是新技术、新工艺、新产品研发和新产业培育，以及新竞争优势构建的策源地。

综上所述，大学科技城是以高校和科研院所为核心主体，集聚大量创新资源的新型城市，既有城市基本功能，也有创新要素集聚度高、创新驱动能力强、产城融合度大，以及社会与自然环境和谐发展等特征，通过技术创新和成果转化促进各种知识的扩散和溢出，带动区域经济社会发展的一种重要创新系统。

2.1.2 大学科技城主要特征

在大学科技城选址规划时，都会充分考虑当地创新资源、区位条件和人文环境等客观特色资源，因此，难以将各个国家和地区的大学科技城归于一个统一的标准和范式。然而，就整体而言，大学科技城均具有人才集聚、创新驱动、产城融合和高端发展等共同特征。

1. 人才集聚

大学科技城是一个创新生态系统，创新活动的开展需依托人才的各种创造性工作来实现，人才作为创新活动中最活跃的要素，也是创新动力的重要来源。在大学科技城的各种创新活动中，人才最具能动性，是推进技术创新、成果产业化和市场开拓的重要力量。因此，众多大学科技城借助于人才政策吸引和聚集大量人才。美国学者哈里斯在20世纪40年代对美国城市分类的研究中，将大学注册人数占本市人口25%以上的城市称为"大学科技城"，他认为人才集聚是大学科技城的主要特征。筑波科学城就聚集了日本30%的国有研究机构和40%的研究人员，法国索菲亚聚集了世界各国3万多名科技人才。可见，大学科技城普遍具有人才集聚的典型特征。

2. 创新驱动

大学科技城聚集了众多创新主体，而创新主体又拥有大量创新资源，如人才、知识、技术、信息和资金等，这些创新资源在大学科技城创新体系中建立联系。通过对创新资源的整合优化，相互促进，形成一种有利于提升大学科技城创新能力、创新效率和创新水平的创新环境。大学科技城创新成果的产业化和向外扩散，不断提升大学科技城及周边区域的创新能力和技术水平，驱动区域产业与经济高质量发展。大学科技城协同创新过程既有技术创新，也涉及制度和管理创新等，多个创新主体的交互融合，有利于营造良好的创新环境，提升创新能力，打造区域核心竞争力，从而形成驱动科技进步和经济发展的强大动力。如硅谷是世界最著名的大学科技城，由于聚集了大量创新资源，形成了强大的创新驱动力，尽管其人口只占美国总人口的1%，却创造了13%的美国专利和5%的GDP。由此可见，大学科技城既是区域协同创新发展的样板区，也是经济社会发展的示范区，还是建设全面创新改革试验的先导区，创新驱动是大学科技城的显著特征。

3. 产城融合

大学科技城集聚了大量高校、科研院所和创新企业等主体。为吸引更多的高端创新资源入驻，促进产业与城市的融合发展，大学科技城不仅关注自然环境的美化和生活环境的便利化，同时也注重产业的优化选择，以及区域功能划分。一般而言，大学科技城不会选择高消耗和高排放的传统产业，而会着重发展技术、知识和智力密集型战略新兴产业，如文化创意、研发设计、现代服务业、互联网产业、智能制造业和生物医药等产业，即更重视科技创新与新兴产业培育。大学科技城通过区域规划和产业优化，加快了产业空间与生活空间的融合，并使之兼具产业发展功能与城市生活功能。可见，大学科技城的功能定位能更好地促进产城融合，且这种融合不仅是空间的融合，也是功能的融合，还是文化的融合。这种高效的产城融合发展新模式，具有知识密度高、人均产值大等特点，不仅实现了城市土地的集约化利用，还有利于构建科学的产业体系和城市功能体系。

4. 高端发展

大学科技城聚集了大量优秀的创新资源，重点发展战略新兴等高端产业，是国家和地方政府打造高端发展的示范区域。高端发展主要体现在以下两个方面：一是成果层面。大学科技城通常集聚了国内知名高校与科研院所，拥有大量优秀的人才和创新团队，创新成果一般在国内外均具有领先地位，能引领当地产业和经济的发展。二是产业层面。大学科技城通常会重点发展技术含量高和附加值高的战略新兴产业和现代服务业。与一般科技园和工业园区相比，大学科技城具有更高的发展要求。

2.2 国外大学科技城缘起与典型案例

2.2.1 国外大学科技城缘起

大学科技城作为科技、教育与经济一体化发展的创新组织模式，最早出现在20世纪50年代的美国。当时，斯坦福大学副校长特曼教授和麻省理工学院院长康普顿，在总结第二次世界大战期间，美国科学和工业结合促使国家整体实力迅速上升经验的基础上，提出了合理利用斯坦福大学的捐赠地，以出租方式建立"技术专家社区"，打造一个能为学校赚钱的高技术工业园区的设想。

1951年，特曼教授为加强斯坦福大学与工业界的合作，在"技术专家社区"的基础上，创办了斯坦福研究园。良好的创新环境与创业条件激发了斯坦福大学教师和学生们的创新激情，激励他们在斯坦福研究园创办企业，将技术成果源源不断地转化为产品和产业，并在斯坦福研究园不断衍生出大量创新创业企业，逐步发展成世界著名的"硅谷"。硅谷的高速发展带动了美国西部地区科技与经济的腾飞，从而成为世界各国纷纷效仿的创新典范。

1957年，苏联筹建新西伯利亚科学城。1959年，美国又分别依托杜克大学、北卡大学和北卡州立大学建立了北卡三角研究园，哈佛大学和麻省理工学院建立了128号公路高技术区。1960年，法国开始兴建索菲亚·路安蒂波利斯科学城，随后日本也相继开始筑波科学城的规划与建设，标志着大学科技城开始向工业化国家扩散。

20世纪70年代，英国政府在对美国硅谷、北卡三角研究园和128号公路高技术区进行详细考察后，发现大学科技城不仅能促进当地的人员培养和技术创新，也能带动区域的经济发展。因此，英国政府开始学习美国硅谷、北卡三角研究园和128号公路高技术区的发展经验，建立了各种创新创业基金，制定了系列鼓励创新创业政策，鼓励和扶持高科技企业的发展，加快推动大学科技城的建设。1972年，在赫利奥瓦特大学诞生了英国的第一个大学科技城，1975年，剑桥大学创建了剑桥科学城。此后，英国政府又相继创建了阿斯顿大学科技城和沃里克大学科技城。1974年，韩国政府开始创办大德科学城。经过数十年的建设与发展，大德科学城现已汇聚4所高校、70多家科研机构和2 000多家高新技术企业，是韩国最大的产学研综合性科技城。

20世纪80年代，世界经济逐步复苏，大学科技城也随之在各国得到快速发展。美国、法国和英国等发达国家在原有大学科技城的基础上，又兴建了大量新的大学科技城。1983年，德国也开始了大学科技城的建设。德国首先依托柏林工业大学，规划建立了第一个大学科技城——西柏林革新与创业中心，之后又陆续兴建了多个大学科技城。至20世纪80年代末，仅美、英、德、法、日等发达国家就已建立了200多个大学科技城。

20世纪90年代，大学科技城开始在发展中国家得到蓬勃发展，逐步成为发展中国家技术转让和成果转化的重要基地。1991年，印度政府开始实施软件技术园区计划，先后成立了班加罗尔、浦那和布巴内斯凡尔等3个软件科技园区，并逐步发展成印度著名的软件产业"金三角"。其中班加罗尔科技园，经过30多年的发展，现已成为全球第五大信息科技中心，被誉为亚洲的"硅谷"，甚至被认为已具备向美国硅谷挑战的实力。此外，加拿大、芬兰、意大利、瑞典、新加坡和巴西等国，也先后兴建了大量大学科技城。最近半个世纪，大学科技城得到了蓬勃发展，现已成为世界各国发展科技与经济的重要载体，有效推动了所在国家与地区经济的发展、社会的进步。

2.2.2 国外大学科技城典型案例

1. 美国硅谷大学科技城

硅谷位于美国加利福尼亚北部旧金山与圣何塞之间，是高科技企业云集的圣塔克拉拉谷（Santa Clara Valley）的别称。硅谷最早主要研究和生产以材料"硅"为基础的半导体芯片和计算机产业，因此而得名。

1951年，斯坦福大学教授特曼提出利用学校空地成立斯坦福研究园区，并将园区里的工业建筑以低租金租给科技公司。这些科技公司不但应用斯坦福大学最新的科技，同时又租用斯坦福的土地，从而为斯坦福大学带来了充足的经济来源，推动了斯坦福大学的发展。正是这种创新氛围，培育和吸引了惠普、IBM和通用电气等众多科技创新公司，从而为硅谷的发展奠定了基础。

硅谷依托斯坦福大学、加州大学伯克利分校、圣塔克拉拉大学和圣何塞州立大学等世界知名大学，聚集了谷歌、脸书、惠普、英特尔、苹果公司、思科、特斯拉、甲骨文和英伟达等世界知名企业。同时，也不断汇聚了生物、空间、海洋、通信、能源、材料和电子等研究机构。目前，硅谷科技城已成为美国高新技术与人才的摇篮，也成为世界各国优秀高科技聚集区的代名词。硅谷已集结了诺贝尔奖科学家30多人，美国科学院院士近1 000人，以及来自世界各国的科技人员100多万人。硅谷拥有高科技公司10 000多家，所生产的半导体集成电路和电子计算机，分别占全美总量的三分之一和六分之一。硅谷的 GDP 占美国总 GDP 的 5%，而人口却不到美国总人口的1%。经过近70年的发展，硅谷现已发展成为世界顶级的大学科技城。

从斯坦福研究园区到硅谷大学科技城，其发展大致经历了四个时期。

(1) 半导体和集成电路产业的高速发展阶段。1957年，从肖克利半导体实验室出走的诺依斯、摩尔和布兰克等八人合作创立了仙童半导体公司，而后其中有人又创立了英特尔公司和 AMD 公司等，从而带动了半导体和集成电路等产业的高速发展。

(2) 风险资本的快速壮大阶段。20世纪70年代，凯鹏华盈、红杉资本和 NEA 三大风险投资公司相继成立，在紧挨着斯坦福的沙山路落户，形成了风险资本群体。风险资本主要投资个人计算机、通信、能源和新材料等产业。在很大程度上，风险资本促成了硅谷科技与产业的快速发展。

(3) 个人计算机产业的快速发展阶段。这是硅谷爆炸式发展时期，1970年，施乐公司在斯坦福大学附近成立了施乐硅谷研发中心，全球各类顶尖的科技人才聚集于此，该研发中心诞生了第一台个人电脑、激光打印机等许多高科技产品。

(4) 互联网和移动互联网产业的高速发展阶段。1993年，第一个广泛用于个人计算机的万维网浏览器 Mosaic 诞生；1995年，eBay 公司在加利福尼亚州圣荷塞成立；1998年，谷歌公司成立；2004年，脸书成立；2007年，苹果公司推出 iPhone 手机。这些事件的相继发生，标志着硅谷进入了互联网和移动互联网的高速发展期。

硅谷发展成世界顶级大学科技城有许多必然的因素。

(1) 良好的创新环境是硅谷形成与发展的重要因素。斯坦福大学、加州大学伯克利分校、圣塔克拉拉大学和圣何塞州立大学等，为硅谷不断吸引和培养了大量专业技术人才和各类创业人才。包容失败的创新文化，使"伟大的尝试，即使失败了，也是壮美的"，"失败是成功之母"等理念深入硅谷人的内心。正是这种包容失败和鼓励冒险的创新文化，使硅谷成为创业者的"栖息地"。萨克森宁在《地区优势》中提道："该地区的文化鼓励冒险，也接受失败。"许多硅谷公司更加欢迎勇于冒险的人，而不是选择保守传统的员工。事实上，从用538美元在一间车库里建立惠普公司，到如今成为世界高新技术创新和发展的示范区所依靠的动力，就是无数的个人和主体不断创新、敢于奋进的冒险精神。

(2) 不断升级的产学研集群为硅谷持续注入发展动力。产学研集群给硅谷带来了长期竞争优势，通过产学研集群化发展，集群企业能够获得规模经济效益，相互交流、碰撞，产生新的火花，使创新更加容易。产学研集群所呈现出的这种协同创新能力，使某些领域内相互关联的科研机构、研究型大学和企业等在一定区域内集中，发挥各自优势、整合互补性资源，形成了上、中、下游结构完整、产学研互动机制灵活的有机体系。哈佛大学商学院的波特在1990年出版的《国家竞争优势》中指出，一国具有竞争优势的行业往往是那些彼此联系紧密形成集群的行业，产业集群化是获得持久竞争力的一个重要来源。一方面，产学研集群提高了生产率，各创新主体在地理空间上的集中，更容易获得各类专业化的要素，能够招聘到所需要的各类人才、能够及时获取行业竞争信息，并在基础设施等公共物品方面降低成本。另一方面，产学研集群增强了区域创新能力，促成更多的新企业诞生。资源和人才的集中，可降低成立新企业的风险，创业者更容易发现产品和服务的缺口，投资者更倾向于选择风险投资。总之，硅谷产学研集群所带来的协同创新能力，为各集群创新主体提供了获取专业要素的便利和综合优势。

(3) 风险资本的兴起对硅谷大学科技城产生了重大影响。依靠风险资本的投资，许多高技术创业型公司在硅谷孕育而生。硅谷的风险投资者寻找优质的创业型公司并进行风险投资，以期获得原投资数倍的收益，而创业者以公司一定比例的所有权换取风险资本，从而有效扩展了创新创业融资渠道。在风险资本快速兴起的同时，硅谷及时建立了创新创业风险规避机制。1971年，硅谷建立了世界上第一个电子化证券市场——纳斯达克证券交易所，为硅谷创新创业型公司上市创造了有利条件，为风险资本构建了规范的进入与退出机制，是创新企业重要的融资平台。硅谷绝大多数创业型公司上市时还不赢利，不能满足纽约证券交易所的上市条件，纳斯达克交易所的建立则有效解决了这一问题。公司上市不仅能获得大量低成本资金，可有效拓展创业公司融资渠道，还是创业者获得创新回报的重要途径，是激励科技人员创新创业的主要动力。

(4) 得天独厚的地理环境也是硅谷形成与发展的重要因素。硅谷基础设施完善，交通便利，环境优美，气候宜人。硅谷临近太平洋，拥有300多平方千米的国家公园和美丽的森林。硅谷冬季温暖潮湿，夏天凉爽干燥，全年日照近300天，夏日最高气温通常不超过30摄氏度，冬天最低气温通常不低于5摄氏度，全年平均气温在13—23摄氏度之间。硅谷宜居宜业的自然环境和资源丰富的创新环境，吸引了众多高科技人才。

2. 日本筑波大学科技城

日本筑波大学科技城，又名筑波科学城，地处茨城县南部，东京东北50公里的筑波山西南麓，距成田国际机场40多公里，规划面积2.84万公顷，由茨城县筑波町、古田部町、樱村町、丰里町、大穗町和茎崎町组成。筑波大学科技城始建于1963年，是日本政府为实现"技术立国"目标而建立的工业城区，也是为了缓解东京城区过度密集状态，振兴科学技术和促进高等教育发展而建。经过50多年的发展，筑波科学城已聚集约20万人，拥有30多个日本国立科研机构，以及300多个民间科研机构，培育了6位诺贝尔奖得主。日本筑波科学城开创了科学工业城区建设的新模式，其先进的管理模式和雄厚的科研实力受到全世界的广泛关注，是世界著名的大学科技城之一。

筑波科学城的发展过程可划分为三个阶段：

(1) 基础建设期(1963—1980)。1963年，日本内阁通过了建设筑波科学城的决议，制定了《筑波研究学园都市建设法》，购买了建设科学城的大片土地，明确了科学城的基本性质、功能和建设方针。这一时期，筑波科学城偏重于科技研发，其城市功能还不完善，知名度也不高，并未完全发挥出吸引人才、减轻东京都压力的作用。

(2) 城市发展期(1980—1989)。20世纪80年代中期，日本政府通过了《研究交流促进法》，以改善学术交流环境。1985年，日本承办筑波世界博览会，主会场选择在筑波科学城，主题为"人类居住与科技"，首要目标是提高筑波科学城的国际影响，树立筑波世界级高科技研究中心的品牌。为加快筑波科技城的开发建设，保证博览会顺利召开，日本政府在环境整治、会馆建设和基础设施建设等方面投入了大量资金。博览会举办时，筑波已建成商业街、百货大楼、宾馆、信息中心、中心交通枢纽等设施，不仅有效拉动了商品消费，还完成了筑波科学城中心街区的建设，优化了筑波科学城的功能结构。

(3) 发展成熟期(1990年至今)。在这一时期，日本通过了《科学技术基本法》《教育改革纲要》《科学技术基本计划》《促进大学技术研究成果向民营企业转让的相关法律》等法规。政府更加注重筑波科学城文化、教育、交流和管理等复合功能的开发，不仅进一步完善了学术交流环境，还规范了科研成果的转化机制，有效促进了筑波科学城的协同创新。同时，政府继续加大筑波科学城基础设施建设的投入，不仅建成了现代化的研究员宿舍、国际会议交流中心等大型建筑，还开始了高速公路和轨道交通等交通网络的规划建设。随着居住环境和基础设施的完善，聚集了更多的创新资源，筑波科学城作为区域中心城市和世界级科技创新基地的地位进一步得到巩固。

筑波科学城作为"现代科技的乌托邦"，从总体规划、功能划分、空间布局等方面，都充分考虑了科学城的功能需求，具有以下特点：

(1) 多学科多领域综合性科学城。学科之间相互渗透、综合发展是现代科学研究的一个重要发展趋势。筑波科学城为适应现代科学技术的发展需要，汇集了大批多学科、多领域的科研机构，为不同领域的专家学者搭建了交流平台，有效促进了筑波科学城的发展，从而创造了众多的高新技术和高科技成果。

(2) 拥有健全的法制管理体系。自1963年决定建设筑波科技城以来，与之配套的法律法规频频出台，为筑波科技城的建设提供了法律依据和法治保障。日本政府制定的筑波科技城相关法律法规十分健全，以法律条文的形式固化管理内容，明确了各类主体的责权边界，法律条文内容体现适应性，即使具体事项发生变化，也不需要修改法律主体内容，只需修订其他相关法律条文即可，从而有效保证了法律主体的持续性和稳定性。

(3) 重视公共基础设施的建设。筑波科技城的规划建设，既综合考虑了各种功能分区，城市功能的完善，又考虑了自然生态资源的合理利用。筑波科技城建设的公共基础设施具有开放多元等特点，购物中心和商业网点不仅满足了员工日常生活的需要，图书馆、公园、医疗中心也提升了城区员工生活品质，会展中心、文化艺术中心等还为增强对外交流提供了活动场所。

3. 法国索菲亚科技城

法国索菲亚科技城全称为"索菲亚·安蒂波利斯国际智慧、科学与技术城"。索菲亚科技城位于法国东南部世界闻名的旅游胜地"蓝色海岸"里维埃拉地区，于20世纪60年代末由私人发起，经社团推动而创建，是法国40多个高科技城区中，创办最早、规模最大、最有影响的科技城。经过近50年的持续发展，目前城区面积达25平方千米，聚集了全球近70个国家的1 300多家研发型企业和科研机构，汇聚了3万多名高科技人才，平均每年上缴税收总额超过30亿欧元。索菲亚科技城的特色产业主要包括电子信息、生命科学、精细化工、环保和新能源等。索菲亚科技城已发展成法国新兴企业培育和高新技术交流的中心，被誉为法国的"硅谷"，在诸多领域能代表当今世界先进技术水平，引领全球前沿技术研究方向。

索菲亚科技城的发展可划分为两个阶段：

(1) 诞生和成长阶段——外部驱动型工业城。在创建之初，索菲亚科技城不像美国硅谷、英国剑桥，当地就有雄厚的教育和产业基础。当时里维埃拉的科技和教育基础几乎是空白，除尼斯大学外，周围没有其他任何高校、研究院所和工业企业，但里维埃拉的地理位置和气候条件非常优越，这对索菲亚科技城的创建与发展起到了重要的作用。1969年,巴黎矿业学校校长拉法叶建议在尼斯附近创建科技城,这一提议得到了当地有关管理部门,以及科研人员、工程师的支持。随即成立了"索菲亚·安蒂波利斯协会",着手筹建"安蒂波利斯国际智慧、科学与技术城"。1974年,索菲亚逐渐发展成面向技术研发活动的国际工业城区,强化了国际合作策略,并吸引了大量的外部投资,同时也吸引了大量教育、科研和技术人员,带动了索菲亚科技城科研与高等教育的发展,使得阿尔卑斯—滨海省成为法国的教育科研大省。总的来说,索菲亚科技城在诞生和成长阶段主要依靠吸引外来企业投资,开展研发和生产活动,属于典型的外部驱动型科技城。

(2) 发展和成熟阶段——外部驱动向内部驱动转型。从1996年开始,索菲亚科技城越来越多的科研人员和高校毕业生,用自己的创新成果和技术创办企业,索菲亚科技城开始涌现出大批发展速度快、潜力大的中小型高科技企业,即"幼苗企业",仅1998年,这些幼苗企业就创造了3 000个就业岗位,是索菲亚科技城建立以来最多的一年。在此期间,索菲亚的科学家和科技专业学生数量迅速增长,科学家每年增加2 000多人,本科和硕士毕业生每年增加超5 000人。一批批新生幼苗企业的出现不断推动着索菲亚科技城的成长与发展,索菲亚科技城的发展模式也已从外部驱动型逐步转变为内部驱动型。到20世纪90年代初,索菲亚已经发展成为产学研一体化的现代科技城,并最终发展成世界一流的大学科技城。

索菲亚科技城主要聚集了3种类型的高科技公司,如跨国公司的分支研发机构、本地中小企业,以及从企业或高校剥离出的新生企业。20世纪90年代初,新创小企业逐步成为索菲亚科技城创新的核心动力,索菲亚科技城从以引进企业为主导的外部驱动型,向以新创企业为主导的内部驱动型转变。同时,信息技术和电子商务技术的迅速发展,既加快了科技城技术与产业的发展,也加快了科技城向内部驱动型发展模式的转变。索菲亚科技城发展具有以下特点。

(1) 重视本地创新资源。索菲亚科技城在引入大量高校和研究院所,逐步成为法国高校和研究机构最为集中的地区后,出台系列政策,支持本地中小企业,以及从高校和研究院所剥离出的新生企业的发展,从而催生了大量"幼苗企业",为索菲亚科技城科技创新与成果产业化发展提供了丰富的源泉。

(2) 发展特色产业集群。索菲亚科技城依靠本地特色产业,发展高端、高附加值的技术,打造特色产业集群,逐步成为法国电子信息产业发展的重要基地。

(3)注重国际化发展。索菲亚科技城集聚了大量跨国公司研发中心和区域总部,注重搭建国际交流平台,重视国际化人才培养,鼓励企业、高校和研究机构开展国际合作。跨国企业、国际化高端人才、国外风险投资机构等在索菲亚科技城的发展过程中发挥了重要的促进作用。

(4)良好的自然生态环境。索菲亚科技城所在地里维埃拉处于自然保护区,从建立之初就强调环保,大面积自然绿化带,城区内无污染工业,建筑层高限制在四层以下,整个城区掩映在绿荫中,从而吸引了大量创新资源,有效促进了索菲亚大学科技城的发展。

综上所述,美国硅谷、日本筑波和法国索菲亚都是世界知名大学科技城,建立在风景秀丽、环境优美、交通便利的地区,不仅都具有良好的生态环境,也具有优质的创新环境,政府通过系列政策吸引和培育创新企业;还汇集了高端创新资源,吸引了世界各地的科研机构、高新企业和优秀人才。然而,这些大学科技城的产生与发展却各具特色,美国硅谷产生最早,由高校主导发展,是世界大学科技城的标杆。日本筑波和法国索菲亚是参照美国硅谷建立的,其中日本筑波从设计规划、建设与发展完全由政府主导,而法国索菲亚前期由社会组织发起,后期政府积极参与,并主导发展,现都已发展成世界知名的大学科技城,是当地技术的策源地,对区域产业与经济的发展起到了积极的推动作用。

2.3 国内大学科技城缘起与典型案例

2.3.1 国内大学科技城缘起

1978年12月,我国开始实行对内改革、对外开放政策,与此同时,大学科技城在世界各国得到了快速发展,对促进各国科技与经济的发展起到了重要作用。1984年4月,中央决定开放一批港口城市,鼓励逐步兴办经济技术开发区。自此,我国开启了大学科技城的建设与发展之路,1985年7月,中国科学院与深圳市政府联合建设了国内第一个科技园——深圳科技工业园。1988年5月,中关村成为国务院批准建立的我国第一个国家级高新技术产业园区。1990年,我国第一个大学科技园在沈阳东北大学成立。我国大学科技城不仅是改革开放的产物,同时也是高校不断创新的结果。我国大学科技城的发展大致可分为萌芽期和成长期两个阶段。

第一阶段:国家大学科技城的萌芽期(1985—1999)。在我国改革开放初期,世界各国大学科技城正处于迅猛发展期,面对科技发展和科研成果转化的需求,我国依托知名高校和科研院所,尝试建设大学科技园试点。1985年,中科院与深圳市政府合作建设深圳科技工业园,迈出了我国建科技园的第一步，其成功经验在国内获得了重要反响，得到了社会各界的关注和认可。随后，我国一些顶尖院校，如东北大学、华中理工大学和东南大学等高校也开始尝试建立多种形式的大学科技园。我国政府部门也顺势出台了一系列政策鼓励大学科技园的发展，如国务院在1984年出台"迎接新技术革命挑战实施对策"，1985年再次颁布了《中共中央关于科学技术体制改革的决定》，这些政策措施为大学科技城的建立和发展提供了保障。1988年8月，为推动我国高新技术成果的商业化、产业化和国际化，我国推出了"火炬"计划，极大地促进了国家大学科技园的发展创新。与此同时，东南大学在1988年建立了我国首个以大学为主题的科技园。1990年，辽宁省沈阳市正式建立东北大学科技园，这是我国历史上第一个国家大学科技园，同时拉开了我国建设大学科技城的帷幕。然而，由于受各种条件和环境因素的影响，大学科技园的发展与建设陷入困境。同时，因大学科技园大都设立在高新技术开发区内部，没有按美国硅谷、日本筑波的经验进行整体设计，因此，都不具备美国硅谷和日本筑波等大学科技城的综合功能，但为我国大学科技城的建设与发展打下了坚实基础。我国大学科技园在这一时期发展缓慢，很少取得较大的创新突破和社会影响力，对技术、产业与经济发展的作用还没有完全显现。

邓小平同志南方谈话之后，我国大学科技园迎来了新的发展机遇，一些高校提出了建设国家大学科技园的新构想。1992年，北京大学率先建立北大科技园，1993年清华大学提出建设清华科技园的设想，1994年正式开始科技园的建设工作。1995年11月，原国家科委火炬办与原国家教委科技发展中心联合主办了国家大学科技园第一次工作会议，提出要重视大学科技园的管理与指导。随后，认定并重点支持了一批大学科技园，1996年起将大学科技园纳入火炬计划。1996—1998年，随着科学技术和教育体制的改革与创新，大学科技园得到了快速发展，并培育了大批高新技术企业，如北大方正、清华紫光和清华同方等。这一时期，很多技术领域都获得了较大的创新突破和社会影响力，对技术、产业与经济发展的推动作用开始显现。20世纪90年代后期，大学科技城的发展理念开始在我国萌芽，很多大学科技园的规划与建设，开始呈现大学科技城的理念与雏形。

第二阶段：我国大学科技城的成长期（1999年至今）。1999年，国家技术创新大会提出，要进一步促进高新技术产业区和国家大学科技园的发展，将其发展成我国高新技术产业发展的孵化基地。同年，教育部与科技部也明确提出，要从国家发展层面推动大学科技园的建设，将大学科技园的发展纳入火炬计划、攻关技术与《面向21世纪教育振兴行动计划》中。

为进一步推动大学科技城的发展，2001年，科技部与教育部又共同印发了《国家大学科技园"十五"发展规划纲要》，纲要中指出兴办大学科技园是加速高新技术产业化的重要战略举措，是高校自身改革和发展的重要方向。同时提出了建设和发展国家大学科技城的指导思想、建设目标、发展原则，以及重点建设内容。该文件的发布，为我国大学科技城的发展指明了方向。

自此，我国大学科技园的发展得到了社会各界的关注，各级政府开始从政策、资金等方面提供支持和保障，并积极参与到大学科技城的规划、建设与发展。我国大学科技园(城)的建设也发生了本质变化：大学科技园(城)的建设和发展，不仅仅是高校行为，也成为政府行为，大学科技园(城)的规划也不局限于产业园区，开始参照美国硅谷、日本筑波，开始设计城市的综合功能，有了整体设计和系统规划。

2.3.2 国内大学科技城典型案例

1. 北京中关村大学科技城

北京中关村科学城以中关村大街、知春路和学院路为轴线，总面积约75平方千米，毗邻中国科学院和北京大学、清华大学等高校，一起构成了中关村科技城核心区。多年来，中关村科学城围绕创新主体、创新内容、创新产出、创新投入和创新协作等方面开展了大量工作，在区域创新体系建设方面走在全国前列，成为我国科技创新的标杆和区域创新体系建设的旗帜。

2001年，北京市政府和中国科学院决定加快中关村科学城的建设。在政府、高校和企业合作的基础上，抛开局部利益和土地归属的纠葛，从城区环境和功能完善等角度整体设计、共同推进中关村科学城的建设。2009年3月，国务院批复同意支持中关村科技园区建设国家自主创新示范区。2010年9月，国家首个产业集群基地——中关村科学城首批规划项目正式启动。2010年10月，北京市政府将中关村科学城北区226平方千米全部纳入中关村科学城。2018年12月，北京市政府审议通过了《中关村科学城规划》，规划明确了中关村科学城的"三地"核心功能，即科技创新出发地、原始创新策源地和自主创新主阵地。2019年8月，中关村科学城管理机构正式成立，掀开了中关村科学城发展的新篇章。

中关村科学城不仅包括清华大学、北京大学和北京航空航天大学等27所国家重点高校，中科院等30多家研究院所，25家国家级工程技术研究中心、20多家国家级工程研究中心和62家国家级重点实验室，还汇集了联想集团、航天科技等高科技企业8 000多家，以及1 000多家科技创新服务机构。中关村科学城是中国高科技人才最密集的区域，现有两院院士100余人，科技人员16 000多人；在读硕士、博士研究生3 700多人，博士后450多人。中关村科学城非常重视顶尖科学家的带动作用，从全球范围引进顶尖科学家、顶尖科研机构，设立以市场化机制为导向，贯穿基础研究、应用技术研究和产业化全链条的新型研发平台。目前，中关村科学城已建设了姚期智院士领衔的中关村海华信息技术前沿研究院、刘忠范院士领衔的北京石墨烯研究院、彭练矛教授领衔的碳基集成电路研究院等一批新型研发平台。中关村科学城在电子信息、集成电路设计、轨道交通、智能制造和生物医药等领域不断加强协同创新网络建设，提升自主创新能力，突破关键核心技术，初步构建了一个以企业为主体的技术创新体系。

2. 辽宁沈阳国家大学科技城

2010年11月，辽宁省和沈阳市在浑南新城南部规划了7平方千米核心区，以及100平方千米高新技术产业承载区，开始兴建沈阳国家大学科技城。沈阳国家大学科技城并不是高校集中区，其定位是科技创新和科技成果转化基地，是高校和科研院所的技术转移中心和高新技术研究中心。其主要任务是专注于科技创新，以及科研成果转移和产业化，目的是要打造辽宁省科技创新基地和"两化"融合先导区、产学研深度结合和创新驱动发展的示范区。

自成立以来，辽宁省委省政府高度重视大学科技城的创新引领作用，积极推进大学科技城的建设。沈阳国家大学科技城已获批为国家产学研合作示范基地、国家智慧城市试点城区、中国海智计划沈阳基地。全运会运行中心、环保大厦、新政务服务中心均坐落于此，随着沈阳市行政中心的迁入，结合沈阳全面建设国家自主创新示范区和综合改革试验区的契机，沈阳国家大学科技城的创新环境优势将愈加凸显。

沈阳国家大学科技城作为辽宁省两化融合先导区，确立了机器人与智能制造、互联网与大数据、健康医疗与生物制药、软件研发与创意设计和新材料等五大高新技术主导产业，引进了东北大学、大连理工大学和乌克兰基辅大学等50余所大学研发机构，汇集了SK、ECM、飞利浦和腾讯等世界500强企业30多家，还有200多家中小型科技企业入驻飞利浦医疗设备沈阳创新中心、腾讯东北研发中心，逐步形成了良好的创新创业氛围。

沈阳国家大学科技城引进多所高校研发机构，充分利用高校人才、信息、技术、实验设备和文化氛围等方面的资源优势，构建多元化投资渠道，通过政府政策引导、支持，吸引了世界各地的科技创新资源。充分发挥了高新技术研发、科技成果转移、创业企业孵化和创新人才培养四大功能，实现了政府、企业、高校之间的协同创新，为辽宁省新型工业化发展提供了强有力的科技支撑。

3. 湖南岳麓山大学科技城

湖南岳麓山大学科技城规划核心区域东至潇湘大道、西至麓景路南延线、南至南二环、北临桃花岭和龙王港，所辖岳麓区岳麓街道、橘子洲街道、望月湖街道、西湖街道等4个街道，核心区面积约34平方千米。岳麓山大学科技城前临"漫江碧透，百舸争流"的滔滔湘水，后倚"万山红遍，层林尽染"的巍巍麓山，集自然与人文于一身，融古老与现代于一体，文化生态优势得天独厚。岳麓山大学科技城拥有中南大学、湖南大学、湖南师范大学等高校院所20多所，国家和省部级重点实验室57个。

岳麓山大学科技城的发展可划分为科技园和科技城两个阶段。第一阶段为科技园阶段(1999—2014)。在全国各地都在兴办大学科技园时，依托中南大学、湖南大学、湖南师范大学和国防科技大学等知名高校，以及长沙矿冶研究院、长沙矿山研究院、湖南中医药研究院和长沙建设机械研究院等研究院所，于1999年创办了岳麓山大学科技园。在创办的第一年，就与其他14家大学科技园同时被列为国家大学科技园建设试点单位，2001年5月被国家科技部、教育部正式认定为首批22家国家大学科技园。经过多年的努力，岳麓山国家大学科技园逐步发展成由高新区麓谷基地为本部，中南大学科技园、湖南大学科技园和岳麓科技园为分园的综合性大学科技园。同时结合高校合作共建基地，岳麓山大学科技园在麓谷基地建设了企业广场孵化器大楼形象基地，延农大学生创新创业基地、航天亚卫大学生实习实训基地，还在长沙高新区内合作建设了湖南大学科技园、橡树园等产业化基地。

第二阶段为科技城阶段(2015年至今)。为落实中央"中部崛起"战略，2015年，时任湖南省省长杜家毫在调研了湖南大学、中南大学、湖南师大后，提出将这三所大学的发展放在一张蓝图上，进一步优化布局，一同规划、一并推进，打造新型"大学城"。2017年湖南省委、省政府对大学科技城建设做出了更为明确的指示，提出要在原岳麓山国家大学科技园的基础上，整合更多创新资源，科学系统规划，加快建设岳麓山大学科技城，将其打造成湖南实施"创新引领、开放崛起"战略的重大平台。湖南省和长沙市按"最美大学城、领先科技城、一流创业城"的建设目标，遵循校区、城区、景区、园区"四区联动"的建设路径，致力将岳麓山大学科技城打造成"中部崛起新引擎、湖南创新新高地"。

岳麓山大学科技城的建设与发展，得到了湖南省政府和长沙市政府的高度重视，由长沙市牵头组织规划建设。岳麓山大学科技城关注的不仅是园区，还包括了校区、城区和景区。在规划和建设时，对岳麓山大学科技城的整体布局、功能分区、道路交通和配套服务等进行了系统思考。在管理架构设计时，对如何协调整合高校、研究院所、企业、金融机构和中介服务机构等主体资源，以及提高主体参与积极性进行了综合考虑。政府职能则更多是围绕政策制度优化建设，平台搭建、服务提供和资源整合，支持岳麓山大学科技城的建设与发展。

近年来，岳麓山大学科技城得到快速发展，现已吸引和培育大量科研人员和创新型人才。岳麓山大学科技城汇聚了"两院"院士40余名，国家"千人计划"入选者139人，"万人计划"专家221人，"973计划"项目首席科学家19人（其中青年项目2人），"长江学者奖励计划"特聘、讲座教授61人，在校大学生30余万名、创新创业团队和科研人员10余万名。

岳麓山大学科技城核心区已逐步按产业和功能建设了岳麓山大学科技园、桃子湖文化创意产业园、西湖文化园、后湖国际艺术园4个专业园区，麓客众创、58众创、九合众创和中南大学学生创新创业指导中心等7个众创空间，以及岳麓山国家大学科技园创业服务中心1个国家级孵化器。岳麓山大学科技城近年在材料科学、计算机通信、人工智能、机械工程等重大领域产出了系列科研成果，其中获得国家和省部级科技成果奖共597项，占湖南省的75%，取得了个体化医学基因检测技术、高性能沥青基碳纤维、基于金属基的微机电系统压敏芯片生产线等世界领先成果，还拥有东映碳材、博云新材、赛诺生物、赛恩斯环保和光琇医疗等一批校企合作的成功范例。

综上可知，中关村、沈阳和岳麓山大学科技城的产生、发展和定位并不完全一样。中关村、岳麓山是在原来科技园的基础上，重新规划建设而发展起来的大学科技城，且都具有良好的生态环境和区位优势，基础设施完备，拥有独特的创新资源。而沈阳大学科技城则是参照日本筑波发展模式，在沈阳浑南区整体规划全新建设的科技城，同时引进了大量国内外知名高校和研究院所的研究团队，以及世界一流企业的创新中心。虽然中关村、沈阳和岳麓山大学科技城的发展路径与建设目标并不完全一样，但均因地制宜出台了系列政策制度，聚集了大量科技创新资源，促进了高校、科研院所、企业和政府之间的协同创新，加快了科技创新成果的产业化，现都已发展成我国重要的大学科技城，是区域创新策源地和科技成果转化地，推动了当地产业与经济的发展。

2.4 大学科技城发展经验比较分析

国内外大学科技城的发展既有诸多共同经验,也有各自特色。美国硅谷、法国索菲亚和日本筑波等世界知名大学科技城在发展过程中积累了丰富的成功经验,成为世界各国大学科技城学习的典范。中关村、沈阳、岳麓山等国内大学科技城在发展之初,也都借鉴了美国硅谷、法国索菲亚和日本筑波的发展经验,但在发展过程中,都逐步走出了自己的发展特色和模式。通过全面深入分析国内外典型大学科技城的发展经验,发现在主导发展模式、特色产业集群、主要优势资源及政府支持作用等方面有着各自的特色与经验,详见表2-2,但国内大学科技城的发展情况与国外知名大学科技城相比仍存在一定差距,具体如下。

表2-2 国内外典型大学科技城发展经验比较分析

项目	主导发展模式	特色产业集群	主要优势资源	政府支持作用
美国硅谷	以市场需求为导向,成熟的风险投资体系,高新技术企业密集	半导体集成电路、计算机、生物医疗以及新型能源材料等	具有科研实力雄厚的斯坦福大学等一流大学,其衍生出众多企业和科技成果;地理位置优越,气候宜人	通过制定法规和建立风险规避机制,规范风险资本投资,为创新创业创造有利条件
法国索菲亚	由政府主导,由外部资源驱动发展逐步转变为内部优势产业驱动发展	电子信息技术、计算机、精细化工、环保和新型能源材料等	尼斯大学等高校、研究机构和企业这三大支柱相辅相成,并催生了大量"幼苗企业",是创新的丰富源泉	政府在政策和资金上提供大量支持,引入高校和科研机构,大力支持本土企业发展
日本筑波	政府为振兴科技和促进高等教育而建立,是多学科多领域交叉发展的综合性科学城	高能物理、生命科学、材料科学、化工和气象环境等	拥有筑波大学和筑波宇宙中心等高校和研究所;基础设施建设完善,水电、交通、电子通信等方面进行了统一规划和建设	政府针对科技城制定了相关法律,同时在房屋租赁、信贷、外资引进等方面给予优惠政策
北京中关村	前期聚集了一大批企业和技术人才,以市场力量为主导,后期政府进行了大力支持	信息技术、节能环保、航空航天、生物、新能源、高端装备制造等	北京大学、清华大学和中国科学院构成科技城的核心区域;大型科研仪器设备约占全国的三分之一;但资源的利用有待提升	出台了一系列扶持高新技术产业发展的政策和措施,进行人才引进和创业支持
辽宁沈阳	为吸引全国科技创新资源,激发辽宁省科技潜力和创新活力,	智能装备制造、健康医疗与生物制药、软件	聚集了众多科创新和成果转化基地、高新技术研究中心;具有完善的配套	在金融服务以及吸引科技创新资源等方面进行了

续　表

项目	主导发展模式	特色产业集群	主要优势资源	政府支持作用
	政府主导建立	研发与创意设计等	服务和物业管理环境；但创新平台数量目前较少	大力支持。但相关政策还不够具有针对性
湖南岳麓山	由政府政策主导，前期进行了整体规划设计和布局，但配套政策还不完善	先进制造技术、电子信息技术，以及新型材料等	拥有中南大学、湖南大学等高校和科研院所，以及超算中心等重点研发平台和国家级创新平台，但资源利用有待提升	制定了明确的政策措施，整合创新资源、进行系统规划，但政策还未形成长效机制

(1) 主导发展模式不同。美国硅谷以市场需求为导向，大学科技城内各创新主体根据自身利益和市场竞争压力，在竞争中不断创新。同时，美国硅谷丰富的风险投资也让许多高新技术企业在硅谷孕育而生。法国索菲亚前期以市场化发展为主，但效果并不理想，后期政府积极参与，主导科技城的发展，为当地的经济与产业发展做出了巨大贡献，法国索菲亚目前已经由外部驱动型转变为内部驱动型，达到了内部各创新主体联动共生的发展成熟阶段。筑波大学科技城则从规划开始就以政府为主导，由政府给予资金和政策的支持，扶持科技与产业的发展。而国内大学科技城均由当地政府主导规划与建设，经过多年的发展，尽管已取得一定成绩，但在区域经济发展中还没有发挥引领与带动作用，对于鼓励科技创新、营造创新环境等方面的配套政策还不够完善。

(2) 产业集群各有特色。美国硅谷拥有发达的半导体芯片、计算机和生物医疗等产业基础，汇聚了大量相关技术与研发企业。目前硅谷已形成了以半导体集成电路、计算机、生物医疗以及新型能源材料共同发展的高新技术产业集群。法国索菲亚则重点发展高端、高附加值产业，目前已形成了电子信息技术、精细化工、环保和新型能源材料等产业集群。日本筑波根据本地优势，从一个或几个高新技术领域和项目去研究开发，并形成具有竞争力的特色产业，目前已形成了高能物理、生命科学、材料科学、化工和气象环境等特色产业集群。北京中关村主要以信息技术、节能环保、航空航天、生物、新能源、高端装备制造等为主导的产业集群。辽宁沈阳大学科技城经过多年的不懈努力，科技城高新技术产业实力明显增强，自主创新能力也有了显著提升，初步形成了包括智能装备制造、健康医疗与生物制药、软件研发与创意设计等在内的特色产业集群。岳麓山大学科技城则重点发展了先进制造和电子信息技术等产业集群。国内大学科技城大多数缺乏精准产业定位，导致产业聚集度普遍还比较低。

(3) 主要优势资源不一样。大学科技城的快速发展都离不开城区的高等院校和科研院所等优势资源，其中最重要的是高新技术企业、科技人才和科技成果等创新资源。美国硅谷聚集了全球的先进技术、高端人才和成熟的资本市场，以及拥有得天独厚的地理环境。法国索菲亚和日本筑波都具有独特的地理环境，但本地创新资源并不丰富，法国索菲亚通过优惠政策吸引了世界各地的创新资源，同时高度重视本地创新资源的培育与利用。而日本筑波则聚集了大量本国的创新资源，并加强与世界各国的合作。辽宁沈阳大学科技城通过与国内外高校、研究机构合作，目前已拥有许多科技创新和成果转化基地、高新技术研究中心，同时建成了较完善的配套服务和物业管理环境。北京中关村和湖南岳麓山则都拥有众多高校和科研院所，因此也吸引了许多国内外顶尖的高技术人才。不过尽管国内大学科技城经过发展创新资源较为丰富，但作为区域的科技创新高地，创新平台数量与国外典型大学科技城相比还需进一步提升，本地资源的利用也有待进一步优化。

(4) 政府作用有较大差别。美国硅谷为风险资本的运行与发展颁布了相关法规，建立了风险规避机制，为科技创新活动营造了良好环境。法国索菲亚自成立以来一直有着政府意志，通过政府在政策和资金等方面的支持，才使索菲亚从零基础，发展成为面向技术研发与科技创新的国际工业城区。日本筑波则针对科技城制定了相关法律，在房屋租赁、信贷、外资引进等多方面给予优惠政策。岳麓山大学科技城在发展初期制定了明确的政策措施，进行科技城内创新资源的整体规划。北京中关村出台了一系列扶持高新技术产业发展的政策和措施，进行人才引进和创业支持，有效地解决了各类企业和专业人才在北京中关村创新创业的政策障碍。辽宁沈阳大学科技城通过整合政策资源优势，搭建了一系列的金融服务平台，为科技城内各主体提供全面的金融服务与政策支持。但是与国外大学科技城相比，国内大学科技城现阶段处于发展初期，还存在内外部创新资源的运用不够合理、缺乏具有针对性的政策以及政策并未形成长效机制等问题。

2.5 大学科技城发展启示

美国硅谷、法国索菲亚和日本筑波是世界最成功的科技城典范，现已成为世界各国大学科技城学习与模仿的标杆，打造各国本土"硅谷"已成为世界许多大学科技城的目标与梦想。法国索菲亚和日本筑波也都是参照美国硅谷模式建造的大学科技城,但并不是完全"克隆"或照搬硅谷模式,而是根据自身实际和客观条件,在模仿中大胆创新,逐步发展为各具特色的世界一流大学科技城。

我国大学科技城也大都是参照美国硅谷、法国索菲亚和日本筑波等世界一流大学科技城,选取高校、研究院所等创新资源相对集中的地区,而规划建立起来的。我国大学科技城作为各省市引领创新发展的重要载体,既是区域产学研协同创新的平台,也是科技创新成果转化为现实生产力的孵化器,在各地政府的支持下,不断汲取国外大学科技城的经验教训,逐步发展壮大、日趋成熟,为各省市科技创新,以及产业与经济的发展做出了重要贡献。但我国大学科技城的发展参差不齐,与美国硅谷、法国索菲亚和日本筑波等一流大学科技城相比,其功能发挥和创新绩效,仍存在较大差距。

长期研究硅谷的美国学者萨克森宁认为:仅拥有硅谷的基本因素,并不意味着就能创造出硅谷的创新活力。世界各国大学科技城的发展经验也表明,大学科技城的发展成功,不是简单模仿就可以实现的,仅将几所高校、研究院所、风险投资和科技园区拼凑在一起,是不可能建成硅谷、索菲亚和筑波一样的大学科技城。

可见,我国发展大学科技城应在政府的大力支持下,因地制宜,根据各地的实际情况和客观条件,依托本地的特色创新资源,营造良好的创新环境,聚集各种创新资源、重视培育创新创业企业,发展区域产业集群,在模仿中创新,在创新中发展,从而打造具有地域特色和资源优势的大学科技城。由以上分析,可得出加快我国大学科技城发展的五点启示,具体如下:

(1)优化区域创新环境,激发协同创新热情。创新环境与区域创新能力具有强相关性,良好的创新环境能有效提升区域创新能力,对提高创新成果产出,促进科技成果转化,能起到重要支撑作用,是大学科技城聚集创新资源,提高创新绩效重要的前提条件。美国硅谷依托斯坦福大学等世界名校,汇聚了大量世界高科技企业,不仅拥有丰富的创新资源,也制定了鼓励创新的政策制度,还形成了"包容失败、鼓励冒险"的创新理念,从而吸引了更多创新人才,并孕育了谷歌、脸书等众多世界知名高科技公司。日本筑波科技城则建立了一整套规范的法律制度,保证了筑波科技城创新主体的协同创新、成果转让、产业化、利益分享和知识产权保护等,使其都有法可依,有章可循,为创新主体营造了良好的创新环境,消除了创新主体的后顾之忧。良好的创新环境,不仅可以为企业、高校和科研院所开展协同创新提供有利条件，还能加快促进创新企业成长，使大学科技城创新主体的交流与合作更加便捷、更加频繁，从而营造良好的创新氛围，提升大学科技城的创新能力。

自改革开放以来，我国出台了系列政策制度鼓励创新，各省区市在设立大学科技城时，也制定了相关制度措施，从资金支持和税收优惠等方面鼓励创新主体开展科技创新，有效促进了大学科技城的发展。但我国大学科技城的创新环境与国外一流大学科技城相比，仍有较大差距，主要包括以下几个方面：一是我国法律制度不够健全，对知识产权的保护还有待加强；二是鼓励创新的政策制度不够系统，有待进一步优化完善；三是创新主体之间交流互动不够，高校和研究院所的创新资源闲置，没有得到充分利用；四是大学科技城创新氛围不浓，科技人员的创新激情不高。因此，我国大学科技城应统筹规划，建立完善鼓励创新的法律法规和政策制度，营造勇于创新的文化氛围和观念风气，加快创新资源在创新主体间的交流与共享，从而打造更加良好的创新环境。

(2) 依托本地创新资源，促进创新成果转化。一般而言，大学科技城的成长与发展不能脱离其所处的区域资源，因此应因地制宜，充分发挥本地独特的环境条件与创新资源优势。美国硅谷创立之初，正是依托了斯坦福大学，充分利用了该区域半导体芯片和计算机方面的人才和技术，发挥本地创新资源优势，孵化出了惠普、仙童半导体、英特尔和AMD等高科技公司，这些高科技公司的发展与壮大，培育和聚集了更多创新人才，产生了更多新技术，研发了更多新产品，从而又衍生出谷歌、脸书、苹果、特斯拉和甲骨文等更多世界知名企业，并最终成为世界大学科技城的标杆。日本政府在规划和建设筑波大学科技城时，将其国内众多科研院所搬迁至筑波，从而在筑波汇集了各类科技人才、高新技术与科研平台，形成了多学科交叉融合的发展态势，对筑波大学科技城的发展起到了重要的推动作用。世界知名大学科技城均通过立足于本地特色创新资源，与所依托大学的优势学科紧密结合，鼓励协同创新、加快成果转化，发掘本地特色产业、培育新兴产业，快速打造竞争优势，并由此汇聚更多科技企业和创新人才，从而成为孕育科技成果的催化剂，推动区域经济快速发展。

我国在规划建设大学科技城时，借鉴了硅谷和筑波等世界知名大学科技城的经验，选取高校、科研院所等创新资源相对集中的区域设立大学科技城。北京中关村就是依托中国科学院、北京大学、清华大学等知名高校和科研院所等创新资源，培育了航天科技、中国软件和清华同方等高科技企业，促进了我国信息技术的发展，是国内高科技人才、科教资源和创新资源最密集的区域。岳麓山大学科技城则依托中南大学、湖南大学和湖南师范大学等高校，以岳麓山为核心区域，形成了具有深厚文化基础、雄厚人才优势和强大智力支撑的大学科技城。然而，国内大学科技城在发展过程中，还存在当地创新资源发挥不充分、成果转化率低、区域特色产业未形成等问题。主要表现为：一是科技城的高校和科研院所的科技创新资源闲置，利用率不高；二是科技城的高校、科研院所各自为政、各自发展，缺少交流互动，协同发展程度不高，没有充分发挥创新资源的作用。因此，在大学科技城的建设与发展过程中，要大力推进主体开放共享，鼓励协同创新，加强区域内各主体的良性互动，整合区域内的特色资源，提高创新成果转化率，依托本地创新资源、特色产业，打造世界一流大学科技城。

(3) 聚集外部创新资源，提升协同创新能力。大学科技城在依托本地创新资源的同时，更要营造良好的创新环境，聚集外部创新资源。美国硅谷良好的创新环境，吸引了世界各国一流的企业在此设立研究机构和分公司，既带来了前沿技术、创新成果，也聚集了顶尖创新人才，同时，还汇聚了资金，使硅谷成为世界高端创新要素密集区，从而给硅谷的创新发展提供了重要保障。日本在规划建设筑波大学科技城时，筑波本地并没有高校和研究机构等创新资源，然而通过国家推动和政策吸引，筑波大学科技城聚集了30多个日本国立科研机构，300多个民间科研机构，以及大量创新企业，成为世界大学科技城多学科交叉融合发展典范。法国索菲亚科技城发展初期，创新资源匮乏，在当地政府的推动下，依靠跨国公司分支研发机构、国际高新技术企业，走出了外部驱动型发展模式，即使在内部驱动发展期，索菲亚科技城仍将国际合作和国际交流作为其重要发展路径。可见，大学科技城通过引进高层次创新人才、聚集知名企业，汇聚高水平科研成果等方式，大量凝聚外部创新资源，能有效提升大学科技城的创新能力，从而加快推动科技创新与科技成果转化。

我国大学科技城在规划建设时，一方面通过将其建设在创新资源相对集中、区位优势明显的地区，另一方面，通过出台相关优惠政策制度，以吸引国内外创新资源向大学科技城集聚。如沈阳大学科技城通过优惠政策引进了50余所大学的研发机构，汇聚了飞利浦、腾讯和SK等32家世界500强企业的分公司和创新平台。中关村则利用其区位与政策优势，从全球范围引进了大量一流科研机构和顶尖科学家。然而，我国大学科技城在加强国际合作，加大引进外部创新资源时，也应考虑当地特色产业与资源优势，避免出现引进的创新资源水土不服、外来的创新资源落地困难、引进资源与本地创新资源协同发展难等问题，从而有效推进大学科技城的高质量发展，并高水平建设国家创新体系。

（4）培育创新创业企业，提升成果转化绩效。企业是大学科技城创新创业的核心主体，是实现创新成果产业化的重要载体，是活跃创新创业氛围的关键因素。培育创新创业企业，实现创新成果产业化，也是大学科技城的最终目标。美国硅谷创立之初，就非常重视培育创新创业企业，惠普公司创业的车库被政府誉为硅谷发祥地，现已成为硅谷标志性景点，每年吸引超过4万游客前往探寻硅谷的创业精神。被誉为"晶体管之父"的肖克利，离开贝尔实验室，创建"肖克利半导体实验室"，以及硅谷"八叛徒"离开"肖克利半导体实验室"成立仙童半导体公司，并由此派生出AMD、英特尔等公司，最终形成了硅谷的半导体产业，这正是硅谷重视培育创新创业企业最好的佐证。法国索菲亚成功实现外部驱动向内部驱动转型，就是因为其一直注重培育本土化创新创业企业，从而不断涌现出大量发展速度快、效率高、前景好、潜力大的中小型创新创业企业。培育和孵化创新创业企业是大学科技城的核心职能，重视培育创新创业企业的发展，不仅有利于培养和打造创新创业人才，也有利于提高创新成果转化效率，加快发展特色产业集群，并增强大学科技城承载创新资源的能力。

我国大学科技城大都建立了创业中心、孵化中心和众创空间等平台，用于培育创新创业企业。北京中关村利用孵化平台，不仅培育了成千上万家创新创业企业，还成功将其中300多家创新创业企业培育成上市公司，总市值达5万多亿元。岳麓山大学科技城目前拥有科研人员10多万名，建立了麓客众创、58众创等7个众创空间，已培育创新创业企业3 000余家。虽然，我国大学科技城出台了系列政策，创立了众多孵化平台，用于培育创新创业企业，但仍存在创新创业企业融资难、人才缺、氛围不浓和转化效率低等问题。因此，应努力为创新创业企业提供良好的硬件和软件条件、拓宽融资渠道、改善融资环境、培养创新创业人才，有效提高创新成果转化效率，从而推动我国大学科技城健康发展。

（5）发展区域产业集群，优化协同创新体系。区域产业集群是具有强大发展潜力的区域经济组织形态和经济增长极。加快科技成果转化，促进区域产业集群化发展，既是大学科技城的基本职责，也是优化完善大学科技城创新体系的重要途径，还是培育世界一流大学科技城的重要举措。美国硅谷大学科技城就是凭借培育的半导体芯片产业集群和计算机产业集群，奠定了其世界大学科技城标杆的地位；法国索菲亚大学科技城则聚集了大量国际知名电信企业，打造了计算机、电信和电子信息等产业集群，完善了创新体系，从而成为世界知名大学科技城。独具特色的产业集群不仅能有效构建完整的产业分工体系，优化创新体系，还能加快嵌入全球价值链、产业链和创新链，最重要的是，特色产业集群能承载更丰富的创新资源，产生更多元的创新需求，促使大学科技城形成内部创新驱动型发展模式，从而有利于加快跻身世界知名大学科技城行列。

我国大学科技城在发展过程中，也都出台了大量政策，鼓励创新成果转化，重视先进产业集群的培育与发展。北京中关村大学科技城正是凭借其培育的电子信息、轨道交通、集成电路设计、生物医药和智能制造等产业集群，而被誉为中国的"硅谷"。沈阳大学科技城培育发展的机器人和信息产业集群，岳麓山大学科技城培育的工程机械产业集群，都为区域创新体系的构建，当地产业与经济的发展做出了巨大贡献。虽然我国大学科技城在发展区域产业集群方面，取得了不少成绩，但也存在产业集群培育数量不多，产业集群定位不清，产业集群特色不明等问题，造成大学科技城创新资源过于分散，不能有效聚焦，从而导致大学科技城的创新体系还不够完善，创新能力还不够强，有国际影响力的产业集群少，有世界知名度的大学科技城也并不多见。因此，我国大学科技城在发展过程中，应聚集创新资源，完善协同创新体系，提升区域创新能力，加快创新成果转化，重点培育主导产业，打造特色区域产业集群，从而建设国际知名的大学科技城，促进区域经济高质量增长。

2.6 本章小结

大学科技城是协同创新的重要载体，是国家创新体系建设的重要组成部分。发达国家的大学科技城起步较早，在引领科技进步和促进经济发展中发挥了极其重要的作用。如美国硅谷大学科技城虽只有全国1%的人口，却创造了全国13%的专利和5%的GDP；法国索菲亚科技城聚集了全球60多个国家1 300多家高科技机构和研发型企业的3万多名科技创新人员，有效带动了当地科技与经济的快速发展。于是，各国纷纷学习和效仿硅谷、索菲亚等大学科技城成功的经验和发展模式，开展大学科技城的规划与建设，全球大学科技城数量与规模呈现出爆发式增长，有效推动了世界各国科技的进步和经济的发展，并取得了显著成效。改革开放以来，为加快科技与经济的发展，我国出台了鼓励科技创新的系列政策，各省区市结合各地高校和研究院所等资源条件，参照美国硅谷、法国索菲亚和日本筑波，争相规划建设大学科技城。目前，我国主要采取"政产学研"运行管理机制，由政府主导将大学科技城建成以高校及科研机构为创新核心，以产学研协同发展为创新模式，以成果产业化发展为创新导向的科技创新策源地、科技成果转化地和高端人才集聚地。其目的是聚集创新资源，促进创新发展，加快创新成果转化，实现创新成果产业化发展，从而推动区域经济的发展。

  为准确把握大学科技城的概念，全面了解大学科技城的发展情况，本章首先对比分析了大学科技园、大学科技城、科学城等的异同，明确了大学科技城的概念与内涵。然后梳理了国外大学科技城的起源，以及世界主要大学科技城的发展脉络，具体分析介绍了硅谷、筑波和索菲亚等三个典型国际知名大学科技城；接着梳理了国内大学科技城的产生与发展脉络，将国内大学科技城的发展历程，按萌芽期和成长期进行了详细分析，选取中关村、沈阳和岳麓山等三个国内典型大学科技城案例进行了介绍；最后，借鉴国内外大学科技城的发展经验，得出了我国加快建设大学科技城的启示：大学科技城的发展，应因地制宜，营造良好的创新环境，聚集各种创新资源、发挥创新主体协同作用，重视培育创新创业企业，发展区域产业集群，有效提升协同创新效率，打造具有地域特色和资源优势的大学科技城。

第3章 大学科技城协同创新理论分析框架

大学科技城聚集了高校、科研院所和企业等创新主体，以及技术、人才、知识和资本等创新要素，是开展协同创新的重要平台，对构建区域创新体系、推动经济高质量发展有重要作用。大学科技城协同创新既是建设创新型国家的重要举措，也是十九大报告和"十三五规划"共同关注的热点，还是当前理论界和实业界共同关注的焦点。

为全面系统剖析大学科技城协同创新全生命周期中的核心问题，理顺研究思路、厘定研究框架，并为后续章节的研究打下基础，本章在阐述大学科技城协同创新的概念和内涵后，首先归纳大学科技城协同创新的主要特征、构成要素和功能定位，从多个不同视角总结大学科技城协同创新的发展模式，然后在梳理大学科技城协同创新相关理论的基础上，构建大学科技城协同创新理论分析框架。

3.1 大学科技城协同创新相关概念

3.1.1 创新理论

1911年，熊彼特（J. Schumpeter）首次提出创新理论，他认为创新是第一次将一种新技术或新发明在市场中应用，也就是将相关生产要素与条件重新组合后，引入到生产体系当中，以此建立一种新的生产函数或供应函数。创新具有三种表现形式：一是技术创新，主要包括开发新产品、增加产品性能、运用新工艺和新方法；二是市场创新，主要包括营销市场与供应市场的创新；三是组织制度创新，主要包括改变已有的组织制度，或另行组建一个全新的组织管理体系。简言之，创新是"管理者对生产要素的重新组合"。创新并不是简单地从旧组合中渐进地、不断调整而产生，而是间断地、通过"创造性破坏"而形成的。此外，创新还具有集群性和过程性。随着时代的进步与发展，创新理论也在不断丰富和完善。

3.1.2 协同理论

协同学（synergetics）也称"协同论"。1971年，著名物理学家哈肯（Haken）

提出了协同概念。1976年，他又出版了《协同学导论》《高等协同学》等著作，系统地阐述协同学的基本理论。协同是指系统中的要素，围绕共同目标而分工协作；协同效应则指系统中的要素，或者复杂系统中的子系统，其协同行为产生的超越自身单独作用，而形成系统的聚合作用。管理学上的"协同学理论"认为：自然界、人类社会中的客观事物，通常处于有序或无序的两种状态，在一定的条件作用下，有序与无序两种状态之间会进行相互转化。无序是混沌的表现，有序是协同的结果。协同学理论指出，协同是指在整体发展运行中，要素之间的相干能力，主要体现为各要素协调与合作的性质。通过对要素的协调、协作形成拉动效应，由此引起事物间属性相互强化、推动事物向前发展的相干性就是协同性。协同学研究的是开放系统如何从无序状态向有序结构方向发展，或由一种有序结构向另一种有序结构的转变。该理论认为，系统的有序性是通过多种要素的相互协同作用而达成，是系统内部结构有序化的结果。可见，协同学理论适用广泛，大学科技城协同创新演化过程和作用机理中的某些情况，正是协同学理论所重点研究的内容，可应用其理论进行相关解释。

协同学理论主要包括三个方面的内容：

(1) 协同效应。通常是指由于协同作用而产生的结果。在复杂开放系统中，是指多个子系统相互作用而形成的整体效应或集体效应。协同作用是系统从无序系统向有序系统发展的内驱力，在内外部力量的共同作用下，复杂系统的子系统会产生协同作用，促使复杂系统不断发展演变。

(2) 自组织原理。相对于其他组织而言，在无外部指令的条件下，按照某种法则，系统内部各子系统能够自发形成一定的功能或结构，从而具有内在性和自生性的特点。可以说，自组织原理能解释"在外部能量、物质和信息输入下，系统通过子系统间的协同作用，而构建一种新的有序结构"。

(3) 伺服原理。通常指快变量服从慢变量，序参量支配子系统的行为。运用协同学理论研究大学科技城协同创新系统的演化过程，识别出大学科技城协同创新系统演化发展过程的序参量，对优化科技城协同创新机制具有十分重要的作用和意义。

3.1.3 协同创新

20世纪70年代，德国学者哈肯提出了协同理论，他认为协同是系统内各子系统之间互相协作，使系统逐步演变形成新的稳定结构的过程。20世纪80年代末，英国经济学家弗里曼（Freeman）首次提出了"国家创新体系"概念，强调国家创新体系是由参与创新的企业、大学和研究机构组成，为创造、储蓄和转让知识、技能和新产品相互作用的网络系统。"协同创新"最早系由美国学者葛洛(Gloor)提出，他认为协同创新即拥有共同目标的参与者组成虚拟化网络小组，应用网络工具进行沟通交流以实现共同目标。

20世纪90年代末，我国学者也开始对协同创新展开了相关研究。前期主要从企业微观层面，对企业内部要素间的协同，以及企业与其他主体之间的协同两个层面进行研究，并逐步形成了要素中心理论。要素中心理论认为企业资源要素主要有技术、市场、组织、制度、管理、战略、文化等，根据协同创新要素的重要程度，将资源要素归纳为核心要素与支撑要素，其中，核心要素主要有技术和市场，除此之外的要素为支撑要素。当然，还有学者认为核心要素主要包括高校、企业和科研院所，辅助要素则包括政府、金融机构、中介组织、创新平台和非营利性组织等，协同创新的关键是形成核心要素和辅助要素等多元主体高效协同互动的网络模式，并促进创新资源的深度整合，产生单要素无法实现的整体协同效应，实现协同创新系统叠加的非线性效用。国内外学者从不同视角对协同创新进行了研究，主要观点详见表3-1。

表3-1 协同创新观点梳理

视角	相关观点	代表学者
网络视角	协同创新是一群自我激励的科技工作者为达到某一共同目标而建立的网络小组，分享创新思路、信息和知识的活动过程	Gloor
	协同创新是一个转移和融合信息、知识和技术等资源的复杂网络系统，涉及多主体合作、沟通和协调	Serrano、Fische
	协同创新是指多主体合作网络中各创新资源和要素的畅通无阻的流动与高效整合的一个相对复杂的系统工程	赵立雨
创新生态系统视角	协同创新是指创新生态系统中的企业与系统外环境之间开展非线性互动而取得单个创新企业无法形成的整体协同效益的过程	张 方
	协同创新是相关的主体之间开展合作，形成相互作用关系，产生共振协同效益，建立一种更高效有序的创新机制	杨玉良
微观(个体)视角	协同创新是指以创新绩效提升为目的，科技研发人员加强在创新中的协调与合作	Persaud
中观(组织)视角	协同创新是创新主体为了开展不断创新而促进技术、思想与知识等资源的跨主体转移，并实现多主体共享的过程	Ketchen等
	协同创新是高校、科研院所、企业、中介机构和政府等主体为了技术创新而持续推进以知识增值为核心的多主体互动新模式	陈 劲
	协同创新是指根据不断动态变化的外部环境，主体选择合适的应对措施以提高创新绩效的过程	Soeparman等

续 表

视角	相关观点	代表学者
中观（组织）视角	协同创新是指企业与科研院所、中介机构及金融机构等主体开展合作，促进资源互补，提升创新效率，从而创造新价值的过程	侯二秀和石晶
	协同创新是多主体共同参与助推技术转移和知识共享而建立的密切创新合作关系	张在群
宏观视角	协同创新是指经济体系与知识创新体系之间高效互动与整合，促使教育、科技、经济三者的融合发展	张艺

主体参与协同创新的内部动因主要有以下几个方面。一是获取创新资源。协同创新有利于整合主体间的创新资源，形成知识溢出，产生合作剩余。二是分担成本和风险。协同创新能有效解决企业创新能力不足的问题，创新主体共同承担创新成本、面对创新风险。三是提高创新绩效。协同创新能产生单要素无法实现的整体协同效应，可有效提升创新主体的创新绩效。

一般而言，协同创新主体是在政府引导下，构建创新平台，促进信息、技术和知识等要素在主体之间的流动和转移，以达到信息、技术和知识等要素增值的目的。尽管学者们从不同视角得到了多种关于协同创新的定义与解释，但都包含以下四个基本特征。一是创新资源的可获性。创新主体通过参与协同创新能共享其他主体的人才、资金、技术和信息等创新资源。二是创新效率的高效性。通过整合和优化各主体的创新资源，实现创新效用的叠加放大，从而能有效提高协同创新效率。三是创新成果的共享性。协同创新主体不仅能共享创新过程中的经验、信息与技术知识，还能根据契约约定分享研发成果的收益。四是创新的持续性。在长效合作机制作用下，创新主体之间的交流互动、创新资源的整合转移、合作剩余的共享分配，创新主体容易形成互相依赖，持续开展创新。

综上分析，协同创新是由具有互补知识的创新主体，采取互利共赢的合作机制，打破创新主体间的壁垒，优化创新资源配置，充分激发各参与创新主体的人才、技术、资本和信息等要素的活力，促进知识与技术的不断创新、发展和转移进化，实现市场价值的复杂过程。就其本质而言，协同创新就是不同要素资源在不同主体间的优化整合与转移进化。

3.1.4 大学科技城协同创新

大学科技城拥有高校、科研院所和企业等创新主体，聚集了国际国内高端的技术、人才、知识和资本等各类创新要素，是开展协同创新的重要平台。大学科技城协同创新是指在政府引导下，构建创新平台，鼓励具有异质特性的高校、科研院所和企业等主体，整合优化创新资源，促使技术、知识的不断创新、流动和转移，实现技术与知识增值的复杂过程。大学科技城协同创新涉及技术创新、制度创新和管理创新等内容和形式的创新，本书所研究的大学科技城协同创新主要侧重于技术创新。

为引导大学科技城的创新主体更好地开展协同创新，各级政府和大学科技城管委会通过制定优惠政策和财税制度，打造有利于创新的信息平台，提供优质的创新服务，营造大学科技城良好的协同创新氛围与环境。这有利于鼓励高校教师、学生和科研院所的科研人员积极开展创新，引导企业、高校和科研院所共享创新资源，共同开展技术攻关和科研成果转化。通过良好的创新氛围和政策制度，还能激发企业、高校和科研院所参与协同创新的激情，形成协同创新动力。高校和科研院所凭借其优质的创新资源，与企业紧密合作，更好提升科技创新和转化能力，同时实现知识溢出等社会效益。企业通过与高校、科研院所的合作，实现技术与知识的消化吸收，并结合企业自身优势，将协同创新成果产业化和市场化，从而获取超额创新效益。创新主体将协同创新成果进行交易或产业化，可繁荣当地的产业和经济，地方政府不仅能增加税收，还可解决就业，从而实现推动大学科技城高质量发展的目的。

可见，大学科技城协同创新能实现政产学研多方共赢的局面，在越来越多协同创新成功案例的示范下，参与协同创新的主体也会不断增多，协同创新的氛围也会日益浓厚。显然，大学科技城协同创新不是封闭的，而是高度开放的、动态发展的创新系统，既可通过政策制度，不断吸引外部优质创新成果、优秀创新团队和研发组织等创新资源，也能把大学科技城创新主体的优秀创新技术、产品和人才输送到周边地区。因此，大学科技城协同创新需要与周边环境实现创新要素、创新资源的动态交换，从更大范围内促进创新水平和创新能力的提升。可见，大学科技城协同创新不局限于大学科技城内部主体，也可以是由大学科技城外部主体参与的创新。大学科技城创新主体参与协同创新合作模式如图3-1所示。

3.2 大学科技城协同创新主要特征

大学科技城创新发展不仅需要依靠企业、高校、科研院所等主体的共同参与，也需要政府、金融机构、中介组织、创新平台和非营利性组织等要素的支撑推动。可见，大学科技城的地理环境、政府政策、高校创新水平、产业发展情况等都对其发展有重要影响。各个国家、不同区域的大学科技城，因发展环境、创新资源和主导产业等均不相同，而各具特色，呈现各自独特的发展形态，但总体来看，大学科技城协同创新一般都具有开放性、非线性、共赢性和生态性等共同特征。

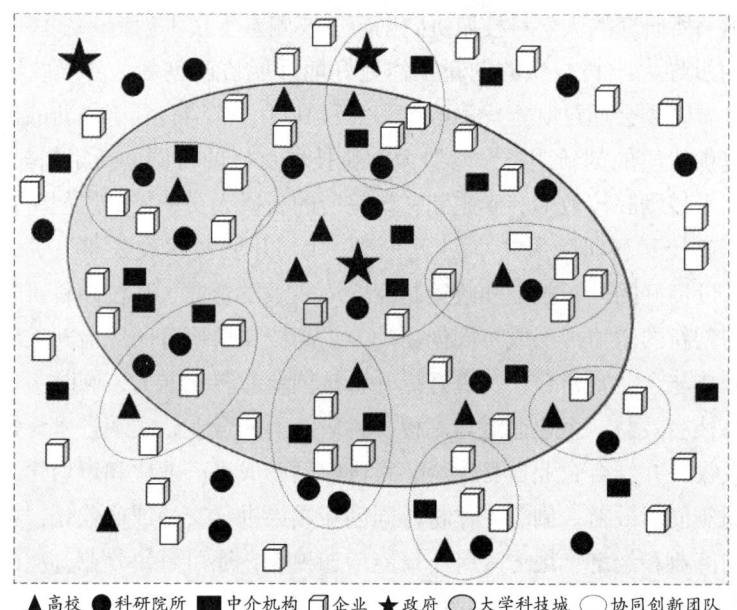

▲高校　●科研院所　■中介机构　⬜企业　★政府　⬭大学科技城　◯协同创新团队

图3-1　大学科技城创新主体参与协同创新合作模式示意图

3.2.1　开放性

大学科技城协同创新体系是一个开放的动态的生态系统。高度开放既是大学科技城协同创新体系构建的前提条件，也是大学科技城协同创新发展的基本条件。协同创新生态体系是动态发展的，必须不断与外部环境进行物质、能量、信息、技术和人员等创新要素的动态交换，也即创新主体在加强与内部伙伴进行协同创新的同时，更要加强与大学科技城外部创新主体的合作。不仅要从国内外其他区域汇聚更多人才、资金和先进技术，也会向外部输送创新技术、产品、经验和人才，通过构建高度开放的动态的创新生态系统，才能不断优化完善大学科技城协同创新体系，不断使创新生态系统从非平衡到平衡，又从平衡到非平衡，螺旋上升，动态演化，为大学科技城协同创新提供持续动力。

3.2.2　非线性

大学科技城协同创新活动的非线性是协同创新体系演化发展的基本动力。如果创新要素作为协同创新活动的输入变量，与协同创新活动的输出

"创新成果或创新收益"之间是线性函数，则无论体系如何组合创新要素，都只能是一次函数。只有协同创新系统具有非线性作用，才能使协同创新系统内部的创新要素形成竞争与协同关系，在政府、企业和高校之间产生螺旋上升发展态势，推动创新系统从无序到有序，再从有序到无序，波动式向前发展。

3.2.3 共赢性

大学科技城协同创新之所以能够逐渐汇集越来越多的创新主体，实现协同创新活动的螺旋上升、效益的不断增加，主要原因是协同创新活动可让创新主体获取正常收益以外的超额收益，即协同剩余，以及具有能实现主体之间利益分配均衡化的共赢机制。由于创新主体之间创新资源的异质性，可通过协同创新分别获得契约约定的回报，实现单个主体无法实现的创新收益，从而确保协同创新活动不断推进与持续发展。

随着协同创新环境的不断优化，协同创新活动的快速迭代，协同创新氛围日趋浓厚，运行机制更加成熟，创新主体获取信息更加便捷，交易成本不断降低，协同创新更加频繁。由于协同创新主体内部建立长期稳定合作共赢的关系，减少合作的不确定性，消除影响主体之间公平分配的因素，有利于协同创新体系吸纳更多主体参与创新，通过彼此互补合作而创造价值，实现共赢。

3.2.4 生态性

大学科技城协同创新是一个动态开放的生态系统，通过一段时间的发展，可形成创新要素有机聚集，创新网络节点相互链接、创新主体彼此依存、及时交流、良性互动、与区域环境良好耦合，形成协同创新能力持续增强的局面。大学科技城协同创新生态系统具有开放性、适应性和多样性，创新主体共生共荣，创新要素有机集聚、动态优化，创新系统不断演化发展，并自我跃升。在协同创新生态中，不同协同创新主体之间既有协同合作，也存在竞争关系，同一协同创新主体的内部团队既有合作也有竞争。如果某一创新组织率先创新成功，则会打破原有竞争格局，导致市场重新划分，利益重新分配，进而形成新的竞争格局，也催生出新的合作关系，产生新的协同创新活动。可见，一个良好的协同创新生态系统可优化创新要素配置，以及创新主体在寻求最优匹配过程中，又会产生新的创新需求，或找到新的创新机会，从而保证创新生态系统不断动态演化，并高效运行。

3.3 大学科技城协同创新要素及功能定位

要素中心理论认为，创新要素是形成协同创新活动的资源和能力基础。创新要素既涉及为协同创新提供支持的人、财、物、信息、知识、技术等资源禀赋，也包括高校、企业、科研院所等核心要素，以及政府、金融机构、中介组织、创新平台和非营利性组织等辅助要素。大学科技城创新发展不仅需要依靠企业、高校、科研院所等核心要素的共同推动，也需要政府、金融机构、中介组织、创新平台和非营利性组织等辅助要素的支持帮助。各创新主体以市场为导向，发挥各自功能，通过整合利用信息、知识、技术、人才、资金，以及基础设施等资源，优化大学科技城资源配置，促进协同创新和推动创新成果转化，从而实现良好的经济和社会效益。大学科技城协同创新要素构成和功能定位如图3-2所示。

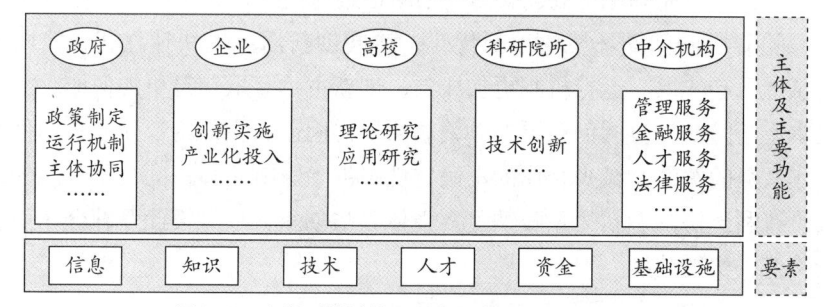

政府	企业	高校	科研院所	中介机构	主体及主要功能
政策制定 运行机制 主体协同 ……	创新实施 产业化投入 ……	理论研究 应用研究 ……	技术创新	管理服务 金融服务 人才服务 法律服务 ……	
信息	知识	技术	人才	资金	基础设施	要素

图3-2 大学科技城协同创新要素结构与功能定位

3.3.1 企业

企业是大学科技城协同创新的核心要素，是提高大学科技城创新实力的主导力量。通常情况下，企业是技术和创新的需求方，在共同遵守市场竞争原则的条件下，结合自身发展的实际需要，与高校、科研院所开展协同创新。企业在协同创新活动中扮演多重角色，不仅是技术的需求者，也是技术的提供方和技术的应用者，还是协同创新活动的组织者。企业只有通过协同创新活动，将创新成果产业化和市场化，才能达到协同创新的最终目的，实现创新资源的增值。

在大学科技城协同创新活动中，企业的作用主要体现在以下三个方面：

(1) 企业是协同创新技术的需求者。当前，市场竞争日趋激烈，技术不断更迭，企业只有掌握了新技术，才能抢占发展先机，才不会被市场淘汰，企业为生存与发展不得不主动选择创新。不管是中小企业，还是国际领先的龙头企业，如不能及时抓住市场机遇，开发符合市场需求的新技术、新产品，都难以摆脱被淘汰的命运，如国际通信巨头诺基亚的经验教训已得到验证。因此，企业必须认识到创新的重要性，积极开展创新，主动采取协同创新策略，持续改进和优化产品、生产技术和流程，提升核心竞争力。

(2) 企业是协同创新活动的重要支撑。一般而言，大学科技城的孵化企业大都是为转化创新成果而设立，孵化企业是构成大学科技城创新发展的重要动力，也是大学科技城协同创新水平的重要体现。孵化企业的创立者和投资者往往具有互补资源，他们善于感知商业机会，并以利益共享和风险共担为原则，紧密对接创新成果与市场化需求，从而实现创新价值。因此，大学科技城孵化企业数量越多，表明其创新氛围越好，创新主体的创新活跃度就越高，协同创新发展的动力就越强。

(3) 企业是协同创新需求与供给的重要桥梁。高校和科研院所是创新成果重要的技术提供方，企业是创新成果产业化重要的实施者和推动者，一方面，企业直接面向市场，与用户联系紧密，了解用户需求，可为协同创新提供创新方向和创新项目；另一方面，高校和科研院所的创新成果需通过企业来开展产业化和市场化。

3.3.2 高校和科研院所

高校和科研院所也是大学科技城协同创新的核心要素，是基础创新的重要主体。高校和科研院所拥有丰富的创新资源和创新条件，具有完善的创新人才培养体系，是信息交流与知识传播的重要场所。特别是高校，主要承担理论与基础技术的研究，通过教育、培训以及成果转化等方式，加快推动信息、技术和知识对外扩散与转移。科研院所重点开展应用研究，以及对创新成果采取自主转化或协同转化方式，开展商业化应用。高校、科研院所与企业分工合作，通过协同创新共享创新资源，推动信息、技术和知识的有效流动，共同分享协同创新收益。

大学科技城的高校和科研院所在协同创新中的作用，主要体现在以下三个方面：

(1) 高校和科研院所是重要的创新主体。通常高校和科研院所拥有丰富的创新资源，尤其是各种类型的创新人才和实力雄厚的科研平台，能承担大量前沿技术攻关项目和应用研究项目。高校和科研院所拥有大量创新能力强的研发团队，一方面，开展基础性和理论性课题的研究，许多重大理论课题的突破和重大科研发现是由高校和科研院所的创新团队完成；另一方面，主要开展技术和成果产业化应用研究，重点解决当前社会的民生问题、产业问题和经济问题。

(2) 高校和科研院所是重要的技术提供者。高校和科研院所在科研与教学过程中，产生了大量科研成果，而企业受资源的限制，往往难以凭借自身的技术力量解决经营生产中的复杂问题，因此，企业可通过购买高校和科研院所技术，或者与高校和科研院协同创新的方式，获得高校和科研院所的技术支持，弥补自身创新能力不足，解决所面临的技术难题。

(3) 高校和科研院所是创新人才培养的重要场所。高素质创新人才是开展协同创新的必要条件，而高校和科研院所通过教学与科研的有机结合，能培养出大批拥有各种专业知识、技术和技能的优秀人才，从而为大学科技城协同创新发展提供创新人才保障。

3.3.3 政府

政府是大学科技城协同创新最重要的辅助要素。政府既是政策制度的制定者和创新环境的规划者，也是政策制度的实施者和创新环境的推进者。政府可通过建立健全相关法律法规，优化完善创新政策制度，改善交通、通信等公共设施，为协同创新营造一个良好环境，引导大学科技城主体积极参与协同创新。

政府在大学科技城协同创新中的作用，主要表现在以下5个方面：

(1) 营造有利于协同创新的环境。政府可为大学科技城协同创新主体提供良好的创新环境，如便利的交通工具、先进的科研仪器、丰富的研究资料和便捷的生活条件等硬环境，以及鼓励创新的财税制度和热情周到的创新服务等软环境。通常采取整体规划，分步建设、完善、提升硬件环境，改善和优化软环境等方式，营造良好的创新环境，吸引更多的创新资源入驻大学科技城，并有效提高创新主体开展协同创新的激情和动力。尽管创新环境不直接作用于协同创新，但区域创新环境与其协同创新能力有较强的耦合关系，且对协同创新效率有较大影响。

(2) 提供创新基金引导协同创新。通过设立各种创新基金或科研引导资金，以资助高校、科研院所和企业等创新主体在特定领域开展科技创新，以此发挥政府在基础理论和国家重大应用领域的重要引导作用。政府设立创新基金是我国政府参与创新的重要模式，为促进国家创新发展提供重要支撑。

(3) 建立与维护协同创新秩序。创新秩序是构建和维持大学科技城良好协同创新氛围的根本保证，协同创新涉及多方主体之间信息、知识和技术的交流与共享，对知识产权保护提出了较高的要求，政府应构建完善的知识产权制度，并监督执行。如果在协同创新过程中，对创新主体的产权保护不力，对机会主义打击不严，则会严重影响创新主体参与协同创新的积极性。

(4) 提供协同创新公共配套服务。政府为营造良好的协同创新氛围，应规划和完善大学科技城的城区环境，优化基础设施，为创新人才提供良好的生活环境、工作环境，以及子女教育、医疗等公共配套服务，为创新人才营造宜居宜商宜研的氛围。

(5) 提供孵化和产业化支持。创新成果只有走出试验室，走向市场，才能实现其价值，才能为创新主体和地方政府带来收益。地方政府除了要营造良好的技术创新环境，还要致力于推进协同创新成果的孵化与产业化。政府和大学科技城管委会应制定促进成果孵化和产业化的鼓励政策，积极建立各类孵化平台，引导社会资本参与组建各类投资基金，以加快协同创新成果的孵化和产业化。

3.3.4 中介机构

中介机构也是大学科技城协同创新的辅助要素，一般是以某种专业知识为核心竞争力的服务型组织，能辅助核心要素推进大学科技城协同创新活动。中介机构一般不生产具体有形产品，只提供专业服务，具有轻资产的特点。中介机构主要有信息中心、评估机构、咨询机构、产权交易中心、培训中心、金融机构和交流中心等组织形式。一般而言，中介机构不是协同创新过程中创新活动的直接参与者，而是重要的协调者和联络者，是科技创新与经济发展的润滑剂，衔接各创新主体的纽带和桥梁。中介机构作为协同创新网络的重要结点，在大学科技城协同创新体系中通常承担一些专业化的具体事务。中介机构的积极参与，不仅可以让协同创新核心要素全力聚焦于协同创新活动，还能大幅提高协同创新效率，并有效降低协同创新风险。

3.3.5 其他创新要素

除了上述核心要素和辅助要素外，信息、知识、技术、人才、资金也是大学科技城协同创新不可或缺的要素基础。当前处于数字经济时代，信息就是资源，也是大学科技城开展协同创新的重要前提，全面准确的信息有利于创新主体评价创新项目，选择创新伙伴，确定创新路线，因此，信息作为决策的基础和依据，是引导大学科技城协同创新高效运行的调控手段，良好的信息基础有助于更好地推进大学科技城协同创新。知识是推动大学科技城协同创新的重要力量，知识的不断累积有利于大学科技城人才的培养与成长，有助于降低协同创新风险，提升协同创新效率。人才是大学科技城协同创新活动有效推进的关键要素，当前人才已成为经济活动中的重要资源，也是大学科技城协同创新活动的实施者，对协同创新活动成败起决定性的作用，因此，在大学科技城协同创新活动中，政府部门应重点考虑，如何制定政策制度，聚集创新人才，如何构建激励机制，激发创新人才创新创业的热情，如何完善知识产权方面的法律法规，保护创新人才参与创新活动的积极性。资金是保证大学科技城协同创新活动持续稳定推进的物质基础，政府专项创新资金，政府对企业的奖励和补贴，多元化的创新资金筹集渠道，完善的创新创业资本市场，为协同创新提供资金保障，确保创新活动的顺利推进。

3.4 大学科技城协同创新模式

大学科技城聚集了众多创新要素，既有企业、高校和科研院所等核心因素，也有政府、金融机构、中介组织、创新平台和非营利性组织等辅助要素。在不同环境和条件下，创新主体会根据自身创新资源、合作伙伴的创新能力等情况，选择最有利于自身的协同创新模式开展创新，因此大学科技城协同创新存在多种模式。下面拟结合大学科技城协同创新的实际情况，从主体关系、主体作用和组织形式等视角，探讨大学科技城协同创新的几种模式及其异同。

3.4.1 基于主体关系视角

根据区域创新发展相关理论，结合大学科技城协同创新发展实际，按参与创新主体关系的不同，将大学科技城协同创新划分为点对点协同创新模式、点对链协同创新模式、网络协同创新模式和生态系统协同创新模式四种模式。

1. 点对点协同创新模式

点对点协同创新模式是指大学科技城创新主体所开展的创新活动仅限于两个创新主体之间，其合作是一对一的，如某一企业与某一科研机构（高校、科研院所），或某一科研机构（高校、科研院所）与某一企业之间的协同创新，以及某一企业、科研院所或高校和政府之间的协同创新，或政府与某一高校、科研院所和企业之间的协同创新等。点对点协同创新模式具有较为简单的合作关系，协同目标相对单一，协同效应也仅限于协同创新双方主体之间。该模式主要适合非共性、非关键性的技术创新。

2. 点对链协同创新模式

点对链协同创新模式涉及多种形式的组合，一种可能是单个企业与多个科研机构(高校、科研院所和企业)之间的协同创新,一般由具有较强经济实力的企业牵头,利用科研机构的创新优势,实现产品创新、技术创新,提升其市场竞争能力;或者是由一个高校或科研院所与多个企业间的协同创新,高校或科研院所借助于企业的市场渠道将创新成果商业化,快速稳健获取创新收益;或者是政府与多家企业开展协同创新,主要是为了促进当地某一特色产业链和产业集群的发展;或者是政府与多个高校或科研院所之间开展的协同创新,针对某一重大基础理论或关键共性技术,实行重点攻关,以突破技术瓶颈;或者是企业、高校和科研院所与政府之间开展的协同创新,一般而言,政府更希望鼓励当地更多主体参与创新,取得更多前沿技术成果,推动区域产业高质量发展。

3. 网络型协同创新模式

网络型协同创新模式是指大学科技城协同创新活动涉及政府、多家企业、多家科研机构(高校、科研院所)和多个中介机构,这些主体分别参与其中部分或者全部协同创新活动,详见前面的图3-1。网络型协同创新模式涉及的主体众多,创新主体目标各异,利益诉求复杂,各主体关系协调难,跨组织管理面临挑战。网络型协同创新模式反映了创新主体可参与多个协同创新活动,其在不同的协同创新组织中,可能扮演不同角色。在网络型协同创新模式中,创新主体之间的关系是不固定的,它们之间的协作关系随着创新活动和创新组织的创建而形成,也会随着创新活动的结束或创新组织的解散而终止。

4. 共生生态型协同创新模式

共生生态型协同创新模式是指参与大学科技城协同创新的企业、科研机构(高校和科研院所)、中介机构与政府等主体形成了一种复杂的稳定的协同创新关系。创新主体、创新活动与社会文化环境、生态环境、法治环境和政策环境等形成了良性互动的、融洽的协调关系,这种关系不会因创新活动的结束而终止。与自然界中的生态系统相似,共生生态型协同创新模式创新主体之间,创新主体与环境要素之间,相互影响,相互制约,共同构成紧密相关的系统,能在一定时期内处于相对稳定的动态平衡状态。在共生生态型协同创新过程中,各创新主体积极参与创新活动,发挥各自的功能与作用,通过对信息、知识、技术和人才等创新资源的整合优化,促进协同创新活动和创新环境的共同发展,实现协同创新生态系统的进一步提升。显然,良好的创新环境有利于提高创新主体的创新积极性;另外,适宜的生态环境能为参与协同创新的高科技人才提供舒适的居住环境和工作环境,法律法规也能为创新主体的协同创新行为提供基本法律保障，从而有效促进创新主体与创新环境的融合发展。

3.4.2 基于主体作用视角

根据创新主体在协同创新活动中的不同作用，可将大学科技城协同创新划分为：政府主导的协同创新、企业主导的协同创新、学研方(高校或科研院所)主导的协同创新三种模式。

1. 政府主导的协同创新模式

对关系到国计民生、国家安全和国家重大战略的共性技术、关键技术和基础性技术，往往由政府主导。政府通过设立专项经费为协同创新项目研发提供资金支持，并在相应领域内选拔具有影响力、研发实力强的高校、科研院所和企业等创新主体组成协同创新团队共同攻关。在政府主导的协同创新模式中，政府是协同创新项目的需求方、组织者和资金提供方，企业和学研方是技术的提供方和创新的实施者。政府主导的协同创新项目短期经济效益可能并不明显，但其体现政府长远的战略意图。

2. 企业主导的协同创新模式

企业主导的协同创新模式是大学科技城最常见的创新模式。企业直接面向市场，对市场需求最为敏感，也最为熟悉，企业会根据市场与客户的需求情况，邀请具有创新能力的学研方和其他创新企业共同组成协同创新团队，以尽快满足市场需求，并解决客户困难。在企业主导的协同创新模式中，企业根据市场需求和自身实际情况，设立创新项目，提出创新要求。企业是协同创新项目的组织者、技术的需求方和资金的提供者，学研方和其他创新企业是技术的提供方和创新的实施者。在取得协同创新成果后，学研方和中介机构将继续提供相关的技术支持和技术服务，政府则会提供相关政策支持，由企业主导优化资源配置，实现创新成果的产业化和市场化。

3. 学研方主导的协同创新模式

高校和科研院所等学研方有大量科研人员潜心理论研究、基础研究和共性技术研究，其中部分科研项目涉及的知识领域多，仅依靠高校和科研院所内部科研人员难以完成，还必须联合外部其他高校、科研院所和创新企业中的多学科和多工种的创新人员。在学研方主导的协同创新模式中，学研方是创新项目的组织者、资金提供方，同时也是技术的需求方和技术的提供方，其他高校、科研院所和创新企业则是技术提供方。取得协同创新成果后，学研方可能将创新成果转让给其他主体，也可能独自产业化，或者与企业合作开展产业化。

3.4.3 基于创新组织视角

根据协同创新团队所采取的组织结构的不同，又可将大学科技城协同创新分为联盟制、项目合伙制和共建基地制等三种模式。

1. 联盟制

协同创新联盟通常是为加快建立企业为主体、市场为导向的政产学研协同创新体系，联盟内主体间优势互补、资源共享，有效促进企业、高校和科研院所的共同发展。协同创新联盟可由政府牵头，也可由龙头企业或实力雄厚的高校和科研院牵头，围绕某一产业、行业或区域的创新需求，联合相关产业或区域的骨干企业，以及高校和科研院所，采取平等自愿、资源共享、优势互补、开放联合、利益共享、风险共担的协同创新方式，在人才培养、技术攻关和成果产业化等方面展开全面合作，从而提升企业、产业和区域的创新能力。协同创新联盟是一种相对松散的创新组织模式，创新主体加入和退出协同创新联盟有较大自主性和灵活性。

2. 项目合伙制

项目合伙制可以是创新牵头主体将协同创新项目中的子项，如加工工艺的改进，新材料、新技术或新产品的研发等，委托给具有创新优势的高校、科研院所或其他创新企业进行研究开发；也可以是企业或政府实施重大技术创新项目，与高校、科研院所或其他企业等共同投入资金、人力、知识、技术等创新资源，分工合作，成果共享，风险共担。可见，项目合伙制是以创新项目为纽带，将不同的创新主体连接在一起，一旦创新项目完成，协同创新组织就自动解散，协同创新活动也自动终止。因此，项目合作制相比联盟制更加灵活，是一种创新时间相对更短的协同创新模式。

3. 共建基地制

共建基地制也是一种较为常见的协同创新模式，相对其他模式而言，共建基地制协同创新的主体关系更为紧密，是一种相对稳定、长期的协同创新模式。共建基地制一般由政府、企业、高校、科研院所和中介机构等创新主体，针对某一关键技术、共性技术开展协同攻关，共同建立创新基地。创新投入不一定针对具体项目，可能包括基地建设、研发平台建设和人员培养等方面。共建基地制协同创新模式的目的是要充分发挥创新主体优势，不仅要解决具体技术问题，更重要的是要提升协同创新基地的创新水平与创新能力，因此，创新基地的创新团队有从事理论研究、基础研究、应用研究等各种技术创新研究的成员。共建基地制有利于科研机构(高校和科研院所)快速了解、掌握和引领相关前沿技术，有利于企业消化吸收最新技术，以提升企业的核心竞争能力，促进当地产业和经济高质量发展。

3.5 大学科技城协同创新相关理论

大学科技城协同创新活动涉及多主体、多行业和多学科，影响因素众多，其演变过程和作用机理较为复杂。大学科技城协同创新涉及的理论主要有三螺旋理论、技术生命周期理论、增长极理论、创新生态系统等。

3.5.1 三螺旋理论

埃茨科威兹（Etzkowitz）于1995年首次提出三螺旋理论。该理论借鉴了生物学中DNA的概念，采用DNA中三螺旋结构来描述高校、企业和政府三个主体，在技术创新和经济发展中的相互作用关系，详见图3-3。由于高校、企业和政府三者之间相互影响，相互作用，相互渗透，共同促进大学科技城创新活动的开展，创新过程类似一个动态的三螺旋。具体而言，高校通过接受政府和企业资助，一方面开展基础性科学研究，另一方面围绕解决企业面临的技术问题。同时，高校还有一个重要功能，即人才培养功能，高校可以将培养的各类专业人才输送到政府和企业。企业以市场需求为导向，开展各种创新活动，是推动协同创新成果转化的重要力量。政府制定政策和规章制度，并监督制度和政策的执行，具有较强的组织管理和风险控制能力；政府还是科研资金的提供者，为高校、科研院所与企业开展研究与技术开发提供引导资金。诚然，随着社会分工的细化，在大学科技城协同创新体系中，除了高校、企业和政府等主体，科技、金融等专业中介机构也是协同创新的重要参与者。因此，既要充分发挥高校、企业和政府三者之间的协同促进作用，也要积极发挥中介机构的专业协同支持作用，以促进技术、知识、信息、人才和资金的充分融合，从而提高大学科技城协同创新生态系统的运行效率和效果，实现大学科技城协同创新发展目标。

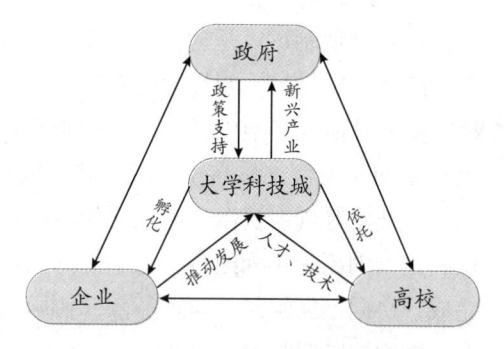

图3-3 三螺旋理论示意图

3.5.2 技术生命周期理论

与个体生物类似，技术同样具有完整的生命周期，美国总统科技顾问委员会（Presidents Committee of Advisors Science and Technology，PCAST）

提出将技术的生命周期分为:发明、商业化、扩散、饱和以及衰退等阶段。技术在不同的发展阶段,其形态和所需要解决的问题各不相同。根据技术演进的特点,萨加尔(Sagar)和茨瓦恩(Zwaan)将技术生命周期划分为两个主要阶段:第一个是研发阶段,主要指技术创新前期;另一个产业化阶段,是技术的成熟、商业化和扩散阶段,主要指技术创新后期。这两个阶段是技术生命周期中不可或缺的组成部分,前期研发是技术创新的基础和必要条件,但前期研发不构成技术创新的充分条件,对于前期创新成果,需要通过技术扩散,才能转化为最终市场化的产品,这体现了技术创新研发和扩散的双向作用。本书参考技术生命周期理论相关研究成果,同时考虑到大学科技城创新环境对协同创新的重要作用,将大学科技城协同创新活动,划分为创新准备(前期)、创新实施(中期)和成果转化(后期)三个阶段。

3.5.3 增长极理论

20世纪50年代,法国学者佩鲁(Perlloux)第一个提出了增长极理论。该理论认为,区域内分布了大量具有创新能力的企业,由于这些企业又集聚了技术和资本等要素,则区域创新能力迅速提升,并能产生强大辐射作用。在现实中,一个国家或地区通常难以实现整体平衡发展,经济增长往往是从一个或数个"增长点"逐渐向其周边区域或部门传导。增长极具有极化与扩散两种效应,极化效应是指极点能够对外部区域产生吸引力,将外部资源吸引进来,从而快速提升经济实力。扩散效应是指极点通过资源流动,向外部区域输送创新成果和经济动力,实现整个区域的经济发展。经济增长被认为是一个由点到面、由局部到整体、依次递进、有机联系的系统。

大学科技城作为区域经济的引擎,是增长极的重要物质载体。根据增长极理论,大学科技城发展目标的重点是以创新为主,推动高校、科研院所和企业等主体的协同创新及创新成果的产业化。大学科技城可发挥创新资源的优势,利用优惠政策,吸引具有优势创新资源的企业和科研机构等入驻。通过人才、技术、信息的聚集,促进后续资金、项目和创新主体的跟进,有效提高整个大学科技城的创新资源集聚程度,快速提升大学科技城的创新能力和水平。同时,大学科技城通过创新资源的集聚发展,打造强大的辐射能力,源源不断向周边地区输送新技术、新产品和创新人才,以及衍生新的企业,加快大学科技城的技术扩散与空间扩散。因此,可以将大学科技城作为特定的地理空间增长极,应用增长极理论分析其对创新资源的极化效应和创新成果的扩散效应,探究大学科技城辐射带动周边区域技术、产业和经济发展的内在机理与作用机制。

3.5.4 创新生态系统

1935年，英国生态学家坦斯利（Tansley）提出了"生态系统"。此后，生态系统的概念被应用到经济管理、战略制定和创新管理等领域，如组织生态、企业生态、技术生态、商业生态、产业生态等。目前国内外研究创新生态系统的学者众多，围绕创新生态系统形成了多种不同的学术观点与理论体系，还未形成统一的创新生态系统概念。米勒（Miller）等在《硅谷优势——创新与创业精神的栖息地》一书中提出，创新生态系统是指新兴的区域产业集群已成为创新的"栖息地"，如同一个生态系统。美国竞争力委员会则在《创新美国——挑战与变革》报告中指出，创新生态系统是由社会经济制度、基础研究、金融机构、高等院校、科学技术、人才资源等构成的有机统一体。因此，国外普遍将创新生态系统视为一个具有协同创新支持体系的群落，其内部主体发挥各自的异质性，与其他创新主体协同，创造出新的价值，由此形成一种相互依赖和共生演进的网络关系。国内关于创新生态系统的研究经历了四个阶段，分别为"可持续发展""开放创新""价值创造""协同创新""价值共同创造"。国内大部分学者认为，创新生态系统是一个以企业为主体，大学、科研机构、政府、金融等中介服务机构并存的复杂网络组织，通过主体间的分工协作，高效整合网络内各主体的技术、人力、信息和资本等创新要素资源，为系统中各主体创造价值，更好地促进各主体的持续发展。因此，大学科技城协同创新活动，会在各种创新群落之间、创新主体之间，以及创新环境之间，实现物质流、能量流、信息流的连接传导，从而形成共生竞合、动态演化、开放协同的创新生态系统。

创新生态系统主要包括五类主体角色。一是政府作为政策制度创新的主体，通过发挥宏观调控、政策引导、财政支持和服务保障等作用，扶持与推动创新生态系统中的创新活动，而系统内其他创新主体和创新活动均受政府政策影响。二是企业作为技术创新的实施主体，在创新生态系统中处于核心地位。企业既是技术供应主体，也是技术需求主体，与其他主体具有直接或间接联系。三是大学和科研院所作为创新的知识主体，是创新生态系统人才和技术的源泉。大学是知识、人才的主要提供者，科研院所则是科技创新与科技成果转化的主要力量。四是中介机构作为创新的服务主体，为创新生态系统创建沟通、要素整合的桥梁，为协同创新活动实施提供资金支持和各种技术咨询服务，推动创新知识传播、技术扩散及科技成果转化。众创空间和孵化中心既是创新平台，也是中介服务机构，还是创新生态系统重要的组成部分，可有效优化创新环境，充分发挥创新资源的作用，实现创新与创业相结合、线上与线下相结合、孵化与投资相结合，为创新创业人才提供良好的创新环境；五是最终用户作为创新产品和技术的需求主体，新技术和新产品的需求直接驱动系统内主体开展协同创新活动。上述五类主体基于共同愿景和目标，整合内部创新资源，分工合作，同时加强与外部环境交流，共同进化、共享利益，形成一个价值共创的创新生态系统。

3.6 大学科技城协同创新理论分析框架构建

大学科技城协同创新是指高校、科研院所、企业、政府和中介机构等主体通过各种形式的相互合作，以实现价值创造的过程。基于国内外学者协同创新成果，何郁冰(2012)提出了"战略—知识—组织"协同创新理论分析框架，认为协同创新是系统优化各创新主体要素，推进合作研发的过程。协同创新分析的角度主要有整合与互动两个维度，其中，从整合维度上看，包括资源、知识、行动和绩效等；从互动维度看上，各创新主体开展互惠知识分享，优化配置资源，同步主体行动和提升匹配度等创新活动。王瑞鑫等(2017)从知识互动、战略协同和组织架构设置三个维度来研究协同创新过程，将协同创新划分为准备阶段、运行阶段和延伸阶段等三个阶段。总而言之，国内外学术界已有大量关于协同创新理论与实证研究方面的文献，然而具体针对大学科技城协同创新理论体系的研究还不够深入。因此，结合大学科技城实际，进一步深化和拓展协同创新理论与方法，已十分适切。

大学科技城是一种新的城市类型，具有独特的内在发展机理和结构特征。大学科技城协同创新主要表现为政产学研合作的过程，这些合作具有一定自主性，但需要满足一定的条件和环境，如既要有明确创新需求、强烈创新意愿的牵头主体，也要有创新能力强、创新激情高的参与主体，才能共同开展协同创新。由于大学科技城协同创新涉及主体众多，主体规模、类型和性质等又各不相同，且各主体的利益诉求和参与协同创新的出发点也不一样，如果缺乏引导和监管的政策制度，没有政府的监督管理和协调引导，个体过度的理性容易导致群体的非理性，最大化个体利益容易导致群体利益最小化，易形成零和博弈的不利局面。因此，为促进大学科技城的主体开展协同创新，实现协同创新利益最大化，有必要探索大学科技城协同创新演化机理和动力机制，揭示大学科技城有别于其他组织的核心内涵。

通过分析大学科技城、协同创新，以及大学科技城协同创新的概念、理论，以及相关成果，结合大学科技城的特点，构建契合大学科技城协同创新实际的理论分析框架，从而厘清研究思路，更科学、更全面地剖析大学科技城协同创新演化过程及其内在机理，为大学科技城发展提供理论指导和方法参考。根据技术生命周期理论，本书将大学科技城协同创新分为创新准备、创新实施以及成果转化等三个阶段。虽然每个阶段都会涉及知识、资源、行为等共性问题，如知识的分享和整合，资源的优化配置，行为的同步优化，但由于阶段不同，创新任务不同，主体所处市场环境不一样，协同创新的效果有较大差别。在创新准备阶段，环境和动力是影响协同创新的主要因素，如政策制度、创新文化和资源的评估和分析等。创新实施阶段，创新伙伴选择是协同创新过程中非常重要的一环，不仅直接影响到创新绩效，甚至还决定创新活动的成败。通过构建评价指标体系和综合评价模型，全面分析潜在伙伴的资源和能力情况，帮助创新主体选择最佳的协同创新伙伴。在创新成果转化阶段，将重点关注影响成果转化的关键因素有哪些，以及创新成果转化水平如何，只有构建科学合理的指标体系，准确评估创新成果转化绩效，才能为协同创新管理者提升转化绩效提供决策参考。在大学科技城协同创新全生命周期，许多因素会影响到创新效率，甚至给协同创新活动带来风险，因此对协同创新全生命周期的创新效率进行评价，并建立风险管理体系，也是大学科技城协同创新体系重要的研究内容。通过梳理大学科技城协同创新全生命周期、各阶段特点和关键因素，以及相应的理论模型和方法，构建了本书研究的理论分析框架，详见图3-4。

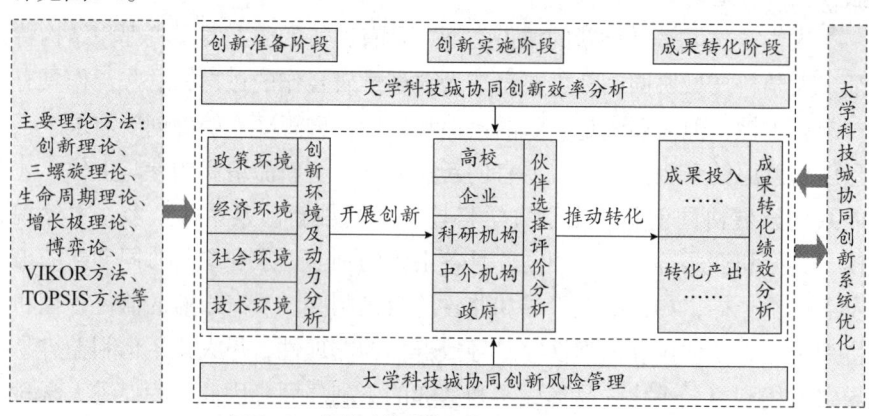

图3-4 大学科技城协同创新理论分析框架

遵循构建的大学科技城协同创新理论分析框架，本书拟围绕创新环境、动力机制、伙伴选择、成果转化、创新效率、风险管理等大学科技城协同创新演化过程中的关键问题进行定性与定量分析，构建理论模型，给出求解方法。通过研究分析，提出协同创新优化路径和政策建议，从而更好地促进大学科技城企业、高校、科研院所、中介机构和政府等主体积极参与协同创新，争取实现理想的协同创新效果。

3.7 本章小结

大学科技城是一种新型区域创新组织，通常聚集了高校、科研院所、企业和中介机构等大量创新主体，汇聚了人才、知识、技术、信息等各种创新资源，具有明显的极化效应和扩散效应。大学科技城协同创新则是我国创新体系的重要组成部分，是具体实施建设创新型国家的重要举措。大学科技城高校、企业和政府等主体之间的协同创新符合三螺旋演化和增长极理论发展规律，协同创新活动遵循产生、发展、壮大和消亡演化发展生命周期规律，协同创新体系在演化过程中不断从无序到有序、从有序到无序循环螺旋发展，具有开放性、非线性、共赢性和生态性等典型的生态系统特征。在协同创新演化发展过程中，大学科技城的创新主体分工协作，创新要素融合共享，具有各自的功能定位，发挥不同的特长作用，从而逐步衍生出各种不同的大学科技城协同创新模式。

各地设立大学科技城时，通常会结合当地的特色创新资源与区域的优势环境。大学科技城协同创新因各地独特的地理条件与创新资源而各具特色，但同时也有其共同的特征，因此，在研究大学科技城协同创新时，既要考虑到不同大学科技城协同创新的特性，也要研究影响大学科技城协同创新发展的共性问题，分析决定其演化发展的共性关键因素，剖析各种要素的作用机理与演化规律。

基于此，本章构建了大学科技城协同创新理论分析框架。首先，厘清了大学科技城协同创新的相关概念与内涵，阐述了大学科技城协同创新的主要特征、主要创新要素，及其功能定位；然后，从主体关系、主体作用和组织形式等不同视角，探讨了大学科技城协同创新模式的三种分类方法，梳理了创新理论、协同理论、三螺旋理论、技术生命周期理论、增长极理论和创新生态系统等基础理论；最后，提出了大学科技城协同创新的理论分析框架。本章为后续研究大学科技城协同创新环境与创新能力的耦合关系、协同创新伙伴选择、成果转化绩效、协同创新效率、协同创新风险管理和协同创新路径优化等问题提供理论基础与分析框架，从而更好地指导大学科技城开展协同创新与创新成果转化。

第4章 大学科技城协同创新环境研究

大学科技城通常具有良好的地理环境和区位优势,聚集了大学、科研院所和企业等创新主体,对推动产学研结合、科技成果转化、提高创新能力、加速产业结构优化升级和推动区域经济快速增长,发挥着越来越重要的作用。创新环境是大学科技城高质量发展的重要基础,良好的创新环境,不仅有利于大学科技城聚集人才、技术、资本与信息等创新要素,还有利于高效共享创新资源,释放要素活力,激发创新热情,从而提升大学科技城的创新能力和创新水平,保障协同创新活动的顺利开展,并取得良好的创新效果。大学科技城的创新环境与协同创新能力之间,既可能存在良性耦合条件下的正反馈循环,也可能出现非良性耦合条件下的负反馈循环。在正反馈循环中,大学科技城的创新环境与协同创新能力相互促进,协调发展。

本章将通过定性分析大学科技城创新环境、创新资源和创新能力的关系,以此建立大学科技城创新环境与协同创新能力指标体系,并通过构建耦合模型,定量分析大学科技城创新环境与协同创新能力的耦合度和协调度,探究创新环境与协同创新能力之间的关键影响因素及演化机理,为大学科技城的管理者优化创新环境,营造良好的创新氛围提供理论依据和实践指导,从而加快提升大学科技城的协同创新能力。

4.1 理论基础

4.1.1 耦合理论

耦合是指两个或多个系统,通过相互作用、相互影响,进而形成相互协同的现象。耦合本为物理学概念,现已广泛应用于自然科学、生命科学、经济学和管理学等领域。耦合的内涵主要有四个特征:一是关联性,指耦合系统内部各要素之间是相互关联的;二是整体性,指耦合系统是由两个或者多个子系统组成的完整系统;三是多样性,指耦合系统的子系统之间可有多种连接方式,能形成多种组合形态;四是协调性,指耦合系统的各种要素,经相互作用、相互影响,逐步导致相互协同,最终会形成优势互补的良性协调系统。耦合系统具体又可表述为两个或者多个具有静态相似性和动态互动性的相近相通,又相差相异的系统,通过作用、影响、引导和强化,从而促使相互之间产生良性的、正向的作用,实现优势互补和共同发展。协同理论认为,耦合系统的子系统之间的相互作用和协调程度,决定了系统在达到临界区域时,是走向无序还是有序的趋势。大学科技城创新环境与协同创新能力之间的耦合,是指两者之间相互影响、作用,共同促进的正向关联关系。

4.1.2 协同度

协同度是协同理论中的基本概念,协同度又称协调度,是度量系统在发展过程中,内部要素,或者系统之间,相互协调一致的程度,可体现系统由无序走向有序的发展趋势,是衡量协调状况好坏程度的定量指标。同时也是衡量组织间协同效果的有效工具,可用以表征大学科技城的主体、环境、组织与文化等创新要素在创新系统演化过程中协同一致的程度。

系统协同的内涵具体包括以下四个方面:一是层次性,系统协同是一个多层次概念,既包括系统内部各组成要素之间的协同,也包括系统间的协同,还包括所有系统整合后的共生协同;二是动态性,系统协同是一个动态过程,不同系统内的各组成要素在不断发展变化,而且系统之间的相互影响与制约的关系也不断变化;三是复杂性,由于协同的层次性与其过程的动态性,必然决定了系统协同的复杂性;四是目的性,系统协同的最终目的是追求系统整体效益的最大化。

4.2 创新环境

大学科技城是知识经济与科技产业相结合的产物,主要依托区域内高校和科研院所丰富的人力资本和科技资源优势,通过各级政府的政策引导,构建创新平台、创业平台、产业发展平台和投融资服务平台等中介服务机构,促进创新成果转化、高新技术企业孵化、创新创业人才培养等目标的实现。大学科技城创新环境可分为内部环境和外部环境。其中,外部环境主要指大学科技城的软硬件条件,包括大学科技城所处地理位置、交通条件、政策制度和市场化发展的成熟度等;内部环境主要指能够对大学科技城协同创新主体产生重要影响的价值理念、文化情感等要素的总称。在大学科技城发展过程中,通过不断吸收、集聚、融合各类创新资源,不断优化创新环境,进而提升协同创新能力。实践证明,大学科技城创新环境与协同创新能力之间关系紧密,既可能存在良性耦合条件下的正反馈循环,也可能出现非良性耦合条件下的负反馈循环。

在正反馈循环中,大学科技城创新环境与协同创新能力相互促进,协调发展。特别是随着建设创新型国家战略的提出,各省市也纷纷提出了创新型省市创建方案,各级政府更加重视区域创新环境的优化与提升,逐渐加大了对创新活动的财政资金支持和税收优惠扶持力度,以及不断完善法律制度,加大知识产权保护力度。在良好的政策环境下,往往能有效激发创新热情,促进创新成果的转化。良好的金融环境,能依托多种金融机构为协同创新活动提供资金支持,保证协同创新活动的顺利进行。大学科技城聚集了众多高校和科研院所,良好的技术环境是其核心竞争力,不仅能为企业提供充足的创新人才,还能为企业开展创新提供强大的技术支持,是顺利推进协同创新的有力支撑和保障。区域内成熟且活跃的技术交易市场,大量的技术交易中介,有利于创新成果的及时交易、转移及产业化,也可激发主体的协同创新热情。同时,大学科技城协同创新活动的开展,以及协同创新能力的提升,也会促进创新环境的进一步优化和完善。一方面,创新活动的增加,以及协同创新能力的提升,有利于协同创新成果的产业化,促进经济发展,增加政府财政收入,不仅能进一步激发创新主体的创新热情,还能提高政府创新资金的支持能力,从而使创新环境更加完善。另一方面,大学科技城创新活动的增加,以及创新成果的转化,创新投入和产业化资金也会不断增长,必将吸引更多的金融机构入驻,提供更多的金融产品和更丰富的融资渠道,使得金融环境更加完善。大学科技城的政策环境、经济环境、社会环境和技术环境与协同创新的运行方式如图4-1所示。

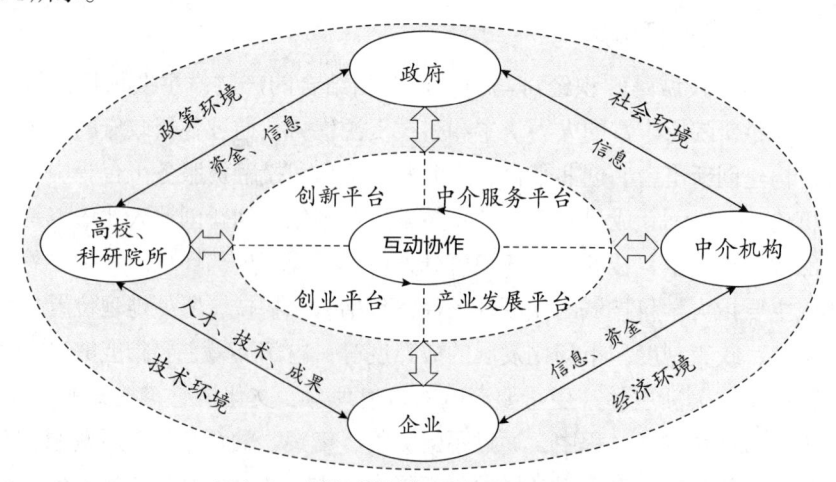

图4-1 大学科技城协同创新系统运行方式

4.2.1 政策环境对协同创新的影响

良好的政策制度能有效激发主体参与协同创新的热情,也有利于整合创新主体的创新资源,顺利推进协同创新。政策环境促进协同创新主要表现为以下两个方面。

(1)科学合理的政策和规章制度,能有效降低主体间的交易成本,有利于激发高校、科研机构和企业等主体参与协同创新的积极性,也有利于创新主体制定薪酬、绩效和股权激励等措施,加大对创新人才的奖励力度,从而有效聚集和培育创新人才,激励创新人才积极开展创新活动,有利于协同创新活动的成功推进和协同创新能力的提升。

(2)政府通过出台规范严格的知识产权与专利技术保护制度,维护协同创新主体的正当权益,消除主体开展协同创新活动的顾虑,能确保协同创新主体以更积极的态度和更大的热情开展协同创新,进而对大学科技城协同创新能力的提升产生促进作用。协同创新能力的提升又能促进大学科技城的经济发展,增加财政收入,提供更多的经费扶持大学科技城内企业,从而优化政策环境。

因此,制定并落实一系列鼓励创新的财政、税收、人才流动、技术奖励、知识产权保护,以及高新技术产业政策法规,对大学科技城协同创新能力的提升具有重要作用。同时,大学科技城协同创新能力的提升也有助于政策环境的改善。

4.2.2 经济环境对协同创新的影响

经济环境是大学科技城开展协同创新活动的基本条件,主要包括经济发展水平、市场需求、金融环境等内容。经济环境一般从以下几个方面对大学科技城协同创新活动产生影响,进而影响其协同创新能力的提升。

(1)良好的经济发展水平可为协同创新提供充足的经济动力,同时还会影响到协同创新资金资源、人力资源以及物资资源等。

(2)市场需求直接影响到协同创新活动主体创新意愿,成熟的市场环境能为创新成果需求方(政府、企业等)与供给方(高校、科研机构等)架起联系的桥梁,推动知识与技术的转移和创新成果的产业化。

(3)金融机构能为大学科技城的协同创新活动提供资金支撑。金融机构的大量聚集有利于形成良好的金融环境,为协同创新活动提供充足的资金支持和金融服务。美国硅谷、法国索菲亚拥有庞大的科技资本和产业资本群落,以及成熟的资本进入退出机制,催生了大量"幼苗企业",并能有效解决其创新与产业化的资金问题,从而促成了科技与产业的快速发展。

因此，金融机构是构成创新环境的重要元素。

同时，丰富的创新成果和较强的协同创新能力，有利于改善市场环境，创造新的市场需求，也能进一步促进大学科技城金融市场的优化与完善，进而促进区域经济的发展。

4.2.3 社会环境对协同创新的影响

大学科技城社会环境主要包括价值理念、文化情感，以及生态环境等因素。良好的社会环境有利于大学科技城营造协同创新氛围和提高协同创新能力。

(1)崇尚创新创业的价值理念，不仅有利于在大学科技城形成勇于创新创业的良好氛围，还有利于培育创新型企业家，孕育创新型团队和创新型企业，从而引导更多主体积极参与协同创新。

(2)鼓励协同创新的文化情感，能促进创新主体的交流互动，提升创新主体的协同创新意愿。相同的文化情感和价值理念不仅能促进协同创新伙伴之间的正式合作与交流，还能提升非正式合作伙伴之间的信息交流频率，加快市场、技术和人才等信息的有效集聚，有助于决策者了解市场需求和技术发展方向，从而更好地把握协同创新机会。

(3)包容失败的文化氛围，有利于提升决策者对协同创新风险的偏好程度和创新失败的容忍程度，即使协同创新未达预期目的，参与创新主体也能迅速从失败中走出，转而开展新一轮协同创新活动。

(4)良好的生态环境，也有利于吸引国内外优秀的创新创业人才，有效降低创新主体的创新风险，提升大学科技城的创新能力。

由此可见，大学科技城营造良好的社会环境不仅有利于引导创新主体积极参与协同创新活动，还有利于创新主体保持创新激情，提升协同创新能力。同时，协同创新活动的开展，以及协同创新能力的提升，也有助于大学科技城营造协同创新文化，改善协同创新社会环境。

4.2.4 技术环境对协同创新的影响

大学科技城技术环境主要指创新资源、资源状况和发展条件，创新资源主要包括创新设施、试验设备、技术资料和创新人才等。技术环境主要从以下两个方面影响大学科技城的协同创新能力。

(1)技术创新资源是大学科技城协同创新活动的基础条件，是创新活动与知识流动的重要载体。协同创新资源，如科研平台、科技成果数据库、科技情报信息系统、科研设施、科技开发与成果转化基地、图书馆、国家和地区重点实验室和其他科研基础设施等,是创新主体开展协同创新的基本前提,对大学科技城协同创新能力的提升有非常重要的促进作用。

(2) 创新是新知识产生的过程,技术创新人才无疑会影响新知识的水平。高素质技术人才是大学科技城协同创新的基本保障,是协同创新的根本动力。技术创新人才对协同创新能力的影响主要体现在以下两个方面:一是技术创新人才作为创新活动中最具能动性的核心因素,参与到协同创新各阶段,能够加速知识在主体间的传播与扩散,有助于产生知识溢出效应,从而提升大学科技城的协同创新能力;二是优秀的技术人才有助于推动创新成果的转化,进而提升大学科技城的协同创新能力。

由上述分析可知,良好的技术环境通过技术创新资源和创新人才两种途径对协同创新能力的提升产生作用,同时,大学科技城协同创新能力的提升,又可以将更多的人才、资金和成果等创新资源集聚到大学科技城,进一步优化技术环境。

4.3 创新环境与协同创新能力耦合分析

大学科技城良好的协同创新环境有利于营造协同创新氛围,促进协同创新活动的有效开展,加快协同创新资源在大学科技城的有效流动,促进大学科技城经济快速增长,反之,则会抑制协同创新活动的开展,不利于经济的稳定运行。可见,协同创新环境与协同创新能力相互影响、相互依存、相互促进、共生发展。

协同创新环境是一个复杂系统,包括政策、经济、社会和技术等子系统。协同创新环境与协同创新活动共同构成了一个创新生态系统,包括创新主体、创新项目、创新资料、创新平台、创新成果和创新环境等,各个因素、项目与环境相互依存、相互影响和相互促进,推动协同创新系统不断从低级向高级演化,从不平衡向平衡演变。创新生态系统的优劣一般可通过其创新能力的高低表示,创新生态系统的稳定性则可通过其协调度表示。因此,探讨大学科技城创新环境与协同创新能力的关系,厘清创新环境与协同创新能力的演化机理,有利于营造大学科技城良好的创新环境,从而提升其协同创新能力。

大学科技城创新环境与协同创新能力的耦合关联,主要指在协同创新演化过程中,环境因素与协同创新要素之间相互作用、相互耦合所形成的关系集合。在政府推动、市场驱动、传导和叠加放大等机制的共同作用下,大学科技城创新环境与协同创新能力耦合系统,从萌芽向发展初期、发展中后期不断演进。同时，创新环境与协同创新能力之间的协同程度，也由低到高，不断递进，螺旋发展。由此，一方面，可以实现创新成果高效产出、精准对接与有效转化，为区域经济带来新的发展动力和创新需求，同时在系统运行过程中实现生产环节要素重组和经济内生增长，进而提高大学科技城竞争力，实现大学科技城的产业与经济的可持续发展；另一方面，能够提升大学科技城公共服务水平、完善基础设施建设、革新优化知识文化氛围，全面提升区域品质，实现区域智慧化、循环化、绿色化发展，进而形成对创新更深层次的需求，不断推动大学科技城竞争力的稳定提升，实现大学科技城产业与经济的可持续发展。大学科技城创新环境与协同创新能力的耦合关系如图4-2所示。

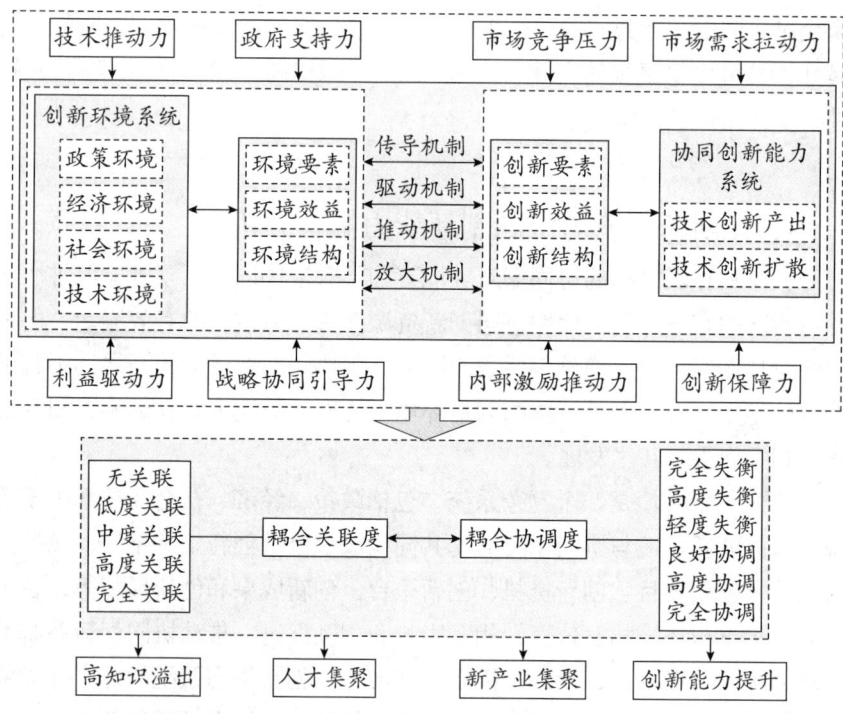

图4-2 大学科技城创新环境与协同创新能力关系模型

4.3.1 指标体系构建

在构建大学科技城创新环境与协同创新能力评价指标体系时，应遵从科学性、整体性、层次性和数据可获得性等原则，科学反映创新环境和协同创新能力的内在关系，有助于分析两者之间的作用机理。根据相关文献资料，结合对大学科技城的调研，大学科技城创新环境指标体系主要从政策环境、经济环境、社会环境和技术环境四个维度构建；协同创新能力指标体系则从技术创新产出和技术创新扩散两个方面考虑。

在设计具体指标时，一方面，参考借鉴协同创新能力和创新环境相关研究成果，选取科学合理，且频率较高的定量指标；另一方面，结合大学科技城现状，选取能准确反映大学科技城实际的指标。

基于上述分析，构建大学科技城创新环境评价指标体系，共分为三个层次，第一层是目标层，即创新环境；第二层是准则层，主要包括政策环境、经济环境、社会环境和技术环境等四个维度；第三层对准则层的每个维度进一步细分，共设计了18个指标，详见表4-1。

表4-1 大学科技创新环境评价指标体系

目标层	准则层	指标/单位
创新环境	政策环境 x_1	财政补贴政策（％）x_{11}
		科技投入经费（万元）x_{12}
	经济环境 x_2	高新技术企业产值增长率（％）x_{21}
		第三产业增加比重（％）x_{22}
		人均地区生产总值（万元）x_{23}
		工业增加值（亿元）x_{24}
		固定资产投资增长率（％）x_{25}
	社会环境 x_3	举办国际学术会议的数量（场）x_{31}
		企业科技活动项目数（个）x_{32}
		空气质量优良率（PM2.5）（％）x_{33}
		绿化覆盖率（％）x_{34}
	技术环境 x_4	高等学校和科研院所数（个）x_{41}
		国家级创新平台个数（个）x_{42}
		博士后工作（流动）站和院士工作站数量（个）x_{43}
		国家企业技术中心个数（个）x_{44}
		教学与科研人员人数（人）x_{45}
		科技活动人员中科学家和工程师人数（人）x_{46}
		企业办科技机构个数（个）x_{47}

1. 政策环境指标

政策环境包括对协同创新主体具有实际或潜在影响的有关政策制度和法律法规等。对协同创新主体影响比较大的政策制度，主要有各种财政政策和对技术创新的激励政策，因此，主要从财政政策和政府资金两个方面分析政策环境指标。选取的指标有财政补贴(科技拨款占总财政支出)、科技投入经费等。

2. 经济环境指标

经济环境是大学科技城协同创新活动的外部经济条件，包括经济发展水平、地区和产业发展状况、市场需求、金融环境等多种因素。对于经济环境指标，选取与大学科技城经济发展密切相关的指标，如高新技术企业产值、增长率、第三产业增加比重、人均地区生产总值、工业增加值以及固定资产投资增长率等。

3. 社会环境指标

大学科技城社会环境是指对大学科技城协同创新发展产生重要影响的因素，如价值观、文化情感等要素，以及生态环境等，从文化和生态环境两个方面选取社会环境指标。文化方面主要指对大学科技城协同创新有较大影响的文化氛围与创新精神，因此选取大学科技城年举办国际学术会议数量和年举办科技活动次数等指标。生态环境主要考虑与生态环境有关的因素，如空气质量优良率(PM2.5)和绿化覆盖率等。

4. 技术环境指标

大学科技城技术环境主要包括协同创新所需的创新设施、试验设备、创新人才和技术资料等创新要素，可归纳为基础设施和创新人才两个方面。科研创新平台是提升科研人员创新和实践能力、提升科研机构创新水平的重要载体，能综合反映创新设施、试验设备和技术资料等方面的实力，因此将高校和科研院所数量、国家级创新平台数量、博士后工作(流动)站和院士工作站数量、国家企业技术中心数量列入技术环境指标。创新人才则主要包括教学与科研人员数量、科技活动人员中科学家和工程师数量等指标。

大学科技城协同创新能力指标体系也分为三个层次，第一层是目标层，即协同创新能力；第二层是准则层，包括技术创新产出和技术创新扩散两个维度；第三层主要是对准则层即技术创新产出和技术创新扩散两个维度进行具体细分。技术创新产出是指协同创新活动的直接产出成果，主要包括发明专利、科研课题、论文和奖励等方面；技术创新成果扩散是协同创新成果的进一步转化，包括专利实施和成果转化收益等方面的内容。技术创新产出包括创新成果专著数量、发表学术论文数量、科技课题总数、年专利授权数量、鉴定成果数量、省部级以上成果奖数量等指标。技术创新扩散主要包括专利实施率、企业新产品开发数、高新技术企业总产值、企业新产品销售收入等指标，协同创新能力准则共细分了10个指标，详见表4-2。

表4-2 大学科技协同创新能力指标体系

目标层	准则层	指标/单位
协同创新能力	技术创新产出能力 y_1	科技成果专著数量（份）y_{11}
		发表学术论文数量（篇）y_{12}
		科技课题总数（项）y_{13}
		年专利授权量（个）y_{14}
		鉴定成果数（个）y_{15}
		省部级及以上成果奖数（个）y_{16}
	技术创新扩散能力 y_2	专利实施率（%）y_{21}
		企业新产品开发数（个）y_{22}
		高新技术企业总产值（亿元）y_{23}
		企业新产品销售收入（亿元）y_{24}

4.3.2 创新环境与协同创新能力耦合模型

通过对创新环境与协同创新能力关系的定性分析，以及指标体系的梳理，已基本了解创新环境与协同创新能力之间的关系和演化趋势，为进一步分析两者之间的内在关联和数理逻辑，将构建创新环境与协同创新能力耦合模型。

1. 确定指标权重

(1)准则层权重确定。本征向量法符合经济学中偏好逻辑，主要用于评价目标重要性的成对研究，度量值可与规定的取值范围相结合。故采用本征向量法来确定创新环境与协同创新能力的准则层权重，并考虑准则层因素对目标层影响的重要性程度。采用本征向量法确定指标权重的步骤如下。

第一步：构造判断矩阵 A。首先计算准则层各因素对目标层影响的重要程度，将第 i 个目标相对第 j 个目标的重要性记为 a_{ij}，由第 i 个目标的权重 w_i 和第 j 个目标的权重 w_j 之比得到其近似值，$a_{ij} \approx w_i/w_j$。可参照萨蒂（Saaty）(1980)给出的属性间相对重要性等级表，根据 a_{ij} 值构建判断矩阵 A，重要性等级表详见表4-3。

$$A = \begin{bmatrix} a_{11} & \cdots & a_{1n} \\ \vdots & \ddots & \vdots \\ a_{n1} & \cdots & a_{nn} \end{bmatrix} \approx \begin{bmatrix} w_1/w_1 & \cdots & w_1/w_n \\ \vdots & \ddots & \vdots \\ w_n/w_1 & \cdots & w_n/w_n \end{bmatrix}$$

第二步：求最大本征向量 $\lambda_{\max}$ 和权重向量 $W=[w_1, w_2, \cdots, w_n]^T$。

$$AW = \begin{bmatrix} w_1/w_1 & \cdots & w_1/w_n \\ \vdots & \ddots & \vdots \\ w_n/w_1 & \cdots & w_n/w_n \end{bmatrix} \begin{bmatrix} w_1 \\ \vdots \\ w_n \end{bmatrix} = n \begin{bmatrix} w_1 \\ \vdots \\ w_n \end{bmatrix}$$

表4-3 重要性判断矩阵 A 元素取值参照表

序号	取值	定义	说明
1	1	同等重要	第 i 个目标与第 j 个目标同等重要
2	3	略微重要	第 i 个目标比第 j 个目标略微重要
3	5	相当重要	第 i 个目标比第 j 个目标重要
4	7	明显重要	第 i 个目标比第 j 个目标明显重要
5	9	绝对重要	第 i 个目标比第 j 个目标重要得非常多
6	2, 4, 6, 8	两个相邻判断的中间值	需要折中时采用

即：

$$(A - nI)w = 0 \tag{4-1}$$

其中 I 是单位矩阵。如果判断矩阵 A 中的目标相对重要性值 a_{ij} 估计准确，则式（4-1）严格等于 0（n 维零向量），如果判断矩阵 A 中的相对重要性值 a_{ij} 估计不够准确，则 A 中元素小的波动，就意味着本征值会有一个小的振动，故有：

$$AW = \lambda_{max} W \tag{4-2}$$

其中 λ_{max} 为矩阵 A 的最大本征值。由式（4-2）可求得本征向量的权重，即 $W = [w_1, w_2, \cdots, w_n]^T$。

第三步： 矩阵 A 的一致性检验。在用该方法确定权重时，需检验矩阵 A 的一致性。一般用 $\lambda_{max} - n$ 度量重要性判断矩阵 A 中元素 $a_{ij}(i, j=1, 2, \cdots, n)$ 的一致性。故引入一致性指标 CI（Consistency Index）：

$$CI = \frac{\lambda_{max} - n}{n - 1} \tag{4-3}$$

当 RI（Random Index）不等于 0 时，由 CI 与同阶矩阵随机指标 RI（详见表4-4）之比，得到一致性比率 CR（Consistency Rate），即：

$$CR = \frac{CI}{RI} \tag{4-4}$$

比率 CR 用来判定矩阵 A 是否可被接受，若 $CR < 0.1$，则认为 A 中的 a_{ij} 估算基本一致，判定矩阵 A 可接受。若 $CR > 0.1$，说明 A 中各元素 a_{ij} 的估计一致性太差，应重新进行估算。若最大本征值 λ_{max} 大于表4-4 中给

表4-4 随机指标 RI 和相应的临界本征值 λ'_{max}

n	1	2	3	4	5	6	7	8	9	10
RI	0.00	0.00	0.58	0.90	1.12	1.24	1.32	1.41	1.45	1.49
λ'_{max}	—	—	3.116	4.07	5.45	6.62	7.79	8.99	10.16	11.34

出的同阶矩阵相应的 λ'_{max} 时，则一致性检验不通过，应重新计算矩阵 A，直到 $\lambda_{max} < \lambda'_{max}$。

(2)指标权重确定。熵值是热力学概念，反映了系统的混乱程度，现已广泛应用于社会经济发展和区域创新能力评价等领域。在信息论概念中，信息主要用于度量系统的有序程度，而熵值则主要用于度量系统的混乱程度，二者描述的角度相反。数据离散程度越大，信息熵就越小，系统提供的信息量就越大，表示该指标对评价结果的影响越大，则应给该指标赋更大的权重；反之，给其赋较小的权重值。应用熵值法确定指标权重，不但能克服主观赋权法的臆断性和随机性，还可避免多重相关指标信息量的重叠。因此，相比主观赋权法，熵值法能更科学、客观和真实地确定指标权重。由于大学科技城创新环境和协同创新能力指标体系的样本数据离散程度高，故采用信息熵确定其指标权重更为合适。应用熵值赋权法计算指标权重的程序如下：

其中 X_{ij} 表示 i 样本的第 j 个指标的数值（i=1, 2, 3, $\cdots$, n；j=1, 2, 3, $\cdots$, m），n 和 m 分别为样本个数与指标个数。

第一步： 标准化指标数据。

如果为越大越优型指标，则：

$$Y_{ij} = \frac{X_{ij} - \min(X_i)}{\max(X_i) - \min(X_i)} \tag{4-5}$$

如果为越小越优型指标，则：

$$Y_{ij} = \frac{\max(X_i) - X_{ij}}{\max(X_i) - \min(X_i)} \tag{4-6}$$

其中，Y_{ij} 为经过标准化处理后，得到的数据；X_{ij} 为原始指标值；$\max(X_i)$ 和 $\min(X_i)$ 则分别为原始指标数据集中的最大值和最小值。

第二步： 计算第 j 项指标下第 i 个系统的特征比重。

$$p_{ij} = \frac{Y_{ij}}{\sum_{i=1}^{n} Y_{ij}} \tag{4-7}$$

第三步： 计算第 j 项指标的熵值。

$$E_i = -k \left/ \left(\sum_{i=1}^{n} P_{ij} \ln p_{ij} \right) \right. \tag{4-8}$$

式中，k=1/ln n。对于指定的 j，Y_{ij} 的差异越小，则 E_j 的值越大，表示该指标对系统的作用就越小；反之，表示指标对系统的作用越大。

第四步：计算第 j 项指标的权重。

$$W_j = \frac{1-E_j}{m-\sum_{i=1}^{m}E_j} \quad (4\text{-}9)$$

2. 构建耦合协调度评价模型

在大学科技城创新环境和协同创新能力评价指标体系的基础上，为进一步研究两者之间的内在关联，建立"创新环境—协同创新能力"耦合协调度模型，以分别研究两者在静态耦合系统中的耦合关联度和动态耦合系统中的耦合协调度。

(1) 测算静态耦合条件下系统耦合关联度。静态耦合情况下，系统的耦合关联度能反映出大系统内部多个子系统之间的耦合情况。假设 u 为创新环境子系统的序参量，u_{ij} 为创新环境子系统中的自变量，第 i 项指标的第 j 项变量的参数值为 x_{ij}；v 为协同创新能力子系统的序参量，v_{ij} 为协同创新能力子系统中的自变量，第 i 项指标的第 j 项变量的参数值为 y_{ij}；λ_{ij}，ϖ_{ij} 分别为创新环境子系统和协同创新能力子系统中评价指标的权重值；α_{ij}，β_{ij} 为创新环境子系统中各指标变量的上下限值；δ_{ij}，ξ_{ij} 为协同创新能力子系统中各指标变量的上下限值。由此可得到创新环境子系统和协同创新能力子系统中各层级，以及各指标变量的贡献值：

$$u_{ij} = \frac{x_{ij} - \beta_{ij}}{\alpha_{ij} - \beta_{ij}} \quad (4\text{-}10)$$

$$v_{ij} = \frac{y_{ij} - \delta_{ij}}{\xi_{ij} - \delta_{ij}} \quad (4\text{-}11)$$

$$u_i = \sum_{j=1}^{m} \lambda_{ij} \times u_{ij} \quad (4\text{-}12)$$

$$v_i = \sum_{j=1}^{m} \varpi_{ij} \times v_{ij} \quad (4\text{-}13)$$

$$U = \sum_{j=1}^{n} \lambda_i \times u_i \quad (4\text{-}14)$$

$$V = \sum_{j=1}^{n} \varpi_i \times v_i \quad (4\text{-}15)$$

式中，($i=1, 2, 3, \cdots, n$；$j=1, 2, 3, \cdots, m$)，n 为子系统中的指标个数，m 为第 i 项指标中的变量参数个数。由于 $\alpha_{ij} \leq x_{ij} \leq \beta_{ij}$，$\delta_{ij} \leq y_{ij} \leq \xi_{ij}$，所以 u_{ij} 和 v_{ij} 的取值范围为 [0, 1]。u_{ij} 和 v_{ij} 分别表示 x_{ij} 和 y_{ij} 对其子系统贡献的大小，等于 1 表示贡献最大，为 0 表示贡献最小。λ_i 为创新环境子系统序参量中

第 i 个准则的权重，λ_{ij} 则为其中第 i 项指标的第 j 项变量参数的权重，u_i 为创新环境子系统第 i 项准则的贡献值，u 为创新环境子系统目标层的综合贡献值。同理，v_i 为协同创新能力子系统序参量中第 i 项准则的权重，ϖ_i 为其中第 i 项指标的第 j 项变量参数的权重，v_i 为协同创新能力子系统第 i 项准则的贡献值，v 为协同创新能力子系统目标层的综合贡献值。

由于所构建的耦合系统包含创新环境子系统和协同创新能力子系统，故参考容量耦合系统模型，取 n 值为2，定义系统耦合关联度 C 如式(4-16)：

$$C = \left\{ \frac{(u \times v)}{(u+v)(u+v)} \right\}^{1/2} \quad (4\text{-}16)$$

根据实际数值分布，将创新环境和协同创新能力耦合关联度由0至1均分为若干个级别，详见表4-5。

(2)测算动态耦合条件下系统耦合协调度。当子系统均处于较低发展水平时，测算静态耦合条件下的系统耦合关联度，可能会得到子系统耦合关联度较高，这不符合实际发展情况的高度协调状态。为避免上述情况，引入动态耦合协调模型，将大学科技城创新环境子系统和协同创新能力子系统的交互关系，整合成一个大系统，以衡量二者在大系统中的发展水平，以及两者的协调度。

表4-5 系统耦合关联度评价标准

耦合关联度	相关程度	耦合系统发展阶段
$C=0$	无关联，无耦合	萌芽阶段
$0<C\leqslant 0.3$	低度关联，低度耦合	成长阶段
$0.3<C\leqslant 0.7$	中度关联，中度耦合	发展阶段初期
$0.7<C<1$	高度关联，高度耦合	发展阶段中后期
$C=1$	完全关联	成熟阶段

假设 V_a、V_b 分别为创新环境子系统和协同创新能力子系统的发展演化速度，则整合后的综合系统发展演化速度为 $V=f(V_a,V_b)$，其中 V_a、V_b 分别可应用式(4-17)和式(4-18)求得。

$$V_a = f(x) = \sum_{i=1}^{n} \lambda_i \times x_i \quad (4\text{-}17)$$

$$V_b = g(y) = \sum_{i=1}^{n} \varpi_i \times y_i \quad (4\text{-}18)$$

利用大学科技城创新环境子系统和协同创新能力子系统的发展离差系数 θ 来衡量两个子系统在发展过程中的协调程度，θ 值越小，表示子系统之间发展越协调；反之，θ 值越大，表示子系统发展越不协调。离差系数 θ 可由式(4-19)计算求得：

$$\theta = 2S \times [f(x)+g(y)]^{-1} \quad (4\text{-}19)$$

其中，S 为 $f(x)$ 和 $g(y)$ 的协方差，根据不等式 $f(x)g(y) \leqslant \{[f(x)+g(y)]/2\}^2$，因此定义 $\theta_1 = 4f(x)g(y) \times [f(x)+g(y)]^{-2}$。

显然有 $0 < \theta < 1$，当 $f(x)=g(y)$ 时，表示在这样一个复合系统中，大学科技城的创新环境子系统和协同创新能力子系统，也并不是严格意义上的相等。这时，θ_1 取最大值，θ 取最小值，创新环境子系统和协同创新能力子系统处于最好的协调水平，所以 θ_1 在一定程度上反映了 $f(x)$ 和 $g(y)$ 的协调程度。故可以定义创新环境子系统和协同创新能力子系统的动态发展协调度 ε 为：

$$\varepsilon = 2\{f(x)g(y)[f(x)+g(y)]^{-1}[f(x)+g(y)]^{-1}\}^{1/2} \quad (4\text{-}20)$$

实际上，ε 是 θ_1 开方后得到的。经过开方后，ε 值更能反映创新环境子系统和协同创新能力子系统之间的协调差异。然而，在某些情况下，ε 很难正确描述出子系统之间的实际耦合协调水平。当创新环境子系统和协同创新能力子系统的演化发展水平都处于很低水平时，恰好两个系统均处于同一发展水平，这时会得到这两个系统处于很高的耦合协调度水平，显然与实际不符。这时需对模型加以调整，定义创新环境子系统和协同创新能力子系统的耦合协调度 D 为：

$$D = (\varepsilon \times p)^{\varphi} \quad (4\text{-}21)$$

$$p = \pi f(x) + \tau g(y) \quad (4\text{-}22)$$

式中，p 为创新环境子系统和协同创新能力子系统发展综合指数，φ、π、τ 为待定系数，一般取 $\varphi = 0.5$；π、τ 分别表示创新环境子系统和协同创新能力子系统在整体发展水平中所占的比重，根据实际情况，定义 $\pi = \tau = 0.5$。

根据大学科技城发展实际情况，以及相关指标数值分布，将创新环境子系统和协同创新能力子系统耦合协调度由0至1均分为若干个级别，详见表4-6。

表4-6 系统耦合协调度评价标准

耦合协调度	协调程度	耦合协调度	协调程度
$D=0$	完全失衡	$0.5 < D \leqslant 0.7$	良好协调
$0 < D \leqslant 0.3$	严重失衡	$0.7 < D < 1$	高度协调
$0.3 < D \leqslant 0.5$	轻度失衡	$D=1$	完全协调

4.4 实证分析

为检验指标体系与耦合协调度模型的科学性和合理性，实证研究岳麓山大学科技城2011—2018年间创新环境和协同创新能力的耦合关系与协调度。相关数据来源于长沙市统计年鉴、长沙市岳麓区国民经济和社会发展统计公报、湘江新区和岳麓山大学科技城统计数据，以及现场调研数据。

4.4.1 指标赋权

首先，采用本征向量法计算创新环境准则层权重，然后再利用熵值法计算创新环境评价指标的权重，运算结果如表4-7所示。

表4-7 大学科技城创新环境子系统权重

目标层	准则层	准则层权重	指标/单位	指标权重
创新环境	政策环境 x_1	0.117 5	财政补贴政策（%）x_{11}	0.037 8
			科技投入经费（万元）x_{12}	0.071 2
	经济环境 x_2	0.565 0	高新技术企业产值增长率（%）x_{21}	0.055 3
			第三产业增加比重（%）x_{22}	0.042 5
			人均地区生产总值（万元）x_{23}	0.063 5
			工业增加值（亿元）x_{24}	0.043 8
			固定资产投资增长率（%）x_{25}	0.038 8
	社会环境 x_3	0.055 3	举办国际学术会议的数量（场）x_{31}	0.097 8
			企业科技活动项目数（个）x_{32}	0.045 2
			空气质量优良率（PM2.5）（%）x_{33}	0.055 6
			绿化覆盖率（%）x_{34}	0.031 6
	技术环境 x_4	0.262 2	高等学校和科研院所数（个）x_{41}	0.067 7
			国家级创新平台个数（个）x_{42}	0.060 5
			博士后工作站和院士工作站数量（个）x_{43}	0.049 2
			国家企业技术中心个数（个）x_{44}	0.069 9
			教学与科研人员人数（人）x_{45}	0.065 5
			科技活动人员中科学家和工程师人数（人）x_{46}	0.072 1
			企业办科技机构个数（个）x_{47}	0.032 0

然后，对协同创新能力子系统的权重进行处理，在协同创新能力指标体系准则层中，考虑到技术创新产出能力和技术创新扩散能力两个准则同等重要，各取值为0.5。对协同创新能力指标也采用熵值法进行赋权，其计算结果见表4-8。

表4-8 大学科技城协同创新能力子系统指标权重

目标层	准则层	准则层权重	指标/单位	指标权重
协同创新能力	技术创新产出能力 y_1	0.500 0	科技成果专著数量（份）y_{11}	0.118 4
			发表学术论文数量（篇）y_{12}	0.072 9
			科技课题总数（项）y_{13}	0.104 6
			年专利授权量（个）y_{14}	0.114 7
			鉴定成果数（个）y_{15}	0.068 5
			省部级及以上成果奖数（个）y_{16}	0.268 7
	技术创新扩散能力 y_2	0.500 0	专利实施率（%）y_{21}	0.067 6
			企业新产品开发数（个）y_{22}	0.074 5
			高新技术企业总产值（亿元）y_{23}	0.061 3
			企业新产品销售收入（亿元）y_{24}	0.048 6

4.4.2 耦合协调度分析

1. 静态耦合关联度

以2017年数据为例，通过式(4-10)与式(4-12)，可以计算得到岳麓山大学科技城创新环境二级准则层的综合贡献值，其中政策环境 u_1=0.101 5，经济环境 u_2=0.142 5，社会环境 u_3=0.139 4，技术环境 u_4=0.335 9；而利用式(4-11)与式(4-13)，计算可得到岳麓山大学科技城协同创新能力二级准则层的综合贡献值，其中技术创新产出能力 v_1=0.372 2，技术创新扩散能力 v_2=0.200 2。然后利用式(4-14)与式(4-15)，可以得到创新环境子系统对耦合系统的贡献度 u=0.188 2。再利用式(4-16)，可以计算得到2017年岳麓山大学科技城创新环境子系统和协同创新能力子系统的耦合关联度 C=0.489 2。

2. 动态耦合协调度

利用式(4-20)、式(4-21)与式(4-22)，计算得到2017年岳麓山大学科技城创新环境和协同创新能力的动态耦合协调度。$V_a=f(x)$=0.188 2，$V_b=g(y)$=0.286 2，协调度 ε=0.978 4，系统发展综合指数 p=0.237 2，最终计算得到耦合协调度 D=0.481 8。

同理，可计算得到岳麓山大学科技城2011—2018年的耦合关联度和耦合协调度，具体数值如表4-9所示。

表4-9 2011—2018年岳麓山大学科技城耦合关联度和耦合协调度

年份	2011	2012	2013	2014	2015	2016	2017	2018
C	0.500 0	0.491 6	0.470 0	0.490 8	0.481 3	0.479 2	0.489 2	0.452 9
P	0.037 2	0.061 3	0.113 4	0.110 9	0.150 3	0.158 5	0.237 2	0.329 0
D	0.192 8	0.245 4	0.326 5	0.330 0	0.380 3	0.389 8	0.481 8	0.545 9

4.4.3 结果分析

由创新环境和协同创新能力耦合协调度模型，以及实证分析结果，可知创新环境与协同创新能力的耦合协调度最终会逐步趋同，当协同创新环境越来越好时，协同创新能力也会逐步得到提升，而当协同创新环境越来越差时，区域协同创新能力则会逐步减弱。因此，高质量的创新环境是协同创新能力持续发展的有力保障。毋庸置疑，大学科技城在发展经济的同时，还必须兼顾生态环境的修复和保护，进一步强化基础设施配套能力和创新发展能力，制定优惠的财税政策加大技术、人才等要素的投入，不断优化创新环境，改善创新环境，从而不断提高区域科技竞争力，使大学科技城成为引领当地、辐射周边区域的科技创新动力源。

从图4-3可以看出，岳麓山大学科技城的协同创新能力自2011年起逐步上升，尤其是2018年，创新能力同比增长近46%，说明大学科技城的创新环境与协同创新能力的耦合协调关系得到稳步改善，创新环境得到不断优化，协同创新能力也在不断提升。在2012年以前，岳麓山大学科技城的创新环境并不理想，协同创新能力处于较低水平，对大学科技城的发展贡献度较低。从2013年开始，创新环境子系统与协同创新能力子系统的耦合协调度逐年上升，协同创新能力变化趋势与系统耦合协调度均呈现上升趋势，这反映了管委会加大了创新投入，出台了系列鼓励创新创业的政策制度，引进了大量金融资本，共同成立了投资机构，同时长沙市也出台了人才新政，对高层次人才在工作、落户、购房和研发资金等给予政策倾斜，有效改善和优化了岳麓山大学科技城的创新环境，协同创新能力得到了逐步提高，创新在大学科技城发展中的作用开始显现。2015年开始，湖南省委省政府，明确提出规划建设岳麓山大学科技城，湖南省和长沙市共同致力于将岳麓山大学科技城打造成"中部崛起新引擎、湖南创新新高地"。经过2年多的建设发展，从2017年开始，岳麓山大学科技城已形成了较为良好的创新环境，创新环境的正向促进作用初步显现，协同创新在产业与经济发展中的作用越来越明显，并占据了较大份额。可见，大学科技城管委会应继续完善优化创新环境，稳步提升协同创新能力，加快促进大学科技城产业与经济的发展。

从表4-9可以发现，岳麓山大学科技城2011—2018年耦合关联度均处于区间(0.3，0.7)，主要在0.45~0.50的范围内上下波动，说明创新环境和协同创新能力处于中度耦合阶段，耦合系统处于发展阶段初期，这主要得益于该时期湖南省和长沙市对岳麓山大学科技城的高校和研究院所的创新投入稳定增长，同时还加大了产业资金投入，以推动产业结构优化升级。

总体而言，该耦合系统处于一个比较稳定的状态。

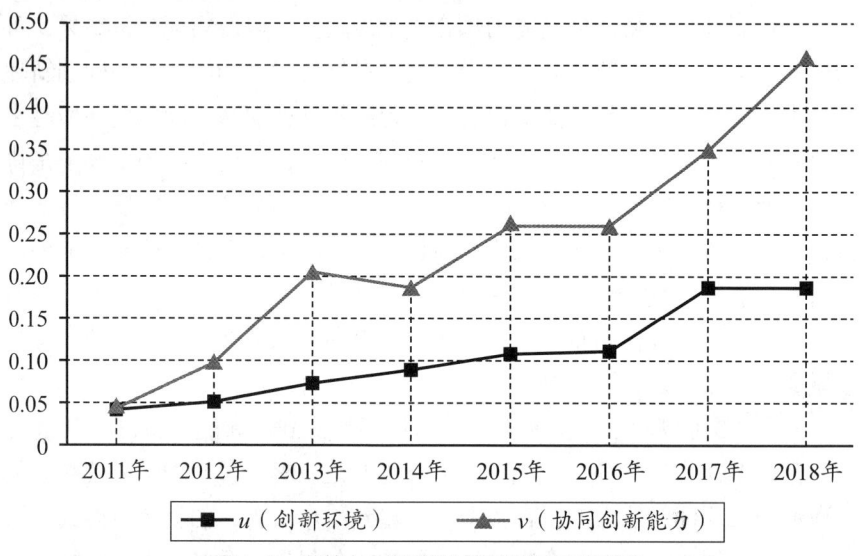

图4-3 岳麓山大学科技城贡献程度变化趋势

由图4-4可知，岳麓山大学科技城2011—2012年耦合协调度在0.2~0.3的范围内变化，此时创新环境子系统和协同创新能力子系统均处于较低水平的耦合协调阶段，耦合系统之间各要素严重失调，创新环境的优化力度不够，创新能力也得不到有效提升。岳麓山大学科技城在2013—2017年期间耦合协调度有所提升，在0.32~0.49之间波动，创新环境子系统和协同

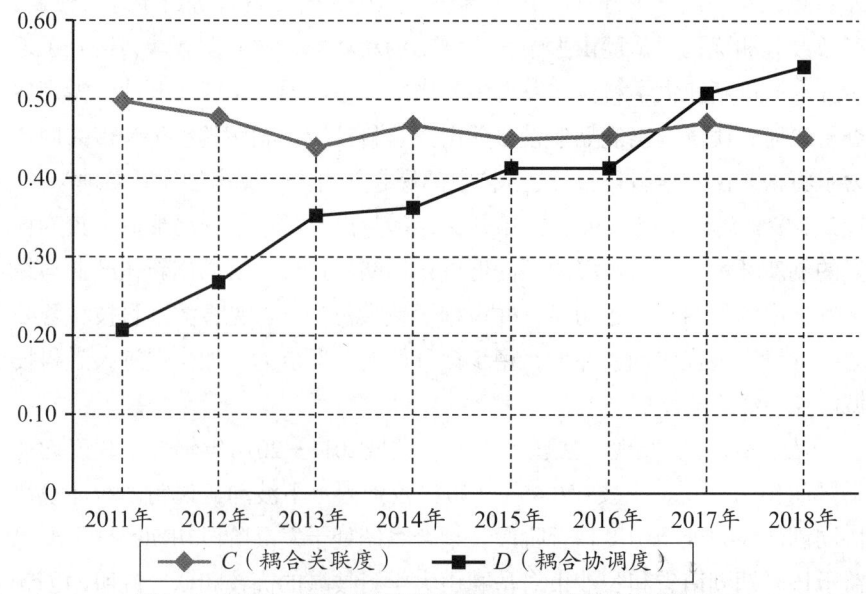

图4-4 岳麓山大学科技城创新环境与协同创新能力耦合度分析

创新能力子系统从严重失调发展到了轻度失调阶段，子系统之间通过耦合作用，彼此影响，相互促进。岳麓山大学科技城2018年的耦合协调度大于0.5，表明系统进入了良好的协调阶段，其主要原因是湖南省委省政府从2016年下半年提出要以岳麓山大学科技城的发展与建设为抓手，将其打造成创新创业高地，以创新发展为策略、以成果转化为主线，加大了创新环境的建设与投入，全力推进校区、城区、景区、园区"四位一体"，不仅优化了创新环境，也大幅提升了协同创新能力。总体而言，岳麓山大学科技城创新环境与协同创新能力耦合系统的耦合协调度，2011—2018年一直处于稳步上升的态势，耦合系统从耦合失调逐步转变为良好协调，正向高度协调发展。

4.5 本章小结

各级政府在规划大学科技城时，通常会选择高校、研究院所聚集度高，自然环境相对较好的区域，并会出台针对大学科技城科技与产业发展的政策制度，目的是营造良好的创新环境，充分发挥大学科技城的极化效应和扩散效应，有效提升大学科技城的协同创新能力和创新效率。大学科技城创新环境可以划分为政策环境、经济环境、社会环境和技术环境等，这四种环境因素从不同层面和渠道对大学科技城的创新资源和协同创新能力产生影响。具有良好创新环境的大学科技城可不断吸收、集聚、融合世界各地的各类创新资源，并激发创新主体开展协同创新的激情，从而提升协同创新能力，以及协同创新效率，同时协同创新能力与效率的提升，又能不断优化完善创新环境。相关理论和案例均证明，大学科技城创新环境与协同创新能力既可能发展成良性耦合条件下的正反馈循环，也可能演变为非良性耦合条件下的负反馈循环。

政府虽然不是大学科技城协同创新的核心要素，大多数情况下并不直接参与协同创新，但却对大学科技城协同创新环境的优化完善，大学科技城协同创新体系的构建，大学科技城协同创新能力的提升，起着至关重要的作用。也就是说，政府和管委会能否科学规划大学科技城、能否出台有利于营造创新环境的政策制度，直接影响到大学科技城协同创新的动力机制、创新主体参与协同创新的激情、成果转化和创新效率等各个环节。因此，优化创新环境是大学科技城协同创新活动过程中最重要的环节，有必要先探讨清楚创新环境的演化机理，再开展后续研究，这也是本书将大学科技城协同创新环境安排在第四章，首先进行研究的主要原因。

本章在详细分析大学科技城创新环境与协同创新能力相互作用的基础上，应用熵值法、BWM算法构建了大学科技城创新环境与协同创新能力评价指标体系和耦合模型，分别测算了创新环境与协同创新能力在静态耦合系统中的耦合关联度和动态耦合系统中的耦合协调度。应用耦合协调度模型实证分析了岳麓山大学科技城2011—2018年期间的创新环境与创新能力的耦合协调关系。基于大学科技城创新环境与协同创新能力耦合机理、大学科技城创新环境与协同创新能力指标体系和耦合协调度模型，并以岳麓山大学科技城为例，实证分析了2011—2018年间创新环境与协同创新能力的耦合关联度、耦合协调度及演化特征，主要结论如下：

(1)创新环境与协同创新能力对岳麓山大学科技城发展的贡献度总体呈增长态势。其中，协同创新能力的贡献度上升趋势稳定且明显，创新环境的贡献度呈曲折缓慢上升趋势。随着时间的推移，创新环境对大学科技城发展的贡献度不断增加，但协同创新能力对大学科技城发展的影响更为突出。

(2)岳麓山大学科技城创新环境与协同创新能力耦合关联度处于中度关联阶段，耦合协调度处于发展阶段初期；耦合协调度处于先慢后快的上升态势，逐步从耦合失调转变为良好协调，正向高度协调阶段发展。

由此可见，大学科技城创新环境与协同创新能力之间具有较强耦合关联关系。创新环境与协同创新能力两个系统相互作用、相互影响，在内外因素的正向引导与强化作用下，能促使相互之间产生良性的、正向的作用，反之，则可能产生负向作用。创新环境与协同创新能力的耦合协同度，不断从失衡到协调，又从协调到失衡，螺旋递进发展。因此，各级政府要不断优化创新环境，使两者形成正向协同发展态势，不断提升大学科技城协同创新能力。

第5章 大学科技城协同创新动力机制研究

大学科技城作为大学、科研院所和企业等创新主体的聚集地，有利于整合创新资源，对推动产学研结合、科技成果转化、提高创新能力、加速产业结构优化升级和推动区域经济快速增长，发挥着越来越重要的作用，并已成为我国创新体系的重要组成部分。大学科技城主体参与协同创新的意愿和动力，不仅与政策、经济、环境、社会和产业发展等动力因素相关，也与协同创新主体面临的利益、内部激励、战略协同等内部动力有关，还与技术推动力、政府支持力、市场竞争压力和市场需求拉动力等外部动力相关。在协同创新过程中，由于创新环境不佳、利益分配不均和成果保护不力，往往会形成主体参与协同创新的动力不足、意愿不强、积极性不高和机会主义盛行的局面，导致创新创业效果不佳，不能达到建设大学科技城的预期目的。因此，有必要从企业和学研方等主体参与协同创新的利益、风险和策略等方面进行研究，揭示各方的博弈动态演化过程和策略，以此探求大学科技城的协同创新机制，探究影响主体参与协同创新的关键因素与核心动力，从而有利于管理部门制定具有针对性的激励机制和监管策略，及时解决影响大学科技城协同创新的各种问题，有效提高创新创业效率。

本章将系统分析影响大学科技城主体参与协同创新的动力因素和动力机制，构建动态演化博弈模型，探讨大学科技城管理委员会主导，学研方和企业参与的协同创新策略选择机制和博弈演化过程，详细分析影响参与主体博弈策略选择的各种因素和作用机理，为制定政策制度提供决策参考。

5.1 理论基础

5.1.1 演化博弈论

演化博弈论最早源于费希尔（Fisher）、汉密尔顿（Hamilton）等遗传生态学家对动、植物合作与冲突行为的博弈分析。1973年，史密斯（Smith）和普赖斯（Price）首次提出演化稳定策略（Evolutionary Stable Strategy，ESS），这标志着演化博弈论的正式诞生。1978年，生态学家泰勒（Taylor）和琼克尔（Jonker）在考察生态演化现象时，提出了模仿者动态（Replicator Dynamic，RD）的概念。可见，模仿者动态与演化稳定策略（RD&ESS）是构成演化博弈论最核心的概念，分别表征了演化博弈的稳定状态和向这种稳定状态的动态收敛过程。

演化博弈论有三个基本特征：一是研究对象为参与人群体，目的是通过分析动态演化过程和演化稳定策略，以解释群体为何要达到，以及如何达到某一稳定状态；二是群体演化过程既存在选择过程，也存在突变过程；三是群体选择行为有一定惯性。

5.1.2 演化稳定策略

演化稳定策略（ESS）的基本思想是：假定一个群体包含一个全部选择某一特定策略的大群体和一个选择不同策略的突变小群体，如果突变小群体在混合群体中博弈所得的支付大于大群体中个体所得到的支付，那么小群体就能够侵入大群体；反之，小群体无法侵入大群体中，并将在演化过程中逐步消失。如果一个群体能消除任何小突变群体的侵入，则认为该群体是演化稳定状态，其选择的策略就是演化稳定策略。由此可知，在自然选择作用下，演化稳定策略表示当种群中的绝大多数成员都采取同一策略时，就不存在一个能够影响到该种群稳定性的突变性策略。其数学定义如下：

若 S^* 是演化稳定策略，且 S^* 满足以下两个条件：

(1) 对任意 S，有 $U(S^*,S^*) \geq U(S^*,S)$；

(2) 若 $S^* \neq S$，且 $U(S^*,S^*)=U(S^*,S)$，则必有 $U(S^*,S^*) > U(S^*,S)$。

其中，$U(S,S)$ 表示自己和竞争对手都采取同样策略时，所获得的效用水平或适应度，前一个 S 代表自己的策略，后一个 S 代表竞争对手的策略。

显而易见，当群体中的所有个体都选择演化稳定策略 S^* 时，群体中任何一个偏离策略 S^*，而选择突变策略 S 的个体都将无利可图。也就是说，当系统处于演化稳定状态时，除非有来自外部的强大冲击，否则系统就会保持演化稳定状态。

5.1.3 复制动态方程

复制动态方程指群体中同时使用某一策略的个体数量增长率等于使用该策略支付和平均支付之差，描述了某一特定策略在一个群体中被使用的频度或频数动态微分方程，是演化博弈论的另一核心概念。当群体中使用该策略的支付大于平均支付时，则使用该策略的个体数量将会增加，反之，个体数量将减少，其定义如下：

$$\frac{1}{Y_K}\frac{DY_K}{DT} = [U(K,S) - \bar{U}(S,S)], K = 1,2,\cdots$$

式中，Y_K 表示采取 k 策略的个体占群体总量的比重，T 为时间变量，$U(K,S)$ 表示进行随机匿名博弈时，群体中的个体采取 k 策略所获得的期望支付，$\bar{U}(S,S)$ 则表示群体平均期望支付。当 $U(K,S) > \bar{U}(S,S)$ 时，即个体选择 k 策略获得的期望支付大于群体的平均期望支付时，随着时间 T 的演化，选择 k 策略的个体在群体中所占比例将会增大。当 $U(K,S) < \bar{U}(S,S)$ 时，选择纯策略 k 获得的期望支付小于群体平均期望支付，随着时间 T 的演化，选择 k 策略的个体在群体中所占比例将会减小。当 $U(K,S) = \bar{U}(S,S)$ 时，选择策略 k 的个体获得的期望支付等于群体平均期望支付，则选择 k 策略的个体在群体中所占比例将不变。

5.2 协同创新动力机制

动力机制受动力因素影响，是通过调整各因素以协调各部分发挥作用的具体运行方式。大学科技城协同创新动力因素是指驱动协同创新形成和发展的一切因素，协同创新动力机制则是指聚集大学科技城各类主体的资源与要素，不断激发协同创新主体内在行为牵引动力和外部环境驱动力的作用机制，其作用机理详见图5-1。

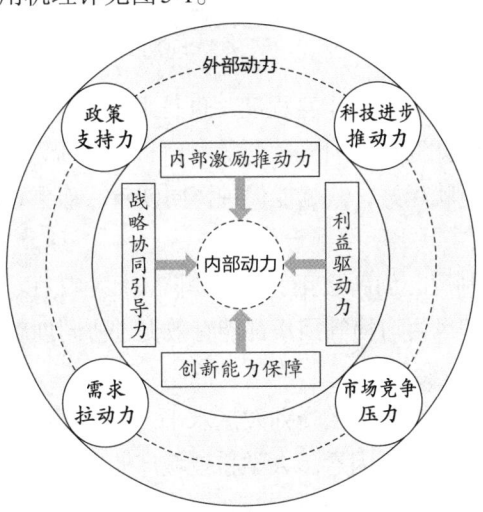

图5-1 大学科技城协同创新动力机制

5.2.1 协同创新动力因素

在大学科技城开展协同创新过程中，政产学研是一种重要的协同创新形式，各主体参与协同创新的动力受到多种因素影响。对大学科技城中的企业而言，由于竞争日趋激烈，技术日新月异，靠单打独斗已很难生存与发展，只有与学研方或其他企业开展协同创新，才能依靠新技术和新产品，提升竞争优势，拓展市场份额，获取超额利润，但是在协同创新过程中，企业也会面临很多风险和不确定因素。学研方可通过产品收益分成、委托研发、成果转移等方式获取协同创新收益，实际收益与预期的差距会影响到学研方参与协同创新的积极性。此外，政府或管委会对协同创新的作用也很重要，政府和管委会出台并落实协同创新的政策，有利于优化创新环境，整合创新资源，提高创新效率，降低创新成本；对大学科技城而言，政策、经济、环境、社会和产业发展等因素会影响到大学科技城协同创新的意愿，进而影响各主体参与协同创新动力的大小。具体影响主体参与协同创新的动力因素有以下几种。

1. 政策因素

政策因素是影响协同创新的主要因素之一。政府或相关管理部门可通过制定政策和制度，对协同创新效果突出的企业和学研方进行税收减免和科研经费补助，以鼓励企业、学研方积极开展协同创新。

2. 经济因素

区域经济发展状况对协同创新的推进也有较大影响，良好的经济环境，如较快的 GDP 增长速度，较高的人均 GDP 和充足的财政收入，都能有效促进协同创新活动的开展；反之，则不利于协同创新的开展。

3. 环境因素

大学科技城创新资源的丰富程度，也是影响大学科技城主体开展协同创新的重要因素，如高校、研究院所等科研机构创新人才越多，科研设施越完善，创新环境就越好，就越能促进协同创新活动更好地开展。

4. 社会因素

良好的政策制度、创新文化、创新团队、社会交往、道德规范、国家法律、社会舆论和风俗习惯等因素都能有效促进协同创新的开展。

5. 产业发展因素

大学科技城和周边区域的产业发展水平，也是影响企业、高校和科研院所参与协同创新的重要因素。大学科技城产业发展越好，集聚的企业越多，创新需求越大，则可用于科技创新的经费也越多，协同创新的基础也就越好，主体参与协同创新活动的意愿也就更高。

5.2.2 协同创新动力系统

大学科技城协同创新动力系统在创新驱动因素的作用下，会产生内部动力和外部动力,在一定条件下,内部动力和外部动力会传导到相关主体,激发主体产生协同创新意愿,并转化为协同创新的驱动力。

1. 协同创新外部动力

大学科技城协同创新外部动力是指存在于大学科技城政产学研协同创新团队之外的动力因素,这些因素通过诱导、刺激和驱动等方式,对大学科技城的协同创新产生推动作用,是大学科技城获取竞争优势的外部环境驱动力,主要包括:技术推动力、政府支持力、市场竞争压力和市场需求拉动力等。

(1)技术推动力。在技术不断变革或技术需求压力不断增加的情况下,如不适应变化,不实施创新,任何组织都难以在激烈的市场竞争中生存与发展。可见,技术推动力是大学科技城协同创新的原动力,其驱动作用主要通过新技术思路诱导、技术轨道、技术预期和输入推动等途径发生影响。其中,新技术和新工艺可以直接或间接推动大学科技城主体参与协同创新,进而促进新产品、新产业和新模式的形成。

(2)政府支持力。政府是大学科技城开展协同创新最主要的推动者和支持者,政府主要通过行为引导与政策激励等措施推动协同创新。一方面,政府通过调动、整合、利用创新资源,帮助创新主体开展协同创新,发挥其在协同创新中的纽带作用;另一方面,政府通过制定鼓励协同创新的政策,激发主体参与协同创新的热情,推动协同创新活动的开展。

(3)市场竞争压力。激烈的市场竞争是推动各种组织开展技术创新的重要动力因素。在充分市场化的环境下,企业、高校和科研院所单凭一己之力,很难在行业内取得优势地位,必须联合具有异质性资源和能力的主体,共同开展技术创新,以打造竞争优势,获取协同效益。

(4)市场需求拉动力。市场需求是协同创新活动的根源,是牵引、拉动大学科技城协同创新活动的根本动力。当市场对某些产品或技术有需求时,为快速占领市场,弥补自身能力不足,解决短期内无法满足市场需求的问题,大学科技城的主体就会寻求与其他创新主体的合作,共同研发出新产品或新服务,快速响应市场的动态需求。

2. 协同创新内部动力

协同创新内部动力是指存在于协同创新组织内部的各种动力因素,是激发协同创新的内在驱动力,也是主体参与协同创新的基本动力,包括利益驱动力、内部激励推动力、战略协同引导力和创新保障力。

(1)利益驱动力。追求利益是主体开展创新的内在驱动力。由于知识属性的差别,可能存在资源分散与创新要素差异化等问题,如有些主体拥有生产和经营管理知识，而另一些主体拥有科学技术知识，或者有些主体拥有某个专业领域的技术知识，而其他主体则拥有差异化的其他知识，只有通过协同创新，不同专业的知识才能融合，共同解决技术瓶颈，使协同创新合作剩余最大化，参与协同创新的主体均能获得所期望的创新收益。可见，协同创新能帮助大学科技城协同创新主体实现利益最大化，利益驱动是主体参与协同创新最根本的内动力，在所有内动力中起主导作用。

(2) 战略协同引导力。大学科技城通常都聚集了大量高校、科研院所和企业等创新主体，这些主体会承担一些关系国家安全、国家战略和国计民生等方面的关键技术和共性技术的攻关任务，这些攻关任务将引导各创新主体协同彼此的战略目标，调节各自的价值取向和行为取向，形成共同发展的战略目标，共同组建协同创新团队。一旦形成协同战略目标，就可引导各主体组成创新团队，开展协同创新。

(3) 内部激励推动力。内部激励是为了统一思想，明确目标，规范行为，充分发挥成员潜能，而制定和执行的制度体系。通常是根据主体的使命、文化，以及价值观、生存与发展要求等，设计的一系列具体的行为规范和奖惩制度。大学科技城协同创新活动是否能有效开展，关键在于能否充分调动各主体参与协同创新的积极性和主动性。因此，一方面，协同创新项目要有利于创新主体业务的发展，能有效提升参与创新主体的盈利能力，从而激发创新主体参与协同创新的热情；另一方面，大学科技城和创新主体要营造良好的氛围，让科技人员不仅有良好的工作、生活环境，还要建立激励制度，让真正有突出贡献的科技人员能有良好的职业发展通道，能有丰厚的薪酬收入和股权分红，有效激发参与协同创新项目的科技人员的积极性和主动性。可见，大学科技城不仅应构建一套能够充分调动各创新主体积极参与协同创新的激励机制，从而消除各种对高校、科研院所和企业创新意愿和创新行为产生制约的影响因素，也要营造有利于科技人员生活、工作和创新的环境，打造有利于科研人员发展的奖励机制，有效推动创新主体和科技人员参与协同创新。

(4) 创新保障力。创新能力是指在创新过程中，创新主体发挥创新要素作用，获取创新收益的实力，是创新团队综合能力的体现。大学科技城政产学研协同创新能力的形成，不仅取决于研发人员的数量和创新成果的多少，更取决于大学科技城聚集创新资源，协同解决共性技术与关键技术的实力。较强的创新保障力能保证协同创新进程稳定推进，创新主体资源互补，团队成员创新能力互配，有效实现优势资源共享，促进创新能力提升。

5.2.3 协同创新动力机制演化分析

演化经济学认为：开放系统通过与环境不断交换物质和能量，在一定条件下会产生由无序到有序，由较低有序到较高有序的自组织现象，并自发形成新的结构和新的组织，这是所有生物和社会系统的共同特点。大学科技城是由高校、科研院所、企业和中介机构等主体共同组成的开放系统，具有演化经济学所认为的自组织特性。

在良好的创新环境下，当大学科技城主体通过创新动力系统接收到创新驱动要素的刺激时，就会激发动力系统产生协同创新动力和意愿，在战略协同、竞合博弈等协同创新内部动力的作用下，主体将积极参与到协同创新活动中，大学科技城协同创新规模将不断扩大、创新效率也将不断提升、创新能力会不断加强、创新系统也会不断优化，大学科技城的协同创新水平也必将不断提升，并产生新的创新成果。创新成果产业化后，又为创新主体贡献高额创新利润，将进一步激发大学科技城主体的创新激情，一些主体又会通过内部的分化、组合、评估、选择等行为进行再次匹配，以及根据创新目标对外部创新资源开展战略重组。该过程不断吸收外部资源，优化内部资源，在大学科技城逐步形成一个高效的协同创新生态系统。当创新环境不佳时，创新主体则会选择不参与的策略，协同创新系统将向相反方向演化。

由此可见，大学科技城能否建立科学合理的制度体系，管委会是否履行了监管职责，能否吸引外部资源、优化内部资源，以及主体之间是否能建立良好的利益分配机制、全面的风险管控体系，是影响大学科技城创新主体策略选择和协同创新能否高效运行的重要因素。因此，有必要对学研方、企业和大学科技城管委会等主体参与协同创新所获取的利益和面临的风险影响博弈策略的机理进行研究，以深入探讨大学科技城协同创新的动力机制，找准影响创新主体参与协同创新的关键因素和主要问题，将有利于管理部门制定具有针对性的激励机制和监管策略，从而有效提升创新主体参与协同创新的意愿和动力，大幅提升大学科技城协同创新能力和效率。

协同创新本质上是创新主体为了获取超额利益，而产生的既有合作又有冲突的反复博弈关系。由于演化博弈基于有限理性假设，相比于完全理性的传统博弈论，更加符合现实情况，因此有不少学者以政府、高校、企业为主体，构建协同创新博弈模型，开展了相关研究。然而，现有研究大学科技城协同创新动力机制的成果还存在以下问题与不足：一是大多数成果是以企业和高校作为协同创新博弈主体，只是将政府资金与政策支持引入了博弈模型，并没有将政府其他监管行为引入博弈模型进行详细分析。

而且虽有文献将政府视为一个利益主体,直接参与协同创新过程中的利益博弈,但现实中政府更多地扮演着引导者和监管者角色,并不会参与经济利益的分配。二是大学科技城作为一种全新的政府主导的协同创新组织形态,对其进行系统研究的成果还非常少,鲜有文献以大学科技城为对象利用演化博弈论研究其协同创新动态演化过程。三是协同创新主体之间的博弈未考虑"搭便车"等利益侵占行为对策略选择的影响。因此,本书将政府监管行为加入博弈,考虑政府监管的惩罚与奖励机制对协同创新的影响,通过构建大学科技城协同创新合作策略演化博弈模型,分析政府牵头与引导,学研方和企业参与的大学科技城协同创新稳定性,分情况讨论了大学科技城管委会实施监管和不实施监管时,学研方和企业等协同创新主体之间的动态博弈演化稳定策略,并通过 MATLAB 数值仿真分析研究影响大学科技城协同创新策略选择的因素,从而为促进我国大学科技城协同创新的可持续发展提供理论依据和政策建议。

5.3 协同创新演化博弈模型

5.3.1 模型假设

根据对大学科技城协同创新动力因素与动力机制分析等相关研究成果,以及对国内大学科技城协同创新活动的调研,给出以下假设:

假设1:在大学科技城协同创新过程中,合作主体只考虑管委会、企业以及学研方。{积极合作,消极合作}是企业的策略集合;其中积极合作的含义是企业给予学研方充分的物质支持,例如 R&D 资金、实验设备等创新要素。消极合作则是指企业不愿给予学研方充足的创新资源支持,企业与学研方合作仅仅只是为获得政府的财政扶持与政策优惠。学研方的策略集合是{积极合作,消极合作};其中积极合作是学研方在产学研联盟中提供人才、技术知识等创新要素;消极合作则是指学研方在联盟中仅维持最低的创新水平。在中国,政府是协同创新的积极推动者,同时也是一个监管部门。因此,管委会的策略集合是{实施监管,不监管}。而协同创新参与主体在博弈过程中是有限理性的,会在不断学习与反复尝试过程中,经多次博弈,逐渐稳定于最优策略。

假设2:在大学科技城协同创新博弈过程中,学研方和企业这两个主体,都存在{积极合作,消极合作}两种合作策略。x 为学研方积极合作参与的概率,y 为企业方积极合作参与的概率,且 $x, y \in [0, 1]$。

假设3:R_1、R_2 分别表示学研方和企业选择消极合作策略时的初始收益，$L(L>0)$ 表示学研方和企业选择积极合作策略时所获得的超额经济收益，$\theta[\theta\in(0,1)]$ 为学研方获得收益的分配比例，即学研方超额经济收益为 θL，企业为 $(1-\theta)L$。C 表示学研方和企业积极合作策略所付出的合作成本，分配系数为 $\pi[\pi\in(0,1)]$，即学研方和企业积极合作策略所付出的合作成本分别为 πC 和 $(1-\pi)C$。

假设4：由于大学科技城协同创新主体之间存在资源禀赋不对等和各自追求的目标不同的问题，导致协同创新的主体合作问题非常复杂，并普遍存在相互"搭便车"的行为。造成了投入和产出较多的主体创新收益减少，而投入和产出较少的一方创新收益不合理地增加。这里假设 K 为存在"搭便车"行为时，企业和学研方增减的协同创新收益。

假设5：当管委会选择实施监管时，会带来补贴激励措施与惩罚机制。对于积极合作开展协同创新的学研方和企业，管委会将会给予资金补贴和各种优惠政策支持，双方因此得到的额外收益记为 H。选择消极合作策略参与协同创新的学研方和企业也会受到管委会的惩罚，学研方和企业需要支付的惩罚为 F。

5.3.2 管委会不监管的协同创新演化博弈模型

1. 管委会不监管的大学科技城协同创新支付矩阵

基于上述基本假设，可以得到在管委会不监管时学研方和企业的策略选择博弈支付矩阵，详见表5-1。

表5-1 管委会不监管时大学科技城协同创新支付矩阵

		学研方	
		积极合作 (x)	消极合作 ($1-x$)
企业	积极合作 (y)	$R_1+\theta L-\pi C$ $R_2+(1-\theta)L-(1-\pi)C$	R_1+K $R_2-(1-\pi)C-K$
	消极合作 ($1-y$)	$R_1-\pi C-K$ R_2+K	R_1 R_2

2. 协同创新合作演化博弈模型分析

为求出企业、学研方博弈的复制动态过程，根据演化博弈的相关理论以及期望收益的计算方法，令 E_1、E_2 分别表示学研方和企业的平均期望收益，则根据表5-1可以求得：

学研方选择积极参与策略时的期望收益为：

$$E_{11}=y(R_1+\theta L-\pi C)+(1-y)(R_1-\pi C-K) \quad (5-1)$$

学研方选择消极参与策略时的期望收益为：

$$E_{12}=y(R_1+K)+(1-y)R_1 \tag{5-2}$$

所以，学研方平均期望收益为：

$$E_1=xE_{11}+(1-x)E_{12}=x[y(R_1+\theta L-\pi C)+(1-y)(R_1-\pi C-K)]+(1-x)+$$
$$[y(R_1+K)+(1-y)R_1] \tag{5-3}$$

根据 Malthusian 动态方程，可以得到学研方选择积极合作策略的复制动态方程为：

$$F(x)=\frac{dx}{dt}=x(E_{11}-E_1)$$
$$=x(1-x)[y(R_1+\theta L-\pi C)+(1-y)(R_1-\pi C-K)-y(R_1+K)-(1-y)R_1] \tag{5-4}$$

整理得：

$$F(x)=\frac{dx}{dt}=x(1-x)[y(\theta L)-\pi C-K] \tag{5-5}$$

企业方选择积极参与策略时的期望收益为：

$$E_{21}=x[R_2+(1-\theta)L-(1-\pi)C]+(1-x)[R_2-(1-\pi)C-K] \tag{5-6}$$

企业方选择消极参与策略时的期望收益为：

$$E_{22}=x(R_2+K)+(1-x)R_2 \tag{5-7}$$

所以，企业平均期望收益为：

$$E_2=yE_{21}+(1-y)E_{22}=y\{x[R_2+(1-\theta)L-(1-\pi)(C-K)]+(1-x)[R_2-(1-\pi)C]\}+$$
$$(1-y)[x(R_2+K)+(1-x)R_2] \tag{5-8}$$

同理可以得到企业选择积极合作策略的复制动态方程为：

$$F(y)=\frac{dy}{dt}=y(E_{21}-E_2)=y(1-y)\{x[R_2+(1-\theta)L-(1-\pi)C]+$$
$$(1-x)[R_2-(1-\pi)C-K]-x(R_2+K)-(1-x)R_2\} \tag{5-9}$$

整理得：

$$F(y)=\frac{dy}{dt}=y(1-y)[x(1-\theta)L-(1-\pi)C-K] \tag{5-10}$$

根据上面 $F(x)$ 与 $F(y)$ 两个复制动态方程，可以得到学研方、企业的演化动态，形成一个二维动力系统 D_1：

$$\begin{cases} F(x)=\dfrac{dx}{dt}=x(1-x)[y(\theta L)-\pi C-K] \\ F(y)=\dfrac{dy}{dt}=y(1-y)[x(1-\theta)L-(1-\pi)C-K] \end{cases} \tag{5-11}$$

令 $F(x)=0$ 和 $F(y)=0$，由此可以得到系统 D_1 的 5 个局部均衡点分别为 $O(0,0)$、$P_1(0,1)$、$P_2(1,0)$、$P_3(1,1)$、$P_4\left(\dfrac{(1-\pi)C+K}{(1-\theta)L},\dfrac{\pi C+K}{\theta L}\right)$。

可根据弗里曼的方法，由二维连续动力系统雅可比矩阵的稳定性分析得出系统的演化稳定策略（ESS），由 D_1 二维微分动力方程组计算可得雅克比矩阵 J_1 为：

$$J_1 = \begin{cases}(1-2x)\left[y(\theta L)-\pi C-K\right] & x(1-x)(\theta L) \\ y(1-y)(1-\theta)L & (1-2y)\left[x(1-\theta)L-(1-\pi)C-K\right]\end{cases} \quad (5\text{-}12)$$

$$DetJ_1 = (1-2x)\left[y(\theta L)-\pi C-K\right]\times(1-2y)\left[x(1-\theta)L-(1-\pi)C-K\right] - x(1-x)(\theta L)\times y(1-y)(1-\theta)L \quad (5\text{-}13)$$

$$TrJ_1 = (1-2x)\left[y(\theta L)-\pi C-K\right]+(1-2y)\left[x(1-\theta)L-(1-\pi)C-K\right] \quad (5\text{-}14)$$

微分方程组 D_1 平衡点的稳定性，可由矩阵 J_1 的行列式 $DetJ_1$ 和迹 TrJ_1 的符号决定。当 $DetJ_1>0$ 且 $TrJ_1<0$ 时，复制动态方程的均衡点就是演化稳定策略（ESS）。故可得 D_1 稳定性情况结果如表 5-2 所示。

表 5-2 管委会不监管时大学科技城协同创新演化博弈系统稳定性分析

平衡点	$DetJ_1$	TrJ_1	稳定性
$O(0,0)$	+	−	ESS
$P_1(0,1)$	+	+	不稳定
$P_2(1,0)$	+	+	不稳定
$P_3(1,1)$	+	−	ESS
$P_4\left(\dfrac{(1-\pi)C+K}{(1-\theta)L},\dfrac{\pi C+K}{\theta L}\right)$	−	0	鞍点

从表 5-2 可以看出，O 点和 P_3 点两个是稳定点，它们分别对应（消极合作，消极合作）、（积极合作，积极合作）两种帕累托最优结果，P_1 点与 P_2 点是博弈的不稳定源点，P_4 点则为鞍点。当初始状态处于由两个不稳定均衡点和鞍点所连成折线的右上方（$P_1P_4P_2P_3$ 区域）时，系统将向 P_3 点 $(1,1)$ 收敛，双方将向"积极合作"的合作策略演进；当处在该折线的左下方（$OP_1P_4P_2$ 区域）时，博弈系统将收敛于点 $O(0,0)$，双方将向"消极合作"的合作策略演进。其博弈动态过程的相位图如图 5-2 所示。

3. 管委会不参与监管的协同创新合作演化稳定性影响因素分析

由图 5-2 可知，（消极合作，消极合作）和（积极合作，积极合作）是该模型的两种稳定状态。协同创新的合作演化将向哪一个状态发展，取决于 $P_1P_4P_2P_3$ 区域（S_2）面积与 $OP_1P_4P_2$ 区域（S_1）面积的大小比较，S_1 面积越大，双方实施(消极合作,消极合作)策略的概率越高,S_2 面积越大,双方实施(积极合作,积极合作)策略的概率越高。其中 $OP_1P_4P_2$ 区域(S_1)面积公式为:

$$S_1 = \frac{1}{2}\left[\frac{(1-\pi)C+K}{(1-\theta)L} + \frac{\pi C+K}{\theta L}\right] \quad (5\text{-}15)$$

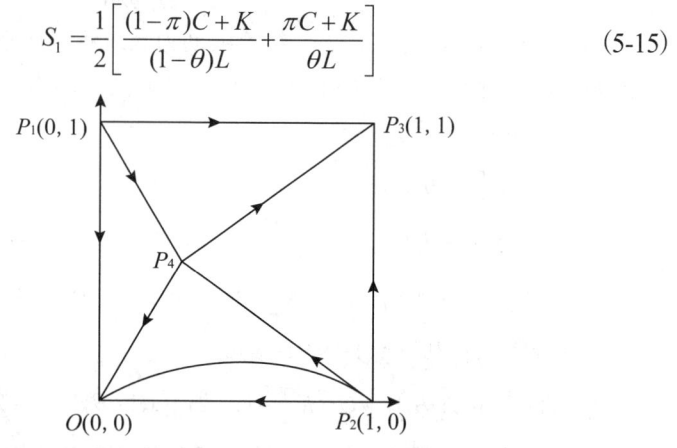

图5-2 管委会不参与监管时学研方和企业的演化相位图

下面分别对影响 $OP_1P_4P_2$ 区域面积变化的主要因素及控制方法进行讨论:

(1)合作成本 C:

对 S_1 面积公式求合作成本 C 的偏导可得:$\frac{\partial S_1}{\partial C} = \frac{1}{2}\left[\frac{(1-\pi)}{(1-\theta)L} + \frac{\pi}{\theta L}\right] > 0$,故 S_1 是 C 的单调增函数,即当学研方和企业的合作成本 C 增加时,S_1 将也会增加,此时双方选择消极合作策略的概率越来越高,演化稳定状态向着(消极合作,消极合作)的可能性增加;当学研方和企业的合作成本降低时,S_1 减少,S_2 增加,此时协同双方选择"积极合作"的概率将增加,合作演化向(积极合作,积极合作)的稳定状态演进的可能性增大。因此,要使协同创新合作策略向(积极合作,积极合作)的稳定状态演进,必须要有效控制双方参与协同创新的合作成本。

(2)合作超额收益 L。

用 S_1 面积公式对 L 求偏导可得:$\frac{\partial S_1}{\partial L} = \frac{1}{2}\left[-\frac{(1-\pi)C+K}{(1-\theta)L^2} - \frac{\pi C+K}{\theta L^2}\right] < 0$,故 S_1 是 L 的单调减函数。即当学研方和企业的合作超额收益 L 增加时,S_1 将会减少,S_2 增加,此时协同双方选择"积极合作"的概率将增加,合作演化向(积极合作,积极合作)稳定状态演进的可能性增大;当学研方和企业的合作超额收益 L 减少时,S_1 增加,双方选择消极合作策略的概率越来越高,演化稳定状态向着(消极合作,消极合作)演进的可能性增加。因此,在大学科技城协同创新过程中协同创新主体获得合作超额收益,能有效促

进其更积极参与合作。

(3) 合作收益分配系数 θ。

用 S_1 面积公式对 θ 求偏导可得：$\dfrac{\partial S_1}{\partial \theta} = \dfrac{1}{2}\left[\dfrac{(1-\pi)C+K}{(1-\theta)^2 L} - \dfrac{\pi C+K}{\theta^2 L}\right]$，可知 θ 对 S_1 的影响是非单调的，因此再对 θ 求二阶导数可得：

$$\dfrac{\partial^2 S_1}{\partial \theta^2} = \left[\dfrac{(1-\pi)C+K}{(1-\theta)^3 L} + \dfrac{\pi C+K}{\theta^3 L}\right] > 0，令 \dfrac{\partial S_1}{\partial \theta} = 0，即 \dfrac{(1-\pi)C+K}{(1-\theta)^2 L} = \dfrac{\pi C+K}{\theta^2 L}$$

时 S_1 取得最小值，此时协同创新合作向 $P_3(1,1)$ 即(积极合作，积极合作)这一稳定状态演化的可能性最大。因此，在大学科技城协同创新合作中存在一个最优的超额收益分配系数，可以使得学研方和企业选择(积极合作，积极合作)策略的可能性最大。

(4) 合作成本分摊系数 π。

用 S_1 面积公式对 π 求偏导可得：$\dfrac{\partial S_1}{\partial \pi} = \dfrac{1}{2}\left[\dfrac{C}{\theta L} - \dfrac{C}{(1-\theta)L}\right]$，可知 π 对 S_1 的影响是非单调的，此时可分两种情况讨论：第一，当 $\theta > (1-\theta)$ 时，$\dfrac{\partial S_1}{\partial \pi} < 0$，$S_1$ 是 π 的单调减函数，即学研方比企业获取的收益值大时，学研方合作成本分摊系数 π 越大，S_1 面积越小，大学科技城协同创新合作向(积极合作，积极合作)状态演化的可能性越大。第二，当 $\theta < (1-\theta)$ 时，$\dfrac{\partial S_1}{\partial \pi} > 0$，$S_1$ 是 π 的单调增函数，即学研方比企业获取的收益值小时，学研方合作成本分摊系数 π 越小，S_1 面积越小，大学科技城协同创新合作向(积极合作，积极合作)状态演化的可能性越大。因此可以看出大学科技城协同创新合作成本与参与积极合作获得超额收益的分配系数呈正相关性。

(5) "搭便车"收益 K。

用 S_1 面积公式对 K 求偏导可得：$S_1 = \dfrac{1}{2}\left[\dfrac{1}{(1-\theta)L} + \dfrac{1}{\theta L}\right] > 0$，故 S_1 是 K 的单调增函数。即当学研方和企业通过"搭便车"行为所获得的收益增加时，S_1 会增大，此时双方选择消极合作策略的概率越来越高，演化稳定状态向着(消极合作，消极合作)演化的可能性增加；当学研方和企业通过"搭便车"行为获得的收益减少时，S_1 减少，S_2 增加，此时协同创新双方选择"积极合作"的概率将增加，协同创新活动向(积极合作，积极合作)稳定合作状态演进的可能性增大。协同创新过程中的"搭便车"行为，不利于协同创新合作策略向(积极合作，积极合作)稳定状态演化，因此，应制定合理有效的惩罚措施，从而尽可能避免参与协同创新活动的任何主体不积极合作，而选择"搭便车"的行为。

5.3.3 管委会实施监管的协同创新演化博弈模型

1. 管委会实施监管的协同创新支付矩阵

基于上述假设,构建大学科技城协同创新博弈支付矩阵,如表5-3所示。

表5-3 管委会实施监管时大学科技城协同创新支付矩阵

		学研方	
		协同 (x)	不协同 ($1-x$)
企业	协同 (y)	$R_1+\theta L-\pi C+S$ $R_2+(1-\theta)L-(1-\pi)C+S$	R_1+K-F $R_2-(1-\pi)C-K$
	不协同 ($1-y$)	$R_1-\pi C-K$ R_2+K-F	R_1-F R_2-F

2. 模型分析

同理可得到管委会实施监管时学研方和企业的演化动态,形成一个全新的力系统 D_2:

$$\begin{cases} T(x)=\dfrac{dx}{dt}=x(1-x)\left[y(\theta L+S)+F-\pi C-K\right] \\ T(y)=\dfrac{dy}{dt}=y(1-y)\{x[(1-\theta)L+S]+F-(1-\pi)C-K\} \end{cases} \quad (5\text{-}16)$$

计算可得系统 D_2 的5个局部均衡点,分别为 $O(0,0)$、$Q_1(0,1)$、$Q_2(1,0)$、$Q_3(1,1)$、$Q_4\left(\dfrac{(1-\pi)C+K-F}{(1-\theta)L+S},\dfrac{\pi C+K-F}{\theta L+S}\right)$。

经计算得到雅克比矩阵 J_2:

$$J_2=\begin{cases} (1-2x)\left[y(\theta L+S)+F-\pi C-K\right] & x(1-x)\left[(\theta L+S)+F-\pi C-K\right] \\ y(1-y)\{[(1-\theta)L+S]+F-(1-\pi)C-K\} & (1-2y)\{x[(1-\theta)L+S]+F-(1-\pi)C-K\} \end{cases}$$

$$(5\text{-}17)$$

$$DetJ_2=(1-2x)\left[y(\theta L+S)+F-\pi C-K\right]\times(1-2y)\{x[(1-\theta)L+S]+F-(1-\pi)C-K\}-$$
$$x(1-x)\left[(\theta L+S)+F-\pi C-K\right]\times y(1-y)\{[(1-\theta)L+S]+F-(1-\pi)C-K\}$$

$$(5\text{-}18)$$

$$TrJ_2=(1-2x)\left[y(\theta L+S)+F-\pi C-K\right]+$$
$$(1-2y)\{x[(1-\theta)L+S]+F-(1-\pi)C-K\}$$

$$(5\text{-}19)$$

根据系统局部均衡点雅克比矩阵行列式和迹值的符号,判断系统的稳定性,结果如表5-4所示。

第 5 章　大学科技城协同创新动力机制研究

表5-4　管委会实施监管时大学科技城协同创新演化博弈系统稳定性分析

平衡点	$DetJ_2$	TrJ_2	稳定性
$O(0,0)$	+	−	ESS
$Q_1(0,1)$	+	+	不稳定
$Q_2(1,0)$	+	+	不稳定
$Q_3(1,1)$	+	−	ESS
$Q_4\left(\dfrac{(1-\pi)C+K-F}{(1-\theta)L+S},\dfrac{\pi C+K-F}{\theta L+S}\right)$	−	0	鞍点

同理可得管委会参与监管时学研方和企业博弈动态过程的相位图，如图5-3所示。

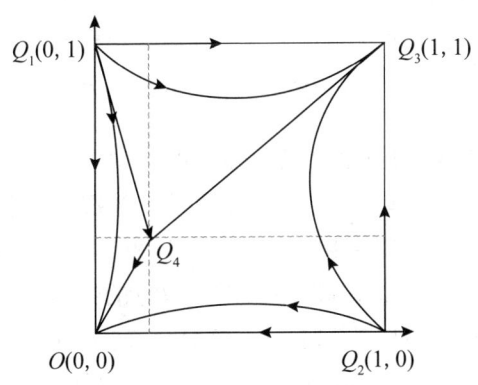

图5-3　管委会参与监管时学研方和企业的演化相位图

与管委会不监管时相比，Q_4 和 P_4 的差异项为分子部分的 F 和分母部分的 S，因此可根据 F 和 S 对 S_1 的影响来分析管委会监管对大学科技城协同创新演化博弈系统的影响。

(1) 当 $(1-\pi)C+K>F$ 且 $\pi C+K>F$ 时，即 $\dfrac{(1-\pi)C+K-F}{(1-\theta)L+H}<\dfrac{(1-\pi)C+K}{(1-\theta)L}$，$\dfrac{\pi C+K-F}{\theta L+H}<\dfrac{\pi C+K}{\theta L}$，此时 S_1 面积变小，表明在引入管委会监管协同创新的奖励 S 和惩罚 F 以后，博弈系统收敛到 $Q_3(1,1)$ 的可能性增加，且 F 和 S 越大，可能性就越大。说明管委会的监管有助于协同创新，促使学研方和企业更加积极选择参与协同创新的合作策略。

(2) 当 $(1-\pi)C+K<F$ 且 $\pi C+K<F$ 时，即 $\dfrac{(1-\pi)C+K-F}{(1-\theta)L+H}<0$，$\dfrac{\pi C+K-F}{\theta L+H}<0$，管委会对学研方和企业不积极参与协同创新的罚金大于合作成本的情况下，由于管委会的干预使得学研方和企业均会选择积极合作策略，双方后期通过协同创新将获得经济效益，这又会促进企业主动参与大学科技协

同创新活动。

因此，在大学科技城协同创新活动中，管委会可适当提高违约罚金 F，同时实施财政补贴、绩效奖励、税收减免等措施，有利于协同创新活动向（积极合作，积极合作）稳定状态演化，从而有效提高大学科技城主体参与协同创新活动的积极性。

5.4 数值仿真分析

为了更加清晰地展示各主体之间的博弈情况，用 MATLAB 对博弈系统进行动态演化仿真。根据仿真结果，对参与主体的初始参与意愿、政府的奖励与惩罚、利益分配系数、搭便车收益进行讨论。对支付矩阵中的参数初始值假设如下：设置模拟周期为 12，默认参数取值分别为：$x=y=0.5$、$R_1=4.5$、$R_2=8$、$L=12$、$\theta=\pi=0.5$、$C=2$、$K=1$、$F=0.5$、$S=2$。

5.4.1 参与主体初始意愿对系统演化的影响

在管委会选择不监管，且其他参数不变的情况下，学研方和企业不同初始意愿对双方策略选择演化路径的影响如图5-4所示。假设学研方和企业的初始参与意愿相同，由图5-4可知，双方的参与意愿都在 0.4~0.5 之间，当初始意愿小于该临界值时，系统演化趋向于 (0, 0)，且企业由于受市场影响，演化的速度相比高校更快。当初始意愿处于中等水平 0.5 时，高校的参与意愿呈现逐步上升趋势，而企业参与意愿先下降，后期随着高

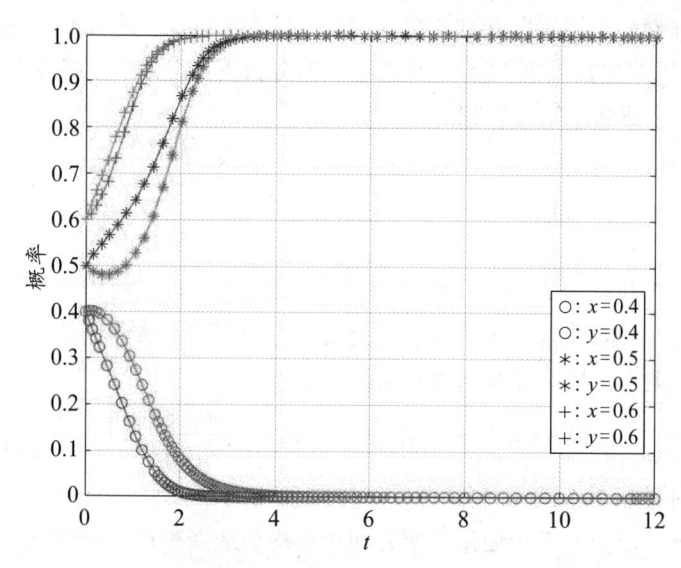

图5-4　管委会不监管时参与意愿 x, y 同时变化的系统演化路径图

校意愿的增加，企业参与意愿也随之增加，从而系统演化趋向于稳定点$(1,1)$。当初始意愿都较高时，系统快速演化达到稳定状态。这是因为协同创新过程中，学研方主要是提供创新资源，企业主要是资金投入，在创新初期没有产出，或者创新成果不足的情况下，企业的参与意愿会有所下降，但随着高校参与意愿的增加，以及有利于企业的创新成果不断产出，企业便更倾向于协同创新。当初始意愿都较高时，协同创新满足了学研方和企业各自的需求和发展，为加快获得产出和收益，双方均选择和执行积极合作策略。

图5-5和图5-6是在其他参数不变的情况下，管委会不实施监管和实施监管时，学研方参与意愿x变化对协同创新双方策略选择的演化路径。由图5-5可知，当意愿y保持中等水平不变，意愿x较小时，系统演化趋向于$(0,0)$，当意愿x趋向于临界值，意愿y由于意愿x的增加也出现了增加，但最后演化结果未发生变化，当意愿x大于临界值时，系统演化趋向于$(1,1)$。由图5-6可知，当管委会参与协同创新监管时，原有的演化速度得到明显提高，且学研方参与意愿x受管委会影响较为明显。这是由于在大学科技城协同创新活动中，政府在创新主体参与意愿较低时会发挥积极的引导作用，推动创新主体参与协同创新。政府的资金支持一般倾向于直接给予高校和科研院所，因此当学研方参与协同创新合作的意愿较低时，在政府实施监管的情况下，也会趋向于积极合作策略。但如果学研方参与意愿极低时，系统将演化到消极合作策略，且此时政府监管对学研方的影响是有限的。

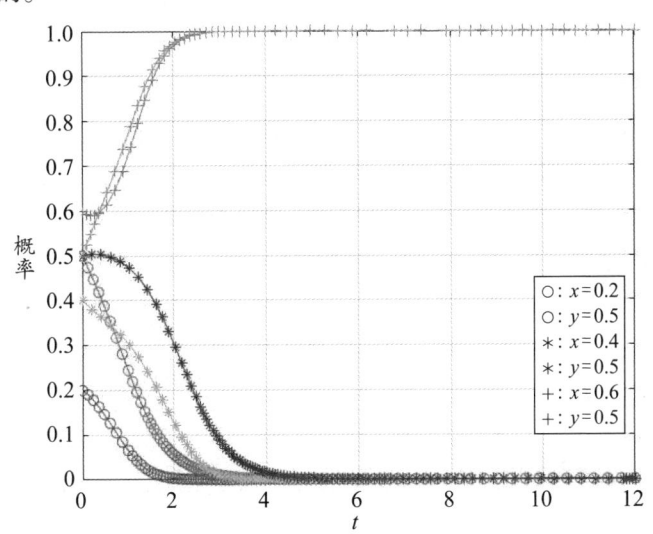

图5-5 管委会不监管时参与意愿x变化的系统演化路径图

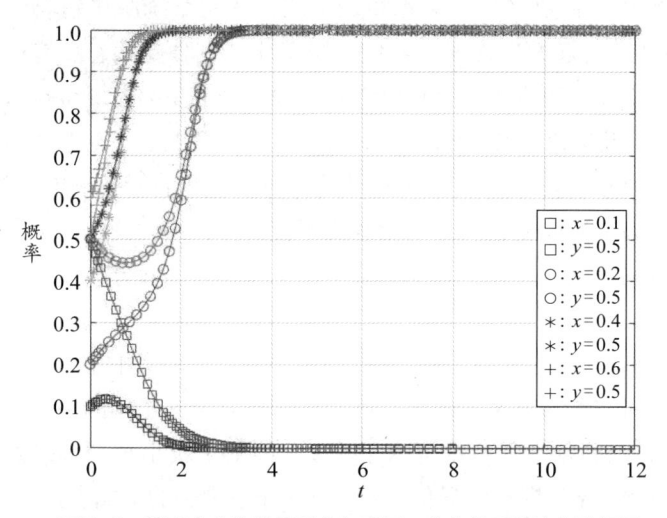

图5-6 管委会实施监管时参与意愿 x 变化的系统演化路径图

在其他参数不变的情况下，管委会不监管和管委会实施监管时，企业参与意愿 y 变化对协同创新双方策略选择影响的演化路径，分别如图5-7和图5-8所示。仿真结果表明，当初始状态学研方参与意愿不变，且大于临界值时，若企业初始合作意愿低于临界值，系统将演化到不理想状态 $(0,0)$。虽然大学科技城管委会发挥了政府监管职能，但企业受政府的影响小于学研方，若其初始意愿较低，则其出于自身利益和市场行为的影响将继续选择消极合作策略，意愿变化呈现先升后降趋势。结合图5-5和图5-7可知，企业参与意愿受学研方初始参与意愿影响，当学研方初始参与

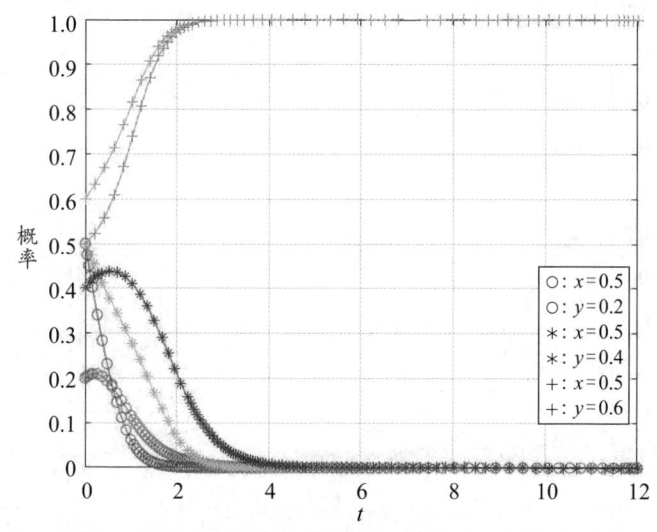

图5-7 管委会不监管时参与意愿 y 变化的系统演化路径图

意愿较高时，企业会倾向于选择参与协同创新的积极合作策略，当学研方的参与意愿下降时，企业的参与意愿也会随之下降。

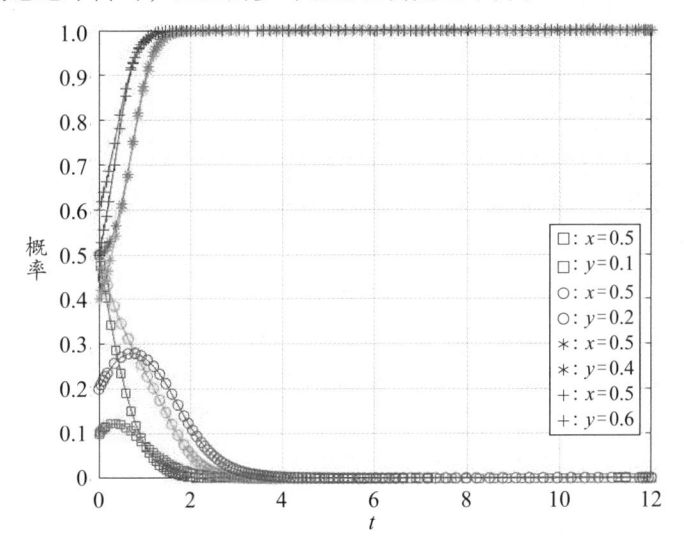

图5-8　管委会实施监管时参与意愿 y 变化的系统演化路径图

5.4.2　收益分配系数对系统演化的影响

在管委会监管，且其他参数不变的情况下，收益分配系数对学研方和企业利益双方策略选择演化路径的影响如图5-9所示。由图5-9可知，收益分配系数变化会影响学研方和企业的最终策略选择，且收益分配系数存在两个临界值。在协同创新过程中，当利益分配系数满足 $\theta>0.56$，$\theta<0.44$ 时，会因一方对分配比例不满，而导致双方最终选择消极参与协同创新。当利益分配系数满足 $0.48<\theta<0.52$ 时，由于协同创新主体获取收益相近，学研方和企业的参与意愿均会上升，此时协同创新系统将趋向于积极参与协同创新演化。当利益分配系数满足 $0.46<\theta<0.48$，$0.54<\theta<0.56$ 时，由于其中一方可获取更多收益，而导致另一方的意愿下降，但收益差距在可接受范围内，收益少的一方会随着收益多的一方参与意愿的增加随之增加，并最终趋向于选择积极参与协同创新。仿真结果表明，大学科技城协同创新中参与主体均追求自身利润最大化，且企业由于市场影响对收益分配相比学研方更加敏感。收益分配系数越趋向于0.5，学研方和企业参与协同创新的意愿越高，越容易选择积极参与协同创新策略。

A. 收益分配系数大于0.5时系统演化路径图

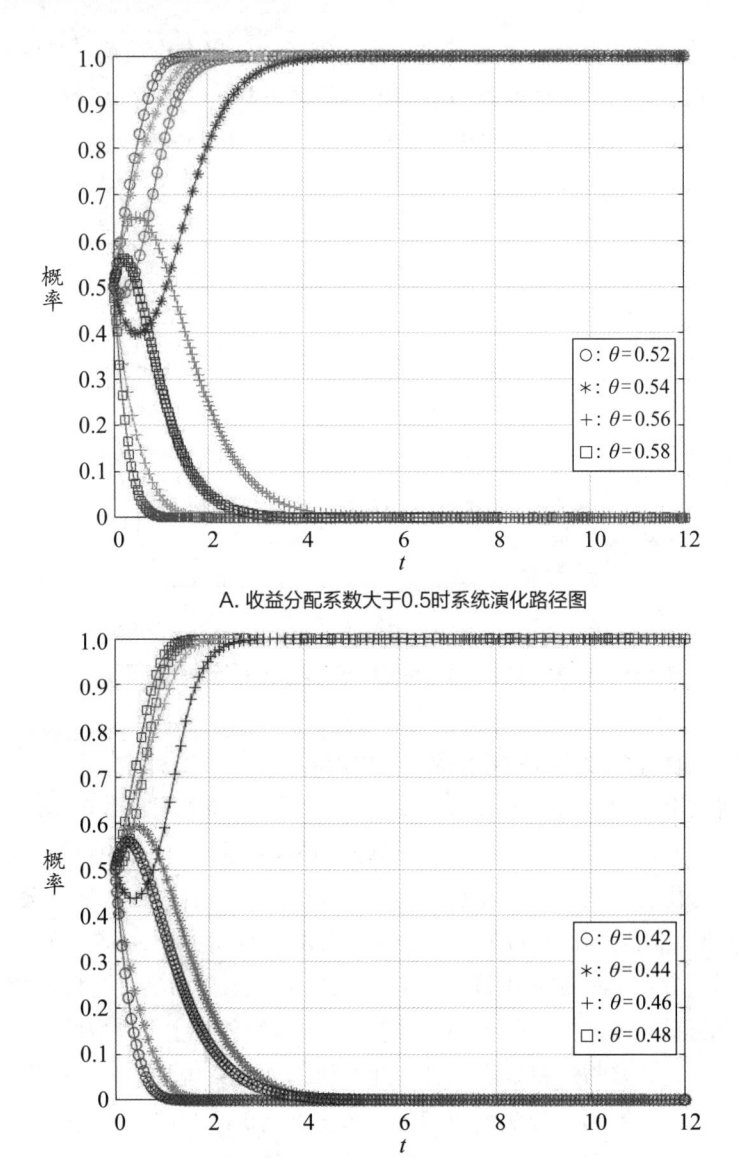

B. 收益分配系数小于0.5时系统演化路径图

图5-9 收益分配系数 θ 变化时的系统演化路径图

5.4.3 政府监管对系统演化的影响

在其他参数不变的情况下，管委会实施监管的奖励与惩罚对博弈系统演化影响的仿真结果如图5-10所示。由图5-10可以看出，管委会不监管时，学研方和企业只有一方参与协同创新意愿高，系统演化最终将趋向于不合作；当管委会代表政府介入监管，给予协同创新活动以资金支持和政策扶持时，学研方和企业参与意愿最终将收敛于理想状态，系统演化趋向于积极参与协同创新；在监管，并提供资金奖励 H 的同时，管委会也会对不积极参与协同创新的主体进行惩罚，当增加惩罚时，可以发现学研方和企业参与协同创新的意愿收敛于理想状态，同时收敛速度明显提高。因此，管委会的监管有利于大学科技城协同创新合作策略向理想的稳定状态演化，从而有助于促进大学科技城协同创新发展。

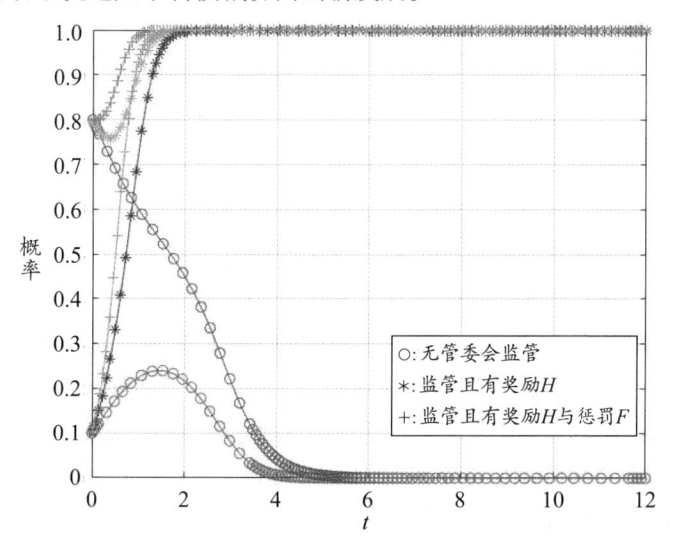

图5-10　管委会实施监管时惩罚与奖励变化的系统演化路径图

5.5　结论与建议

5.5.1　分析结论

在大学科技城协同创新过程中，参与主体的决策会受很多因素影响，而某个参与主体调整策略选择时，又会造成条件与影响因素的变化，并影响到其他参与主体的损益，进而影响合作伙伴的决策。企业和学研方之间的演化博弈决策处于不断相互作用、相互影响的动态过程，所有主体均会基于收益动机，不断调整自身策略。通过应用演化博弈模型分析影响大学科技城的协同创新的动力机制，以及各主体参与协同创新过程意愿的因素与策略，可得到有关结论如下：

(1)学研方和企业的策略选择会随着对方初始选择策略的不同而变化。当初始状态下学研方协同创新的意愿不强时，企业将也会选择消极合作不参与协同创新；随着学研方协同创新的意愿增强，企业也会倾向于积极合作参与协同创新。大学科技城博弈主体的任何一方都可以显著影响博弈系统的演化速度，且博弈系统收敛到理想状态的概率与 x、y 的初始值呈现正相关关系。在大学科技城管委会实施监管时，学研方和企业的不同初始选择策略对利益双方策略选择演化到最终状态的速度随着初始比例的增加而加快。管委会实施监管后，博弈系统演化到理想状态的速度明显加快。

(2) 协同创新合作超额收益、合作收益分摊系数、合作成本分摊系数、"搭便车"投机收益和政府的奖惩，是影响学研方和企业积极参与协同创新意愿和策略选择的主要因素。参与协同创新的合作成本越低，合作收益越高，则创新主体更倾向于积极参与协同创新；参与主体的合作超额收益越大，所获得的合作收益越高，则创新主体参与协同创新的意愿越强，在协同创新过程中的积极性也越高；政府对协同创新活动的奖励和补贴力度越大，则创新主体需投入的创新合作成本就越低，协同创新风险就越小，创新主体参与协同创新的概率就越大，意愿也越强；学研方和企业是否积极参与协同创新与管委会对搭便车等投机行为的处罚有关，当投机收益小于投机行为的处罚时，学研方和企业更倾向于积极参与协同创新，当管委会对学研方和企业积极参与协同创新对"搭便车"行为的惩罚逐步增大时，学研方和企业参与协同创新的意愿也会随之增强。

(3) 无管委会监管时，学研方和企业只有一方参与协同创新意愿高，协同创新中积极合作的一方也将逐渐转变为消极合作，而消极的一方在合作初期会尝试进行合作，但很快就由于考虑自身利益恢复为消极合作策略，系统演化最终将趋于都不合作；当管委会代表政府介入监管时，将给予协同创新资金支持和政策扶持等，此时原来的学研方和企业参与意愿最终收敛于理想状态，系统演化趋于积极合作参与协同创新；在监管提供奖励支持的同时，管委会也会对不积极参与协同创新的主体进行惩罚，当增加惩罚时，可以发现学研方和企业参与协同创新的意愿收敛于理想状态的同时，收敛速度明显提高。因此，管委会的监管有利于大学科技城协同创新合作策略向理想的稳定状态演化，从而有助于促进大学科技城协同创新发展。

(4) 对大学科技城管委会来说，在协同创新过程中是否选择监管策略，不仅受选择监管所获得的当前收益(经济罚金)和付出的成本(监管成本和奖励补贴)等因素的影响，更受到协同创新所带来的产业发展、经济繁荣和社会进步等长期收益的影响。在大学科技城创立初期，会存在因监管制度缺失，投机收益高于创新收益，学研方和企业开展协同创新的积极性不高的情况。大学科技城管委会不能仅仅从当前收益低于监管成本而放弃监管，而应制定政策积极引导和强化监督，促进学研方和企业加强协同创新。而随着大学科技城的协同创新环境越来越完善，协同创新氛围越来越好，创新主体参与协同创新活动的积极性也会越来越高，创新主体的投机行为也会越来越少，当放弃投机行为逐步成为创新主体的选择策略时，大学科技城管理委员则可逐步放宽监管，最终趋于不监管，即转变自身职能，通过市场配置资源，为学研方和企业协同创新提供中介平台等服务，推动大学科技城各主体之间的协同创新。

5.5.2 提升协同创新动力的对策

企业、学研方参与大学科技城协同创新的意愿受协同创新合作超额收益、合作收益分摊系数、合作成本分摊系数、"搭便车"投机收益和政府的奖惩等多种因素的影响。相关部门在制定政策时，需重点考虑影响企业和学研方参与协同创新收益的关键因素，通过制定政策引导营造良好的协同创新环境，提高创新主体参与协同创新的积极性，重点可从以下几个方面采取措施。

(1) 完善创新资源共享机制。建立和完善区域创新资源开放共享制度，让积极参与创新的主体能共享创新资源。创新主体免费或定额享有图书资源查阅、试验检测分析、教育培训和办公会议等服务，实现人才、资源和信息的快速高效流通，如推进网络信息平台、资源共享平台的建设，使大学科技城的高校、科研院所和企业等创新主体能以较低，甚至零成本获取创新资源，降低创新成本和创新风险，增加协同创新收益，从而有效提升创新主体参与协同创新的积极性。

(2) 增强主体互信的机制。创新主体之间合作基础良好，信任程度越高，沟通交流顺畅，从而能有效降低合作成本。协同创新的收益越高，创新效果就越好，则创新主体积极参与协同创新的概率就越大。因此大学科技城管委会应积极建立协调监管机构，加强主体间的沟通和创新过程问题的协调，提前发现问题和预测风险，及时采取处理措施，有效降低协同创新成本和风险，确保各方主体均能获得创新收益，提高协同创新积极性；企业和学研方也应转变观念，积极沟通、交流，建立提升互信的渠道和机制，尽量避免因信息不对称、沟通不顺畅，而使参与创新活动的各方主体产生隔阂，导致协同创新活动终止，给参与主体带来损失等情况的发生。

(3) 构建科学的利益分享机制。协同创新能促进资源共享，并带来一定的预期收益，创新收益的分配直接影响各主体参与协同创新的积极性。因此，应建立合理公平的利益分享机制，明确企业和高效科研院所的利益分配和产权归属。依据各创新主体参与协同创新贡献大小，以"风险共担，利益共享"为基本准则，确定收益分配比例和风险承担责任，以避免在协同创新过程中，合作伙伴因研究思路、利益和风险等意见不一致，而产生纠纷，造成协同创新活动终止，而蒙受经济损失。

(4)建立有效的激励机制。创新主体参与协同创新的目的是获取创新收益，而大学科技城的激励政策有利于协同创新活动的顺利推进，有助于创新主体获取超额合作剩余，从而有效提升创新主体参与协同创新的激情。因此，大学科技城管委会应积极完善鼓励协同创新的政策、法规和制度体系，建立有效的激励机制，以充分发挥政府政策的导向作用，对重大协同创新项目给予资金补助，税收减免，评奖支持等，激发创新主体参与协同创新的积极性，促进更多的协同创新行为的发生，从而实现更大的经济与社会效益。

(5)出台严格的惩罚制度。大学科技城管委会在协同创新中发挥积极监管作用的同时，还要建立严格的惩罚制度，加大对"搭便车"等机会主义行为的惩罚力度，从而有效遏制投机行为，维护协同创新主体合法权益，从而维护创新主体参与协同创新的激情。

(6)提升政府服务职能。大学科技城管委会应构建协同创新中介服务平台，为创新主体提供融资、成果转让、产业化等各种综合服务，不断提升政府服务水平。通过建立有利于吸引、培养和留住人才的政策制度，创新人才管理机制，加大人才的奖励力度，吸引优秀人才，聚集创新要素。通过优化和完善服务，加强创新主体的交流，建立互信，降低协同创新成本，提高协同创新收益与效率，从而在大学科技城营造良好的创新环境，加快创新型国家的建设。

5.6 本章小结

大学科技城主体参与协同创新的意愿不仅受政策、经济、环境、社会和产业发展等动力因素的影响，也与利益分配、激励机制、战略协同等内部动力因素有关，还与技术推动力、政府支持力、市场竞争压力和市场需求拉动力等外部动力相关。积极的动力因素能激发主体参与协同创新的激情，消极的因素则会抑制主体参与协同创新的意愿。政府和管委会应制定有利于协同创新的政策制度，将大学科技城打造成高效开放的协同创新生态系统，建立有利于促进主体开展协同创新的动力机制，从而使创新主体具有较高参与协同创新的动力，当大学科技城主体通过创新动力系统接收到创新驱动要素的刺激时，有效激发参与协同创新动力和意愿，在战略协同、竞合博弈等协同创新内部动力的作用下，促使主体积极参与到协同创新活动中，从而不断扩大协同创新规模，提升创新效率，增强创新能力，并不断优化提升创新系统,也必将不断提升大学科技城的协同创新水平。因此,有必要剖析影响主体参与协同创新意愿的关键因素,厘清大学科技城协同创新的动力机制,优化协同创新动力系统。

本章首先分析了政策、经济、环境、社会和产业发展等因素影响大学科技城主体参与协同创新意愿的作用机理;然后,从外部和内部动力分析了协同创新动力系统的内在机理,一方面,从技术推动力、政府支持力、市场竞争压力和市场需求拉动力等方面分析了外部动力对主体参与协同创新的影响,另一方面,从利益驱动力、内部激励推动力、战略协同引导力和创新保障力视角探讨了内部动力对主体参与协同创意愿的影响,在此基础上深入分析了协同创新动力机制的演化机理;接着,运用演化博弈论建立了政府主导,高校和企业参与的大学科技城协同创新合作策略演化博弈模型,系统分析了影响大学科技城管委会、学研方和企业对参与协同创新的意愿和动力的动态演化过程,并运用 MATLAB 对创新主体参与协同创新博弈过程进行动态演化仿真,对大学科技城协同创新的影响因素进行了全面分析。通过分析可知:大学科技城协同创新的动态演化受合作成本、超额合作收益、合作成本分摊系数、收益分配系数、政府补贴与政策支持、违约惩罚等多重因子的复合影响,其中超额合作收益、政府补贴以及政策支持和违约惩罚是利导因子,协同创新合作成本是限制因子;收益分配与成本分摊的公平性也制约着大学科技城协同创新的演化趋势;在管委会实施监管时,博弈系统最终的演化结果都倾向于理想状态,且演化速度也得到明显提升。

第 6 章　大学科技城协同创新伙伴选择研究

协同创新伙伴选择是开展协同创新重要的一环，在一定程度上，将决定协同创新的成败。在选择协同创新伙伴时，由于对伙伴的基本条件、协同创新业绩、创新资源整合能力等情况缺乏深入了解，导致伙伴选择失误，最终选择的伙伴可能在价值理念、管理模式和沟通方式等方面与预期相去甚远。相容性差的伙伴将导致协同创新风险增加，甚至创新失败；而如果协同创新伙伴具有较好的相容性和互补性强的创新资源，交流畅通，则有助于更好地推进协同创新。为帮助创新主体选择最佳的合作伙伴开展协同创新，本章将研究影响协同创新伙伴合作的关键因素，分析在选择协同创新伙伴时，应如何全面考察潜在伙伴的条件与业绩，以及应重点关注的核心问题。为此，本章首先将在梳理现有伙伴选择研究成果的基础上，构建更加全面科学的指标体系；然后结合协同创新伙伴选择实际情境，拟建立一种基于主客观赋权和多源异构信息的大学科技城协同创新伙伴选择决策模型；最后对所构建的协同创新伙伴选择的指标体系和决策模型进行实证分析。

6.1　理论基础

6.1.1　评价信息

大学科技城协同创新信息来源具有多样性和复杂性，指标的评价值除了实数，还包括区间数和中智数等多种类型。

1. 区间数

定义1：设 $a=[a^L, a^U]$，$a^L \leq a^U$，定义为实轴上的区间数，a^L 和 a^U 分别代表 a 的上界和下界。

定义2：令 $a=[a^L, a^U]$ 和 $b=[b^L, b^U]$ 为两个区间数，则 a 和 b 之间的欧式距离为：

$$d(\boldsymbol{a},\boldsymbol{b}) = \frac{1}{2}\sqrt{\left(a^L - a^U\right)^2 + \left(b^L - b^U\right)^2} \tag{6-1}$$

2. 中智数

定义3：假设 X 为对象集，x 为其中任意元素，X 上的中智集 A 可由真实程度函数 $T_A(x)$，不确定程度函数 $I_A(x)$，以及谬误程度函数 $F_A(x)$ 表示，并可用 $A=\{\langle x,T_A(x),I_A(x),F_A(x)\rangle|x\in X\}$ 表示，其中 $T_A(x)$，$I_A(x)$ 和 $F_A(x)$ 是 $[0,1]$ 的标准或非标准实数子集，即 $T_A(x):X\to[0,1]$，$I_A(x):X\to[0,1]$，$F_A(x):X\to[0,1]$，$0<T_A(x)+I_A(x)+F_A(x)<3$。

定义4：假设 X 为对象集，x 为其中任意元素，X 上的1个单值中智集 $\tilde{N}\subset X$ 可由真实隶属度函数 $T_{\tilde{N}}(x)$，不确定隶属度函数 $I_{\tilde{N}}(x)$，以及谬误隶属度函数 $F_{\tilde{N}}(x)$ 表示，其中 $T_{\tilde{N}}(x)$，$I_{\tilde{N}}(x)$，$F_{\tilde{N}}(x)\in[0,1]$。一个单值中智集 $\tilde{N}$ 的隶属度函数之和满足：$0\leqslant T_{\tilde{N}}(x)+I_{\tilde{N}}(x)+F_{\tilde{N}}(x)\leqslant 3$。

定义5：设 $\tilde{A}=\{(x_1|\langle T_{\tilde{A}}(x_1),I_{\tilde{A}}(x_1),F_{\tilde{A}}(x_1)\rangle),\cdots,(x_n|\langle T_{\tilde{A}}(x_n),I_{\tilde{A}}(x_n),F_{\tilde{A}}(x_n)\rangle)\}$ 和 $\tilde{B}=\{(x_1|\langle T_{\tilde{B}}(x_1),I_{\tilde{B}}(x_1),F_{\tilde{B}}(x_1)\rangle),\cdots,(x_n|\langle T_{\tilde{B}}(x_n),I_{\tilde{B}}(x_n),F_{\tilde{B}}(x_n)\rangle)\}$ 是 $x_i\in X$ ($i=1,2,\cdots,n$) 上的两个单值中智集，则其欧式距离为：

$$D(\tilde{A},\tilde{B})=\sqrt{\frac{1}{3n}\sum_{i=1}^{n}\left\{(T_{\tilde{A}}(x_i)-T_{\tilde{B}}(x_i))^2+(I_{\tilde{A}}(x_1)-I_{\tilde{B}}(x_1))^2+(F_{\tilde{A}}(x_1)-F_{\tilde{B}}(x_1))^2\right\}} \tag{6-2}$$

定义6：设 $X=(x_1,x_2,\cdots,x_n)$，中智集 $A=\{\langle x,T_A(x),I_A(x),F_A(x)\rangle|x\in X\}$，则 A 的中智熵为：

$$E(A)=1-\frac{1}{n}\sum_{x_i\in X}(T_A(x_i)+F_A(x_i))\otimes|I_A(x_i)-I_{A^c}(x_i)| \tag{6-3}$$

熵表示属性值的不确定，熵越大，不确定性越大，则熵权可以由式 (6-4) 计算得出：

$$W_j=(1-E(x_j))/\sum_{j}^{n}(1-E(x_j)) \tag{6-4}$$

定义7：设 $X=(x_1,x_2,\cdots,x_n)$，中智集 $A=\{\langle x,T_A(x),I_A(x),F_A(x)\rangle|x\in X\}$，则单值中智加权平均算子为：

$$F_{A_i}=\psi_1 A_1\oplus\psi_2 A_2\oplus\cdots\oplus\psi_n A_n=\left\langle 1-\prod_{i=1}^{n}(1-T_{A_i})^{\psi_i},\prod_{k=1}^{n}(I_{A_i})^{\psi_i},\prod_{i=1}^{n}(F_{A_i})^{\psi_i}\right\rangle \tag{6-5}$$

6.1.2 德尔菲法

1946年，美国兰德公司创立了德尔菲法，也称专家调查法。德尔菲法是指由企业专家和预测者组成专门的预测机构，先按程序背靠背征询专家对未来发展的预判，然后进行预测的方法。

第一步：设计专家征询表。首先依据经验和参考文献，拟定初步的指标体系，然后，再编制德尔菲法专家征询表，并在表中明确数据的用途和研究目的，以及专家在研究中的作用。

第二步：确定征询专家构成和人数。根据研究项目规模和领域，确定专家来源于哪些学科，或者哪些行业，以及专家数量。专家数量少，则代表性不够；人数多，则组织难度大，数据处理复杂，且工作量太大。

第三步：专家评分。专家根据项目要求，对征询表所列指标的重要性进行评分，分值可根据研究需要采取十分制，或其他分制。

第四步：统计分析。采用 SPSS 软件分析收集到的专家征询意见，根据需要设计专家权威程度 C_R、专家积极系数 K、专家意见协调程度和专家意见集中程度等统计指标。其中专家意见集中程度可由指标重要性均值（C_i）和满分频率（k_i）计算求得。专家意见协调程度则可用变异系数 v_i 表示。

专家积极系数可由式(6-6)计算求得。

$$K = m_i / m \tag{6-6}$$

式中，m_i 指完成了影响因素评分的专家数量，m 为参加专家征询表评分的专家总人数，积极系数 K 为专家对影响因素的关注度。

专家对技术的熟悉程度，以及在该领域的权威性，对评价结果的可靠性、准确性影响很大。因此，在处理评价结果时，必须考虑专家的权威程度，以保证结果的准确性和可靠性，专家权威程度可由式(6-7)计算得到。

$$C_R = (C_a + C_b)/2 \tag{6-7}$$

式中，C_a 是专家的判断依据，C_b 是专家对技术的熟悉程度。具体的专家权威判断依据和量化值，参见表6-1。

表6-1 专家权威评价量化表

判断依据	实践经验	理论分析	同行了解	直观	
量化值	0.8	0.6	0.4	0.2	
熟悉程度	很熟悉	熟悉	比较熟悉	不太熟悉	不熟悉
量化值	1	0.8	0.4	0.2	0

影响因素的相对重要性与其重要性均值成正比，均值越大，则越重要。重要性均值反映了专家评分集中程度，C_i 为影响因素 i 的重要性均值，可由式(6-8)计算得到。

$$C_i = \frac{1}{m} \sum_{j=1}^{m} c_{ij} \tag{6-8}$$

式中，c_{ij} 为专家 j 对影响因素 i 的评分值；m 为参加专家征询表评分的专家总人数。

满分频率 k_i 是指对影响因素 i 给出满分的专家数 $\widetilde{m_i}$ 与参与对影响因素

i 作出评价的专家总数 m_i 之比，可由式(6-9)计算求得。

$$k_i = \widetilde{m_i}/m_i \tag{6-9}$$

变异系数 v_i 反映专家们对影响因素相对重要性，认识的差异程度，是评价波动大小的重要指标，v_i 越小，表示专家们的协调程度越高。变异系数可由式(6-10)计算求得。

$$v_i = S_i/C_i \tag{6-10}$$

其中，C_i 为影响因素 i 的重要性均值，S_i 为影响因素 i 得分的标准差，即：

$$S_i = \sqrt{\frac{1}{m_i - 1}\sum_{j=1}^{m_i}(C_{ij} - C_i)^2}$$

6.1.3 VIKOR 决策方法

VIKOR 方法是取折中方案的多准则决策方法之一。

第一步：构建标准化的评价矩阵。确定各个被评价对象的原始矩阵，对原始矩阵进行标准化处理，得到各被评价对象的标准化矩阵。具体计算如式(6-11)所示。

$$\begin{aligned}Z_{ij} &= \frac{y_{ij} - y_j^{\min}}{y_j^{\max} - y_j^{\min}} \quad \text{如果 } j \text{ 为效益型指标}\\ Z_{ij} &= \frac{y_j^{\max} - y_{ij}}{y_j^{\max} - y_j^{\min}} \quad \text{如果 } j \text{ 为成本型指标}\end{aligned} \tag{6-11}$$

第二步：分别计算正理想解（PIS）和负理想解（NIS）。选择2个参考点，即正、负理想解，分别记为 y^+ 和 y^-，定义为：$y^+ = \max\{y_{ij}|j=1,\cdots,n,$（效益型）或 $y^+ = \min\{y_{ij}|j=1,\cdots,n,$（成本型）；$y^- = \min\{y_{ij}|j=1,\cdots,n,$（效益型）或 $y^- = \max\{y_{ij}|j=1,\cdots,n,$（成本型）。

第三步：计算 S_i、R_i 和 Q_i 的值。各计算方法见式(6-12)、式(6-13)。

$$S_i = \sum_{j=1}^{n} w_j \frac{d(y_i^+, y_{ij})}{d(y_i^+, y_i^-)}, \quad R_i = \max\left(w_j \frac{d(y_i^+, y_{ij})}{d(y_i^+, y_i^-)}\right) \tag{6-12}$$

$$Q_i = v \frac{S_i - \min S_i}{\max S_i - \min S_i} + (1-v)\frac{R_i - \min R_i}{\max R_i - \min R_i} \tag{6-13}$$

第四步：对 Q_i 按升序排序，被记为 $A^{(1)},\cdots A^{(i)},\cdots A^{(m)}$。如果 $A^{(1)}$ 满足评价准则 C_1 和 C_2，则 $A^{(1)}$ 就是最优方案，Q_i 值最小。

C_1：$Q(A^{(2)} - Q(A^{(1)})) \geq 1/(n-1)$；

C_2：根据 S_i、R_i 和 Q_i 的排序可知，$A^{(1)}$ 的值最小。

6.2 评价指标体系

6.2.1 评价指标设计原则

协同创新伙伴评价选择指标体系的建立,是选择协同创新伙伴的必要前提。根据相关研究成果,通常主要考虑潜在合作伙伴的相容性、研发能力、技术创新情况、技术创新效果等因素。在构建大学科技城协同创新伙伴评价选择指标体系时,将遵循科学性、全面性、可比性、可行性和整体优化等原则。

(1) 科学性原则。围绕协同创新伙伴合作的特点,深入分析伙伴间的相容性、伙伴的研发能力、技术创新的情况以及技术创新后的效果等重要因素。选取的指标应能反映协同创新伙伴的技术研发能力与协作能力,并与主导创新主体的需求、技术创新的风险等要素结合起来,科学反映协同创新伙伴进行技术创新的综合能力,确保评价结果的可信度和客观性。

(2) 全面性原则。协同创新伙伴选择涉及主导创新主体情况、合作伙伴情况、技术研发能力和创新效果等因素,是一个涉及多因素的复杂评价选择问题,因此所需评价指标只有包含了足够反映协同创新伙伴综合能力的指标体系时,才能保证协同创新伙伴评价的全面性。

(3) 可比性原则。由于不同行业、不同协同创新伙伴在运营模式、创新内容、研发条件、实施方案、预计创新效果等方面各有不同,所以在设计指标体系时,应注意指标分类和指标数据获取方法的一致,从而使不同协同创新伙伴的评价指标在横向及纵向上保持一致,确保指标的可比性。

(4) 可行性原则。评价指标要具有可操作性,即设计的指标应根据实际情况,满足协同创新伙伴评价的需求,能够从主导创新主体、伙伴企业的内外部资料直接获取或通过运算得到各评价指标的评价值。

(5) 整体优化原则。由于不同的企业选择协同创新伙伴的标准不一样,对伙伴关注的重点也不一样,因此,对于协同创新伙伴的评价不能用单一指标来进行评价,而是需要建立各有侧重的指标体系来反映不同主导创新主体对协同创新伙伴的不同需求,并尽量选择具有代表性的综合指标。

6.2.2 协同创新伙伴评价指标分析

依据指标设计原则,并基于协同创新和产学研合作等理论,借鉴国内外合作伙伴评价选择的相关经验,通过文献研究和专家访谈,初步构建了协同创新伙伴评价指标体系,如图6-1所示。为全面客观地反映协同创新伙伴的实际情况,从相容性、研发能力、技术方案和创新效果等4个方面,对协同创新伙伴评价指标体系进行具体分析。

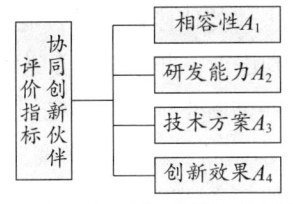

图6-1 协同创新伙伴评价指标

1. 潜在伙伴的相容性

由于主导创新主体与合作伙伴之间的经营理念、文化背景、规模大小、开发环境、所用交流语言、沟通方式各有不同，如果在上述方面存在较大差异，将严重影响合作伙伴的正常沟通与交流，从而影响协同创新效果，可见伙伴相容性是选择协同创新伙伴的重要因素。在协同创新伙伴选择过程中，将从互补适宜程度、营运政策适宜程度、相对规模适宜程度、交流便利性、距离便利性等5个方面，对主导创新主体与协同创新伙伴的相容性进行分析评价，如图6-2所示。

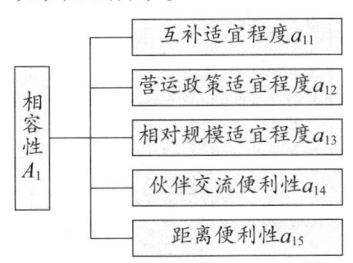

图6-2 相容性评价指标

互补适宜程度是指协同创新伙伴的各类创新资源与企业创新发展的匹配程度。由于主导创新主体创新资源有限，委托协同创新伙伴研发所需技术，在选择创新伙伴时需要考虑伙伴的创新资源和技术，能否满足主导创新主体技术创新的需要，也就是伙伴的核心技术与创新资源适合主导创新主体创新的程度。

营运政策适宜程度是指主导创新主体与伙伴间营运政策协同的程度，判断协同创新伙伴的营运政策是否满足企业技术创新的需要，如主导创新主体能否承受伙伴激励政策、销售政策带来的风险等，营运政策适宜程度越高，协调效果越好。

相对规模适宜程度是指企业规模适合协同创新的程度，协同创新伙伴的技术人员、资产、环境等规模应满足企业技术创新的需要，相对规模适宜程度越高，技术创新风险越小，越能满足企业需求。

交流便利性主要考虑由于文化、语言、理念、沟通渠道等因素可能造成的交流障碍，主导创新主体与伙伴之间是否能顺畅沟通交流，在一定程度上决定协同合作能否顺利进行，并影响创新进程。

距离便利性主要指主导创新主体与伙伴之间的物理距离，协同创新伙伴为主导创新主体进行技术创新、操作、交接、后续服务等一系列服务，距离以及交通的便利性对伙伴之间的沟通有较大影响，并直接影响到主导创新主体与创新伙伴之间的协同创新效果。

2. 潜在伙伴的研发能力

在评估选择协同创新伙伴时，研发能力是主导创新主体需重点考虑的因素，主要包括人员投入、技术水平、创新资源、研发设备、协同能力、熟练程度、管理制度、伙伴信誉和知识共享等9个方面，如图6-3所示。

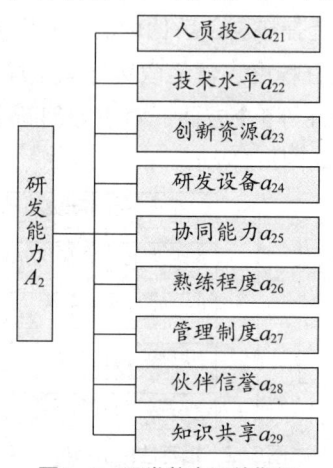

```
                  ┌─ 人员投入 $a_{21}$
                  ├─ 技术水平 $a_{22}$
                  ├─ 创新资源 $a_{23}$
研发能力 $A_2$ ───┼─ 研发设备 $a_{24}$
                  ├─ 协同能力 $a_{25}$
                  ├─ 熟练程度 $a_{26}$
                  ├─ 管理制度 $a_{27}$
                  ├─ 伙伴信誉 $a_{28}$
                  └─ 知识共享 $a_{29}$
```

图6-3　研发能力评价指标

技术水平、人员投入、创新资源和研发设备等指标主要衡量协同创新伙伴拥有的人力、物力和知识等创新资源的情况。人员及知识投入、设备和技术投入是反映技术创新能力的重要指标，创新资源则是技术创新的重要保障条件。

协同能力是协同创新团队之间有效合作创新能力的重要体现指标，熟练程度则是合作伙伴对主要创新技术的熟练程度，协同能力和熟练程度主要衡量在协同创新过程中，协同创新伙伴对各种资源的运用与管理能力。管理制度主要衡量协同创新伙伴在研发过程中管理制度的完善程度，可为协同创新提供制度保障。

伙伴信誉主要反映潜在协同创新伙伴的信誉状况，如伙伴信用评级、知识产权信誉、技术创新信誉、售后服务信誉等，用于衡量协同创新过程中可能存在的道德风险。知识共享则用于衡量潜在协同创新伙伴与主导创新主体共享知识技术的意愿程度。

3. 潜在伙伴的技术方案

潜在伙伴的技术方案反映了潜在协同创新伙伴所选用技术创新方案的成本高低及风险大小，主要包括资金投入、创新周期、技术的难易程度、技术要素的成熟性、研发技术的结构和创新成功概率6个方面，具体内容如图6-4所示。

技术方案 A_3
- 资金投入 a_{31}
- 创新周期 a_{32}
- 技术的难易程度 a_{33}
- 技术要素的成熟性 a_{34}
- 研发技术的结构 a_{35}
- 创新成功概率 a_{36}

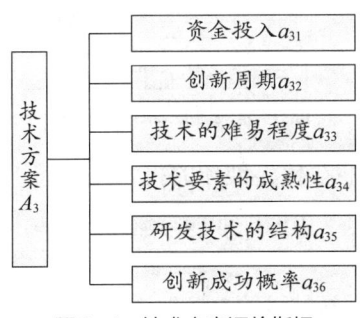

图6-4 技术方案评价指标

资金投入是指潜在创新伙伴所选用的技术创新方案预计的资金量，反映了主导创新主体在协同创新活动中所需投入资金的情况，度量的是所需创新资金大小；创新周期是协同创新伙伴完成所承担的创新任务和创新目标所需时间情况，该指标度量的是技术创新所需时间长短。主导创新主体在选择合作伙伴进行协同创新时，不仅要考虑资金成本，也需要考虑时间成本。

技术难易程度是指合作伙伴选用技术方案中的技术研发与创新的难易程度，难度越大则风险也越大；技术要素的成熟性是指潜在协同创新伙伴开展技术创新时，各种工艺技术的成熟程度，如生产工艺和加工技术越成熟，则风险越小；研发技术的结构不合理可能导致技术要素前期投入不足，但研发投入过大，也可能会导致产生创新资金沉没，造成成本过高；协同创新成功概率是指潜在伙伴技术创新方案目标实现的概率。

4. 潜在伙伴的创新效果

在评估选择协同创新伙伴时，潜在伙伴技术创新效果通常是主导创新主体重点关注的内容，主要包含技术可用性、技术可靠性、技术被替代概率、成功盈利可能性、产品投放市场的时间、预计市场占有率、新技术掌握的难易程度和技术易模仿性等8个方面，具体如图6-5所示。

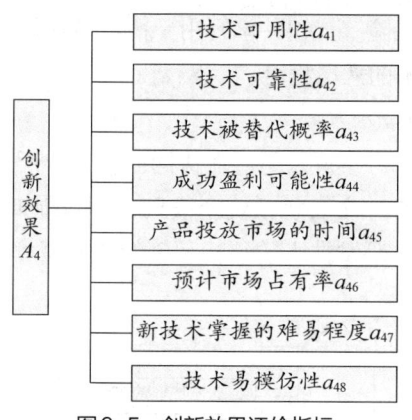

创新效果 A_4
- 技术可用性 a_{41}
- 技术可靠性 a_{42}
- 技术被替代概率 a_{43}
- 成功盈利可能性 a_{44}
- 产品投放市场的时间 a_{45}
- 预计市场占有率 a_{46}
- 新技术掌握的难易程度 a_{47}
- 技术易模仿性 a_{48}

图6-5 创新效果评价指标

技术可用性是指潜在伙伴创新的技术是否符合企业开发新产品的需要；以该技术为基础研发出的产品能否被企业推广应用，以及是否能满足市场需要等。

技术可靠性是指创新技术的来源渠道是否正当、合法；主要包括提交的技术方案和相关技术资料是否完善准确；创新成果实现转化，投入市场后能否稳定发挥其功能等内容。技术可靠性可根据相关技术研究和研发资料等内容进行分析。

技术被替代概率是指协同创新技术在当前及以后一段时期内，被其他技术方案替代的可能性。当替代技术能完全实现同样的功能，甚至优于当前创新成果的技术，表明技术被替代的概率太高，则该创新技术不具备研发价值。

成功盈利可能性是指企业与潜在伙伴合作创新成功盈利的可能性；产品投放市场的时间是指协同创新产品投放市场所需时间；预计市场占有率是对新产品投放市场后，占有市场情况的估测，这三个指标度量协同创新成功后，预计给主导创新主体带来的经济效益情况。

新技术掌握的难易程度是指主导创新主体掌握预计新技术的难易程度，用于协同创新的新技术越难被掌握，则生产与服务的难度越大，说明协同创新风险也越大，以该技术为基础的新产品，被市场接受的难度也越大。

技术易模仿性是指协同创新技术被竞争者模仿的难易程度。如果创新成果很容易就被竞争者破解、模仿，那么协同创新成果进入市场后，也很容易被竞争对手模仿，甚至超越，创新企业可能会在很短一段时期后，就会丧失优势，难以取得良好的经济预期。

6.2.3 基于德尔菲法的指标优化

在筛选优化评价指标时，通常应用德尔菲专家咨询法、灰色关联分析法、因子分析法、极大不相关法和模糊数学方法等指标优化方法。由于前期基于文献资料和专家意见，已构建协同创新伙伴初步评价指标体系，将采用德尔菲专家咨询法进一步优化和筛选初步指标体系的重要性和可操作性。

1. 数据收集

从产业经济、企业管理和技术经济等领域邀请10位专家，进行两轮问卷调查，要求专家对构建的初步指标体系、各指标的重要性进行评分，同时要求专家对各指标提出优化意见，指标重要性程度评分标准详见表6-2。在回收第1轮专家调查表后，汇总所收集的信息，并计算各指标的重要性均值，筛选后，将符合要求的指标重新整理，并作为第二轮问卷设计的依据，然后制作第2轮专家调查表，由专家对新的指标体系进行重新评价。

表6-2 指标重要性程度评分标准

重要程度	很重要	重要	比较重要	一般重要	比较不重要	不重要	很不重要
评分标准	7	6	5	4	3	2	1

2. 统计分析

通过收集专家评分结果，运用 SPSS 23.0 及 Excel 2010 等软件统计处理和分析数据结果，得到专家协调系数和专家权威程度，以及各级指标重要程度的满分频率、加权平均数和变异系数，并对各指标进行分析优化。

首先，分析问卷的有效性和专家的权威性。10位专家2轮问卷咨询答卷全部回收，表明专家积极性高，积极系数达100%；通常认为专家权威程度大于或等于0.7即可接受，根据式(6-7)计算得到专家权威程度数据，具体见表6-3。由表6-3可知，参与评价的专家权威程度均大于0.6，权威程度在0.7以上的占90%，说明专家权威程度较高，专家对协同创新伙伴评价内容非常熟悉。

表6-3 专家权威程度

专家代号	1	2	3	4	5	6	7	8	9	10
权威程度 C_R	0.8	0.7	0.7	0.9	0.6	0.7	0.7	0.9	0.8	0.8

然后，分别分析两轮专家咨询的评价结果。由于评分标准共设计了7个等级，根据专家建议和借鉴已有文献经验，指标重要性至少为比较重要，即指标重要性均值大于等于5时，指标才保留。根据第1轮专家的评价结果以及专家意见，计算指标重要性均值，统计结果见表6-4和表6-5，

从中选取指标重要性均值大于5的指标进入第2轮评价，由表6-4可知，协同创新伙伴评价准则全部符合要求，由表6-5可知二级评价指标中有22个符合要求，予以保留，而距离便利性、人员投入、知识共享、技术要素的成熟性、研发技术的结构和技术易模仿性等6个指标的重要性均值小于5，不符合重要性要求，根据筛选规则予以删除。

表6-4 一级指标专家评分统计分析结果一览表

指标内容	重要性均值	满分频率	标准差	变异系数
相容性 A_1	6.7	0.7	0.483 05	0.072 097
研发能力 A_2	6.6	0.6	0.516 4	0.078 242
技术方案 A_3	6.5	0.5	0.527 05	0.081 085
创新效果 A_4	6.2	0.3	0.632 46	0.102 01

表6-5 二级指标专家评分统计分析结果一览表

指标内容	重要性均值	满分频率	标准差	变异系数
互补适宜程度 a_{11}	6.6	0.7	0.699 21	0.105 941
营运政策适宜程度 a_{12}	6.5	0.6	0.707 11	0.108 786
相对规模适宜程度 a_{13}	6.4	0.5	0.699 21	0.109 252
伙伴交流便利性 a_{14}	5.4	0.1	0.96	0.177 778
距离便利性 a_{15}	3.9	0	0.737 86	0.189 195
人员投入 a_{21}	4	0	0.666 7	0.166 675
技术水平 a_{22}	6	0.2	0.666 7	0.111 117
协同能力 a_{23}	6.1	0.4	0.875 6	0.143 541
创新资源 a_{24}	6.4	0.6	0.843 2	0.131 75
熟练程度 a_{25}	5.7	0.2	0.948 68	0.166 435
研发设备 a_{26}	6.3	0.4	0.674 95	0.107 135
管理制度 a_{27}	6.2	0.5	0.918 94	0.148 216
伙伴信誉 a_{28}	5.5	0.2	0.823 27	0.149 685
知识共享 a_{29}	4.1	0	0.737 86	0.179 966
资金投入 a_{31}	5.4	0	0.516 4	0.095 63
创新周期（天）a_{32}	6.2	0.5	0.918 94	0.148 216
技术的难易程度 a_{33}	6.3	0.4	0.674 9	0.107 127
技术要素的成熟性 a_{34}	4.4	0	0.516 4	0.117 364
研发技术的结构 a_{35}	4.6	0	0.516 4	0.112 261
创新成功概率 a_{36}	6.4	0.6	0.843 27	0.131 761
技术可用性 a_{41}	6	0.4	0.942 81	0.157 135

续 表

指标内容	重要性均值	满分频率	标准差	变异系数
技术的靠性 a_{42}	5.9	0.1	0.567 65	0.096 212
技术被替代概率 a_{43}	6.4	0.5	0.699 21	0.109 252
成功盈利可能性 a_{44}	6.3	0.4	0.674 95	0.107 135
产品投放市场时间 a_{45}	5.9	0.3	0.875 6	0.148 407
预计市场占有率（%）a_{46}	6.5	0.6	0.707 11	0.108 786
新技术掌握的难易度 a_{47}	6.1	0.4	0.875 6	0.143 541
技术易模仿性 a_{48}	3.8	0	0.632 46	0.166 437

最后，对第1轮已剔除不合要求的指标，再对保留的4个一级指标和22个二级指标进行第2轮专家咨询。对第2轮专家评价结果进行统计分析，表明一级指标和二级指标重要性均值都大于5，有56.25%的指标达到指标满分频率，远超40%，由此可见指标重要性较高，专家集中程度较好。根据经验和评价标准，变异系数大于0.25，则表示该指标的专家协调程度不够，统计分析结果显示，所有一、二级指标的指标变异系数均小于0.25，表明参评专家对协同创新伙伴评价指标重要性的协调程度较高，专家对各指标的意见趋于一致。

由上述分析可知，通过对协同创新潜在伙伴评价指标的两轮专家咨询，专家意见基本一致，得到了理想的结果。并以此为依据，优化指标体系，确定一级指标为4个，二级指标为22个，具体指标见表6-6。

表6-6 大学科技城协同创新伙伴评价指标体系

一级指标	二级指标	定义	数据类型
相容性 A_1	互补适宜程度 a_{11}	技术与资源适合协同的程度	语言变量
	营运政策适宜程度 a_{12}	核心企业与伙伴间营运政策适合协同的程度	语言变量
	相对规模适宜程度 a_{13}	企业规模适合协同创新的程度	语言变量
	伙伴交流便利性 a_{14}	企业与伙伴之间的交流是否便利	语言变量
研发能力 A_2	技术水平 a_{21}	合作伙伴的技术水平	语言变量
	协同能力 a_{22}	合作伙伴团队的协同能力	语言变量
	创新资源 a_{23}	合作伙伴可获得的创新资源	语言变量
	熟练程度 a_{24}	合作伙伴对该技术的熟练程度	语言变量
	研发设备 a_{25}	研发设备的先进与完备程度	语言变量
	管理制度 a_{26}	研发管理制度的完善度	语言变量
	伙伴信誉 a_{27}	协同创新伙伴的信誉状况	语言变量

续表

一级指标	二级指标	定义	数据类型
技术方案 A_3	资金投入（万元）a_{31}	伙伴技术创新方案所需资金量越大	区间数
	创新周期（天）a_{32}	完成伙伴技术创新方案所需时间	区间数
	技术的难易程度 a_{33}	合作伙伴所用技术方案的难易程度	语言变量
	创新成功概率 a_{34}	伙伴技术创新方案成功的概率	语言变量
创新效果 A_4	技术可用性 a_{41}	伙伴的技术是否非常方便在主体企业推广应用	语言变量
	技术的靠性 a_{42}	合作伙伴的技术的可靠程度	语言变量
	成功盈利可能性 a_{43}	与该伙伴合作创新成功盈利的可能性	语言变量
	产品投放市场时间 a_{44}	协同创新产品投放市场所需时间	区间数
	预计市场占有率 a_{45}	预计新产品投放后市场占有情况	区间数
	技术被替代概率（%）a_{46}	伙伴的创新技术被新技术替代的概率	实数
	掌握新技术难易度 a_{47}	新技术被生产服务人员掌握的难易程度，难度越大，风险越大	语言变量

6.3 伙伴选择评价模型

针对目前大学科技城协同创新现状和存在的问题，本节拟建立一种基于多源异构 VIKOR 方法的协同创新伙伴选择决策模型，通过主观准则权重与客观指标权重相结合，避免决策者主观权重不确定性对评价结果的影响。VIKOR 评价方法能有效针对实数、区间数和中智数等评价信息的不可公度性，可从众多潜在的协同创新伙伴中选择最优协同创新伙伴，从而帮助主导创新企业选择最理想的协同创新伙伴，有效提升协同创新效率和创新水平。

6.3.1 模型分析

大学科技城协同创新伙伴选择受到主导创新主体与多个潜在的协同创新伙伴的创新理念、创新能力、创新项目等技术难度，以及潜在协同伙伴历史的创新项目和技术路线等众多评价要素的影响，由此可见评价信息来源渠道复杂，指标评价值也具有多样性，包括实数、区间数、语言变量等不同类型。多准则 VIKOR 方法是由奥普里奥维奇（Opricovic）提出的解决复杂系统、能够获得折中解的多属性决策方法。与传统的多属性决策方法如 AHP、TOPSIS、ELECTRE 等方法相比，VIKOR 方法在解决数据间不可公度性、获得妥协最优解方面具有较大优势。因此，可将协同创新伙伴选择视为一个多准则决策问题，应用异质 VIKOR 方法评价潜在合作伙伴。

6.3.2 伙伴选择模型构建

1. 获得评价矩阵

大学科技城协同创新伙伴的评价信息涉及大学科技城环境下的协同伙伴、专家、协同伙伴历史合作者等多种信息来源，评价信息包括实数、区间数和语言变量。如技术被替代概率指标的评价值可用实数表示；技术创新所需资金投入量、技术创新时间跨度、新产品投放市场时间和预计新产品市场占有率等指标，由于未来预测具有不确定性，评价值采用区间数表示更合适；技术与资源互补适宜程度、核心企业与伙伴间营运政策的适宜程度、相对规模的适宜程度、技术水平、协同能力、创新资源、熟练程度、管理制度、伙伴信誉、技术的难易程度、技术创新成功概率、技术可用性、技术可靠性、技术创新成功盈利可能性和技术服务人员对新技术掌握难易程度等指标，可用语言变量来评价，由于信息的不确定性，可将语言变量转化为中智数。

假设在大学科技城协同创新环境下，主导创新主体提出创新项目后，将根据创新项目特点与技术需求，筛选出 n 个潜在的协同创新伙伴，记为 $x=\{x_1, x_2, \cdots, x_n\}$。大学科技城协同创新主要决策者和相关专家，根据4个评价准则进行的评价，可记为 $A=\{A_1, A_2, A_3, A_4\}$。由于信息来源的多样性以及信息本身的不确定性，评价矩阵 R 中的信息包括了实数、区间数、中智数等异质信息。

第一步： 获得实数。主要根据大学科技城主导创新主体、协同创新伙伴以前的技术创新项目的创新情况，以及专家的评价信息进行计算，给技术被替代概率等指标赋值。技术被替代概率是指协同创新伙伴所用创新技术未来被更新技术替代的概率大小。在这一步骤中，把比率数据作为评价指标的评价值，不需要集结。因此，可以得到基于 a_{46} 的评价矩阵 R。

第二步： 获得区间数。合作伙伴提供技术创新方案前都会对创新周期和创新项目资金投入进行估算，主导创新主体一般都会邀请合作伙伴的同行专家评估方案的科学性与准确性；产品投放市场时间需要结合创新时间和生产组织时间，由专家综合潜在合作伙伴和主导创新主体双方的情况给出；市场占有率则需要由相关专家根据合作伙伴技术方案确定的新产品性能、成本、服务和同类产品情况等进行综合测评得到。因为这些数据受到较多不确定因素的影响，不能准确预测，指标评价值采用区间数表述更加准确，因此，采用算术平均算子集结该类指标的评价信息，由此可得基于 a_{31}、a_{32}、a_{44} 和 a_{45} 的评价矩阵 R。

第三步： 获得中智数。一般而言，潜在协同创新伙伴的历史合作者的感知和评价最为真实和客观。因此，协同创新伙伴评价矩阵应综合潜在伙伴的历史合作者，对其创新资源、管理制度、技术水平、技术复杂程度、熟练程度、协同能力和伙伴信誉等方面进行评价，所涉及的信息类型为语言值。而互补适宜程度、营运政策适宜程度、规模适宜程度、伙伴交流便利性、创新成功概率、成功盈利可能性、技术可靠性、技术可用性，以及掌握新技术难易度等指标值，可由决策者组织相关专家，根据协同创新伙伴情况和技术方案进行评价，评价信息为语言值。由于语言信息具有不确定性，需将评价值为语言值的信息转化为具有真实程度、不确定程度和谬误程度的中智数。

假设 $S=\{s_i|i=-t,\cdots,t\}$ 是由 n 个方案决定的有限离散语言标签集。构建一个语义分析系统，在这个系统中令 $t=3$，s_i 代表一个可能的语言学术语。具体的语言标签集可能是 $S=\{s_{-3}=$ 很差，$s_{-2}=$ 差，$s_{-1}=$ 较差，$s_0=$ 一般，$s_1=$ 较好，$s_2=$ 好，$s_3=$ 很好 $\}$。在情感分析中使用"R 工程统计计算"软件计算得到语义值，根据不同的情感词，将语言变量分配为积极的、中立的和消极的值作为中智数，其中，积极的值是 T 值，中立的值是 I 值，消极的值是 F。T 值是积极变量值的平均值，如果 S_0 存在，I 值是 1，如果 S_0 不存在，则为 0，F 值是消极值的绝对值的平均值。例如，假设一个语言集 $S=\{s_{-1},s_0,s_1,s_2,s_3\}$，则中智数为 $\left\langle\dfrac{s_1+s_2+s_3}{3},s_0,|s_{-1}|\right\rangle$。

然后，用单值中智加权平均集结算子对中智数进行集结，其中，$\psi=(\psi_1,\psi_2,\cdots,\psi_p)^T$ 是与这些指标相对应的决策者的权重向量。因此，可以得到评价矩阵 R 中的 a_{11}，a_{12}，a_{13}，a_{14}，a_{21}，a_{22}，a_{23}，a_{24}，a_{25}，a_{26}，a_{27}，a_{33}，a_{41}，a_{42}，a_{43} 和 a_{47} 等的评价值。

2. 基于 BWM 方法的准则(一级指标)权重计算

BWM 方法比模糊层次分析法需要更少的成对比较，且获得更高可靠性的权重，因此，可使用 BWM 方法来计算协同创新伙伴准则(一级指标)的主观权重。具体步骤如下(以下一级指标简称"准则")：

第一步： 确定决策准则集 $\{c_1,c_2,\cdots,c_n\}$。

第二步： 决定最好的(最重要的)准则和最差的(最不重要的)准则，分别记为 c_B 和 c_W。

第三步： 用 1~9 之间的整数，表示最好的准则相对其他准则的重要程度(1 表示同等重要，9 表示相对极度重要)，相对重要程度结果用向量 $A_B=(a_{B1},a_{B2},\cdots,a_{Bn})$ 表示，a_{Bj} 表示最好准则 B 相对于准则 j 的重要程度，显然 $a_{BB}=1$。

步骤4：用1~9之间的数字来表达其他准则对最差的准则的重要程度（1同等重要，9相对极度重要），结果用向量 $A_W=(a_{1W}, a_{2W}, \cdots, a_{nW})$ 表示，a_{jW} 表示的是准则 j 相对最差准则的重要程度，$a_{WW}=1$。

步骤5：计算最优权重 $(w_1^*, w_2^*, \cdots, w_n^*)$。

对于任意一组 w_B/w_j 和 w_j/w_W，准则最优权重应满足条件 $w_B/w_j=a_{Bj}$ 和 $w_j/w_W=a_{jW}$。为满足这两个条件，差异绝对值 $|w_B-a_{Bj}w_j|$ 和 $|w_j-a_{jW}w_W|$ 的最大值对于所有的 j 要最小化。同时考虑权重的非负性，以及加总应为1，则可得到权重求解方法，可由式(6-14)求得。

$$\begin{aligned}
&\min \max_j \left\{ |w_B - a_{Bj}w_j|, |w_j - a_{jW}w_W| \right\} \\
&\text{s.t.} \\
&\sum_j w_j = 1 \\
&w_j \geq 0, \text{ for all } j.
\end{aligned} \quad (6\text{-}14)$$

式(6-14)可以被转换为线性规划问题：

$$\begin{aligned}
&\min \xi^L \\
&\text{s.t.} \\
&|w_B - a_{Bj}w_j| \leq \xi^L, \text{ for all } j \\
&|w_j - a_{jW}w_W| \leq \xi^L, \text{ for all } j \\
&\sum_j w_j = 1 \\
&w_j \geq 0, \text{ for all } j.
\end{aligned} \quad (6\text{-}15)$$

式(6-15)是线性规划问题，有唯一解。求解式(6-15)，就可得到最优权重 $(w_1^*, w_2^*, \cdots, w_n^*)$ 和 ξ^{L^*}，其中 ξ^{L^*} 是一致性比率，其值越接近0，越一致。因此，可以计算出伙伴相容性 A_1、创新能力 A_2、技术方案情况 A_3 和创新效果 A_4 四个准则的权重，得到权重向量 $(w_1^*, w_2^*, w_3^*, w_4^*)$。

3. 计算指标权重

利用主客观相结合的原则来计算指标权重，首先计算协同创新伙伴评价指标的熵权，然后将BWM计算得到的主观准则权重与评价指标的熵权结合起来，计算出综合的指标权重。

第一步：计算数值型指标的熵权。

用式(6-16)将评价矩阵 R 标准化，并将标准化矩阵正规化处理，得到正规化评价矩阵，记为 $R=(r_{ij})_{m\times n}$。

$$Z_{ij} = \frac{y_{ij} - y_j^{\min}}{y_j^{\max} - y_j^{\min}} \quad \text{如果 } j \text{ 为效益型指标}$$

$$Z_{ij} = \frac{y_j^{\max} - y_{ij}}{y_j^{\max} - y_j^{\min}} \quad \text{如果} j \text{为成本型指标} \tag{6-16}$$

利用正规化数据所形成的矩阵，在有 m 个评价指标，n 个被评价对象 (m, n) 的评估问题中，求相关指标的熵权，如式(6-17)所示：

$$E_{ij} = (1 - e_i) / \sum_{i=1}^{m} (1 - e_i) \tag{6-17}$$

式中，$e_i = -k \sum_{j=1}^{n} p_{ij} \ln p_{ij}$，$k = 1/\ln n$，$\sum_{i=1}^{m} E_i = 1$，$\left[p_{ij} \right]_{m \times n} = \left[r_{ij} / \sum_{i=1}^{m} r_{ij} \right]_{m \times n}$，因此，可以计算出熵权 E_{46}。

第二步：计算区间值指标的熵权。首先用式(6-18)对区间数进行标准化，得到标准化的区间值。

$$r_{ij} = \begin{cases} [a_{ij}/b_{i\max}, b_{ij}/b_{i\max}] & \text{如果} j \text{为效益型指标} \\ [1 - b_{ij}/b_{i\max}, 1 - a_{ij}/b_{i\max}] & \text{如果} j \text{为成本型指标} \end{cases} \tag{6-18}$$

区间值指标的熵权计算见式(6-19)：

$$h_j = \lambda \left(-\frac{1}{\ln m} \sum_{i=1}^{m} H_{ij} \ln H_{ij} \right) + (1 - \lambda) \left(-\frac{1}{\ln m} \sum_{i=1}^{m} L_{ij} \ln L_{ij} \right)$$

$$E_{ij} = \frac{1 - h_j}{\sum_{j=1}^{n} (1 - h_j)} \tag{6-19}$$

式中，$H_{ij} = \left[\frac{1}{2}(a_{ij} + b_{ij}) \right] \Big/ \left[\sum_{i=1}^{m} \frac{1}{2}(a_{ij} + b_{ij}) \right]$，$L_{ij} = \left[1 - (b_{ij} - a_{ij}) \right] \Big/ \left[m - \sum_{i=1}^{m} (b_{ij} - a_{ij}) \right]$，（$m$ 个被评价对象，n 个评价指标），λ 是区间数的中位数与决策者的不确定程度之间的平衡系数，且 $0 < \lambda < 1$。在本文研究中，取 $\lambda = 0.5$，因此，可以计算出熵权 E_{31}、E_{32}、E_{44} 和 E_{45}。

第三步：计算中智数的熵权。中智数的标准化见式(6-20)：

$$r_{ij} = \begin{cases} T_{ij}, I_{ij}, F_{ij} & \text{如果} j \text{为效益型指标} \\ 1 - T_{ij}, 1 - I_{ij}, 1 - F_{ij} & \text{如果} j \text{为成本型指标} \end{cases} \tag{6-20}$$

可通过式(6-3)、式(6-4)计算得到中智数 E_{11}、E_{12}、E_{13}、E_{14}、E_{21}、E_{22}、E_{23}、E_{24}、E_{25}、E_{26}、E_{27}、E_{33}、E_{34}、E_{41}、E_{42}、E_{43} 和 E_{47} 的熵权。

第四步：求解指标综合权重。根据 BWM 方法求出的主观准则权重 w_i^* 和上述步骤求出的指标熵权 E_{ij}，将主观准则权重与客观指标权重相结合，得到综合指标权重，具体方法见式(6-21)：

$$w_{ij} = w_i^* \times E_{ij} \tag{6-21}$$

4. 运用 VIKOR 方法排序

假设协同创新伙伴选择涉及 n 个潜在协同创新伙伴，记为 $X=\{x_1, x_2, \cdots, x_n\}$。由于协同创新伙伴的评价存在异质信息，评价准则集 $A=(A_1, A_2, A_3, A_4)$ 的评价信息可以被分为三个子集 $O_i(i=1,2,3)$，分别表示评价信息为实数、区间数和中智数的准则集。异构信息的多准则群决策 VIKOR 方法的步骤概括如下：

第一步： 建立并标准化评价矩阵。通过集结得到群决策评价矩阵及标准化矩阵。

第二步： 分别计算正理想解（PIS）和负理想解（NIS）。为进行方案之间的比较，选择2个参考点，即正、负理想解，分别记为 y^+ 和 y^-。正理想解 y^+ 的计算公式如下：

$$y_i^+ = \begin{cases} e_i^+, & \text{if } A_i \in o_1 \\ [a_i^+, b_i^+], & \text{if } A_i \in o_2 \\ \langle \mu_i^+, \eta_i^+, v_i^+ \rangle, & \text{if } A_i \in o_3 \end{cases} \quad (6\text{-}22)$$

式中，$e_i^+ = \max\{e_{ij}|j=1,\cdots,n, (A_i \in o_1^b)\}$ 或 $\min\{e_{ij}|j=1,\cdots,n, (A_i \in o_1^c)\}$；$[a_i^+, b_i^+] = \max\{a_{ij}, b_{ij}|j=1,2,\cdots,n, (A_i \in o_2^b)\}$ 或 $\min\{a_{ij}, b_{ij}|j=1,2,\cdots,n, (A_i \in o_2^c)\}$；$\langle \mu_i^+, \eta_i^+, v_i^+ \rangle = \langle \max \mu_{ij}, \min \eta_{ij}, \min v_{ij} \rangle (A_i \in o_3^b)$ 或 $\langle \min \mu_{ij}, \min \eta_{ij}, \max v_{ij} \rangle (A_i \in o_3^c)$。

同理，负理想解 y^- 的计算公式如下：

$$y_i^- = \begin{cases} e_i^-, & \text{if } A_i \in o_1 \\ [a_i^-, b_i^-], & \text{if } A_i \in o_2 \\ \langle \mu_i^-, \eta_i^-, v_i^- \rangle, & \text{if } A_i \in o_3 \end{cases} \quad (6\text{-}23)$$

式中，$e_i^- = \min\{e_{ij}|j=1,\cdots,n, (A_i \in o_1^b)\}$ 或 $\max\{e_{ij}|j=1,\cdots,n, (A_i \in o_1^c)\}$；$[a_i^-, b_i^-] = \min\{a_{ij}, b_{ij}|j=1,2,\cdots,n, (A_i \in o_2^b)\}$ 或 $\max\{a_{ij}, b_{ij}|j=1,2,\cdots,n, (A_i \in o_2^c)\}$；$\langle \mu_i^-, \eta_i^-, v_i^- \rangle = \langle \min \mu_{ij}, \min \eta_{ij}, \max v_{ij} \rangle (A_i \in o_3^b)$ 或 $\langle \max \mu_{ij}, \min \eta_{ij}, \min v_{ij} \rangle (A_i \in o_3^c)$。

第三步： 计算 S_i，R_i 和 Q_i 的值。

$$S_i = \sum_{j=1}^n w_j \frac{d(r_i^+, r_{ij})}{d(r_i^+, r_i^-)}, \quad R_i = \max\left(w_j \frac{d(r_i^+, r_{ij})}{d(r_i^+, r_i^-)}\right) \quad (6\text{-}24)$$

$$Q_i = v \frac{S_i - \min S_i}{\max S_i - \min S_i} + (1-v) \frac{R_i - \min R_i}{\max R_i - \min R_i} \quad (6\text{-}25)$$

式中，S_i 是群效用值，R_i 是个人后悔值，决策机制系数 $v \in [0,1]$。当 $v > 0.5$ 时，表示应根据最大化群效用的决策机制进行决策；当 $v < 0.5$ 时，表示应根据最小化个体遗憾的决策机制进行决策；当 $v = 0.5$，表示应根据决策者达成共识的决策机制决策。

第四步：将 Q_i 按升序排序，记为 $A^{(1)}, \cdots A^{(i)}, \cdots A^{(m)}$。如果 $A^{(1)}$ 满足评价准则 C_1 和 C_2，则 $A^{(1)}$ 就是最优方案，Q_i 值最小。

$C_1 : Q(A^{(2)}) - Q(A^{(1)}) \geq 1/(n-1)$；

C_2：根据 S_i、R_i 和 Q_i 的排序可知，$A^{(1)}$ 的值最小。

6.4 实证分析

以岳麓山大学科技城企业湖南有色重型机器有限责任公司研发一种具有故障自诊断和远程故障处理功能的矿山装备——CS-165露天潜孔钻机为例验证模型的可靠性和稳定性，其中故障自诊断和远程故障处理模块需选择一家具有软件、硬件和AI算法开发能力的协同创新伙伴共同开发。经专家推荐及初步筛选，确定了中南大学、湖南大学、湖南师范大学及长沙矿山研究院四家具有软件、硬件和AI算法开发能力的潜在协同创新伙伴，分别记为 x_1、x_2、x_3、x_4。通过分析湖南有色重机及对协同创新伙伴的需求情况，并根据伙伴相容性、研发能力、技术情况和创新效果等，利用本章所提出的选择模型，对这四个潜在的协同创新伙伴进行评价，并按适合湖南有色重型机器有限责任公司的程度进行排序。

6.4.1 协同创新伙伴排序

第一步：建立规范化评价矩阵。根据潜在协同创新伙伴以往承担的创新项目完成情况、历史合作者的评价信息等获得数值型和区间值型指标的评价值，以及历史合作者和企业决策者提供的语言评价信息，获得中智数。由此可获得包括实数、区间数以及中智数等多种信息类型指标的评价值，接着对评价信息进行集结，得到4个候选协同创新伙伴的综合评价值，协同创新伙伴定量指标和定性指标评价值的具体内容，分别如表6-7和表6-8所示；然后与规范化的评价信息融合，可得到综合评价矩阵，即集结后的群决策评价矩阵，如表6-9所示。

表6-7 协同创新伙伴定量指标评价值

指标	协同创新伙伴			
	x_1	x_2	x_3	x_4
a_{31}	[72, 84]	[70, 80]	[68, 76]	[75, 85]
a_{32}	[160, 176]	[168, 182]	[172, 188]	[165, 178]
a_{44}	[58.6, 69.4]	[54.8, 66.5]	[63.4, 72.6]	[56.4, 68.8]
a_{45}	[0.684, 0.742]	[0.618, 0.685]	[0.526, 0.589]	[0.812, 0.886]
a_{46}	0.142	0.168	0.21	0.114

表6-8 协同创新伙伴定性指标评价值

指标	协同创新伙伴			
	x_1	x_2	x_3	x_4
a_{11}	<0.719 4, 0, 0>	<0.665 6, 0, 0>	<0.592 7, 0, 0>	<0.813 4, 0, 0>
a_{12}	<0.691 3, 0, 0>	<0.713 3, 0, 0>	<0.603 6, 0, 0>	<0.759 1, 0, 0>
a_{13}	<0.799 5, 0, 0>	<0.744 2, 0, 0>	<0.687 3, 0, 0>	<0.852 3, 0, 0>
a_{14}	<0.764 8, 0, 0>	<0.812 9, 0, 0>	<0.789 7, 0, 0>	<0.753 3, 0, 0>
a_{21}	<0.784 8, 0, 0>	<0.744 2, 0, 0>	<0.703 5, 0, 0>	<0.818 2, 0, 0>
a_{22}	<0.807 2, 0, 0>	<0.787 6, 0, 0>	<0.713 3, 0, 0>	<0.862 6, 0, 0>
a_{23}	<0.789 7, 0, 0>	<0.764 8, 0, 0>	<0.687 3, 0, 0>	<0.812 9, 0, 0>
a_{24}	<0.787 6, 0, 0>	<0.753 3, 0, 0>	<0.719 4, 0, 0>	<0.811 2, 0, 0>
a_{25}	<0.807 2, 0, 0>	<0.784 8, 0, 0>	<0.744 2, 0, 0>	<0.862 6, 0, 0>
a_{26}	<0.753 3, 0, 0>	<0.787 6, 0, 0>	<0.703 5, 0, 0>	<0.789 7, 0, 0>
a_{27}	<0.759 1, 0, 0>	<0.764 8, 0, 0>	<0.678 4, 0, 0>	<0.799 5, 0, 0>
a_{33}	<0.321, 1, 1>	<0.363, 1, 1>	<0.428 3, 1, 1>	<0.267, 1, 1>
a_{34}	<0.784 8, 0, 0>	<0.772 7, 0, 0>	<0.759 1, 0, 0>	<0.799 5, 0, 0>
a_{41}	<0.759 1, 0, 0>	<0.719 4, 0, 0>	<0.691 3, 0, 0>	<0.852 3, 0, 0>
a_{42}	<0.703 5, 0, 0>	<0.665 6, 0, 0>	<0.592 7, 0, 0>	<0.862 6, 0, 0>
a_{43}	<0.799 5, 0, 0>	<0.759 1, 0, 0>	<0.703 5, 0, 0>	<0.784 8, 0, 0>
a_{47}	<0.428 3, 1, 1>	<0.479 1, 1, 1>	<0.535 3, 1, 1>	<0.382, 1, 1>

表6-9 规范化的决策评价矩阵

指标	协同创新伙伴			
	x_1	x_2	x_3	x_4
a_{11}	<0.719 4, 0, 0>	<0.665 6, 0, 0>	<0.592 7, 0, 0>	<0.813 4, 0, 0>
a_{12}	<0.691 3, 0, 0>	<0.713 3, 0, 0>	<0.603 6, 0, 0>	<0.759 1, 0, 0>
a_{13}	<0.799 5, 0, 0>	<0.744 2, 0, 0>	<0.687 3, 0, 0>	<0.852 3, 0, 0>
a_{14}	<0.764 8, 0, 0>	<0.812 9, 0, 0>	<0.789 7, 0, 0>	<0.753 3, 0, 0>
a_{21}	<0.784 8, 0, 0>	<0.744 2, 0, 0>	<0.703 5, 0, 0>	<0.818 2, 0, 0>
a_{22}	<0.807 2, 0, 0>	<0.787 6, 0, 0>	<0.713 3, 0, 0>	<0.862 6, 0, 0>
a_{23}	<0.789 7, 0, 0>	<0.764 8, 0, 0>	<0.687 3, 0, 0>	<0.812 9, 0, 0>
a_{24}	<0.787 6, 0, 0>	<0.753 3, 0, 0>	<0.719 4, 0, 0>	<0.811 2, 0, 0>
a_{25}	<0.807 2, 0, 0>	<0.784 8, 0, 0>	<0.744 2, 0, 0>	<0.862 6, 0, 0>
a_{26}	<0.753 3, 0, 0>	<0.787 6, 0, 0>	<0.703 5, 0, 0>	<0.789 7, 0, 0>
a_{27}	<0.759 1, 0, 0>	<0.764 8, 0, 0>	<0.678 4, 0, 0>	<0.799 5, 0, 0>
a_{31}	[0.012, 0.153]	[0.059, 0.176]	[0.106, 0.2]	[0, 0.118]

续 表

指标	协同创新伙伴			
	x_1	x_2	x_3	x_4
a_{32}	[0.064, 0.149]	[0.032, 0.106]	[0, 0.085]	[0.053, 0.122]
a_{33}	<0.679, 0, 0>	<0.637, 0, 0>	<0.571 7, 0, 0>	<0.733, 0, 0>
a_{34}	<0.784 8, 0, 0>	<0.772 7, 0, 0>	<0.759 1, 0, 0>	<0.799 5, 0, 0>
a_{41}	<0.759 1, 0, 0>	<0.719 4, 0, 0>	<0.691 3, 0, 0>	<0.852 3, 0, 0>
a_{42}	<0.703 5, 0, 0>	<0.665 6, 0, 0>	<0.592 7, 0, 0>	<0.862 6, 0, 0>
a_{43}	<0.799 5, 0, 0>	<0.759 1, 0, 0>	<0.703 5, 0, 0>	<0.784 8, 0, 0>
a_{44}	[0.044, 0.193]	[0.084, 0.245]	[0, 0.126]	[0.052, 0.223]
a_{45}	[0.772, 0.837]	[0.697, 0.773]	[0.594, 0.665]	[0.916, 1]
a_{46}	0.708	0.438	0	1
a_{47}	<0.571 7, 0, 0>	<0.520 9, 0, 0>	<0.464 7, 0, 0>	<0.618, 0, 0>

第二步：准则权重。根据 BWM 方法，协同创新伙伴评价准则为 A_1 至 A_4，设定伙伴相容性 A_1 是所有准则中最重要的，创新效果 A_4 相对来说是最不重要的。最重要准则和最不重要准则的比较向量，分别如表6-10和表6-11所示，其中表6-10表示最重要准则相对于其他准则的偏好程度，表6-11表示其他准则相对于最不重要准则的偏好程度。

表6-10 最重要准则的比较向量

准则	A_1	A_2	A_3	A_4
最重要准则 A_1	1	2	3	4

表6-11 最不重要准则的比较向量

准则	A_1	A_2	A_3	A_4
最不重要准则 A_4	4	3	2	1

根据式(6-14)、式(6-15)，计算得到 $w_1^*=0.48$，$w_2^*=0.24$，$w_3^*=0.16$，$w_4^*=0.12$ 和 $\xi^{L*}=0$。ξ^{L*} 表示在没有额外计算的情况下指标的一致性，$\xi^{L*}=0$ 表明完全一致。因此，准则的权重向量为 $w^*=(0.48, 0.24, 0.16, 0.12)$。

第三步：指标权重。根据6.3.2节介绍的综合指标权重方法，确定协同创新伙伴各评价指标的熵权，结合第一步计算的主观准则权重，可以计算各指标的综合权重，具体结果如表6-12所示。

第四步：计算各协同创新伙伴 S_i，R_i 和 Q_i 的值，并排序。根据 VIKOR 方法在异质多准则群决策中的应用，令 $v=0.5$，分别计算4个协同创新伙伴的 S_i，R_i 和 Q_i 值，如表6-13所示。

表6-12 指标权重

准则	权重	二级指标	权重
A_1	0.48	a_{11}	0.113 899
		a_{12}	0.112 928
		a_{13}	0.125 823
		a_{14}	0.127 35
A_2	0.24	a_{21}	0.033 924
		a_{22}	0.035 259
		a_{23}	0.033 969
		a_{24}	0.034 156
		a_{25}	0.035 571
		a_{26}	0.033 74
		a_{27}	0.033 381
A_3	0.16	a_{31}	0.002 367
		a_{32}	0.001 973
		a_{33}	0.071 109
		a_{34}	0.084 551
A_4	0.12	a_{41}	0.027 04
		a_{42}	0.025 271
		a_{43}	0.027 262
		a_{44}	0.000 67
		a_{45}	0.000 15
		a_{46}	0.020 143
		a_{47}	0.019 463

表6-13 协同创新伙伴的 S_i, R_i 和 Q_i 值

	协同创新伙伴			
	x_1	x_2	x_3	x_4
S_i	0.366 248	0.476 887	0.894 219	0.068 051
R_i	0.049 238	0.082 433	0.125 823	0.060 696
Q_i	0.180 47	0.464 15	1	0.074 802

由 Q_i 值得到各候选协同创新伙伴的优先序为 $x_3 \succ x_2 \succ x_1 \succ x_4$，其中协同创新伙伴 x_4 的 Q_i 值最小。根据VIKOR评价准则，$Q(A_3)-Q(A_2)=0.85>1/3$，满足评价准则 C_1；协同创新伙伴 x_4 在 S_i、R_i 和 Q_i 排序中，均为最小值，满足评价准则 C_2，因此 x_4 是湖南有色重型机器有限责任公司最佳的协同创新伙伴。

6.4.2 敏感性分析

协同创新伙伴评价指标权重是由 BWM 方法计算出的主观权重与客观熵权相结合得到。但主观权重是由专家们打分，有一定的不确定性，从而导致主观权重对排序结果会有一定影响。为此，需要对模型进行敏感性分析，当准则权重发生微小变化时，分析协同创新伙伴优先顺序的变化情况，以验证所构建模型的稳健性。敏感性分析可综合评价准则权重的微小变化，导致决策结果产生偏离的程度。通过对4个准则权重上下变动5%、10%、15%、20%，比较4个潜在合作伙伴排序的变化。

评价准则 A_j 的初始权重为 w_j，经变动后的权重记为 $w'_j=\varsigma w_j$，其中 $0 \leqslant w'_j \leqslant 1$，则参数 ς 的变化区间为 $0 \leqslant \varsigma \leqslant 1/w_j$。根据权重归一性原则，其余权重由于 w_j 的变化，均相应发生改变，记为 $w'_k=\phi w_k, k \neq j, k=1, 2, \cdots, m$，且满足：

$$w'_j + \sum_{k \neq j, k=1}^{m} w'_k = 1 \Rightarrow \varsigma w_j + \phi \sum_{k \neq j, k=1}^{m} w_k = 1 \tag{6-26}$$

解方程 $\phi=(1-\varsigma w_j)/(1-w_j)$，由此可得不同权重的变化。依次对权重 w_i 上下变动5%、10%、15%、20%，再利用 VIKOR 方法得到相应的潜在合作伙伴的优先排序，共得到32个排序组合，排序结果变化情况详见图6-6。

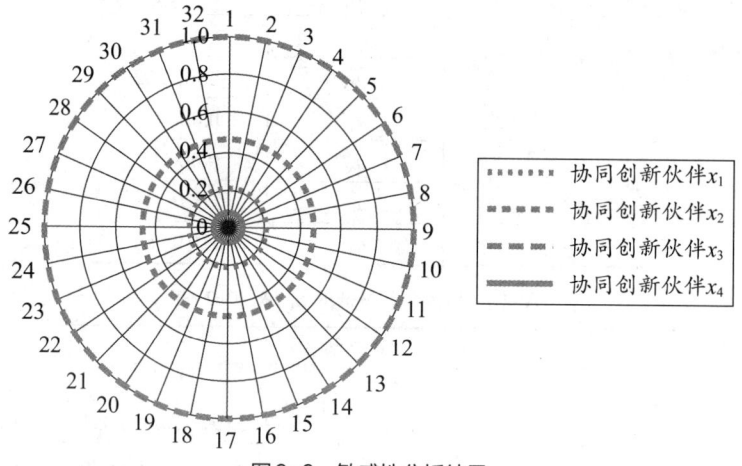

图6-6 敏感性分析结果

由试验结果和图6-6可知，协同创新伙伴 x_4 的 Q_i 值在32次测试中均为最小，协同创新伙伴排序在32次实验中未发生变化。由此可见，当权重发生改变时，排序顺序没有发生改变，且最优伙伴 x_4 的排序位置一直没有变动，说明不管权重如何变化，最适合主导创新主体的协同创新伙伴均为 x_4，说明协同创新伙伴选择模型对权重的敏感性低，选择模型的稳健性好，能有效帮助大学科技城主导创新主体选择最佳协同创新伙伴。

6.5 本章小结

协同创新伙伴评价与选择是协同创新活动最重要的环节，直接关系到协同创新活动的成败。在选择协同创新伙伴时，应充分调研潜在伙伴的基本条件、创新能力、研发条件等情况，基于科学的评价指标体系，借助定量评价模型，通过评价分析，选择价值理念、管理模式相近，创新资源互补性强、沟通交流顺畅的潜在伙伴，共同开展协同创新，从而取得良好的协同创新效果。

协同创新伙伴评价选择指标体系的建立，是选择最佳协同创新伙伴的必要前提。针对协同创新伙伴选择的复杂性、重要性，以及评价信息的多样性等情况，首先借鉴相关文献资料和研究成果，从相容性、研发能力、技术方案和创新效果等四个方面，建立初步的协同创新伙伴选择评价指标体系；然后借助德尔菲专家咨询法进一步优化和筛选指标体系，使指标体系更具可操作性。本文构建的大学科技城协同创新伙伴评价指标体系，不仅考虑了协同创新伙伴、专家、协同创新伙伴历史的创新项目，以及历史合作者等不同信息来源，设计了主、客观评价指标，信息更加全面；还考虑了大学科技城协同创新伙伴评价值存在多源异质信息，如实数、区间数和中智数等，从而能更好地拟合决策实际需要。

为了能更好地处理实数、区间数和中智数等各种信息类型，构建了一种基于多源异构 VIKOR 方法的协同创新伙伴选择决策模型。该方法相比传统的多属性决策方法如 AHP、TOPSIS、ELECTRE 等，在解决数据间不可公度性、获得妥协最优解方面具有较大优势。VIKOR 方法能有效将主观准则权重和客观指标权重结合，能有效抑制主观赋权波动对排序结果的影响，从而使评价结果具有更好的稳定性。

研究表明基于多源异构 VIKOR 方法的协同创新伙伴选择决策模型能模拟大学科技城企业协同创新伙伴实际决策情境，能够有效实现候选协同创新伙伴的评价排序，可协助决策者从众多候选伙伴中选择最佳协同创新伙伴，可为创新主体选择协同创新伙伴提供辅助决策。

本章构建的协同创新伙伴选择模型可在一定环境和条件下得到较好应用，但也还存在不足之处，如指标体系没有纳入合作模式、契约类型等因素，另外，模型能处理的指标信息类型也还不够全面等，同时，在大学科技城协同创新伙伴实际选择过程中，可能情况更加复杂，需要考虑的因素更多，这些问题需要在后续研究中逐步解决。

第 7 章　大学科技城协同创新成果转化研究

协同创新成果转化是大学科技城协同创新活动的关键环节与最终目的，协同创新成果的有效转化，不仅能让参与协同创新的主体获取创新效益，实现协同创新的既定目标；还能提高大学科技城创新能力、科研实力和经济水平，并营造更好的协同创新环境。为有效促进大学科技城协同创新成果的转化，本章将研究影响协同创新成果转化的关键环节与主要因素，首先，将全面分析协同创新成果转化模式，探讨协同创新成果、成果供给方、转化实施方、大学科技城管理方等内部因素，以及财政政策、中介服务、金融环境、文化环境等外部因素对成果转化的影响；然后，借鉴相关研究成果，结合大学科技城实际情况，构建大学科技城协同创新成果转化绩效评价标体系，建立熵权 TOPSIS 成果转化绩效评价模型；最后，应用所构建的指标体系和熵权 TOPSIS 评价模型对岳麓山大学科技城协同创新成果转化绩效进行实证分析，并探讨影响协同创新成果转化绩效的关键因素，为改善大学科技城协同创新成果转化绩效提供借鉴和指导。

7.1　理论基础

7.1.1　协同创新成果转化内涵

协同创新成果转化是指政府、企业、高校、科研院所和中介机构等主体突破传统科技成果转化线性和链式模式，共同将协同创新活动中取得重大进展和突破的科技成果，以自主、委托、合作、转让等形式进行转化，直至形成新工艺、新材料和新产品，并由此为创新主体创造经济效益的过程。简言之，就是通过一系列转化活动将协同创新成果转移到企业、市场的过程，其实质是创新成果进入市场，实现科技、产业与经济的一体化。协同创新成果转化的有效实现，其根本价值体现在协同创新成果服务于社会生产实践，并从中获得利益。

7.1.2　协同创新成果转化模式

大学科技城依托高校和科研院所，利用其人才、技术、信息和实验设备等创新资源优势，通过政策引导和资金支持，协同高校、科研院所、企业和中介机构等主体，开展研发创新、企业孵化、人才培养和产业培育等活动，最终将创新成果形成产品，进入市场。大学科技城协同创新成果转化宏观上是指由成果供给、转化、需求和环境系统构成的一个系统工程，微观上是指为提高生产力水平而对科学研究与技术开发所产生的具有实用价值的创新成果进行的后续试验、开发、应用、推广直至形成新产品、新工艺、新材料，以及发展新产业等活动，不同的组合方式和推进路径都将直接影响大学科技城科技实力和经济水平。大学科技城协同创新成果转化模式是一种将创新成果转化为现实生产力的运行方式，不同的转化模式对协同创新成果转化绩效会产生较大影响，一般将协同创新成果转化划分为以下五种模式。

1. 孵化器模式

大学科技城孵化器是以高等院校为主体，通过政府扶持，以事业单位或企业组织方式运作，以非营利或半营利为目的为孵化企业提供管理服务、金融支持、技术指导等各种服务的创新运营体系。其不仅提供政府赋予的一些特殊财税政策支持，还通过与社会其他系统的相互联系，为孵化企业提供全过程、全方位的服务。在孵化企业创办初期，孵化器为企业办理注册手续、提供管理咨询；在产品开发过程中，孵化器通常利用渠道优势，促进企业与高校、科研院所的协同，还可提供融资、培训、人才开发等服务。通过孵化器多方位的服务与支持，大大提高大学科技城孵化企业协同创新成果转化的成功率。

2. 自行投产模式

自行投产模式，是指以任务为导向的大学科技城高校、科研院所或企业，将自有创新成果在组织内部自行转化的一种成果转化模式。其特点是创新成果的提供者，既是生产者，也是经营者，将成果交易内部化，消除了中间环节，降低了成果转化交易成本，提高了转化效率。但创新初始阶段的参与主体，与主导成果转化的主体协同度较低，参与协同创新的伙伴并不分享成果转化所带来的收益。该模式不太注重协同创新技术与产业的融合发展，由于产业化过程中没有协同创新伙伴参与，不能及时改进、完善产业化过程中发生的问题，易导致科研成果与实际需求脱节，不利于协同创新成果的有效转化。

3. 联合开发模式

联合开发模式，是指以市场为导向，由大学科技城的高校、科研院所、企业、中介机构和政府等主体联合组建企业，负责成果转化和市场推广,是一种共享创新成果转化收益的成果转化模式。其主要特征是成果的创新者、开发者和转化者存在长期紧密的协作关系,参与主体的协同度较高。在联合开发模式中,高校和科研院所作为协同创新活动的技术提供方,是联合开发模式运行的基础;而企业一般是创新成果的需求方,是转化实施的主体,也是创新成果与经济、产业、市场连接的落脚点;政府在成果转化过程中负责协调、监管与扶持,主要通过引导制定推动成果转化的政策、法规,组织建立相应的成果转化平台,对创新成果转化的参与主体进行宏观调控和资金支持。高校、科研院所、企业和政府之间采取联合模式推动成果转化,其创新资源互补,相容性高,有利于提升创新成果的转化效率。在联合开发模式中,可能存在因协同利益分配不合理,而产生利益冲突,甚至发生协同创新关系破裂,导致创新项目终止。

4. 技术转移模式

技术转移模式,是指以市场需求为导向,创新主体将创新成果许可或转让给其他企业,实现协同创新成果转化的模式。技术转移模式可由大学科技城非营利性和服务性科技中介机构参与协调,其特点是协同创新成果的所有者与转化主体分离,相互之间没有形成长期紧密的合作关系。可见,协同创新主体与转化主体之间的协同度低,成果转移时易出现创新主体为追求成果价值的最大化,对成果要价过高的情况,而转化主体则追求技术的实用性、稳定性,以及成本的最小化,两者诉求有差异,易产生意见分歧,导致成果转化困难。

5. 委托开发模式

委托开发模式,是一种以计划为导向,在一些事关国计民生的重大战略性基础技术方面,由政府主导,通过政府中介服务机构将新技术的开发采用"委托"的形式交给科研院所、高校和企业,并提供开发所必需的费用。在该模式中,政府自上而下建立了创新成果转化平台,并制定各种引导性优惠政策。同时,管理服务机构的人员往往由高校教师、政府管理人员组成,与主体协同度相对较好,有效推进了协同创新成果的转化进程。但服务机构也存在市场认知模糊,以及专业知识欠缺等问题,且相关从业人员不擅长与企业协同,从而影响创新成果的转化效率。

7.1.3 模糊理论

模糊理论是在美国学者扎德(Zadeh)创立的模糊集合理论基础上发展起来的,主要包括模糊集合理论、模糊逻辑、模糊推理和模糊控制等内容。早在20世纪20年代,著名的哲学家和数学家罗素(Russell)提出了"含糊性"概念,他认为所有的自然语言均是模糊的,比如"红的"和"老的"等概念没有明确的内涵和外延,因而是不明确的和模糊的。可是,在特定的环境中,人们用这些概念来描述某个具体对象时却又能心领神会,很少引起误解和歧义。基于上述背景,扎德(Zadeh)教授率先提出模糊集合的概念,奠定了模糊理论基础。本章采用三角模糊数表示模糊性语言,三角模糊数的定义和主要运算介绍如下:

定义1:若 $\bar{a}=(a^L, a^M, a^U)$ 表示一个三角模糊数,其隶属度函数为 $\mu_{\bar{a}}(\chi)$: $R \rightarrow [0, 1]$,即

$$\mu_{\bar{a}}(\chi) = \begin{cases} 0 & \chi \prec a^L \\ \dfrac{\chi - a^L}{a^M - a^L} & a^L \leq \chi \leq a^M \\ \dfrac{\chi - a^U}{a^M - a^U} & a^M \leq \chi \leq a^U \\ 0 & \chi \geq a^U \end{cases}$$

式中,$\chi \in R, a^L \leq a^M \leq a^U, a^L$ 和 a^U 分别为下界和上界,它们表示模糊的程度,并且 $a^U - a^L$ 越大,模糊程度越强。

定义2:设三角模糊数 $\bar{a}=[a^L, a^M, a^U]$,$\bar{b}=[b^L, b^M, b^U]$ 则三角模糊数的运算法则为:

$\bar{a} \oplus \bar{b} = [a^L, a^M, a^U] \oplus [b^L, b^M, b^U] = [a^L + b^L, a^M + b^M, a^U + b^U]$;
$\lambda \bar{a} = \lambda [a^L, a^M, a^U] = [\lambda a^L, \lambda a^M, \lambda a^U], \lambda > 0$。

7.2 协同创新成果转化的影响因素分析

从参与成果转化主体视角,可将影响大学科技城协同创新成果转化的因素分为外部影响因素和内部影响因素,外部影响因素主要指参与协同创新成果转化主体外部的政治、社会、技术、经济等因素的总称,通常由短期内不为创新主体所控制的变量所构成;内部影响因素主要指由存在于协同创新成果转化主体内部或者伙伴之间的影响因素。

7.2.1 内部影响因素

大学科技城协同创新成果转化内部影响因素主要包括协同创新成果、协同创新成果转化供给方、协同创新成果转化实施方、中介服务和大学科技城管理委员会等方面的因素。

1. 协同创新成果

协同创新成果集聚了协同创新主体在各自领域内的专业知识与技能,

是知识和技术的共同载体。协同创新成果本身是影响成果转化能否成功的关键因素，具体包括：成果的成熟度，成果的先进性、创新性和可行性，成果与市场需求的匹配程度，成果的生命周期，成果与企业技术的相关程度，成果转化的难易程度等内容。如果协同创新项目前期论证不充分，创新主体重理论轻市场，重立项轻监管，则往往会造成创新成果成熟度不高，成果与市场需求匹配程度不足等问题，从而导致协同创新成果市场认可度不高，或先进有余而合理性和实用性不足，使得协同创新成果难以成功转化。因此，大学科技城开展协同创新，推动创新成果转化，应以市场为导向，前期要从市场、技术、生产等方面充分论证，选取符合经济发展和市场需求的项目和产品，在协同创新过程中，对技术方案也要充分讨论和严格论证，保证开发出的产品，具有技术成熟、功能完备和质量可靠等特点，后期则应从生产工艺优化、原材料供应、质量控制和市场策划等方面严格把关，保证创新成果从功能、性能、质量和价格等方面都符合市场需求。

2. 协同创新成果转化供给方

协同创新成果供给方不仅负责成果的研发，也负责成果的转移与技术交底，协同创新成果供给方对技术的把控能力和转移技术的态度等将直接关系和影响到成果转化的绩效。协同创新成果供给方对成果转化的影响主要有：研发能力、转化观念和转化意愿、成果转化的积极性、科研项目的来源、科研经费的来源，以及供给方与企业协同创新的方式等。

高校和科研院所拥有人才、技术、信息和实验设备等创新资源，具备良好的研发能力，是主要的成果提供者，也是影响成果转化质量的重要因素。高校和科研院所对待成果转化的主观意愿和积极性，将影响协同创新成果转化效果。高校和科研院所一般考核科研人员的科研经费、发表论文和出版专著等指标，这些指标也是职称评定的重要依据，从而导致了在创新项目论证之初，就忽略了企业实际需求和市场需求，而更侧重于理论创新和前沿技术应用等内容，造成协同创新成果与市场需求脱节，创新技术与实际应用脱节，同时也导致科研人员成果转化观念认知不足和转化意愿不强，制约了协同创新成果的转化。知识本身所具有的复杂性、内隐性和特殊性，使得成果供给方与成果转化实施方之间存在知识不对称的问题，知识从供给方向实施方传播时，大多以设备、图纸和软件等显性知识方式转移，研发人员在创新过程中所积累的技术诀窍和心得体会等隐性知识，难以转移给成果转化实施方，更不要说在协同创新成果转移过程中，还会有信息失真、交流不通畅等情况发生，这都会大大降低大学科技城协同创新成果转化的绩效。

3. 协同创新成果转化实施方

企业一般是大学科技城协同创新成果转化的需求方，也是创新成果转化的重要的实施主体。企业作为实施主体也存在直接影响成果转化的很多因素，主要包括企业规模和技术实力，企业对创新成果的关注度，企业参与成果转化的积极性，企业对创新人才的引进，企业对协同创新成果转化技术的吸收学习能力，企业的风险承担能力，企业与高校、科研院所的沟通与合作，企业在成果转化上的资金投入等方面。

企业规模和技术实力对成果转化效率和质量有较大影响。协同创新成果转化需要有配套技术、装备、生产工艺和资金投入等方面的支撑，如果企业规模不够、缺乏成果转化条件、没有相应技术手段、不能将创新成果成功整合吸收到现有技术、生产和营销系统中，将增加成果转化成本与难度，导致转化风险增加。企业与高校科研院所的沟通交流是否顺畅，也会影响协同创新成果的转化。可见企业自身研发能力、技术水平、资金实力和企业规模等方面的不足，以及与成果提供方沟通不畅、利益分配不均等都会导致成果转化难度增加、风险增大，也会影响企业参与协同创新成果转化的积极性。因此，在大学科技城协同创新成果转化的过程中，企业应充分发挥其实施主体的作用，与成果提供方建立长期稳定的合作机制和信任关系，构建通畅的成果转化渠道，加大创新人才和产业化人才的培养力度，加强技术创新与成果转化的资金投入，从而激发大学科技城各主体参与协同创新成果转化、应用和推广的积极性，有效提高协同创新成果转化绩效。

4. 大学科技城管委会

大学科技城管委会是协同创新成果转化的监管主体。监管方的政策制度将直接影响参与成果转化各方的积极性，也会影响创新成果的转化绩效，主要从以下几个方面影响成果转化：大学科技城的管理运行模式、成果转化的利益协调机制、成果转化的产权保护和激励机制、高新技术企业引进技术经费支出、新产品开发经费投入、协同创新成果价值评估体系、技术创新平台和产业化支撑服务平台建设水平等。

大学科技城的建设与发展是一项长期的系统工程，良好的协同创新管理体制和运行机制是大学科技城健康运行和发展的重要保障。作为大学科技城的监管者，若没有一个健全的监管机制，高校、科研院所和企业等主体，就难以形成统一认识，也难以凝聚合力，将导致协同创新成本增加，创新资源利用不足，以及创新成果转化风险增大，从而难以实现大范围和大规模的成果转化收益。

7.2.2 外部影响因素

大学科技城协同创新成果转化外部影响因素主要包括财政政策、中介服务、金融环境和文化环境等内容。

1. 财政政策

大学科技城协同创新成果转化体系，既包括企业、高校和科研院所等核心行为主体，也包括政府、管委会等调控主体。财政政策是政府和管委会实施管理调控的、独具特色和不可替代的重要工具。协同创新成果转化都存在一定的风险性和不确定性，税收优惠和财政支持都会直接影响协同创新成果转化质量和水平。因此，在其他条件相同的情况下，各主体是否愿意在大学科技城开展协同创新和成果转化，以及创新成果转化投入力度，一定程度上取决于大学科技城的税收优惠与财政支持政策。

2. 中介服务

中介服务是中介机构利用其拥有的资金、信息和人才等资源优势，发挥联系、沟通、协调和组织等作用，为推动协同创新主体开展成果转化，所提供的专业服务。一方面，大学科技城协同创新主体在实施成果转化过程中，需要诸如商务信息、技术交易、人才交流、投融资和法律等服务；另一方面，在大学科技城协同创新成果技术引进、技术交易和技术转移等环节，各主体拥有的信息和知识存在着"不对称性"。因此，需要完善中介服务环境，提供高效的信息情报、技术评估等系列专业化服务，更好地推动大学科技城协同创新成果高效转化。

3. 金融环境

大学科技城协同创新成果转化需要投入大量的财力、物力和人力，且成果转化阶段需要购置土地、设备，建造厂房，还需要流动资金维持正常的生产经营，所需资金比创新阶段更大，因此，产业资金是实现创新成果转化的重要保证。目前，我国国有金融机构基于稳健经营的考虑，对支持创新成果转化的信贷投放非常谨慎。因此，我国大学科技城大部分企业的创业资金主要来源于自有资金与权益性融资，金融机构的财务融资明显不足。为有效改善我国大学科技城的金融环境，需要引入风险基金、风险投资和产业投资等各种金融资本，拓展大学科技城融资渠道，提升其投融资能力，增强对创新主体的资金支持。此外，金融政策也是改善大学科技城金融环境的重要工具，可以极大地提高创新主体进行成果转化的积极性，这不仅能为大学科技城协同创新成果转化注入所需的资金，也能有效减小和分担创新主体开展协同创新成果转化的风险。

4. 文化环境

创新主体积极参与协同创新活动，不断促进政策与制度积淀、完善和升华所形成的环境与氛围，对成果转化过程中各主体之间存在的利益冲突，具有潜在的协调和平衡作用，对顺利推进协同创新成果转化，具有良好的引导和支持作用。改变观念，摒弃功利思想，有助于大学科技城协同创新成果供给主体与实施主体之间实际需求的有效对接。良好的成果转化文化环境，能让协同创新成果与大学科技城产业发展有效融合，既能促进成果转化，又能解决产业发展中的实际问题，两者相得益彰，形成良好的溢出效应，进而吸引越来越多的创新主体、创新人才参与大学科技城协同创新，实现协同创新成果转化。

综上，大学科技城协同创新成果转化在宏观上可以看作是由成果供给、转化、需求和环境系统所构成的一个系统工程，微观上是指为提高生产力水平而对科学研究与技术开发所产生的具有实用价值的创新成果进行的后续试验、开发、应用、推广直至形成新产品、新工艺、新材料以及发展新产业等活动，不同的组合方式和推进路径都将直接影响大学科技城的科技实力和经济水平，协同创新成果转化影响因素与过程如图7-1所示。由图7-1可知，大学科技城依托高校和科研院所，利用其人才、技术、信息和实验设备等创新资源优势，通过政策引导和资金支持，协同高校、科研院所、企业和中介机构等主体，开展研发创新、企业孵化、人才培养和产业培育等活动，最终将创新成果形成产品，进入市场。参与成果转化的主体以及转化过程中的环境因素都会对协同创新成果转化产生影响。由于不同的成果转化模式所涉及的创新主体与转化主体不一致以及主体间的关系紧密度不同，易在价值追求上产生分歧，影响创新成果的转化效率，进一步影响大学科技城的创新生态发展。

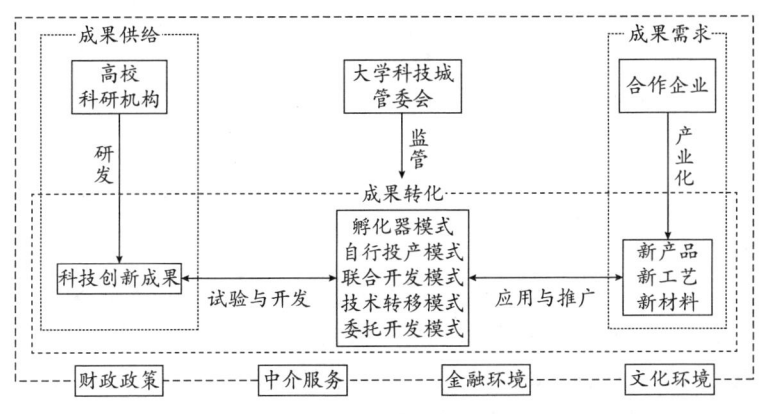

图7-1 协同创新成果转化影响因素与过程

7.3 成果转化绩效评价

7.3.1 指标体系构建

协同创新成果转化涉及成果转化投入，如人员投入、资金投入、设备投入和政策支持等，以及成果转化带来的效益，如经济效益与社会效益等。考虑大学科技城协同创新成果转化影响因素，并参考相关文献资料，将协同创新成果转化绩效指标体系分解为五个一级指标，即研发能力、资金支持、政策支持、经济效益和社会效益等。每个一级指标又细化为多个二级指标，具体内容详见表7-1。

表7-1 大学科技城协同创新成果转化绩效评价指标体系

一级指标	符号	二级指标	符号
研发能力	A_1	研发机构数量	a_{11}
		R&D人员全时当量	a_{12}
资金支持	A_2	新产品开发经费	a_{21}
		技术引进经费	a_{22}
		金融机构融资支持	a_{23}
		科技财政投入	a_{24}
政策支持	A_3	科技成果转化政策	a_{31}
经济效益	A_4	新产品销售收入	a_{41}
		成果转化情况	a_{42}
		创新技术转移合同金额	a_{43}
		高新技术产业增加值	a_{44}
		高技术产业出口总额	a_{45}
		年度新孵化企业数	a_{46}
		成果转化利税	a_{47}
社会效益	A_5	劳动生产率	a_{51}
		带动就业	a_{52}

研发能力(A_1)主要反映大学科技城的科技创新能力和成果转化能力，该指标又可分解为：研发机构数量(a_{11})和R&D人员全时当量(a_{12})两个二级指标。研发机构数量为正向性定量指标，反映大学科技城开展创新创业的能力，研发机构是科技创新以及科研成果商业化应用的重要平台，指标数值越大，说明大学科技城进行知识创新、技术创新，以及提供知识和技能服务的能力越强；R&D人员全时当量为政产学研当年R&D人员全时当量，主要反映大学科技城科研人员的投入量，该指标数值越大，表明大

学科技城协同创新投入力度越大，创新潜力也越大。

资金支持(A_2)主要反映当地各级政府和金融机构对大学科技城协同创新发展的资金投入情况，该指标又可分解为：新产品开发经费(a_{21})、技术引进经费(a_{22})、金融机构融资支持金额(a_{23})、科技财政投入(a_{24})等二级指标。其中，新产品开发经费(a_{21})为正向性定量指标，主要指用于新产品研究开发的费用，包括新产品研究、设计、模型研制、测试、试验等费用，反映大学科技城企业进行产品创新的投入水平；技术引进经费(a_{22})主要指大学科技城主体引进国内外先进技术所支出的费用，反映了大学科技城技术引进投入水平，是大学科技城主体与外部进行知识与技术交流的表现，该指标为正向性指标，指标数值越大，表示大学科技城学习新技术的能力越强；金融机构融资支持(a_{23})为定性指标，反映金融机构对大学科技城进行协同创新成果转化活动的支持水平，也是金融市场发展水平的重要体现，繁荣的金融市场对R&D资金的投入有明显促进作用，能有效推动协同创新和成果转化的发展，指标值越大，说明大学科技城所处的金融环境越繁荣，协同创新成果转化能力就越强；科技财政投入(a_{24})是指政府对大学科技城及其区域内各类主体的科技财政投入和税收优惠。该指标为正向定量指标，反映各级政府对当地大学科技城进行协同创新及其成果转化活动的财政支持力度，包括技术研发费用投入、科研人员补贴和成果转化税收优惠等。

政策支持(A_3)主要指政府支持大学科技城创新成果转化所出台的政策情况。该指标只设计了科技成果转化政策(a_{31})一个二级指标，科技成果转化政策为定性指标，由综合专家评分得出，反映政府对大学科技城进行协同创新成果转化活动的政策支持力度。该指标值越大，说明政府对成果转化制定的保护及激励政策多，支持力度大，能促进协同创新成果转化绩效的提升。

经济效益(A_4)主要反映协同创新成果转化对当地社会发展的带动作用。该指标可分解为：新产品销售收入(a_{41})、成果转化情况(a_{42})、创新技术转移合同金额(a_{43})、高新技术产业增加值占工业增加值比重(a_{44})、高技术产业出口总额(a_{45})、年度新孵化企业数(a_{46})、成果转化利税(a_{47})等二级指标。其中，新产品销售收入(a_{41})为正向定量指标，反映创新成果产业化的经济效益，该指标值越大说明协同创新成果产业化效果越好，是协同创新成果转化效果的重要度量指标；成果转化情况(a_{42})为定性指标，由专家综合评分得出，反映大学科技城各类主体开展协同创新成果转化的整体情况；创新技术转移合同金额(a_{43})为正向定量指标，是大学科技城主体在技术交易市场技术转让买卖合同的金额，反映了大学科技城技术知识和创新成果的丰富程度；高新技术产业增加值（a_{44}）为定量指标，反映协同创新成果产业化的经济效益，增加值越大，表明创新成果产业化效果越好，成果转化对地方经济和社会发展的贡献也越大；高技术产业出口总额（a_{45}）为正向定量指标，反映商品化的创新成果对出口贸易的影响，指标值越大，表明协同创新成果对外贸增长的促进作用越强；年度新孵化企业数（a_{46}）为正向定量指标，用于衡量大学科技城高新技术企业孵化水平，反映大学科技城协同创新的发展水平和质量；成果转化利税（a_{47}）为正向定量指标，将创新成果转化为产品或服务，创造的利税越大，说明对股东和社会的贡献越大，直接反映了协同创新成果转化所产生的经济效益。

社会效益（A_5）主要反映协同创新成果转化对当地社会发展的贡献情况，该指标又可分解为：劳动生产率（a_{51}）、带动就业（a_{52}）等二级指标。其中，劳动生产率（a_{51}）为正向定量指标，反映大学城协同创新成果转化对社会发展的贡献，劳动生产率越高，说明对社会生产的贡献就越大；带动就业（a_{52}）为定性指标，反映大学科技城进行协同创新成果转化活动带来的间接效益（隐性效益），就业带动力越强，其成果转化绩效就越大。

7.3.2 协同创新成果转化绩效评价模型构建

1. 基于熵权 TOPSIS 的协同创新成果转化评价

第一步：获得评价矩阵。由于指标体系涉及定量指标与定性指标，定量指标的评价值为实数，定性指标如政府支持创新成果转化政策、金融机构对大学科技城的融资支持、协同创新技术成果转化情况、就业带动情况等指标的评价是语言值，这些语言值可转化为三角模糊数（见表7-2）。因此，可得到包括三角模糊数和实数两种类型评价信息的评价矩阵 $R=(r_{ij})$，由于评价矩阵有实数和三角模糊数两种信息，为了便于理解，将这两种类型信息的集合记为 o，信息集 o 划分为两个子集 $o_t(t=1, 2)$，分别代表实数和三角模糊数。

表7-2 语言评价等级与三角模糊数的转化

语言评价等级	规范后的三角模糊数	语言评价等级	规范后的三角模糊数
极差	(0, 0, 0.167)	较好	(0.5, 0.667, 0.833)
差	(0, 0.167, 0.333)	好	(0.667, 0.833, 1)
较差	(0.167, 0.333, 0.5)	极好	(0.833, 1, 1)
一般	(0.333, 0.5, 0.667)		

第二步：对评价矩阵进行标准化处理。对评价矩阵进行标准化，实数

和三角模糊数的标准化方法见式(7-1)、式(7-2)：

$$Z_{ij} = \frac{y_{ij} - y_j^{\min}}{y_j^{\max} - y_j^{\min}} \quad \text{如果} j \text{为效益型指标}$$

$$Z_{ij} = \frac{y_j^{\max} - y_{ij}}{y_j^{\max} - y_j^{\min}} \quad \text{如果} j \text{为成本型指标} \tag{7-1}$$

$$x_{ij} = \begin{cases} \left(a_{ij}/c_{i\max}, b_{ij}/c_{i\max}, c_{ij}/c_{i\max}\right) & \text{如果} j \text{为效益型指标} \\ \left(1 - c_{ij}/c_{i\max}, 1 - b_{ij}/c_{i\max}, 1 - a_{ij}/c_{i\max}\right) & \text{如果} j \text{为成本型指标} \end{cases} \tag{7-2}$$

$$c_{i\max} = \max\{c_{ij}|j=1,2,\cdots,n\}$$

第三步：计算各指标熵权。利用正规化数据所形成的矩阵，在有 m 个评价指标，n 个被评价对象(m,n)的评估问题中，求相关指标的熵权，实数型指标熵权计算见式(7-3)：

$$E_{ij} = (1-e_i)/\sum_{i=1}^{m}(1-e_i)$$

$$\text{where } e_i = -k\sum_{j=1}^{n} p_{ij} \ln p_{ij}, k = 1/\ln n, \sum_{i=1}^{m} E_i = 1 \tag{7-3}$$

式中，p_{ij} 是标准化后的实数型指标评价值。

三角模糊数指标熵权计算见式(7-4)：

$$H_i = -\frac{1}{3\ln n}\sum_{x=abc}\sum_{j=1}^{n} x_{ij} \bigg/ \left(\sum_{i=1}^{p} x_{ij}\right) \ln x_{ij} \bigg/ \left(\sum_{i=1}^{p} x_{ij}\right)$$

$$h_i = H_i \bigg/ \sum_{i=1}^{n} H_i$$

$$E_{ij} = (1-h_i) \bigg/ \sum_{i=1}^{p}(1-h_i) \tag{7-4}$$

式中，x_{ij} 是标准化后的三角模糊数。

第四步：确定正负理想解。用 y^+ 代表正理想解 PIS，y^- 代表负理想解 NIS，

$$y_i^+ = \begin{cases} e_i^+ & , if \ A_i \in o_1 \\ (a_i^+, b_i^+, c_i^+) & , if \ A_i \in o_2 \end{cases} \tag{7-5}$$

式中，$e_i^+=\max\{e_{ij}|j=1,\cdots,n$，（指标为效益型指标）或 $\min\{e_{ij}|j=1,\cdots,n$，（指标为成本型指标）；$(a_i^+, b_i^+, c_i^+)=\max\{a_{ij}, b_{ij}, c_{ij}|j=1,2,\cdots,n$，（指标为效益型指标）或 $\min\{a_{ij}, b_{ij}, c_{ij}|j=1,2,\cdots,n$，（指标为成本型指标）。

$$\begin{cases} e_i^- & \text{if } A_i \in o \\ (a_i^-, b_i^-, c_i^-) & \text{if } A_i \in o \end{cases} \quad (7\text{-}6)$$

式中，$e_i^- = \min\{e_{ij}|j=1,\cdots,n$，（指标为效益型指标）或 $\max\{e_{ij}|j=1,\cdots,n$，（指标为成本型指标）；$(a_i^-, b_i^-, c_i^-) = \min\{a_{ij}, b_{ij}, c_{ij}|j=1,2,\cdots,n$，（指标为效益型指标）或 $\max\{a_{ij}, b_{ij}, c_{ij}|j=1,2,\cdots,n$，（指标为成本型指标）。

第五步： 计算评价对象与正理想解和负理想解之间的距离。计算评价对象与正理想解的距离，如式(7-7)所示：

$$\rho(r_j, r^+) = \sqrt{\sum_{t=1}^{2} \rho(r_{o_t j}, r_{o_t}^+)} \quad (7\text{-}7)$$

其中，实数型指标评价值与正理想解的距离，见式(7-8)：

$$\rho(r_{o_1 j}, r_{o_1}^+) = \sum_{a_i \in o_1} \left[W_{ij} d(r_{ij}, r_i^+) \right]^2$$
$$d_{a_i \in o}(r_{ij}, r_i^+) = |e_i^+ - e_{ij}| \quad (7\text{-}8)$$

三角模糊数评价值与正理想解的距离，见式(7-9)：

$$\rho(r_{o_2 j}, r_{o_2}^+) = \sum_{a_i \in o_2} \left[W_{ij} d(r_{ij}, r_i^+) \right]^2$$
$$d_{a_i \in o_2}(r_{ij}, r_i^+) = \sqrt{(1/3)\left[(a_i^+ - a_{ij})^2 + (b_i^+ - b_{ij})^2 + (c_i^+ - c_{ij})^2\right]} \quad (7\text{-}9)$$

同理，计算评价对象与负理想解的距离，见式(7-10)：

$$\rho(r_j, r^-) = \sqrt{\sum_{t=1}^{2} \rho(r_{o_t j}, r_{o_t}^-)} \quad (7\text{-}10)$$

其中，实数型指标评价值与负理想解的距离，见式(7-11)：

$$\rho(r_{o_1 j}, r_{o_1}^-) = \sum_{a_i \in o_1} \left[W_{ij} d(r_{ij}, r_i^-) \right]^2$$
$$d_{a_i \in o_2}(r_{ij}, r_i^-) = |e_{ij} - e_i^-| \quad (7\text{-}11)$$

三角模糊数评价值与负理想解的距离，见式(7-12)：

$$\rho(r_{o_2 j}, r_{o_2}^-) = \sum_{a_i \in o_2} \left[W_{ij} d(r_{ij}, r_i^-) \right]^2$$
$$d_{a_i \in o_2}(r_{ij}, r_i^-) = \sqrt{(1/3)\left[(a_i^- - a_{ij})^2 + (b_i^- - b_{ij})^2 + (c_i^- - c_{ij})^2\right]} \quad (7\text{-}12)$$

六步： 计算评价对象与正理想解的贴近度。其计算见式(7-13)：

$$\tau_i = \frac{\rho(r_j, r^-)}{\rho(r_j, r^+) + \rho(r_j, r^-)} \quad (7\text{-}13)$$

其中 $\tau_i \in [0,1]$，按相对优秀度最大原则，τ_i 越接近1，则第 i 个绩效评价对象的结果越好,其绩效越接近最优水平;反之,τ_i 越接近0,表示第 i 个绩效评价对象离最优水平越远,即 τ_i 值越大,则评价结果越好。

2. 统计分析

基于建立的协同创新成果转化评价指标体系,通过数据可视化,分别对大学科技城历年的协同创新成果研发能力、资金支持能力、政策支持能力、协同创新成果转化的经济效益及社会效益等五个方面进行具体分析。由于政府支持协同创新成果转化政策、金融机构融资支持、协同技术创新成果转化情况及就业带动四个指标的评价值为三角模糊数,因此,为了统一测度,需要先对三角模糊数进行去模糊化,方法如下:

设三角模糊数 $\bar{a}=(a,b,c)$,其期望值 $E(\xi)=\dfrac{a+2b+c}{4}$。

7.4 实证分析

7.4.1 数据来源

以岳麓山大学科技城为例,分析其协同创新成果转化情况。其中,定量指标数据来源于2011—2018年《中国火炬统计年鉴》《中国高技术产业统计年鉴》《长沙市统计年鉴》、湖南省统计局、长沙市统计局和岳麓区政府网站等,定性指标数据来源于专家评价,经整理得到的数据如表7-3所示。

7.4.2 成果转化绩效分析

1. 评价指标熵权的确定

基于上述评价矩阵以及第7.3.2节介绍的熵权TOPSIS模型的步骤,首先需要利用公式7-1及公式7-2对评价矩阵进行标准化,标准化评价矩阵见表7-4,然后利用公式7-3及公式7-4计算各评价指标的熵权值,结果见表7-5。

2. 基于TOPSIS的协同创新成果转化绩效评价

在确定了各评价指标的熵权之后,以该实证研究样本的绩效评价指标数据为依据,计算2011—2018年岳麓山大学科技城评价指标的正理想解和负理想解,得出指标贴近度,结果见表7-6。

由表7-6可知,岳麓山大学科技城2011—2018年协同创新成果转化绩效呈逐年上升的趋势,2011年和2012年的绩效很低,还不到2015年和2016年的10%,这与大学科技城协同创新主体对协同创新成果转化的意识和重视程度较低有关,之后各主体越来越重视协同创新成果转化,协同创新成果转化绩效也得到逐步提高。

表7-3 岳麓山大学科技城协同创新成果转化绩效评价指标数据

一级指标	二级指标	2011	2012	2013	2014	2015	2016	2017	2018
A_1	a_{11}	95	98	101	106	105	118	116	121
	a_{12}	69 563	75 901	79 129	83 641	86 450	98 986	149 707	151 032
	a_{21}	301 231	329 276	339 804	362 995	316 670	336 639	346 505	368 321
	a_{22}	182	191	194	213	219	236	253	262
A_2	a_{23}	(0, 0.167, 0.333)	(0.333, 0.5, 0.667)	(0.333, 0.5, 0.667)	(0.333, 0.5, 0.667)	(0.667, 0.833, 1)	(0.667, 0.833, 1)	(0.5, 0.667, 0.833)	(0.667, 0.833, 1)
	a_{24}	1 710.33	1 820.11	1 913.84	1 968.19	2 034.44	2 158.76	2 447.5	2 637.87
A_3	a_{31}	(0.333, 0.5, 0.667)	(0.333, 0.5, 0.667)	(0.333, 0.5, 0.66)	(0.333, 0.5, 0.667)	(0.667, 0.833, 1)	(0.667, 0.833, 1)	(0.667, 0.833, 1)	(0.667, 0.833, 1)
	a_{41}	5 678 238	5 789 332	0.887 271 34	0	1	0.783 259 934	5 832 313	6 302 216
	a_{42}	(0.167, 0.333, 0.5)	(0.333, 0.5, 0.667)	(0.167, 0.333, 0.5)	(0.333, 0.5, 0.667)	(0.333, 0.5, 0.667)	(0.667, 0.833, 1)	(0.333, 0.5, 0.667)	(0.667, 0.833, 1)
	a_{43}	1.21	1.56	2.11	1.48	1.16	1.27	1.35	2.11
A_4	a_{44}	1 226.13	1 353.23	1 499.24	2 231.92	2 730	2 868	2 932	2 873
	a_{45}	10.33	11.23	11.75	21.86	38.21	25.57	26.67	20.34
	a_{46}	53	57	60	65	68	70	73	86
	a_{47}	493	532	550	567	752	764	786	735
A_5	a_{51}	398.22	363.76	379.58	553.91	789.75	765.24	873.23	896.67
	a_{52}	(0.167, 0.333, 0.5)	(0.333, 0.5, 0.667)	(0.333, 0.5, 0.667)	(0.333, 0.5, 0.667)	(0.333, 0.5, 0.667)	(0.667, 0.833, 1)	(0.333, 0.5, 0.667)	(0.5, 0.667, 0.833)

表7-4 岳麓山大学科技城协同创新成果转化标准化评价矩阵

一级指标	二级指标	2011	2012	2013	2014	2015	2016	2017	2018
A_1	a_{11}	0	0.115 384 615	0.230 769 231	0.423 076 923	4.038 461 538	0.975 206 612	0.807 692 308	1
	a_{12}	0	0.077 796 462	0.117 418 896	0.172 801 925	1.061 139 82	0.655 397 532	0.983 736 145	1
	a_{21}	0	0.418 020 569	0.574 944 105	0.920 614 1	4.720 077 508	0.913 982 64	0.674 824 862	1
A_2	a_{22}	0	0.112 5	0.15	0.387 5	2.737 5	0.900 763 359	0.887 5	1
	a_{23}	(0, 0.167, 0.333)	(0.333, 0.5, 0.667)	(0.333, 0.5, 0.667)	(0.333, 0.5, 0.667)	(0.667, 0.833, 1)	(0.667, 0.833, 1)	(0.5, 0.667, 0.833)	(0.667, 0.833, 1)
	a_{24}	0	0.118 356 082	0.219 408 327	0.278 004 183	2.193 371 714	0.818 372 399	0.794 758 178	1
A_3	a_{31}	(0.333, 0.5, 0.667)	(0.333, 0.5, 0.667)	(0.333, 0.5, 0.66)	(0.333, 0.5, 0.667)	(0.667, 0.833, 1)	(0.667, 0.833, 1)	(0.667, 0.833, 1)	(0.667, 0.833, 1)
	a_{41}	0.289 886 674	0.416 316 339	0.645 889 05	0	6.900 137 601	0.940 070 442	0.465 230 533	1
	a_{42}	(0.167, 0.333, 0.5)	(0.333, 0.5, 0.667)	(0.167, 0.333, 0.5)	(0.333, 0.5, 0.667)	(0.333, 0.5, 0.667)	(0.667, 0.833, 1)	(0.333, 0.5, 0.667)	(0.667, 0.833, 1)
	a_{43}	0.052 631 579	0.421 052 632	1	0.336 842 105	1.165 650 97	0.591 711 435	0.2	1
A_4	a_{44}	0	0.074 507 436	0.160 100 125	0.589 605 304	1.600 356 416	0.978 171 896	1	0.965 413 543
	a_{45}	0	0.032 281 205	0.050 932 568	0.413 558 106	1.370 516 499	0.669 196 545	0.586 083 214	0.359 038 737
	a_{46}	0	0.121 212 121	0.212 121 212	0.363 636 364	2.060 606 061	0.813 953 488	0.606 060 606	1
	a_{47}	0	0.133 105 802	0.194 539 249	0.252 559 727	2.566 552 901	0.972 010 178	1	0.825 938 567
A_5	a_{51}	0.064 663 827	0	0.029 686 063	0.356 814 471	1.481 836 213	0.853 424 337	0.956 015 087	1
	a_{52}	(0.167, 0.333, 0.5)	(0.333, 0.5, 0.667)	(0.333, 0.5, 0.667)	(0.333, 0.5, 0.667)	(0.333, 0.5, 0.667)	(0.667, 0.833, 1)	(0.333, 0.5, 0.667)	(0.5, 0.667, 0.833)

表7-5 岳麓山大学科技城协同创新成果指标权重

一级指标	二级指标	权重	一级指标	二级指标	权重
A_1	a_{11}	0.046 588 976		a_{41}	0.060 090 666
	a_{12}	0.031 434 718		a_{42}	0.150 461 712
A_2	a_{21}	0.038 496 555		a_{43}	0.017 120 525
	a_{22}	0.038 163 862	A_4	a_{44}	0.027 501 713
	a_{23}	0.150 461 712		a_{45}	0.036 393 362
	a_{24}	0.033 944 949		a_{46}	0.032 407 878
A_3	a_{31}	0.150 461 712		a_{47}	0.037 298 318
			A_5	a_{51}	0.034 101 245
				a_{52}	0.115 072 096

表7-6 岳麓山大学科技城协同创新成果转化绩效

年份	τ值	年份	τ值
2011	0.000 425 905	2015	0.892 557 943
2012	0.241 618 368	2016	0.827 391 674
2013	0.276 050 286	2017	0.783 673 623
2014	0.202 498 892	2018	0.980 208 72

7.4.3 协同创新成果转化分析

从协同创新研发能力、协同创新资金支持能力、协同创新政策支持能力、协同创新成果转化经济效益以及社会效益五个方面对岳麓山大学科技城协同创新成果转化做进一步分析。由于指标数据标度不统一，为了便于比较及数据可视化，将数据进行统一度量，其计算见式(7-14)：

$$r'_{ij}=r_{ij}/\max(r_{ij}) \tag{7-14}$$

1. 协同创新研发能力

协同创新能力指标主要包含研发机构数量和R&D人员数量两方面。研发机构、研发人员以及协同创新成果转化绩效历年的变化状况如图7-2所示。从图7-2可以看出，R&D人员的发展趋势与研发机构数量的发展趋势同步，在2011—2018年呈逐步上升趋势，而协同创新成果转化绩效呈波动上升趋势，尤其在2014—2015年急剧上升。总体而言，研发机构数量和R&D人员在一定程度上影响成果转化效果，但所占比重较小，不是最主要的影响因素。

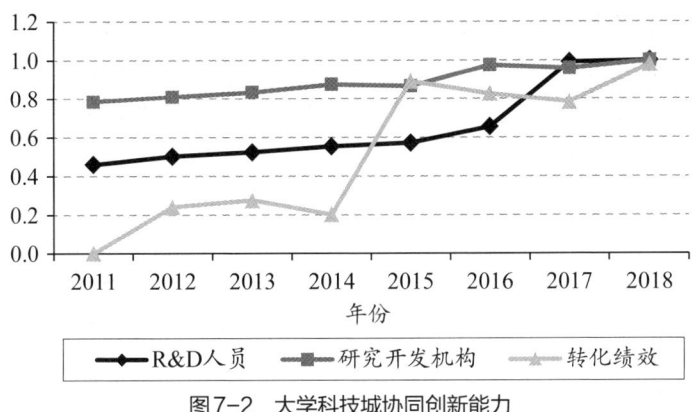

图7-2 大学科技城协同创新能力

2. 协同创新成果资金支持能力

协同创新成果资金支持能力指标主要包含政府财政投入、产品开发经费、技术引进经费和金融机构支持四方面，政府财政投入、产品开发经费、技术引进经费、金融机构支持以及协同创新成果转化绩效历年的变化状况如图7-3所示。从图7-3可以看出，金融机构支持历年的变化趋势与成果转化绩效的发展趋势几近同步，且金融机构支持的权重在实证分析中所占比重较大，说明实际成果转化过程中，金融机构支持对成果转化效果影响较大。而产品开发经费的发展趋势与成果转化绩效趋势略有不同，但对协同创新成果转化的影响程度比政府财政投入、技术引进经费较高，后两个指标对成果转化绩效的影响效果较小。

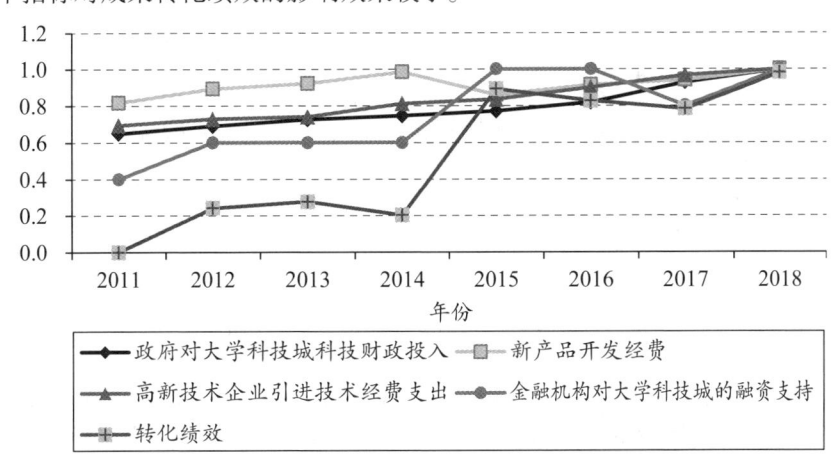

图7-3 大学科技城资金支持能力

3. 政策支持能力

政策支持力度对大学科技城协同创新成果转化绩效提升有重要促进作用。政府政策支持力度以及协同创新成果转化绩效历年的变化状况如图

7-4所示。从图7-4可以看出，政府政策支持力度在2011—2014年间变化幅度不大，2014—2015年突然加大支持力度，而在这期间的协同创新成果转化绩效也呈急剧上升的状态，随后波动上升，而政府政策支持的权重在实证分析中所占比重较大，说明政府政策支持能力较大程度上对成果转化的效果产生影响。

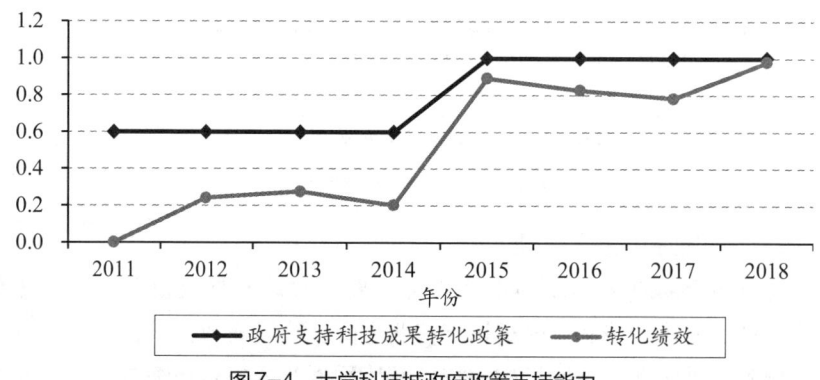

图7-4　大学科技城政府政策支持能力

4．经济效益

经济效益是衡量大学科技城协同创新成果转化绩效的重要指标，主要包括新产品销售收入、成果转化情况、技术市场成交合同金额、高新技术产业增加值、高新技术产业出口总值、当年新孵企业数、成果转化利税等方面。这七个指标以及协同创新成果转化绩效历年的变化状况如图7-5所示。

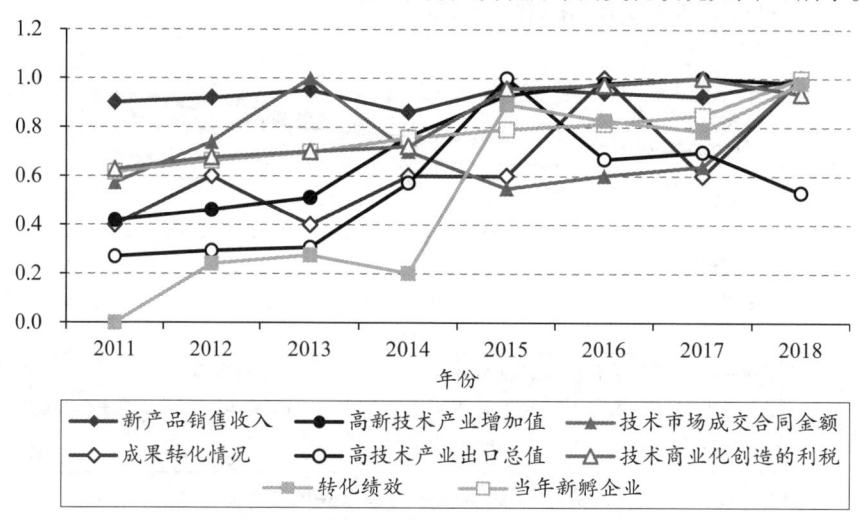

图7-5　大学科技城协同创新的经济效益

从图7-5可以看出，新产品销售收入的基础值处于较高点，且历年发展趋势呈现平缓增长趋势，对比成果转化绩效的发展趋势，发现新产品销售收入对成果转化效果的影响并不明显。高新技术产业增加值、高新技术产业出口总值、当年新孵企业数、成果转化利税，在2011—2018年间逐年递增，且增长明显，一定程度上反映成果转化效果。成果转化情况与技术市场成交合同金额这两个指标呈波动上升的变化趋势，而成果转化情况变化趋势与成果转化绩效变化趋势更相似，在实证计算的这七个指标中成果转化情况权重最大，说明成果转化情况对成果转化效果的影响程度更大。

5. 社会效益

劳动生产率和就业带动主要通过反映大学城协同创新成果转化对社会发展的贡献，以及大学科技城进行协同创新成果转化活动带来的间接效益(隐性效益)。劳动生产率、就业带动以及协同创新成果转化绩效历年的变化状况如图7-6所示。从图7-6可以看出，大学科技城的劳动生产率在2013—2015年增长且增速较快，2015—2016年出现回落，随后逐年上升，一定程度上影响了成果转化效果。就业带动的变化趋势在2011—2016年波动上升，随后增长趋势有回落然后继续增长，与成果转化绩效变动趋势有相似之处，且实证分析中，就业带动的权重较大，说明其对成果转化效果影响程度较大。

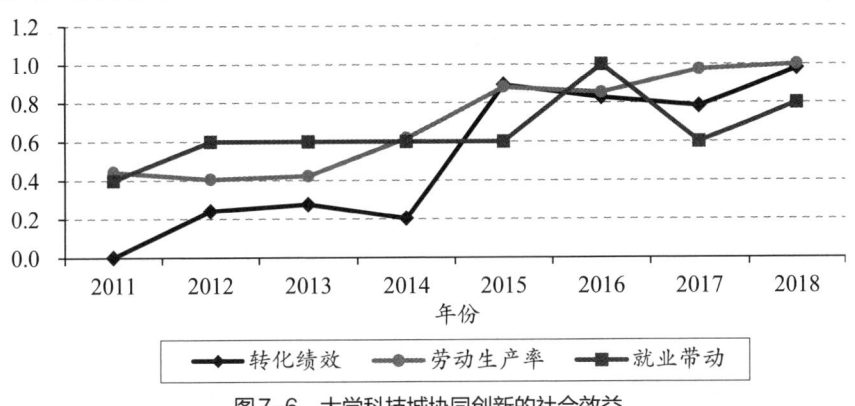

图7-6 大学科技城协同创新的社会效益

6. 分析总结

通过上述分析，可得到如下结论：

(1) 2011—2018年，岳麓山大学科技城协同创新投入整体呈上升趋势，如研发机构、研发人员、政府财政投入、技术引进经费、金融机构资金支持、政策支持等指标，呈逐年上升态势。2013—2016年的新产品开发经费则呈波动上升趋势，2014年新产品开发经费投入为最大值，2015年有所下降，在2016年又有所回升，新产品开发经费投入上升趋势不明显，需进一步加大研发资金投入。

(2) 2011—2018年岳麓山大学科技城的协同创新成果转化绩效呈逐年上升的趋势，2011—2014年转化绩效处于相对较低水平，2015年出现较大跃升，与省市政府的政策引导和资金支持有关，2015年湖南省和长沙市开始重点打造岳麓山大学科技城，创新主体在政策引导下，开始加大岳麓山大学科技城产业化项目的投资，协同创新成果转化绩效也得以相应提高。

(3) 2011—2018年，岳麓山大学科技城的经济效益和社会效益均呈现波动上升趋势，期间协同创新成果转化及产业化发展带来了较好的经济效益和社会效益。2013年技术成果成交合同金额最高，随后两年有所下降，2016年则又开始回升，这种变化趋势与岳麓山大学科技城期间的研发经费大体一致，说明研发经费对科技成果产出有较大影响。同时也说明岳麓山大学科技城协同创新成果产业化情况相对较好，而技术成果转让和交易仍需加强。

7.5 本章小结

成果转化是大学科技城协同创新活动最重要的环节。创新主体通过系列活动将创新成果转移到企业和市场，让创新成果最终完成市场化，服务于社会生产实践，并从中获得收益，从而完成协同创新成果转化。协同创新成果转化效果不仅与成果转化模式有关，也与协同创新成果质量、成果供给方、转化实施方、大学科技城管理方等内部因素有关。协同创新成果转化是一个复杂的动态过程，应全面剖析创新主体和内外部因素对协同创新成果转化的影响机理、演化过程和影响结果。因此，在全面梳理协同创新成果转化影响因素的基础上，应系统构建成果转化指标体系，建立科学的数理分析模型。在厘清转化过程中各指标的重要程度后，对指标进行赋权，并应用建立的算法和模型，对协同创新成果转化进行动态分析，厘清各种因素的作用条件和作用机理，从而有利于成果供给方、转化实施方、大学科技城管理方等主体调整思路与对策，促进协同创新成果的转化。在成果转化过程中，创新主体应根据协同创新成果的实际情况，选择最合适的协同创新模式。同时，政府和管委会应不断优化外部环境，营造适合成果转化的条件，并引导创新主体提升自我协同创新能力，从而提升协同创新成果转化绩效。协同创新成果的有效转化，既有利于协同创新主体获取创新效益，也有利于提高大学科技城创新能力，营造良好的协同创新环境。

为全面深入探究影响协同创新成果转化的关键因素与演化机理，首先，分析了成果转化模式、内部和外部等影响因素的作用机理；然后，结合大学科技城实际情况,构建了大学科技城协同创新成果转化绩效评价指标体系和成果转化绩效评价模型;最后,实证分析了岳麓山大学科技城2011—2018年的协同创新成果转化绩效,深入分析了影响岳麓山大学科技城协同创新成果转化绩效的关键因素与发展趋势。研究发现,岳麓山大学科技城协同创新投入与协同创新成果转化绩效呈显著正相关,协同创新主体的重视度对协同创新成果转化绩效有显著正影响。同时,实证分析结果表明,岳麓山大学科技城协同创新成果产业化整体情况较好,但也存在研发经费投入不足,协同创新主体重视程度有待提高,以及技术交易活跃度不高等问题。岳麓山大学科技城应出台相关政策措施,优化协同创新环境,营造良好的协同创新氛围,从而提高协同创新绩效。

第8章　大学科技城协同创新效率研究

契约经济学认为协同创新本质上就是创新主体间的契约关系，协同创新效率本质上就是协同创新主体间的合作效率，主要表现为契约履约程度与合作剩余的合理分配。大学科技城协同创新合作剩余形成的"剩余索取权"和"剩余控制权"两种权利的分配，对大学科技城协同创新主体有重要的激励与约束作用。金融市场、商品市场、声誉市场和大学科技城内部制度等因素对大学科技城协同创新主体的机会主义行为也有明显的约束作用。因此，本章拟重点探讨在不同契约关系下，大学科技城协同创新合作剩余形成与分配机理，实证分析不同契约关系对大学科技城协同创新效率的影响；并深入分析大学科技城合作主体资产专用性、资产专有性，及其在协同创新过程中的相对重要性等因素，对合作剩余的形成与分配的具体影响。

8.1　基础理论

8.1.1　合作剩余

合作剩余是当代道德哲学家常用的一个经济学概念。有学者认为：合作剩余是指不同要素间多重共线性的作用，使得多要素共同合作产出大于单个要素的产出之和。也有学者认为：合作剩余是指合作者通过合作所实现的纯收益，即扣除合作成本后的收益(包括减少损失额)，与不合作或竞争所能得到的纯收益之间的差额。

合作剩余一般通过市场交换过程中，人们之间的诚信合作和商业信用来实现。现代市场经济的一切合作(包括交换、交易和合做生意——后者又包括雇佣关系)所得，都可以被视作某种合作剩余。例如银行贷款给企业，银行赚取利息，企业利用银行贷款进行投资扩大生产规模，或作为流动资金，通过生产经营赚取利润，这种利息和利润，实际上就是银行与企业间合作所得的一种剩余。

8.1.2　协同创新效率度量

虽然国内外研究协同创新的成果较为丰富，然而对协同创新效率的研究却还不够深入。现有相关成果既未能深入剖析保障协同创新效率的组织机理，也未能构建有效提升协同创新效率的激励机制或制度体系。同时，当前两类主要研究技术创新效率的测度方法，参数法和非参数法，也不能有效解释大学科技城协同创新活动影响协同创新效率的机理：研究创新效率的文献主要着眼于国家层面、区域层面和产业层面，难以准确反映趋于中微观与跨产业的大学科技城协同创新效率问题；对技术创新效率的测度主要针对客观对象，难以准确刻画和描述协同创新主体的行为与目的，更难以合理度量大学科技城协同创新复杂系统的效率。

协同创新本质上是一种实现大跨度整合的科技创新组织模式，因而可以从契约关系下组织合作效率的角度考虑协同创新效率问题，协同创新效率其实就是协同创新各主体间的合作效率，核心问题在于实现合作剩余的最大化与合理分配。特别是，大学科技城协同创新主体间的契约关系特征更为明显，不同契约关系所引发的组织合作效率，可为衡量大学科技城协同创新效率提供较好的方法。事实上，从契约关系视角研究协同创新效率，国内外学者已有所涉及，只是研究还比较零散，需进一步系统研究。我国政府一般采取科研基金、重大专项、研发计划等直接财政资助模式，或者设立引导基金、引导专项资金等间接财政引导资助方式，支持协同创新活动。其实，无论是直接还是间接资助模式，其创新效率都依赖于参与主体的努力程度，而参与主体的努力程度则与利益分配机制和契约形式有关。因此，研究哪些契约形式有利于形成良好的协同创新关系，达到满意的协同创新效果，对推进大学科技城的协同创新、实现创新驱动发展，有重要的现实意义。

目前研究契约理论的成果，主要集中在完全契约和不完全契约。完全契约是指合作主体都能完全预见合约期内，可能发生的所有重要事件，且愿意遵守各方所签订的契约，当合作主体对契约有异议时，第三方（如法院）能强制其履约。完全契约意味着与契约有关的信息对合作各方都是透明的，不存在信息不对称，也不存在"敲竹杠"等不公平行为。不完全契约指的是，由于合作主体是有限理性、交易的不确定性、存在信息不对称，以及第三方无法证实等原因，合作主体不可能在契约中对未来所有事件或决策做出详尽规定，即不可能拟定完全契约，故不完全契约是必然经常存在。在协同创新实践中，合作主体签订的合约通常为不完全契约，而契约的不完全特性，使得合作主体会依据契约的内容与条款，特别是责任、权利及利益分配等内容来决定其履约程度和履约态度。不完全契约理论已成为产业组织、企业理论、公司金融、公私合营和国际贸易等问题的主要分析框架，且在生态补偿、技术转移效率及产权治理等方面有了一定的研究成果，以及分析不完全契约影响效率的经典与标志性成果，不仅表明从不完全契约角度研究协同创新效率具有可行性，也使从契约关系视角研究大学科技城协同创新效率问题，有了可靠的理论基础。

8.2 合作剩余最优标准模型

追求协同创新合作剩余最大化，是创新主体参与协同创新的根本动力，而协同创新合作剩余耗散，是导致协同创新瓦解的根本原因。因此，如何最大化协同创新合作剩余，是大学科技城协同创新目标的关键所在。因此，本章将主要探讨协同创新合作剩余是如何创造和分配的，剖析协同创新合作剩余的影响因素，并将重点研究大学科技城创新主体资产专用性、资产专有性及其在协同创新过程中的相对重要性等因素，对协同创新合作剩余的创造和分配有何具体的影响，从而为大学科技城协同创新合作效率提升目标的实现，奠定坚实基础。

为便于对比分析，首先构建一个协同创新效率最优标准。假设参与协同创新主体，仅包括一家企业与一家学研方：代表性企业 A，是协同创新的发起人和委托人，经综合评价，择优选择学研方 B，合作开展技术创新，并对创新成果产业化；学研方 B，是本次协同创新的参与者和代理人，受 A 企业委托，共同开展技术创新。假定协同创新流程如下：先由企业提出研究内容，接着双方共同确定合作方案，并签订契约约定投资策略和分配方案等内容；然后双方共同开展创新活动；研发成功后，再由企业实现成果转化；并在这一过程的某个时间点，按契约约定，对收益进行分配。由于信息不对称，企业难以准确观测到学研方在创新活动中的努力程度。因此，学研方的积极性和努力程度是决定协同创新效率的关键因素，可将研究如何提升协同创新效率，转换为设计合理的收益分配机制，以此提升学研方的积极性，学研方的积极性越高，则协同创新的效率就越高。在模型设计时，可参考拉丰与马赫蒂摩（2002）基于不对称信息的最优契约理论。

假设学研方 B 只有一次机会，对积极性进行选择，其面临两种选择方案：其一，选择创新积极性 α_1（$0 \leq \alpha_1 \leq 1$）与企业 A 开展合作，如创新成功，则可以概率 α_1 获得高品质技术 T_{1H}，如创新失败，将以概率 $(1-\alpha_1)$ 获得低品质技术 T_{1L}。故 B 选择与 A 开展合作创新，可获得技术品质期望值为 $E_{T_1} = \alpha_1 T_{1H} + (1-\alpha_1) T_{1L}$；其二，选择创新积极性 α_2（$0 \leq \alpha_2 \leq 1$）与 A 以外的企业合作，如创新成功，将以概率 α_2 获得高品质技术 T_{2H}，如创新失败，将以概率 $(1-\alpha_2)$ 获得低品质技术 T_{2L}。故 B 选择与 A 以外的企业开展合作创新，可获得的技术品质期望值为 $E_{T_2}=\alpha_2 T_{2H}+(1-\alpha_2)T_{2L}$。如果 $E_{T_1}>E_{T_2}$，则说明学研方 B 的技术创新，存在资产专用性。

假设企业 A 对协同创新成果的收益转化能力为大于零的常数 M，表示处于不同研发水平的各种协同创新成果，都可用一个对应的收益函数表示，成果品质越高，产业化投资收益 $W=f(T)=MT$ 越大。企业 A 同样有两种选择：其一，选择与学研方 B 协同创新。如果创新成功，能以概率 α_1 获得高品质创新成果 T_{1H}，将成果转化，则能获得转化收益 $f(T_{1H})$，如果创新失败，能以概率 $(1-\alpha_1)$ 获得低品质创新成果 T_{1L}，将创新成果转化，则能获得转化收益 $f(T_{1L})$，因此，企业 A 选择与学研方 B 开展协同创新，可获得预期成果转化收益 $E_{W_1}=\alpha_1 f(T_{1H})+(1-\alpha_1)f(T_{1L})=M\alpha_1 T_{1H}+M(1-\alpha_1)T_{1L}$；其二，选择与 B 以外的学研方合作，如创新成功，能以概率 α_2 获得高品质创新成果 T_{2H}，将成果转化，可获得转化收益 $f(T_{2H})$，如创新失败，能以概率 $(1-\alpha_2)$ 获得低品质创新成果 T_{2L}，将创新成果转化，可获得转化收益 $f(T_{2L})$，故企业 A 选择与学研方 B 以外的学研方开展协同创新，能获得预期成果转化收益 $E_{W_2}=M\alpha_2 T_{2H}+M(1-\alpha_2)T_{2L}$。如果 $E_{W_1}>E_{W_2}$，则说明企业 A 在协同创新成果应用方面，具有资产专用性。

因成果转化收益是以提升创新成果品质为基础，具体表现为转化收益水平是创新成果的因变量，所以，开展协同创新时，关键是企业 A 应该怎样设计协同创新合作剩余分配契约，以激励学研方 B 积极开展协同创新，从而最大程度提升创新成果品质，实现协同创新利益最大化。假设学研方 B 的积极性程度是一个不可观测的二维向量 $\alpha=(\alpha_1,\alpha_2)$，协同创新成本函数均可用 $C(\alpha_1,\alpha_2)=\frac{1}{2}n\alpha_1^2+\frac{1}{2}m\alpha_2^2$ 表示，其中 $n\neq 0, m\neq 0$ 分别为学研方、企业开展协同创新的成本系数，且有 $n\leq m$，说明学研方 B 选择与企业 A 协同创新更具效率。

借鉴聂辉华（2012）提出的方法，最佳情况是学研方 B 选择与企业 A 协同创新，则有，$\alpha_2=0$ 且 $E_{T_2}=E_{W_2}=0$，学研方 B 与企业 A 的最优契约水平是下列规划的解：

$$\underset{\alpha_1}{Max}\left[E_{W_1}-C(\alpha)\right]=\underset{\alpha_1}{Max}\left[M\alpha_1 T_{1H}+M(1-\alpha_1)T_{1L}-\frac{n\alpha_1^2}{2}\right]$$

求解得到：$\alpha_1^*=M\Delta T_1/n(\Delta T_1=T_{1H}-T_{1L})$。此时，最优成果转化收益为：$\alpha_1^*=M\Delta T_1/n$，$\alpha_2^*=0$，$E_{T^*}=T_{1L}+M\Delta T_1^2/n$（$E_{T^*}$ 表示期望最优成果品质），期望的最佳成果转化收益为 $E_{W^*}=f(E_{T^*})=ME_{T^*}=MT_{1L}+M^2\Delta T_1^2/n$。

企业 A 与学研方 B 开展协同创新，在创新研发阶段，协同创新合作剩余为 $E_{\Delta T}=E_{T_1}-E_{T_2}$，在成果转化阶段，成果转化合作剩余为 $E_{\Delta W}=E_{W_1}-$

$E_{W_2}=ME_{\Delta T}$。协同创新能够形成的前提条件是 $E_{\Delta T}, E_{\Delta W}>0$,因为如果 $E_{\Delta T}, E_{\Delta W} \leq 0$,企业 A 或学研方 B 就会选择与合作组织外的学研方或企业合作,只有当 $E_{\Delta T}, E_{\Delta W}>0$ 时,企业 A 与学研方 B 开展协同创新才是理性选择。导致 $E_{T_1}>E_{T_2}$ 与 $E_{W_1}>E_{W_2}$ 的原因在于,学研方 B 的技术创新与企业 A 的成果转化,都具有一定的资产专用性,使得企业 A 与学研方 B 之间,最终形成关系专用性,这种关系专用性使得它们之间的合作,能实现总收益的最大化。因此从理论上讲,当大学科技城处于协同创新效率最优标准时,即 $\alpha_1^*=M\Delta T_1/n$, $\alpha_1^*=0$, $E_{T^*}=T_{1L}+M\Delta T_1^2/n$, $E_{W^*}=MT_{1L}+M^2\Delta T_1^2/n$ 时,协同创新合作剩余最大。

8.3 合作剩余分配契约的激励与约束作用

创新主体参与协同创新的动机都是为了尽可能多地分享协同创新合作剩余,因此,潜在协同创新伙伴在达成合作契约之前,不可避免会展开对协同创新合作剩余控制与争夺的谈判,合作契约中约定的协同创新合作剩余分配方式,也必将导致协同创新伙伴之间,存在多种博弈行为。如何在多对多委托—代理博弈中,有效激励和约束每个参与创新的合作伙伴,是提升协同创新合作效率的关键问题。因此,本章将着重分析协同创新剩余索取权和剩余控制权两种权利的分配模式对协同创新伙伴的激励与约束作用,以及内部制度、商品市场、金融市场和声誉市场等因素对协同创新伙伴机会主义行为的约束作用,在此基础上,综合分析协同创新合作剩余分配方式影响合作效率的机理,并探讨如何优化协同创新合作剩余的配置,以提高契约履行效率和协同创新的合作效率,然后,反向分析合作效率提升对协同创新合作剩余的影响机理,以及对分配的影响,从而形成协同创新合作剩余与合作效率共同提升的良好机制。

8.3.1 协同创新合作剩余分配契约类型

为了深入分析合作剩余分配契约对协同创新效率的影响,本书收集了国内多个大学科技城300多个产学研协同创新案例样本。在借鉴了聂辉华(2012)与黄波、孟卫东、李宇雨(2011)分类方法的基础上,根据案例样本,概括了大学科技城常见的五种合作剩余分配契约模式:

(1)产品收益分成。合作契约约定学研方为企业开展产品研发或技术创新,企业不向学研方支付研发费用,而通过一定期限产品收益比例分成支付研发费用。

(2)一次付款外包。合作契约规定企业在一定期限内按约定金额一次性付清研发费用，学研方在收取研发费用后，根据企业要求开展创新活动，学研方创新成果产生的收益归企业所有，研发费用与创新成果后期的收益无关。

(3) 分期付款外包。合作契约事先确定研发费用金额，企业根据学研方创新进展，分期支付费用，支付金额与创新成果产业化后的收益无关。

(4) 创新团队入驻企业。学研方委派自己专业的创新团队直接入驻企业，企业支付酬劳给学研方，并提供必要设备与创新资源给创新团队，创新活动结束后，创新团队再回到原来所属单位。

(5) 复合方式。合作契约约定企业既向学研方支付研发费用，同时又约定学研方可享受一定期限的成果产业化收益分成，以弥补前期支付研发费用的不足。

因此，本书将基于上述五种不同契约关系，探讨合作剩余分配对大学科技城协同创新效率的影响机制，以及提升大学科技城协同创新效率的政策条件。

需要注意的是，合作剩余分配，并不是创新活动必须产生合作剩余才可进行，而是贯穿于协同创新全生命周期：

(1) 创新活动开始前。如研发外包契约。企业支付给学研方的研发费用，本质上是企业与学研方提前对未来潜在的合作剩余进行分配。

(2) 创新活动开展后、成果转化前。如创新团队入驻企业契约，企业往往是在创新活动完成后，便将研发费用全部支付给学研方，其本质也是企业与学研方提前分配未来潜在的合作剩余。

(3) 成果转化后。如产品收益分成契约，企业与学研方在合作剩余产生后进行分配。

8.3.2 分配契约的激励与约束分析

通常情况下，协同创新参与主体会根据自身利益最大化原则进行决策。由于企业与学研方的利益最大化水平，取决于协同创新伙伴约定的合作剩余分配契约。

1. 产品收益分成

假定企业与学研方的最终交易价格根据纳什谈判解确定，学研方 B 的收益分成比例为 ω，其中 $\omega \in [0, 1]$，则学研方 B 可获得的期望合作剩余为：

$$E_{\Delta WB} = \omega E_{\Delta W} = \omega(E_{W_1} - E_{W_2}) = \omega M[\alpha_1 T_{1H} + (1-\alpha_1)T_{1L} - \alpha_2 T_{2H} - (1-\alpha_2)T_{2L}]$$

另外，假设学研方 B 如果不与企业 A 进行合作，而是将创新成果转让给其他企业，可获得最高收入 $E_{W,B} = \lambda E_{T_2} = \lambda[\alpha_2 T_{2H} + (1-\alpha_2)T_{2L}]$，于是，学研

方的决策策略规划如下：

$$\underset{\alpha_1,\alpha_2}{Max}\left[E_{W_2B}+E_{\Delta WB}-C(\alpha)\right]=\underset{\alpha_1,\alpha_2}{Max}\left[\omega M\alpha_1 T_{1H}+\omega M(1-\alpha_1)T_{1L}+(\lambda-\omega M)\alpha_2 T_{2H}+\right.$$

$$\left.(\lambda-\omega M)(1-\alpha_2)T_{2L}-\frac{n\alpha_1^2}{2}-\frac{m\alpha_2^2}{2}\right]$$

解之，可得：

$$\alpha_1^{fen}=\omega M\Delta T_1/n$$

$$\alpha_2^{fen}=(\lambda-\omega M)\Delta T_2/m$$

$$E_{W^{fen}}=M(T_{1L}+T_{2L})+(M-\frac{\omega}{2})\frac{\omega M\Delta T_1^2}{n}+(M-\frac{\lambda-\omega M}{2})\frac{(\lambda-\omega M)\Delta T_2^2}{m}$$

比较 $\alpha_1^{fen}=\omega M\Delta T_1/n$ 与 $\alpha_1^*=M\Delta T_1/n$ 可以发现，只有当 $\omega=1$ 时，即当学研方获得全部合作剩余时，学研方的努力程度 $\alpha=(\alpha_1,\alpha_2)$ 才能达到最优水平。对任何 $0<\omega<1$ 的情形，总会存在 $\alpha_1^{fen}<\alpha_1^*$, $\alpha_2^*>0$, $E_{W^{fen}}<E_{W^*}$ 即学研方 B 在与企业 A 的合作上，付出了比社会最优更低的积极水平，从而导致期望创新成果品质低于社会最优水平，且 ω 越小，偏离程度就越大，ω 越接近于1，则偏离程度越小。在不完全契约下，可能存在"敲竹杠"行为，对 B 努力程度激励不足，导致效率损失。对此类契约，可通过两个途径予以改进：一是提升学研方 B 在协同创新谈判中的地位，以及建立较为完善的技术产权交易市场；二是由政府补贴实现对学研方 B 的完全激励，即当 $0<\omega<1$ 时，政府为学研方 B 提供期望补贴 $E_{WG}=E_{\Delta W}-E_{\Delta WB}=(1-\omega)E_{\Delta W}$，使学研方 B 获得达到 $\omega=1$ 时的期望收益。

2. 一次性付款外包

由于企业 A 跟学研方 B 签订一次性支付契约，学研方按照要求开展协同创新，并获取约定的固定报酬，企业与学研方仅是市场交易关系。根据契约规定，需事前支付固定报酬 S，于是，学研方的决策问题可用下列规划表示：

$$\underset{\alpha_1,\alpha_2}{Max}\left[S-C(\alpha)\right]=\underset{\alpha_1,\alpha_2}{Max}\left[S-\frac{n\alpha_1^2}{2}-\frac{m\alpha_2^2}{2}\right]$$

解之得：$\alpha_1^{wai(1)}=0$，$\alpha_2^{wai(1)}=0$，$E_{W^{wai(1)}}=0$。由此可见，如果合作是一次性的，违约者就不会因违约受到任何惩罚。从理论上讲，在创新活动实施之前一次性支付固定报酬，其协同创新积极性与固定报酬的大小和支付时间均无关，这种剩余分配方式对学研方 B 难以产生激励作用，反而会助长学研方的机会主义行为。对此类契约，可采取以下措施予以优化：一是加强大学科技城创新环境优化治理，创新文化建设和创新环境治理形成的创新精神、契约环境、集体处罚能力，能有效增强城区主体间的信任关系，从而降低创新主体的机会主义行为；二是强化法律管治，建立完善的法律法规体系，加强对违法违约行为的惩处，能有效限制创新主体机会主义行为的活动空间。

3. 分期付款外包

分期付款外包同样是固定报酬契约，与一次性付款外包契约的差别在于支付方式不同。分期付款外包契约模式，企业 A 跟学研方 B 需签订合作契约，相关条款将明确固定报酬 S，并约定分 n 期支付，即 S_1、S_2、S_3、$\cdots$、S_n，且 $S_1+S_2+S_3+\cdots+S_n=S$。每次支付都以完成前期创新要求为前提条件，即除了第 1 期开始创新前，预付 S_1，S_2 要以学研方第 1 期创新成功为前提，如果学研方第 1 期创新失败，或没有达到创新要求，则学研方将接受相关处罚，企业不再按 S_2 支付费用，报酬 S_3 至 S_n 都以类似的方式进行。存在以下几种情况，学研方的期望收益也会有较大差别。

(1) 第 1 期创新失败(失败是指学研方选择违约，成功是指学研方选择遵守约定，并高质量完成约定任务)：$E_{\pi 1}=S_1$。

(2) 第 1 期创新成功，第 2 期创新失败：$E_{\pi 2} = S_1 + S_2 - \frac{1}{2}n_1\alpha_1^2$（$n_1$ 为学研方第 1 期进行合作创新的成本系数）。

(3) 前 2 期创新成功，第 3 期创新失败：$E_{\pi 3} = S_1 + S_2 + S_3 - \frac{1}{2}(n_1+n_2)\alpha_1^2$。

……

(n) 前 $n-1$ 期创新均获得成功：$E_{\pi n} = \sum_{i=1}^{n} S_i - \frac{1}{2}\left(\sum_{j=1}^{n-1} n_j\right)\alpha_1^2$。

于是，学研方的决策问题简化成求 $E_{\pi 1}$ 到 $E_{\pi n}$ 的最大值，可以证明，只要满足 $S_2 - \frac{1}{2}n_1\alpha_1^2 > 0$、$S_3 - \frac{1}{2}n_2\alpha_1^2 > 0$、$\cdots$、$S_n - \frac{1}{2}n_n\alpha_1^2 > 0$，则 $E_{\pi n}$ 就是学研方可获得的最大收益。因为，当 $S_2 - \frac{1}{2}n_1\alpha_1^2 > 0$ 时，学研方会选择在第 1 阶段与大学科技城的企业进行合作，在这一阶段，$\alpha_{21}=0$ 且 $E_{T_{21}}=E_{W_{21}}=0$，学研方的努力程度 α_{11} 为阶段性的社会最优努力程度，依此类推，则随着付款次数增加，特别是当 $\alpha_1^{wai(n)} = \lim_{n \to +\infty} \sum_{j=1}^{n-1} n_j \alpha_{1j}$ 时，学研方的努力程度会无限接近社会最优水平。此时有：$\alpha_1^{wai(n)} \to \alpha_1^*$，$\alpha_2^{wai(n)} \to \alpha_2^*$，$E_{W^{wai(n)}} \to E_{W^*}$。由此可见，分期付款可较好地解决一次付款存在的问题，由于分期付款是根据学研方的创新进度支付相关费用，既能有效降低学研方与企业之间的信息不对称，使学研方的努力程度具有较高的可识别度，也可保证在阶段性创新失败的情况下，企业能立即终止创新活动，降低损失，因而可同时调动学研方和企业参与协同创新的积极性。

4. 创新团队入驻企业

学研方按合同要求进行技术创新并收取报酬，该模式与研发外包模式的不同之处在于，企业除支付少量的预付创新经费，以及必需的创新条件外，其余的可在协同创新完成后，根据学研方的创新成果品质高低，支付报酬。因此，可假定企业 A 跟学研方 B 签订了一份契约，并约定根据成果品质支付的价格为 $S(\alpha_1)$，于是，学研方的决策选择转化为以下规划问题：

$$\underset{\alpha_1,\alpha_2}{Max}\left[S(\alpha_1)-C(\alpha)\right]=\underset{\alpha_1,\alpha_2}{Max}\left[S(\alpha_1)-\frac{n\alpha_1^2}{2}-\frac{m\alpha_2^2}{2}\right]$$

解之得：$\alpha_1^{nei}=S'(\alpha_1)$，$\alpha_2^{nei}=0$，$E_{W^{nei}}=MT_{1L}+S'(\alpha_1)M\Delta T_1$。

与社会最优标准进行比较，可以发现，当 $\alpha_1^{nei}=S'(\alpha_1)=M\Delta T_1/n=\alpha_1^*$，即 $S=\alpha_1 M\Delta T_1/n+C$ 时，社会产出达到最优水平，其中 $C(C<S)$ 为常数，表示企业预付前期创新投入，而 $\alpha_1 M\Delta T_1/n$ 则是创新结束后，企业根据学研方努力程度(同时也代表创新成果品质高低)支付的创新投入。可从两个方面改进此类契约：一是由政府通过提供引导性资金方式进行预支付，以支付前期研发投入，企业则承担创新取得成果后的创新经费，这样可大幅提升协同创新成功率；二是为防范企业创新活动结束后，发生违约等道德风险，引入中介机构等第三方进行担保，以确保学研方利益，从而有效激发学研方的创新热情。

5. 复合方式契约

企业在开始创新活动前向学研方支付固定报酬 $S_1(S_1<S)$，在协同创新成功产业化后，又给学研方收益分成比例 ω_1，其中 $\omega_1\in[0,1]$ 且 $\omega_1<\omega$，则学研方 B 将获得期望协同创新合作剩余：

$$\underset{\alpha_1,\alpha_2}{Max}\left[E_{W_2B}+E_{\Delta WB}-C(\alpha)\right]=\underset{\alpha_1,\alpha_2}{Max}\left[S_1+\omega_1 M\alpha_1 T_{1H}+\omega_1 M(1-\alpha_1)T_{1L}+(\lambda-\omega_1 M)\alpha_2 T_{2H}+\right.$$
$$\left.(\lambda-\omega_1 M)(1-\alpha_2)T_{2L}-\frac{n\alpha_1^2}{2}-\frac{m\alpha_2^2}{2}\right]$$

求解可得：

$\alpha_1^{hun}=\omega_1 M\Delta T_1/n$；

$\alpha_2^{hun}=(\lambda-\omega_1 M)\Delta T_2/m$；

$E_{W^{hun}}=M(T_{1L}+T_{2L})+(M-\frac{\omega_1}{2})\frac{\omega_1 M\Delta T_1^2}{n}+(M-\frac{\lambda-\omega_1 M}{2})\frac{(\lambda-\omega_1 M)\Delta T_2^2}{m}$。

与 $\alpha_1^{fen}=\omega M\Delta T_1/n$ 与 $\alpha_1^{hun}=\omega_1 M\Delta T_1/n$ 比较，可知，因 $\omega_1<\omega$，故复合

分配契约对学研方 B 产生的激励作用，比成果产业化收益分成模式产生的激励作用小，学研方 B 付出的努力程度，可能比产品收益分成模式要低，社会期望创新成果品质也相对要低。因为复合模式，事先给学研方 B 支付了一部分固定报酬，当违约者不会有任何惩罚时，则该支付对学研方 B 不会有任何激励，降低了激励水平。

8.3.3 分析结论

比较前述讨论的合作剩余分配契约类型对学研方与企业的激励与约束作用，可得到学研方努力水平和社会期望收益情况，具体详见表8-1。

表8-1 合作剩余分配契约产生的社会期望收益与努力程度

契约类型	学研方努力程度	期望收益
社会最优契约	$\alpha_1^* = M\Delta T_1/n,\ \alpha_2^* = 0$	$E_{W^*} = MT_{1L} + \dfrac{M^2\Delta T_1^2}{n}$
产品收益分成	$\alpha_1^{fen} = \omega M\Delta T_1/n,$ $\alpha_2^{fen} = (\lambda - \omega M)\Delta T_2/m$	$E_{W^{fen}} = M(T_{1L} + T_{2L}) + \left(M - \dfrac{\omega}{2}\right)\dfrac{\omega M\Delta T_1^2}{n} +$ $\left(M - \dfrac{\lambda - \omega M}{2}\right)\dfrac{(\lambda - \omega M)\Delta T_2^2}{m}$
一次付款外包	$\alpha_1^{wai(1)} = 0,\ \alpha_2^{wai(1)} = 0$	$E_{W^{wai(1)}} = 0$
分期付款外包	$\alpha_1^{wai(n)} \to \alpha_1^*,\ \alpha_2^{wai(n)} \to \alpha_2^*$	$E_{W^{wai(n)}} \to E_{W^*}$
创新团队入驻企业	$\alpha_1^{nei} = S'(\alpha_1) \alpha_2^{nei} = 0$	$E_{W^{nei}} = MT_{1L} + S'(\alpha_1) M\Delta T_1$
复合方式契约	$\alpha_1^{hun} = \omega_1 M\Delta T_1/n,$ $\alpha_2^{hun} = (\lambda - \omega_1 M)\Delta T_2/m$	$E_{W^{hun}} = M(T_{1L} + T_{2L}) + \left(M - \dfrac{\omega_1}{2}\right)\dfrac{\omega_1 M\Delta T_1^2}{n} +$ $\left(M - \dfrac{\lambda - \omega_1 M}{2}\right)\dfrac{(\lambda - \omega_1 M)\Delta T_2^2}{m}$

综合前述关于合作剩余分配契约类型的激励与约束作用的讨论及表8-1，可得到以下结论：

（1）创新团队入驻企业，并在创新结束后，按成果品质水平支付报酬，可使学研方 B 与企业 A 以外的企业，开展协同创新的努力水平 α_2 降为0，因此，如果让学研方充分了解企业未来支付的经费，完全取决于其在协同创新活动中的努力程度 α_1，比例为 $\alpha_1 M\Delta T_1/n$，则该分配契约将是协同创新的最优激励，协同创新效率也将极有可能达到社会最优。其原因在于学研方与企业实现了一体化，即实现了外部效应内在化。

（2）如是一次性博弈，且违约者不受惩罚，则开展协同创新前一次性支付固定报酬的分配合作剩余的契约方式，对学研方 B 不会有任何激励。然而一旦修改为根据学研方的创新进度，根据创新成果品质分期付款，则可产生良好的激励作用，甚至能达到社会最优契约水平。

(3)成果产业化收益分成模式与复合契约方式都能实现对学研方 B 的激励，激励效果的好坏，取决于学研方收益分成比例 ω 或 ω_1，ω 或 ω_1 越接近1，激励水平越接近社会最优契约，ω 或 ω_1 越趋于0，则激励水平越偏离社会最优契约。

8.4 实证分析

在参考樊霞等(2012)、朱雪珍等(2013)文献方法的基础上，基于投入—产出相关因素，构建了协同创新效率评价指标，详见表8-2。

表8-2 协同创新效率评价指标体系

创新阶段	变量	指标
开发阶段	投入变量	研发支出额
		研发人员数
		企业技术开发仪器设备原值
转化阶段	中间产出变量	专利申请数
		专利授权数
		完成的新产品新技术、新工艺的开发项目数
产出阶段	最终产出变量	新产品销售收入
		产品与技术出口创汇额

根据对湖南岳麓山、江西南昌、湖北武汉、辽宁沈阳、浙江杭州、北京中关村，以及四川绵阳等大学科技城，共347个协同创新项目样本进行的调研和统计分析，发现：

(1)研发外包支付固定报酬的契约共有206个，占总样本的59.37%，但其中一次付款外包契约只有37个，占固定报酬支付契约的17.96%，而其他82.04%的固定报酬支付契约实施的是分期付款方式。

(2)研发团队入驻企业的分配契约有66个，占总样本的19.02%。

(3)产品收益分成或复合方式的分配契约共有75个，占总样本的21.61%。

从统计结果可以看出：

(1)分期付款外包契约是在实践中被采用最多的一种合作剩余分配方式，约60%的样本采取这一分配方式。

(2)产品收益分成或复合方式分配契约在实践中还较少被采用。

(3)研发团队入驻企业契约在实践中也较少被采用。

根据表8-2进一步运用标准离差法对这些协同创新项目进行效率评价。

标准离差法的原理是如果某个指标的标准差越大，表明指标值的变异程度越大，提供的信息量越大，在综合评价中所起的作用越大，其权重也越大。相反，某个指标的标准差越小，表明指标值的变异程度越小，提供的信息量越小，在综合评价中所起的作用越小其权重也应越小。因此，本章通过标准离差法求得协同创新效率评价指标客观权重，然后根据指标评价值，求得协同创新项目综合效率值，具体步骤如下。

第一步：对原始数据进行标准化处理。

$$Z_{ij} = \frac{y_{ij} - y_j^{\min}}{y_j^{\max} - y_j^{\min}} \quad \text{如果} j \text{为效益型指标}$$

$$Z_{ij} = \frac{y_j^{\max} - y_{ij}}{y_j^{\max} - y_j^{\min}} \quad \text{如果} j \text{为成本型指标}$$
(8-1)

第二步：计算第 i 个指标的均值。

$$E_{ij} = \frac{1}{n} \sum_{i=1}^{n} Z_{ij}$$
(8-2)

第三步：计算第 i 个指标的标准差。

$$\sigma_j = \sqrt{\frac{\sum_{i=1}^{n}(Z_{ij} - E_{ij})^2}{n-1}}$$
(8-3)

第四步：利用标准差计算各指标权重。

$$w_j = \sigma_j \Big/ \sum_{j=1}^{n} \sigma_j$$
(8-4)

第五步：计算协同创新效率。

$$\tau_i = w_j \times Z_{ij}$$
(8-5)

根据表8-2指标体系以及上述方法步骤，对不同大学科技城协同创新合作剩余契约分配方式进行效率评价，可得到结果如表8-3所示。

表8-3 契约类型协同创新效率统计结果

契约类型	数量（个）	占比（%）	平均效率指标
固定报酬支付	206	59.37	0.132
创新团队入驻	66	19.02	0.084
产品收益分成或复合方式	75	21.61	0.138

统计结果较好地反映了我们的理论模型：

(1)研发团队入驻企业虽然理论上可以实现集群企业与科研机构关系的一体化，从而实现社会最优激励，但由于很多技术创新需要专门的科研基础设施和大型科研仪器设备等科技资源，而大多数企业并不一定拥有这样的设施和仪器。调研结果显示，中小企业极少有研发团队入驻企业的协同创新案例，只有那些自身有较强科研实力的大型企业才会吸引研发团队入驻企业，在很大程度上支持了我们的观点。

(2) 产品收益分成或复合方式的分配契约虽然可以实现对科研机构的激励作用，但由于涉及长期合作与利益分配，对参与主体来说意味着较高的风险，在大学科技城不够成熟与政府政策难以有效降低风险的情况下，不论是企业还是科研机构，通过长期契约来进行利益分配的意愿都不是很强，这就较好地解释了为什么产品收益分成或复合方式分配契约在实践中还较少被采用。

(3) 对于科研机构来说，获取固定报酬无疑是风险最小的，是它们最乐于接受的。只是在固定报酬支付契约中，事前一次性支付报酬的契约并不多，绝大多数固定报酬支付契约实施的是分期付款方式，说明在事前一次性支付报酬的契约不仅激励作用非常有限，对企业来说也存在较大风险，而分期付款的支付方式可以较好地平衡科研机构与企业的收益与风险，同样是支持理论分析的。

8.5 协同创新效率影响分析

经实证分析可知，影响大学科技城协同创新效率的因素众多，但总的来说，契约环境和合作剩余分配契约类型是影响合作效率的两大主要因素。

8.5.1 契约环境对协同创新效率的影响分析

契约环境类因素包括主体间创新协同程度、契约维护成本、资产专用性程度、机会主义大小等，其不仅对协同创新契约的签订与履约有较大影响，也对创新效率有较大影响。

(1) 主体间创新协同程度。创新主体之间的创新协同程度主要包括：协同创新深度、合作广度和协作稳定度。创新主体之间协同深度越深、广度越宽，则隐性契约和显性契约发挥的作用就越大，协同创新效率和收益也越高，则协同创新合作剩余也就越多；同时，大学科技城各创新主体之间协同创新稳定性越强，则创新主体间的契约维护成本就越低，协同创新收益就越高，则协同创新合作剩余就越多。

(2) 契约维护成本。创新主体之间的显性契约和隐性契约，对协同创新效率有较大作用。契约关系维护需要付出成本，如果成本过高，则创新主体就不会选择协同创新，也就不会有合作剩余。契约维护成本主要取决于大学科技城的创新环境、信用网络、创新文化、信息共享网络、监管体系、合作剩余分配、契约条款等和内部竞争机制。大学科技城的创新环境、信用网络、创新文化、信息共享网络和监管体系越好，内部竞争机制设置越科学，则协同创新合作剩余分配方案就越合理。契约条款设计得越科学全面，则协同创新主体就会倾向于选择履约策略，则契约成本越低，合作剩余越多，从而协同创新的收益和效率就越高。

(3) 资产专用性程度。随着专业分工程度的不断提升，大学科技城创新主体创新资源的专用性程度也将不断提高，合作各方的依赖程度也越高。如果占据优势的主体，采取机会主义行为，将导致其他主体受到较大损失。因此，资产专用性程度越高，则合作伙伴之间就越有可能发生机会主义行为，而资产专用性程度太低，则创新主体间的合作关系可能不会太紧密，也就不会很长久，从而可能导致协同创新主体之间的合作成本过高，大学科技城的创新绩效也不会太好。因此，大学科技城的创新环境和创新文化会影响到合作伙伴处理该"两难冲突"的策略，也将影响到大学科技城的协同创新绩效。

(4) 机会主义大小。大学科技城创新主体参与协同创新，不仅需要签订正式契约进行规范，还需要非正式契约进行约束。一定程度上，正式契约和非正式契约都是控制机会主义行为的有效工具。因为大学科技城的协同创新主体聚集在一定的地理区域，逐步建立了一定的社会联系，受到信誉、信任等社会关系的影响，在一定程度上可有效降低机会主义行为的发生。然而，当前我国的信任机制还不够完善，契约只能起到一定程度和一定范围的制约，无法完全杜绝机会主义行为。特别是受创新主体资产专用性程度等因素的影响，契约作用更加有限，甚至还可能发生合作前的机会主义行为，如合作契约签订前，各种蓄意误导，以及歪曲报道；合作后的机会主义行为，如契约执行过程中，所发生的各种违规行为。

(5) 信任机制强弱。信任是大学科技城创新主体间建立合作关系的重要基础，创新主体之间的隐性契约是良好信任机制的主要表现。如果大学科技城的信任机制健全，则创新主体会很少发生机会主义行为，则大学科技城主体间的合作成本就比较低，协同创新绩效就会比较高。

8.5.2 剩余分配契约类型对协同创新效率的影响分析

企业与学研方利益水平取决于合作剩余分配契约类型，以及参与创新主体的努力程度，而创新主体的努力程度很大程度上又与合作剩余分配契约类型有关，因此，大学科技城协同创新剩余分配契约类型对效率有较大差异。

(1)产品收益分成模式与复合方式的效率取决于学研方收益分成比例。产品收益分成模式与复合方式都能有效激励学研方，激励程度取决于学研方收益的高低，学研方收益分成比例越接近1，则激励程度越接近社会最优契约激励水平，反之，学研方收益分成比例越接近于0，激励程度就越偏离社会最优契约激励水平。

(2)一次付款外包契约，创新主体承担较高的违约风险。如果只有一次性博弈，且违约者不受惩罚，协同创新前一次性支付固定报酬的剩余分配契约对学研方不会有任何激励作用。

(3)分期付款契约模式有较好的激励效果。分期付款可较好的解决一次付款存在的问题，因分期支付需根据学研方的创新进度支付创新经费，从而既可提高学研方信息披露程度，使其创新努力程度有更高的可辨识度，也可保证企业在研发失败时，能提前终止协同创新合同，减少损失，因而可同时激发学研方和企业的积极性，其激励水平甚至接近社会最优契约的激励水平。

(4)引进创新团队入驻企业，理论上能实现社会最优。创新团队入驻企业，并在创新结束后，按成果品质水平支付报酬，可使学研方与创新企业以外的组织开展协同创新的努力水平降为0。因此，如果让学研方充分了解企业未来支付的经费，完全取决于其在协同创新活动中的努力程度，则该分配契约将是协同创新的最优激励，协同创新效率也将极有可能达到社会最优。其原因在于学研方与企业实现了一体化，即实现了外部效应的内在化。

8.6 本章小结

协同创新合作剩余是指协同创新伙伴通过创新成果交易或者产业化所获得的收入，扣除协同创新成本后的纯收益，与不参与协同创新所能得到的纯收益的差额。追求协同创新合作剩余最大化，是创新主体参与协同创新的根本动力。目前大学科技城协同创新主要存在产品收益分成、一次付款外包、分期付款外包、创新团队入驻企业、复合方式等五种不同契约模式，合作契约模式不同，则所约定的合作剩余分配方式会有较大差别，势必导致协同创新伙伴之间采取不同博弈策略，从而影响协同创新效率。主导创新主体如何有效激励和约束每个参与创新的合作伙伴，关键在于通过契约条款明确协同创新剩余索取权和剩余控制权两种权利的分配模式，以及内部制度、商品市场、金融市场和声誉市场等因素对协同创新伙伴机会主义行为的约束作用，从而构建科学的激励与约束机制，优化协同创新合作剩余的配置，激励合作伙伴积极开展协同创新，从而提高契约履行效率和协同创新的合作效率，最大程度提升创新成果品质，实现协同创新利益最大化。

本章从委托—代理视角分析了协同创新主体的几种契约模式，探讨了协同创新合作剩余创造与分配机理，剖析了创造协同创新合作剩余的影响因素，并重点研究了大学科技城环境下创新主体资产专有性、资产专用性及其在协同创新过程中的相对重要性等因素，以及对协同创新合作剩余的创造和分配的具体影响。然后，对全国大学科技城347个协同创新项目进行了实证分析，并从契约经济学视角，总结了契约环境类因素和合作剩余分配契约类因素对大学科技城协同创新效率的影响。

研究结果表明，契约环境和剩余分配契约类型都会影响参与协同创新主体的收益，从而影响协同创新效率。虽然，每一种契约类型在一定条件下，都可以达到较好的激励作用，但比较而言，分期付款契约模式有较好的激励效果，可同时激发学研方和企业的积极性，其激励水平甚至接近社会最优契约的激励水平。同时，大学科技城管委会应尽量提高创新主体的创新协同程度，减少契约维护成本，降低资产专用性程度，惩罚机会主义行为，增加创新主体的信任，从而有效提高协同创新效率。

本章从宏观层面分析了大学科技城协同创新模式的效率，分析了契约对不同参与主体的激励与约束作用，未来一方面可从大学科技城整体层面分析协同创新效率，另一方面可进一步从微观层面分析人、财、知识和技术等创新要素对协同创新效率的影响。

第 9 章 大学科技城协同创新风险管理研究

大学科技城协同创新在宏观层面涉及企业、高校、科研院所、政府和中介机构等主体，在微观层面涉及参与协同创新的科研人员、管理人员、生产制造人员、市场推广人员等主体。不同的创新阶段采取的创新模式可能不同，所面临的创新环境与条件也会不同。大学科技城协同创新不仅存在技术风险、运营风险、人才风险和协同风险等内部风险，还面临政策法律、市场环境、经济环境、自然环境和社会文化环境等外部风险因素。创新主体如能组建风险管理小组，建立风险管理体系，加强协同创新过程中的风险管理，精准识别风险，客观评估风险，提前预测风险，并采取行之有效的风险处理措施管控风险，则能有效降低或控制协同创新风险，提高协同创新项目的成功率。

为帮助大学科技城创新主体科学管控协同创新风险，本章将首先理顺大学科技城协同创新风险管理流程和风险判别标准。然后对协同创新风险的识别方法、指标体系、风险评估方法和风险预警模型等进行系统研究，并提出操作性强、效果明显的风险评估和预警方法。最后，应用提出的模型和方法，对大学科技城具体的协同创新项目进行实证分析，从而为大学科技城协同创新风险的防范与控制，提供科学方法与工具。

9.1 理论基础

9.1.1 委托—代理理论

1776 年，亚当·斯密（Adam Smith）在《国富论》中最早对委托—代理进行了论述，认为经营者不会像所有者那样努力思考和工作。1932 年，伯利和米恩斯（Berle and Means）拓展了委托—代理思想，倡导经营权和所有权分离。经学者们的不断探索，委托—代理理论日趋完善，现已发展成较为成熟的理论体系。委托—代理理论认为，委托人和代理人之间存在信息不对称问题，委托人往往难以直接观测代理人的努力程度，代理人便可利用其拥有的信息优势，谋取个人效用最大化，从而产生代理问题。由于委托—代理现象的存在，委托人与代理人之间需要建立某种机制，以协调两者之间相互冲突的利益关系,促使代理人选择符合委托人利益的最优努力水平,最终实现委托人价值的最大化,这是委托—代理问题的关键。在大学科技城协同创新活动中,多个主体合作开展技术创新,参与创新的合作伙伴将创新技术使用权让渡给创新需求主体,进而实现协同创新成果的产业化。可见,参与大学科技城协同创新活动的合作创新伙伴之间是一种典型的委托—代理关系。

9.1.2　全面风险管理理论

全面风险管理理论是现代风险管理理论的最新发展,正式提出全面风险管理概念的是美国发起人委员会发布的《全面风险管理框架》。全面风险管理是指围绕企业的总体目标,通过对企业研发、生产和销售等各个经营环节的风险进行管理,建立科学全面的风险管理体系,从而保证企业总体目标的实现。在大学科技城协同创新中,通过详细分析协同创新活动的实际情况,制定风险指标体系、风险评估和风险预警的评判标准,对协同创新各阶段的风险进行有效识别、评估和预警,为及时采取合理的风险处理措施提供决策依据,从而有效控制协同创新活动中可能发生的风险,降低损失,提升协同创新成功率,保证协同创新取得预期效果。由此可见,可应用全面风险管理理论对大学科技城协同创新风险进行管理和控制。

9.1.3　二元语义

二元语义是赫雷拉(Herrera)提出的描述语言评价信息的方法,利用二元语义表示对某评价对象的评价信息并进行运算,可有效避免语言评价信息集结和运算过程中出现的信息不完整等问题,使语言信息计算的结果更为精确。二元语义信息是指针对某目标(或对象、准则),评价值结果由二元组 (s_k, a_k) 来表示,其中 s_k 与 a_k 的含义如下:

(1) s_k 为预先定义好的语言评价集 S 中的第 k 个元素。例如一个由7个元素(语言评价)构成的语言评价集 S 可定义为:$S=\{s_6=$ 极差$, s_5=$ 差$, s_4=$ 较差$, s_3=$ 一般$, s_2=$ 较好$, s_1=$ 好$, s_0=$ 极好$\}$。

(2) a_k 为符号转移值,且满足 $a_k \in [-0.5, 0.5]$,表示评价结果与 s_k 的偏差。假设语言评价集 $S=\{s_0, s_1, \cdots, s_r\}$,$r$ 为语言评价集 S 中元素的个数,(s_k, a_k) 是一个二元语义,$\beta \in [0, r]$ 是一个数值,是语言评价集 S 运算得到的结果,则 β 对应的二元语义信息可由如下函数得到:

$$\Delta:[0,r] \to S \times [-0.5, 0.5]$$

即 $\Delta(\beta) = \begin{cases} s_k, & k = round(\beta) \\ a_k = \beta - k, & a_k \in [-0.5, 0.5] \end{cases}$，其中，$round$ 为四舍五入取整算子。

9.2 协同创新风险分析

9.2.1 协同创新风险管理过程

学术界对协同创新风险管理已有较深入的研究，如美国发起人委员会将风险管理过程分为组织内部环境分析、目标确定、风险识别、风险评估和风险应对等阶段。我国国资委在发布的《中央企业全面风险管理指引》中提出风险管理流程包括风险管理初始信息收集、风险评估、制定风险管理策略、提出和实施风险解决方案和风险管理的监督与改进5个环节。刘荣、汪克夷（2009）将风险管理过程分为风险规划、风险识别、风险评估、风险应对4个阶段。颜晓燕、邹琳（2017）把协同创新风险管理过程分为目标设定、风险识别、风险评估、风险应对及控制活动5个方面。由此可见，虽然风险管理过程的定义不尽相同，但基本都认同协同创新风险管理的动态性，协同创新风险管理贯穿于协同创新活动的整个生命周期，其目的在于通过一系列科学的、有计划的控制行为，确保协同创新活动的稳步实施。由大学科技城和协同创新风险的定义可知，大学科技城协同创新风险是高校、企业和政府等多主体在跨组织文化、跨技术领域等合作过程中，受内外多因素影响偏离创新预期，而引致协同创新主体损失的不确定性。为有效分析大学科技城协同创新风险和风险管理，将风险管理过程分为风险识别、风险评估、风险预警、风险处理和风险监控5个环节，具体流程详见图9-1。

第1步： 风险识别。风险识别是风险管理过程的第一步，是风险管理的基础环节。在风险评估或预警前，对协同创新活动中导致风险的因素进行识别，确定风险因素。在风险评估和预警时，根据协同创新活动所处阶段、参与主体和环境因素等情况，制定合适的风险指标体系。

第2步： 风险评估。在协同创新活动中，当识别到风险可能会发生时，应用预先建立的风险评估体系对识别的风险事件发生的概率及导致的损失大小进行综合量化评估。决策者将根据风险分析报告、风险应对能力和风险承受能力等情况，决定是否采取风险处理措施，以及采取何种策略处理可能发生的风险。风险评估报告一般会给决策者五种风险决策建议：一是协同创新活动进展顺利，无任何风险发生的迹象；二是有指标显示向不利方向发展的趋势，继续恶化则存在风险发生的可能性；三是风险已发生，但处于早期，事态可控，损失可接受，不采取任何处理措施，也不会影响协同创新的顺利推进；四是风险结果暂时可接受，但需要采取风险处理措施，以防止风险进一步扩大，影响到协同创新的顺利进行；五是风险损失超过可接受程度，必须马上进行危机管理，以防止事态失控；在进行风险评估时，为简化分析，可以将第一、二、三种情况合并成低度风险。危机管理也分为两种情况：一是危机管理有效，进行风险监控，并转入下一轮的风险评估；二是危机管理失效，立即终止协同创新进程。

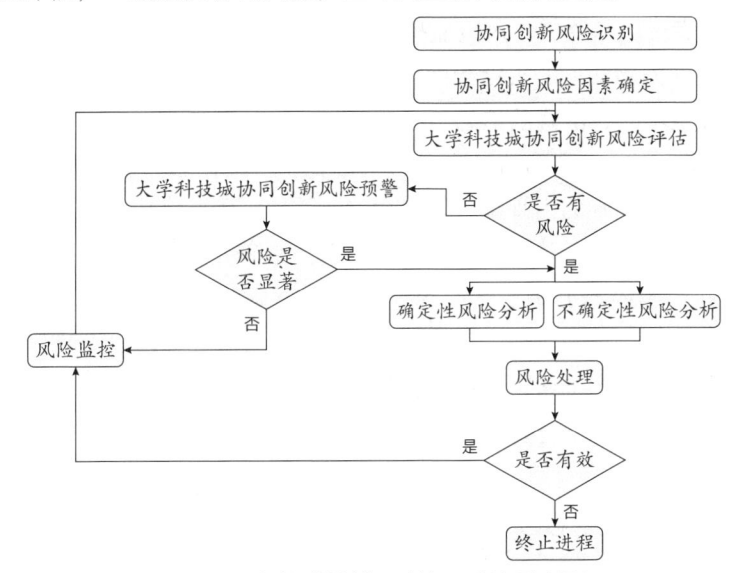

图9-1　大学科技城协同创新风险管理过程

第3步：风险预警。风险评估结果如果是第二种情况，则表明未来协同创新风险事件发生的概率比较大，这时需进一步分析预测未来风险发生的种类，以及风险可能造成的损失。通过提前预测协同创新活动可能发生的风险，并采取有效的风险规避措施，能大幅降低协同创新活动中的风险发生概率。协同创新风险预警报告，一般会根据未来风险种类，以及风险可能的后果，提供三种预防风险发生的建议：一是风险发生后，事态可控，造成的结果可接受，不需采取风险规避措施；二是风险发生后，造成的结果可接受，但存在继续恶化，甚至朝不可控方向发展的可能性，需提前采取措施，以规避风险发生；三是风险如发生，所造成的结果是不可接受的，需立即采取措施，以规避风险发生，并对协同创新活动加强风险监控和风险预警。

第4步：风险处理。风险处理是在风险评估或预警之后，针对风险评估值可接受或风险预警值不可接受的风险事件,通过对风险的类型进行分析,根据风险类型差异,将风险分为确定性风险和不确定性风险,并采取不同的风险处理措施。美国发起人委员会将风险处理方式分为接受、降低、规避或转移。针对大学科技城协同创新风险类型不同,对可接受、影响较小的风险,采取接受的方式处理;对影响较大的确定性风险,通过采取合理措施,改善创新条件,优化创新环境,以降低风险造成的不良后果和影响;对影响较大的不确定性风险,应提前做好预案,转移风险可能造成的损失。

第5步: 风险监控。风险监控是以保障协同创新活动的稳步实施为目标,对协同创新活动的关键指标和发展态势进行监测,为后续的风险评估或预警提供即时、准确的信息。

大学科技城协同创新过程具有动态性,不同阶段涉及的协同创新主体可能不同,面临的内外部环境也会有所差异。因此,应结合协同创新活动所处阶段、参与主体和环境变化等因素,来研究大学科技城协同创新风险。因此,遵照本书第三章所构建的协同创新理论分析框架,按风险识别、风险评估、风险预警、风险处理和风险监控五个步骤,分别针对大学科技城协同创新的准备、实施和转化三个不同阶段,对协同创新风险因素进行全面梳理和详细分析,详见图9-2。

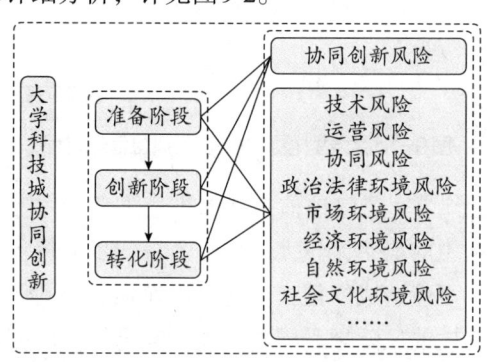

图9-2 大学科技城协同创新阶段及风险因素

9.2.2 协同创新风险评判标准

协同创新风险评判标准能有效帮助管理者管控协同创新风险。在大学科技城协同创新风险管理过程中,应建立科学合理的风险评估评判标准,在评估风险后,将风险评估结果与风险评判标准进行比较,以得到风险等级,并为决策者提供相应风险处理的建议。在对相关研究成果梳理的基础上,建立了大学科技城协同创新风险评估评判标准,详见表9-1。根据风险评估值的大小，将协同创新风险划分为高、中、低三个等级，针对不同等级的风险，采取不同的风险处理措施，以降低风险对协同创新活动的影响。

表9-1　协同创新风险评估评判标准

风险评估值	程度描述	应对措施
$[H_1, H_2)$	低度风险	不需要采取风险处理措施
$[H_2, H_3)$	中度风险	需要采取风险处理措施
$[H_3, H_4]$	高度风险	启动危机管理程序

科学合理的风险预警评判标准能有效帮助管理者预测风险，并采取措施应对协同创新过程中可能发生的风险。在风险预警后，通过对风险预警结果与风险预警评判标准进行对比，预测未来风险事件的影响，并采取相应的风险处理措施。大学科技城协同创新风险预警评判标准详见表9-2。根据风险预警值的大小，将协同创新风险预警划分为高、中、低风险三种形态，针对不同的风险形态，制订相应的风险预警方案，以保证有效处理协同创新活动中未来风险事件的负面影响，防患于未然。

表9-2　风险预警评判标准

风险预警值	程度描述	应对措施
$[H_1, H_2)$	低风险概率	不需要采取风险规避措施
$[H_2, H_3)$	中风险概率	需要采取风险规避措施
$[H_3, H_4]$	高风险概率	采取措施规避风险或转移风险后果

9.3　协同创新风险识别

风险识别是风险管理的第一步，是协同创新风险管理与控制的基础。通过分析协同创新活动中的风险成因，确定影响协同创新的风险要素，可为风险评估、处理或监控提供依据。在协同创新过程中，风险无处不在，因此，风险识别也贯穿了整个协同创新活动全生命周期。

通过信息收集、归类与分析，构建大学科技城协同创新的风险指标体系，准确识别协同创新活动中的风险事件，评估风险事件对协同创新进程的影响程度，对照风险评判标准，采取相应的风险规避与处理措施。风险识别不仅有助于协同创新主体准确鉴别协同创新活动中的风险事件，以及全面了解协同创新过程中的风险情况，还能增强协同创新主体对协同创新活动的风险防范意识。

风险识别应建立在深入了解协同创新活动的基础之上，通过全面深入分析协同创新活动的内部条件、外部环境，了解协同创新活动中可能存在的风险事件，并结合协同创新主体、协同创新阶段等不同环节，科学制订与协同创新主体、协同创新阶段匹配的协同创新风险指标、评判标准和评判方法。

9.3.1 协同创新风险识别方法的比较分析

风险识别的方法很多，常用的有风险清单法、风险流程图法、专家评审法、事故树分析法、情景分析法等方法或几种方法的组合。每种风险识别方法都有其优劣，有其最佳应用情境，详见表9-3。因此，具体选取何种风险识别方法，要依实际情况而定。根据表9-3中对风险识别方法适用阶段，以及优劣的比较，结合大学科技城协同创新风险的特点，选取专家评审法作为大学科技城协同创新风险的识别方法。主要因大学科技城协同创新风险往往隐藏在协同创新活动中的某个环节，难以发觉，采用定量分析增加了风险识别的难度，不便于实际操作，而专家评审法是根据专家的经验对协同创新活动中的风险事件进行定性分析，操作简单，识别效果好。同时大学科技城协同创新风险具有主观性、复杂性和多变性等特点，对于具有这些特点的风险，往往定性分析的效果更佳。

9.3.2 协同创新风险识别的过程分析

采用专家评审法对大学科技城协同创新风险进行识别，通常由风险分析人员、协同创新规划与设计人员，以及相关专家共同进行。主要风险识别活动包括收集相关信息、确定风险因素、形成风险报告三个步骤，详见图9-3。

信息收集 → 确定风险因素 → 形成风险报告

图9-3 协同创新风险识别过程

第1步：收集相关信息。收集信息是风险识别的基础，只有充分收集了协同创新过程中的各种信息，才能准确把握协同创新参与主体、创新阶段、外部环境等因素，从而确保有效识别协同创新活动中的各种风险。

第2步：确定风险因素。确定风险因素是风险识别的关键环节，科学合理确定风险因素是有效管理协同创新风险的重要条件。对收集的信息进行分析，找出可能对协同创新活动产生负面影响的风险因素，在专家的协助下，根据对协同创新活动影响程度的大小，将风险因素进行划分归类，梳理协同创新的关键影响因素。

第3步：形成风险报告。根据所确定的风险因素，分析风险成因、风险后果，以及建议应采取的几种风险处理措施，并形成书面报告，为协同创新后续风险管理提供决策支持。

表9-3 风险识别方法的比较与分析

识别方法	方法描述	适用阶段	定性/定量	优点	缺点
风险清单法	用清单的方式表述可能会发生的风险	适用于项目的开发及实施阶段	定性分析	直观地展示了可能会发生的风险	灵活性不高
风险流程图法	提供了风险识别的流程，清晰表达各层影响因素之间的逻辑关系	适用于项目的实施阶段	定量分析与定性分析相结合	直观地展示了创新流程的风险	管理成本高，无法识别所有的风险
专家评审法	通过专家对创新项目风险事件进行评审，确定创新项目的风险因素	普遍适用，特别是创新性强，且无先例可循的项目	定性分析	简单易行，对创新过程中的风险因素分析比较全面	识别结果的科学性和准确性受到专家人数和水平的限制
事故树分析法	利用事物发展的因果关系，并通过逻辑推理，找出风险的根源与条件	适用于项目的实施阶段	定量分析与定性分析相结合	演绎的方式推理出风险原因，便于风险决策的实施	方法的复杂程度高
情景分析法	采用图表或曲线段来描述当某种影响因素发生变时，创新过程的变化	适用于项目的开发及实施阶段	定量分析	直观地反映风险因素对创新过程识别的准确性影响	依赖对数据的处理，数据处理不当会影响识别效果
财务报表法	根据财务资料识别可能存在的风险	适用于实施及结束阶段	定量为主定性为辅	数据分析增加了风险识别的准确性	结果严重受数据准确性的制约
环境扫描法	通过获取和利用外部环境的信息来识别创新项目存在的风险	适用于开发及实施阶段	定性分析	环境敏感度高，对环境变化能及时做出应对措施	侧重环境分析，弱化了对项目自身特点的分析

9.3.3 协同创新风险因素分析

在协同创新推进的动态过程中,外部环境会相应发生改变,导致风险因素也随之改变。因此,在分析协同创新风险影响因素时,必须结合协同创新实际情况,根据协同创新主体、所处阶段和大学科技城环境等特点,对风险因素进行精准识别。只有分析出不同阶段的关键风险因素,才能确保后续的风险评估和预警的准确性,从而有效制定风险管理制度,防范协同创新风险。

鉴于此,从内部风险和外部环境风险两个层面对协同创新活动中的风险因素进行分析,以确保风险因素的完备性,为后续协同创新风险指标体系的构建提供可靠依据。

1. 内部风险分析

内部风险主要从技术风险、运营风险、人才风险和协同风险四个维度进行分析。

(1)技术风险。大学科技城协同创新作为一项创新性的经济与技术活动,技术创新环节必不可少。在该环节中,由于与技术相关因素导致协同创新不能按预期计划推进,造成经济损失或信誉受损,则可认为是技术风险。其中,引发协同创新技术风险的因素主要有技术研发周期过长、技术成熟度不够、新技术与产业化能力匹配度不足和技术易被模仿或替代等。

①技术研发周期。技术研发周期是指协同创新技术从准备研发开始到实现成果转化所需要的时间,若创新团队不能有效分配和控制时间,在研究某些技术时所花时间太长,造成技术研发周期过长,则会导致研发费用超支、技术被竞争对手超越等不确定因素增多,从而引发协同创新风险。

②技术成熟度。技术成熟度反映了协同创新技术适合产业化程度的重要指标,若协同创新技术成熟度不够,则说明该技术还存在技术问题没有解决好,短时间内难以取得理想的协同创新成果,现有技术则暂时不太适合产业化,从而导致无法按期达到协同创新目标,而产生协同创新风险。

③新技术与产业化能力匹配度。新技术与产业化能力匹配度的高低,是考察协同创新技术是否具有研发价值的重要指标之一。协同创新技术最终目的是实现产业化,并从中获得收益,若新技术与产业化能力的匹配度过低,说明现有生产工艺、生产装备还无法将协同创新技术产业化,从而加大了协同创新风险。

④技术被模仿或替代的可能性。协同创新技术实现产业化并投入市场之后,新技术被模仿或替代的壁垒是协同创新产品及服务保持市场竞争力的关键因素。若新技术被模仿或替代的壁垒太低,即新技术被模仿或替

代的可能性很大,则协同创新产品投入市场之后,难以保持市场竞争优势。可能会出现无法收回协同创新投资,导致协同创新风险发生。

(2) 运营风险。在大学科技城主体开展协同创新过程中,由于主体运营管理不善等原因导致的风险就是运营风险,主要包括财务风险、生产风险和管理风险等。

① 财务风险。由于受资金的影响而导致不确定性风险就是财务风险。财务风险产生的主要原因和协同创新活动所处金融市场的稳定性及风险投资机制的健全程度有关,也与主体的资金实力有关。若协同创新活动所处的金融市场不稳定或风险投资机制不健全,或者主体因生产经营不善等原因,导致创新主体出现资金链断裂、资金不及时到位等问题,导致协同创新财务风险发生。

② 生产风险。在协同创新成果产业化过程中,由于原材料采购难、生产工艺不成熟、生产质量控制不到位等生产方面的因素导致的损失就是生产风险。生产风险发生的主要原因有生产工艺不成熟、产品质量不稳定、生产成本太高、产品生产周期过长、供应链无法满足生产需求等。

③ 管理风险。由于组织管理措施不当导致协同创新不能按时完成或者投资超出预算等异常情况发生,都属于管理风险。在协同创新过程中,导致管理风险发生的主要原因有组织管理不当导致创新人员流失、核心技术泄密、协同创新方案重大调整、生产与市场出现重大偏差、采购决策失误等。

(3) 人才风险。大学科技城协同创新需要参与主体组织多个技术领域的专业人才共同开展创新。在协同创新过程中,可能会出现人才流失、人员配合协调不顺等异常情况,也可能会出现因人才结构不合理、人才引进失误和用人不当,而导致协同创新失败的风险。

① 人才流失的可能性。大学科技城协同创新活动通常由高校、科研院所和企业等主体共同参与,各方主体一般均会派遣技术创新人才参加。在开展协同创新过程中,难免会出现人才流动现象,一旦发生核心创新团队成员流失,则可能影响协同创新项目的正常推进。

② 人才结构的合理性。协同人才结构不合理性也会影响到协同创新活动的开展。在进行技术研发攻关过程中,协同创新人才至关重要,若人才结构不合理,难以打造优秀团队,形成创新合力,不能有效解决创新过程中存在的技术难点,就有可能产生协同创新风险。

③ 人才引进和培养的风险。协同创新人才既可通过外部引进,也可通过内部培养。通过引进急需人才可快速获得某个领域的优秀专家,有效

解决协同创新项目存在的技术难点，并为项目完成提供宝贵经验，但也存在由于信息不对称、考察不到位，引进的人才达不到要求，导致引进人才离预期目标差距较大，而不能有效完成协同创新项目的风险。内部培养是协同创新更重要的人才来源渠道，培养内部人才能根据人才的实际情况和项目的实际需求，有针对性的培养急需人才，内部培养对培养对象能进行充分了解，但是也存在培养时间长，不能及时满足项目开发需求等问题和风险。

(4) 协同风险。协同风险主要是由于协同创新伙伴相容性差异大导致的风险，包括经营理念差异、溢出效应、信用问题、沟通与交流渠道不顺畅、技术不一致、利益分配和资源配置不合理等方面。

①经营理念。由于合作伙伴之间经营理念不同，如高校和科研院所可能更注重协同创新技术的先进性和创新性，而企业则可能更加关注协同创新产品的实用性和盈利能力。因此，经营理念的差异容易导致决策分歧，影响协同创新项目顺利推进。

②溢出效益。溢出效应是指协同创新技术在获得收益的同时，也有利于促进行业的技术进步、经济的发展、就业的增加和社会福利的改善。溢出效益对社会而言无疑是有利的，但对于协同创新主体而言，可能会因为溢出效应加快了新产品或替代技术的出现，加剧了协同创新产品及服务的竞争，从而使得协同创新实际收益降低。

③信用问题。相互信任是协同创新主体有效合作的基础。很多协同创新项目没有取得预期效果，主要原因是协同创新主体之间信用基础差，从而影响合作伙伴协同创新积极性与投入度。协同创新合作伙伴之间存在信息不对称、约束机制不够健全、相关法律措施监管不到位等问题，会导致协同创新主体产生机会主义行为，从而导致协同创新项目受损，风险增加。

④沟通与交流。创新团队来自不同主体，只有及时沟通与交流，才能相互了解协同创新项目的技术方案、技术路线、进展情况和目前存在的问题，以及应如何协调配合，才能取得最好的协同创新效果。因此，只有建立起畅通的沟通与交流渠道，才能保证信息畅通，才能保证协同创新的顺利推进，并发现协同创新项目中的各种风险，进而及时采取有效处理措施，降低协同创新中的损失。反之，若没有建立起畅通的沟通与交流渠道，无法及时了解合作伙伴的进展情况和技术需求，不能有效协同，难以识别风险，从而加大了协同创新过程中风险发生的概率。

⑤技术的一致性。协同创新主体所掌握的技术不一致，技术方案差异大，一方面会存在协同创新伙伴之间的方案不匹配、技术不兼容，导致

最终成果性能不佳、难以满足市场需求；另一方面，也会存在拥有相对先进技术的协同创新主体不愿共享自己的核心技术，从而导致协同创新的合作效率不高，发生合作风险。

⑥利益分配的合理性。协同创新主体参与协同创新的目的是获取利益，因此，采取何种协同创新模式，如何支付费用，或如何分享协同创新成果产业化和成果转移所获得的收益，是协同创新主体最关心的核心问题，并直接关系到协同创新主体的创新积极性。如果利益分配不均，分配办法不透明、分配原则不合理，则容易导致协同创新伙伴之间产生矛盾，不能继续有效合作，发生风险。

⑦资源配置的合理性。合理配置资源，能有效降低协同创新的投入，有效降低创新成本，提升协同创新效率。反之，因资源配置不合理，则一方面会导致创新成本大幅增加，另一方面会因资源不够，无法按时推进，影响协同创新进程，降低协同创新效率，增加协同创新风险。

2. 外部环境风险分析

外部环境风险则主要从政策法律风险、市场风险、经济风险、自然环境风险和社会文化风险五个维度进行分析。

(1) 政策法律风险。政策法律风险是指由于相关政策的不稳定或变化导致的风险，主要包括政策法规的不稳定、政策缺乏科学性和合理性、政策制定和实施的滞后性。

①政策法规的不稳定。成熟稳健的政策法规对大学科技城主体积极开展协同创新有重要的促进作用，成熟稳定持续的政策法规能给协同创新项目，在项目选择、立项、研发、生产和市场营销等方面提供安全可靠的政策法规环境，保证协同创新活动有序按时推进实施。反之，政策法规不稳定，则可能造成协同创新活动终止，从而导致协同创新风险。

②政策的科学性和合理性。科学合理的政策有利于集聚创新资源、实施成果产业化和发展产业，形成产业集群。科学合理的政策能够给协同创新提供明确的导向、良好的环境、及时的支持和完善的配套，从而有利于协同创新项目的顺利实施。反之，不科学和不合理政策，则会造成重复投资、资金短缺、恶性竞争、环境污染等问题，从而影响协同创新项目的顺利实施，导致协同创新风险的发生。

③政策制定和实施的滞后性。大学科技城是前沿技术汇聚之地，一方面，为了规范协同创新主体的行为，防止出现知识侵权行为和投机行为，政府和管委会应制定相应的政策，优化创新环境，如不及时制定相应的政策制度，并严格实施，就不能给积极参与协同创新的主体提供一个良

好的创新环境，导致创新意愿不强，易产生协同创新风险；另一方面，不能及时出台相关政策制度，允许、鼓励和支持前沿技术的创新和产业化发展，贻误时机，给协同创新项目带来风险。

(2)市场环境风险。大学科技城协同创新成果在产业化发展过程中，可能会出现市场环境突变，导致协同创新收益不及预期，甚至项目终止。市场环境风险主要包括市场规模不确定、产品市场前景不确定、市场竞争激烈等方面。

①市场规模。在协同创新项目立项时，都需要对目标市场进行评估预测，若没有科学评估市场规模，或对市场规模预测不准，抑或市场规模发生了变化，市场远没有原来估计的规模，则协同创新成果产业化进入市场后，难以达到预期收益。

②产品市场前景。大学科技城创新主体开展协同创新项目或产品的开发，均基于项目或产品有良好的市场前景，良好的市场前景能激发协同创新主体的积极性，愿意加大创新资源的投入，从而有利于协同创新活动的推进。然而，市场环境变幻莫测，新技术、新产品层出不穷，当前具有良好市场前景的产品，说不定很快就会被其他产品所取代，导致市场前景缺乏，无法收回协同创新前期的各种投入。

③市场竞争的激烈程度。在开始协同创新项目时，需要了解市场前景、市场规模，以及竞争对手情况，若没有了解清楚竞争对手数量、对手产品的特点和对手的市场份额，抑或竞争对手数量和实力都发生了变化，市场远比原来了解的激烈，协同创新产品的性能、成本等已无法与现有市场竞争对手的产品进行竞争，无法获得预期的市场份额，则可能出现无法达到预期收益的局面，从而发生协同创新市场风险。

(3)经济环境风险。大学科技城协同创新活动，既需要人力资本、设备，更需要资金的投入，良好的经济环境有利于保证协同创新项目的融资，经济环境的异常变化则会对协同创新活动资金的使用与筹集产生影响，经济环境风险主要指用工成本与物价水平太高、经济发展不规律、金融市场不稳定等。

①用工成本与物价水平。协同创新的各阶段都需要投入各种创新资源，如人力、物力和资金等，在进行协同创新项目预算时，需要充分考虑到人力、物力和资金等资源成本的波动，但是，如果经济环境发生较大变化，用工成本、融资成本和物价水平增加太快、增长太高，则必然会使协同创新的各种成本显著提高，一旦超出创新主体承受能力，就会导致协同创新风险发生。

②经济发展状况。良好的经济环境和发展状况有利于协同创新活动，如果经济下行，或者不断恶化，则会造成物价上涨、融资困难、市场疲软，从而导致协同创新风险产生，甚至无法继续协同创新活动。

③金融市场的不稳定性。稳定的金融市场能有效保障协同创新活动所需资金来源充足、成本合理。若金融市场不稳定，则可能导致协同创新活动融资环境恶化，发生融资困难和融资成本高等情况，进而产生协同创新风险。

(4) 自然环境风险。自然环境风险一般指自然资源短缺或地震、洪水等不可抗拒的恶劣自然条件导致的风险。自然环境风险一般具有不可控力。因此，一方面，在进行协同创新之前，应详细考察各种可能导致自然环境风险产生的相关因素；另一方面，在协同创新活动中，要设置相应的自然环境风险评估和预警机制，防患于未然，以有效降低自然环境风险造成协同创新活动的损失。

(5) 社会文化环境风险。大学科技城的社会文化环境和风俗习惯对协同创新活动有较大影响，一方面，在大学科技城营造有利于协同创新的环境，崇尚创新、宽容失败，则能吸引更多的主体参与到协同创新活动中来；反之，不利于创新的社会文化环境，将使大学科技城的主体封闭保守、抵制创新，以致创新资源缺乏，难以达到预期的创新目标。另一方面，协同创新产品应考虑目标市场的社会文化环境和风俗习惯，如果创新产品与目标市场的风俗习惯相冲突，与社会文化不符，则难以打开市场，导致风险发生。

9.3.4 大学科技城协同创新风险指标设计

参考相关文献资料，结合大学科技城协同创新所面临的内外部风险因素，采用专家评审法对风险因素进行筛选与优化，可得到影响大学科技城协同创新活动的普适性风险因素。在此基础上，提出大学科技城协同创新风险指标体系，详见表9-4。

一般而言，大学科技城协同创新在不同阶段的风险因素和指标基本相同，具有一定普适性。但是，随着协同创新的推进，协同创新活动所处阶段不同，主要的风险因素和指标也会有所变化。协同创新活动的综合风险，并不是各风险因素影响作用的简单加总，而应该在结合协同创新活动各阶段的实际情况的基础上，充分权衡各风险因素影响作用大小之后，进行加权综合。所以，在考察协同创新活动各阶段的综合风险影响时，应结合协同创新活动所处阶段的实际，通过提取专家评审建议中的一致性成分，得出各阶段的重要风险因素，并采用客观赋权法赋权，进行加权综合。协同创新三个阶段的主要风险因素具体如下：

表9-4 大学科技城协同创新风险指标体系

一级指标	二级指标	
技术风险	技术研发周期	技术成熟度
	新技术与产业化能力匹配度	技术被模仿或替代的可能性
运营风险	财务风险	生产风险
	管理风险	
人才风险	人才流失的可能性	人才结构的合理性
	人才培养模式的科学性	
协同风险	经营理念差异	溢出效应
	信用问题	沟通与交流
	技术的一致性	利益分配的合理性
	资源配置的合理性	
政策法律环境风险	政策法规的不稳定	政策的科学性和合理性
	政策制定和实施的滞后性	
市场环境风险	市场规模	产品市场的前景
	市场竞争的激烈程度	
经济环境风险	用工成本与物价水平	经济发展状况
	金融市场的稳定性	
自然环境风险	自然资源	地理位置
	自然条件	
社会文化环境风险	风俗习惯	

（1）创新准备阶段。创新准备阶段是协同创新活动的前期准备时期。在实施协同创新项目之前，不仅要考虑到创新技术、协同伙伴、人才、研发管理等因素，还应考虑到外部环境因素。因此，具体指标为：技术研发周期、技术成熟度、新技术与产业化能力匹配度、技术被模仿或替代的可能性、财务风险、生产风险、管理风险、人才流失的可能性、人才结构的合理性、人才培养模式的科学性、经营理念差异、信用问题、沟通与交流、技术的一致性、政策法规的不稳定、政策的科学性和合理性、政策制定和实施的滞后性、产品市场前景、经济发展状况、金融市场的不稳定性、自然资源、地理位置、自然条件、风俗习惯。

（2）创新实施阶段。实施创新阶段是参与协同创新主体共同突破技术难点与瓶颈，实现创新方案，产出技术成果的整个过程。在这一时期，创新活动容易受到创新技术、研发管理、人才、协同伙伴及政策环境等因素的影响。因此，具体指标为：技术研发周期、技术成熟度、新技术和产业化能力匹配度、技术被模仿或替代的可能性、财务风险、生产风险、管理风险、人才流失的可能性、人才结构的合理性、人才培养模式的科学性、沟通与交流、技术的一致性、资源配置的合理性、政策法规的不稳定、政策的科学性和合理性、政策制定和实施的滞后性、自然资源、自然条件。

(3)成果转化阶段。成果转化阶段是实现协同创新技术价值的关键环节。成果转化期间，容易受市场环境和经济环境等因素的影响，同时，产品投入市场以后，还应考虑到创新技术是否容易被模仿或替代、溢出效应以及后期的利益如何分配等问题。因此，具体指标为：技术被模仿或替代的可能性、财务风险、生产风险、管理风险、溢出效应、利益分配的合理性、政策法规的不稳定、政策的科学性和合理性、政策制定和实施的滞后性、市场规模、产品市场的前景、市场竞争的激烈程度、用工成本与物价水平、经济发展状况、金融市场的不稳定性、自然资源、地理位置、自然条件、风俗习惯。

9.4 大学科技城协同创新风险评估

9.4.1 风险指标权重计算

指标权重的确定是否科学合理，对风险评估的准确性会造成很大的影响。因此，采取科学合理的方法设定指标权重对风险评估尤为重要。对重要的风险指标赋予较大的权重，次要的风险指标赋予较小的权重，以体现重要程度不同的风险指标对协同创新活动的影响差异，能够大幅提高风险评估的准确性。

指标权重确定的方法较多，如离差最大化客观赋权法、语言决策矩阵专家客观赋权法、新型符号距离的犹豫模糊多属性决策、FAHP-CEEMDAN(模糊层次分析—改进集合经验模态分解)指标赋权法等。鉴于FAHP-CEEMDAN指标赋权法既能够充分借鉴专家的经验，又能够最大限度地提取专家经验中的一致性成分，具有主观赋值法与客观赋值法的双重优势，因此，选取该方法作为大学科技城协同创新风险指标的权重确定方法。

为简化权重计算过程，所用变量和参数均用字母表示：假设专家有 m 个，编号为 q_i，其中，$i=1,2,\cdots,m$；待评估的风险指标有 n 个，编号为 c_j，其中，$j=1,2,\cdots,n$；通过模糊层次分析法得出专家对风险指标 c_j 的评价值序列为 $\omega(c_j)=(x_{1j}, x_{2j}, \cdots, x_{mj})$。

FAHP-CEEMDAN指标赋权法的原理是将专家评审意见中的主观成分和客观成分分开，剔除专家在评议中的主观成分，保留客观成分，通过对

保留部分求几何平均数的方式为每个指标赋权,具体步骤如下:

第1步:将评价值序列 $\omega(c_j)$ 中加入 t 次高斯白噪音 $g_i \sim N(0, \sigma^2)$,形成 t 个新的评价值序列,对新序列进行 EMD 分解,得到分量 IMF,对分量取均值,得到均值分量 $\overline{IMF_{j1}}$,该分量表示指标 c_j 的评价值序列中受专家主观判断影响最大的低频成分。

第2步:将指标 c_j 的评价值序列中受专家主观判断影响最大的低频成分剔除,得到残余的评价值序列:$\omega^1(c_j) = \omega(c_j) - \overline{IMF_{j1}}$。继续对残余的评价值序列中加入 t 次高斯白噪音并进行 EMD 分解,进而求取 IMF 均值分量,得到第二个均值分量:

$$\overline{IMF_{j2}} = t^{-1} \sum_{i=1}^{i=t} E_{j1}\left(\omega^1(c_j) + \varepsilon_{j1} E_{j1}[g(i)]\right) \tag{9-1}$$

式中,$E_{jk}(.)$ 表示第 j 个风险指标经过 EMD 分解之后的第 k 个 IMF 均值分量。

第3步:重复第1步、第2步,直到不能继续分解出符合要求的 IMF 均值分量,则循环结束。此时,残余的评价值序列就代表了专家对该风险指标评价的客观成分。

第4步:使用相同的方法,得出所有待评估风险指标中专家评议的客观成分。

第5步:对所有待评估风险指标的客观成分取几何平均数,得出每个风险指标的权重:

$$\varpi_u = \frac{\sqrt[m]{\prod_{t=1}^{m} \omega_t(C_u)}}{\sum_{j=1}^{n} \sqrt[m]{\prod_{t=1}^{m} \omega_t(C_j)}} \tag{9-2}$$

其中,$u = 1, 2, \cdots, n$。

9.4.2 协同创新风险评估

在对大学科技城协同创新风险进行识别之前,应根据协同创新活动所处的阶段选择相应的风险指标。在充分权衡了各个风险指标重要程度的基础上,结合专家对各个风险指标的评审意见,再通过上述的权重确定方法,为各个风险指标进行赋权。在此基础上采用证据推理,即可得出协同创新活动各阶段的风险指标综合评估值。

鉴于协同创新风险的不确定性,以及专家对风险指标评审建议的模糊性,采用二元语义语言对专家评审意见进行处理。二元语义语言能够较好地处理专家评审建议中的模糊信息,避免信息丢失,从而提高风险评估的准确性。在专家对风险指标给出评审建议的基础上，结合二元语义语言就能够得出各个风险指标评价值所属的语言评价等级的置信度。

若风险指标 c_j 的初始评价集为：$S(c_j)=(H_t, 1)$，表示风险指标 c_j 被评为等级 H_t 的置信度为：$T(i, j, t)=1$；若风险指标 c_j 的初始评价集为：$S(c_j)=(H_{t+a}, \alpha)$，表示风险指标 c_j 被评为等级 H_t 的置信度为：$T(i, j, t)=1-\alpha$，被评为等级 H_{t+1} 的置信度为：$T(i, j, t+1)=\alpha$；若风险指标 c_j 的初始评价集为：$S(c_j)=(H_t, 0)$，表示风险指标 c_j 被评为任意等级 H_t 的置信度为：$T(i, j, t)=0$，其中，$t=0, 1, 2, \cdots, 2N$。大学科技城协同创新风险指标综合评估值具体计算步骤如下：

第1步：计算风险指标 c_j 被评为等级 H_t 的群体置信度：

$$B(j,t) = \sum_{i=1}^{i=m} \lambda_i \times T(i,j,t) \tag{9-3}$$

式中，λ_i 表示专家 q_i 的权重。

第2步：采用证据推理算法得出大学科技城协同创新活动被评为等级 H_t 的置信度。以 $B(j, t)$ 作为证据，即可推理得出大学科技城协同创新活动在各个等级下的置信度，具体步骤如下：

(1) 令 d 表示专家们没有给出评价等级值的某一个风险指标的置信度。

(2) 根据 $m_{t,j}=\omega_i B(j,t)$，其中，ω_i 表示专家们对风险指标 c_j 的集成权重，$m_{t,j}$ 表示基本概率分配，进而得出：

$$m_{d,j} = 1 - \sum_{n=0}^{n=2N} m_{t,j} \tag{9-4}$$

式中，$m_{d,j}$ 表示剩余概率分配。

通过迭代得出每个等级 H_t 的概率密度：

$$m_{t,I(j+1)} = K_{I(j+1)}\left[m_{t,I(j)}m_{t,j+1} + m_{d,I(j)}m_{t,j+1} + m_{t,I(j)}m_{d,j+1}\right] \tag{9-5}$$

式中，$K_{I(j+1)} = \left(1 - \sum_{t=1}^{2N}\sum_{x=1, x\neq t}^{2N} m_{t,I(j)}m_{x,j+1}\right)^{-1}$ 表示规范化因子。

剩余概率密度：

$$m_{d,I(j+1)} = K_{I(j+1)} m_{d,I(j)} m_{d,j+1} \tag{9-6}$$

(3) 再根据上述算法计算出大学科技城协同创新活动被评为等级 H_t 的置信度为：

$$\beta_t = \frac{1-\beta_d}{1-m_{d,I(n)}} m_{t,I(n)} \tag{9-7}$$

式中，$\beta_d = \sum_{i=1}^{n}\omega_i\left(1-\sum_{t=0}^{t=2N}B(j,t)\right)$ 表示未能给出评价等级值的风险指标的置信度。

第3步：对二元语义语言符号进行集成。根据上述置信度计算公式，得出大学科技城协同创新活动在各个语言等级下的置信度为：$\beta_0, \beta_1, \cdots, \beta_N, \beta_d$，其中，各个语言等级下的置信度之和等于1。

通过 θ 转换函数将各语言等级评价值转化为二元语义信息，结果是：$\theta(H_0)=(H_0,0), \theta(H_1)=(H_1,0), \theta(H_2)=(H_2,0), \cdots, \theta(H_{2N})=(H_{2N},0)$。

若 δ 为大学科技城协同创新活动通过二元语义语言符号集成运算的结果。令：$\delta=\Delta^{-1}\beta_0\theta(H_0)+\Delta^{-1}\beta_1\theta(H_1)+\Delta^{-1}\beta_2\theta(H_2)+\cdots+\Delta^{-1}\beta_{2N}\theta(H_{2N})$，其中，$\Delta^{-1}$ 表示将二元语义语言转化为对应的数值的逆函数，则有：$\delta=\beta_0\times 0+\beta_1\times 1+\beta_2\times 2+\cdots+\beta_{2N}\times 2N$，易知：$\delta\in[\delta_{min},\delta_{max}]$，其中，$\delta_{min}=\beta_1\times 1+\beta_2\times 2+\cdots+\beta_{2N}\times 2N$；$\delta_{max}=\beta_1\times 1+\beta_2\times 2+\cdots+(\beta_{2N}+\beta_d)\times 2N$。进而得出：$\delta_{max}(j,\omega)\in[0,2N]$。

根据上述推断，易知 δ 满足 Δ 函数的转化条件。因此，通过 Δ 函数将 δ 转化成对应的二元语义信息为 $\Delta(\delta)=(H_t,\alpha_j)$，其中，$t=round(\delta)$，$round(.)$ 表示"四舍五入"取整算子，$\alpha_j=\delta-t$。

第4步：计算大学科技城协同创新风险指标综合评估值。在第4步的基础上，引入风险态度因子 λ，$\lambda\in[0,1]$，即可得出大学科技城协同创新活动中各阶段的风险指标综合评估值为：

$$\delta=\lambda\delta_{min}+(1-\lambda)\delta_{max} \tag{9-8}$$

9.5 协同创新风险预警研究

BP 神经网络模型是采用误差逆传播算法构建的多层前反馈模型，该模型能够模拟人脑的思维方式，学习和储存大量的输入—输出映射关系，无须事前揭示这种映射关系之间的数学关系式，具有很好的预测作用。因此，使用 BP 神经网络模型对大学科技城协同创新风险进行预警。

BP 神经网络模型通过输入协同创新活动中各阶段的风险指标综合评估值，能够准确地输出相应的风险指标综合预警值，具体步骤如下：

第1步：数据预处理，确定输入向量和期望输出向量。根据协同创新活动所处的阶段，确定相应的风险指标，通过专家对风险指标给出的评价值，确定输入向量为：$X_k=[x_1^k,x_2^k,\cdots,x_n^k]$，将协同创新活动实际的风险值作为期望输出向量：$Y_k=[y_1^k,y_2^k,\cdots,y_t^k]$。

第2步：确定 BP 神经网络模型输入层与隐含层之间的权重 W_{nj}、阈值

θ_j；隐含层与输出层之间的权重 V_{jt}、阈值 α_t，其中，W_{nj}、θ_j、V_{jt}、α_t 均属于 $[-1, 1]$。

第3步：根据输入向量 $X_k=[x_1^k, x_2^k, \cdots, x_n^k]$ 和输入层与隐含层之间的权重 W_{nj}、阈值 θ_j，即可求得隐含层的净输入值：$S_j^k = \sum_{i=1}^n W_{nj} x_i^k - \theta_j$。然后，将净输入值通过激活函数 $f(x) = \dfrac{1}{1+e^{-x}}$，得出隐含层的输出值 $z_j^k = f(S_j^k)$。

第4步：根据隐含层的输出值 z_k 和隐含层与输出层之间的权重 V_{jt}、阈值 α_t，即可求出输出层的净输入值：$\chi_r^k = \sum_{r=1}^t V_{jt} z_j^k - \alpha_t$。然后，通过激活函数求得输出层的输出值 $c_l = f(\chi_r^k)$，其中，$l=1, 2, \cdots, t$。

第5步：根据输出层的输出值 c_l^k 与期望输出 y_l^k，采用平方和误差函数计算得出全局误差为：

$$E = \frac{1}{2} \sum_{j=1}^n \sum_{l=1}^t \left(y_l^k - c_l^k \right)^2 \tag{9-9}$$

第6步：通过全局误差与临界误差进行对比，进行误差逆向传播，对隐含层与输出层之间的权重进行调整，其权重改变量为：

$$\Delta V_{jt} = E' \eta f'(\chi_r^k) z_j^k \tag{9-10}$$

第7步：根据调整之后的隐含层与输出层之间的权重，对输入层与隐含层之间的权重进行调整，其权重改变量为：

$$\Delta W_{nj} = E' \eta f'(S_j^k) V_{jt} f'(\chi_r^k) x_i^k \tag{9-11}$$

式中，η 为学习速率。

第8步：经过有限次权重的动态调整之后，全局误差低于临界误差，即网络收敛，模型设置完成。

第9步：采用二元语义语言对专家评审建议进行处理，并通过证据推理的方法得到协同创新活动中各阶段的风险指标综合评价值 δ_j。

第10步：将协同创新活动中各阶段的风险指标综合评价值 δ_j 作为构建好的 BP 神经网络模型的输入变量，即可得到相应的风险指标综合预警值 δ_s。

9.6 协同创新风险处理

在对大学科技城协同创新活动进行风险评估和预警的基础上，结合风险评估和风险预警评判标准，确定大学科技城协同创新活动当前风险的等级和预测未来可能发生风险的级别，为决策者采取相应的风险处理或规避措施提供依据。然而，由于大学科技城协同创新过程是动态发展的，以及协同创新风险因素的类别繁多，其风险具有复杂性和不确定性等特点。决策者难以迅速准确把握风险的来源，以及导致风险产生的关键因素，将严重影响风险的有效处理。鉴于此，提出基于数量分析的风险处理方法。

根据专家能否给出风险指标的评价值，将协同创新风险分为确定性风险和不确定性风险，进而将基于数量分析的风险处理方法分为确定性风险处理方法和不确定性风险处理方法。

9.6.1 确定性风险处理方法

从9.2.1节中风险处理的表述知道，对确定性风险，有效的处理方式是对导致风险产生的重要风险因素进行处理。采用集结算子对专家给出的评价值进行集结，得到各个风险指标的综合评价值，通过综合评价值乘以对应的指标权重的方式，得出各个风险指标的风险评估值。然后，对各个风险指标的风险评估值大小进行排序，将风险评估值大于风险评估参考值的风险指标确定为重要风险指标，对重要风险指标进行重点处理，从而降低确定性风险的影响作用。

集结算子的种类繁多，如算术平均集结（AA）算子、加权平均集结（WAA）算子和有序加权平均（OWA）算子和交互密度信息集结（IDA）算子等，但每个集结算子都有其优缺点和应用范围。因此，在选择时，应根据实际情况选择合适的集结算子。结合协同创新活动中风险指标和专家评价值的具体情况，在选用有序加权平均（OWA）算子的基础上，采用二元语义（T-OWA）算子对专家评价值进行信息集结，进而得出导致确定性风险产生的重要风险因素，并对重要风险因素进行处理，从而达到有效降低确定性风险的目的。具体步骤如下：

第1步： 根据专家 q_i 对确定性风险指标 c_j 给出的二元语义评价值 R_{ij}，得到专家判断矩阵 $R=(R_{ij})_{k \times m}$。

第2步： 采用T-OWA算子对专家判断矩阵第 l 行的二元语义评价值进行集结，得到第 l 个确定性风险指标的综合评价值 δ_l，具体计算见式(9-12)：

$$\Delta(\delta_l) = (R_l) = t(R_{1l}, R_{2l}, R_{3l}, \cdots, R_{ml}) = \Delta\left(\sum_{i=1}^{m}\omega_i h_i\right) \tag{9-12}$$

进而得出：$\delta_l = \sum_{i=1}^{m}\omega_i h_i$。

其中，h_i 表示按大小顺序排列，位于第 i 位的二元语义评价值；ω_i 表示第 i 位二元语义评价值所对应的权重，$\omega_i \in [0, 1]$ 且 $\sum_{i=1}^{m}\omega_i = 1$。

第3步： 采用模糊量化函数 $Q(x)$ 计算权重 ω_i，公式如下：

$$\omega_i = Q\left(\frac{i}{m}\right) + Q\left(\frac{i-1}{m}\right) \tag{9-13}$$

式中，$i=1, 2, 3, \cdots, m$。

对模糊量化函数定义如下：

$$Q(x) = \begin{cases} 0, & x \prec a \\ \dfrac{r-a}{b-a}, & a \leqslant x \leqslant b \\ 1, & x \succ b \end{cases} \tag{9-14}$$

式中，$a, b, x \in [0, 1]$。

在模糊量化函数中，存在"多数""至少一半"和"尽可能多"三种原则，其对应的参数 (a, b) 分别为：(0.3, 0.8)、(0, 0.5) 和 (0.5, 1)，在进行模糊量化运算时，选择"至少一半"原则。

第4步： 将第二步得到的综合评价值 δ_l 乘以相应的指标权重 ϖ_l，即可算出该确定性风险指标的评估值 δ_l'。

第5步： 将确定性风险指标的评估值 δ_l' 按大小顺序排列。

第6步： 对比确定性风险指标的评估值 δ_l' 与风险评估参考值 ζ，将 $\delta_l' \geqslant \zeta$ 的确定性风险指标定为重点处理对象，并采取相应的风险处理措施。

9.6.2 不确定性风险处理方法

对不确定性风险，有效的处理方式是对预警值超出风险预警参考值的风险指标进行优化，从而规避不确定性风险的损害。具体步骤如下：

第1步： 利用证据推理的方法求出不确定性风险指标 c_j 被评为等级 H_t 的置信度，具体步骤参照9.4.2节中的第2步。

第2步： 二元语义语言符号集成，具体步骤参照9.4.2节中的第3步。

第3步： 计算不确定性风险指标的综合评估值，具体步骤参照9.4.2节中的第4步。

第4步： 将不确定性风险指标的综合评估值作为输入变量，输入构建好的BP神经网络模型，即可得出不确定性风险指标的综合预警值，具体步骤参照9.5节中的第10步。

第5步： 利用线性规划求解，计算不确定性风险的预警参考值，具体计算方法如下。

$$\max Z = \delta_s(A_i)$$

$$\text{s.t.} \begin{cases} B_i \prec A_i \prec C_i \\ A = (A_1, A_2, \cdots, A_n) \\ B = (B_1, B_2, \cdots, B_n) \\ C = (C_1, C_2, \cdots, C_n) \end{cases} \quad (9\text{-}15)$$

式中，$i=1, 2, 3, \cdots, n$，B_i 表示对第 i 个风险指标最低的专家评价值，C_i 表示第 i 个风险指标最高的专家评价值，A_i 表示第 i 个不确定性风险指标的评价值。

第6步：运用 BP 神经网络模型求解该线性规划问题，得出不确定风险的预警参考值。

第7步：将不确定性风险指标的综合预警值和与之对应的预警参考值进行比较。

第8步：对大于预警参考值的不确定性风险指标进行优化。

9.7　大学科技城协同创新风险管理实证研究

本节选择新型3.0 m 天井钻机协同创新项目为例，应用本章建立的指标体系，以及提出的模型与方法，对大学科技城协同创新风险管理进行实证研究，以论证本书提出的风险预警模型、风险处理理论与方法。

随着世界采矿向深部发展，采矿工艺和方法不断改进，原来的成孔方式已不能适应采矿施工要求。传统成孔设备存在操作复杂，工人劳动强度大，稳定性不足等问题。为满足矿山大深度和大直径、高精度井筒开挖需要，岳麓山大学科技城中的长沙矿山研究院、中南大学、湖南有色重型机器有限责任公司等创新主体开展协同创新，拟研制出新型天井钻机，以确保井筒开挖产品具备环保节能，外形美观，操作简便，安全、可靠等优点，进一步满足矿山施工企业用户的需求。新型天井钻机是利用旋转钻破岩成孔，并能反向扩孔的井筒开挖机械设备。本次协同创新活动中，湖南有色重型机器有限责任公司是3.0 m 天井钻机的技术需求方，也是创新项目的提出方和创新主导单位。其具有多年的天井钻机生产加工经验，是国内天井钻机龙头生产企业，全国市场占有率达50% 以上，产品出口东南亚、非洲、南美和欧洲。中南大学的金属矿山采矿工艺和施工方法，在国际上都处于领先地位，在科学研究和服务矿山过程中，也对天井钻机有需求，在本次协同创新项目中，主要负责提出技术需求、提供工业试验场地和材料研究等方面的技术创新。长沙矿山研究院是国内最早研究出天井钻机的科研院所，在机械、控制、液压和工艺等方面，具有技术优势，是本次协同创新的主要技术提供方。

9.7.1 大学科技城协同创新风险识别

风险识别是有效管理风险的前提条件，通常是指在风险评估或预警前，对协同创新活动中导致风险的因素进行识别，确定风险因素。根据大学科技城3m天井钻机协同创新项目的风险指标和具体情况，分析与识别相关的风险因素。

1. 技术风险

长沙矿山研究院对矿山挖掘设备的研究已有五十多年历史，经验丰富，已经研发出1.0 m、1.5 m、2.0 m、2.5 m等多种规格型号的天井钻机，并在国内外矿山得到广泛应用。尽管长沙矿山研究院对设备研制具有一定的技术基础，但技术风险与项目所涉及的材料、机械、电气、工艺和应用场景等多个学科和技术领域相关，还涉及零部件加工、组装和调试等环节，由于技术因素的复杂多变，产品研制仍具有较大的不确定性。此外，在协同创新过程中，技术泄露或新产品被模仿的可能性，以及国外产品进入中国市场的可能性，都导致创新收益具有较大的不确定性。

2. 运营风险

湖南有色重型机器有限责任公司存在融资能力不足、创新运营资金投入不够等问题。由于3.0 m天井钻机样机制造需要投入资金200多万元，还需要研发经费、机械性能测试经费，以及现场工业试验等费用，且每个环节需要协同创新伙伴、测试机构、矿山企业，以及各专业人员的紧密配合，在这期间不能出现差错，才能保证创新活动持续推进。长沙矿山研究院、湖南有色重型机器有限责任公司和中南大学等创新主体各自均具有独立性，利益诉求也存在较大差异，在具体协同创新过程中表现出多主体之间的协同管理难度大，各主体在创新活动投入上存在投入意愿不强等不确定性。

3. 合作风险

合作风险是指因合作主体本身性质、文化背景和价值观、协同目标、信任程度等差异以及信息不对称而产生的风险。3.0 m天井钻机协同创新项目的实施，参与主体包括高校、科研院所和企业等主体，在合作方面有较大优势，在人才、技术、沟通和交流等方面具有良好的基础。但由于参与协同创新项目的主体在文化和管理制度上的差异性、技术协同创新等方面的信息不对称等，有可能导致协同创新项目的创新文化氛围较差，影响合作主体之间的沟通交流和知识传递，从而导致协同创新的效果具有不稳定性。同时还可能会有参与协同创新主体间因利益分配不公而造成的合作风险。合作和资源共享的前提条件是公平的分配机制。根据公平理论，当协同创新主体对利益分配感觉不合理时，就会产生合作风险，影响协同创新项目的顺利实施。

4. 人才风险

创新人才是保证协同创新项目顺利推进与最终成功的关键因素，机械、控制、材料和工艺等技术人才可以从协同创新伙伴中南大学和长沙矿山研究院选择。但在研制过程中，可能会出现人才流动现象，如长沙矿山研究院的采矿专家辞职到矿山企业工作、中南大学的材料专家自己开办企业、湖南有色重机的生产工艺专家辞职到三一、中联工作等。对于创新主体而言，人才流失和人才队伍结构不合理是造成协同创新活动失败的重要风险，因此，创新主体应采取措施打造好创新团队，并稳定人才队伍。

5. 政策与法律环境风险

自改革开放以来，我国政策具有较好的稳定性和持续性，而且在我国创新发展战略中，国家鼓励高校、企业之间开展协同创新，并颁布了一系列鼓励协同创新的政策。尤其在党的十九大报告中，特别提出要突破利益固化的藩篱。3.0 m 天井钻机是智能地下矿山装备，符合国家产业政策，特别是国家建设绿色矿山的相关文件、标准与制度，要求矿山在施工过程中，严格禁止人工打孔、爆破成孔等施工方式，有利于智能化矿山装备在矿山的推广应用，可见 3.0 m 天井钻机协同创新项目没有政策与法律方面的风险。

6. 市场环境风险

新产品推出后，客户由于对其外观、设计、性能、质量不了解而往往持观望态度，以及人们的消费惯性等因素影响，新产品很难马上被市场所接受，从而使企业难以对市场容量大小和范围做出准确的估计。新产品常常面临着激烈的市场竞争：一是市场上可能已存在性能、品质和档次较低的同类产品，新产品推出后，竞争对手通过低价策略与新产品抢占市场，或者通过模仿推出类似产品竞争。二是由于科学技术的进步、市场的变化和替代产品的出现，造成工艺的变更，或消费习惯的改变，使新产品生命周期缩短。三是由于缺乏销售渠道和网络，新产品不能及时得到市场认可，造成市场份额占比小，市场规模不及预期等风险。

在 3.0 m 天井钻机协同创新项目中，湖南有色重型机器有限责任公司对市场环境特别关注。新型天井钻机成果可实现生产过程的节能环保，提高工作效率，降低工人劳动强度等，可广泛应用于矿山开采，具有显著的经济和社会效益。长沙矿山研究院、中南大学在分析了该产品能给企业带来更好效益的情况下，提出了对该设备的协同创新需求。因此，只要该设备研制成功，就可以直接运用于长沙矿山研究院和中南大学设计的矿山施工项目，也可以由湖南有色重型机器有限责任公司应用该设备承包通风孔、溜井的施工，还可以由湖南有色重型机械有限责任公司负责生产，然后面向矿山施工企业和矿山推广。因此，由于协同主体都具有市场资源，降低了项目的市场风险，有利于该产品的进一步推广应用。

7. 经济环境风险

经济环境影响企业创新的效益。我国经济发展进入新常态，经济保持稳定运行，创新产品在这样的环境下有较好的发展空间。然而，目前国际贸易形势复杂，具有较大的不确定性，在一定程度上对国内经济产生不利的影响。

8. 社会文化环境风险

社会文化环境在3.0 m天井钻机协同创新项目的研制中影响较小。

结合上述项目风险分析，根据本章所确定的风险指标如表9-5所示，将其作为风险评估与风险预警的指标。

表9-5　大学科技城协同创新阶段风险指标

一级指标	二级指标	
技术风险	新技术成熟度 C_1	新技术易模仿或替代 C_2
运营风险	财务能力 C_3	管理能力 C_4
人才风险	人才流失的可能性 C_5	人才结构的合理性 C_6
合作风险	沟通和交流 C_7 文化差异 C_9 激励问题 C_{11}	技术水平的一致性 C_8 溢出效应 C_{10}
政策与法律环境风险	政策的稳定性 C_{12} 政策制定和实施的滞后性 C_{14}	政策是否具有连续性 C_{13}
市场环境风险	产品市场状况 C_{15}	市场规模不确定 C_{16}
经济环境风险	经济发展态势 C_{17}	物价水平的不确定性 C_{18}
社会文化环境风险	文化教育 C_{19}	价值观 C_{20}

9.7.2　大学科技城协同创新风险评估

近年来，岳麓山大学科技城加大了对协同创新人力、物力和财力等方面的投入力度。由于创新投入较大，协同创新牵头主体加强了对协同创新过程的风险管理，因为一旦协同创新项目失败，将会给创新主体造成较大损失。

为有效管理协同创新过程中的风险，由协同创新核心主体牵头，外聘风险管理专家，并设置了协同创新风险管理小组，依据风险管理流程与评价指标进行评估。由决策者综合考虑风险影响效果与风险发生的概率，采用二元语义直接给出风险值，二元语义评价值共分为五个评价等级。

协同创新风险管理小组定期启用风险评估方法对当前风险进行评估，以帮助创新主体了解和掌握当前风险值的大小，以便及时发现风险和处理风险。决策者 $d_i(i=1,2,3,4)$ 采用二元语义值对协同创新风险指标进行评价，风险指标共有18个（其中，由于本项目社会文化环境稳定，暂不选用社会文化环境风险指标），分别用 $C_j(j=1,2,\cdots,18)$ 表示。决策者对协同创新项目的总体语言偏好值为：d_1 给出 $H_{3.5}$，d_2 给出 H_3，d_3 给出 $H_{2.5}$，d_4 给出 $H_{3.5}$。决策者直接给出各风险指标的二元语义评价值，如表9-6所示。

表9-6 岳麓山大学科技城协同创新风险的二元语义评价

决策者	指标								
	C_1	C_2	C_3	C_4	C_5	C_6	C_7	C_8	C_9
d_1	$H_{3.5}$	H_3	H_3	H_4	H_4	H_3	$H_{3.5}$	$H_{3.5}$	H_3
d_2	H_3	$H_{2.5}$	$H_{2.5}$	H_2	H_3	$H_{2.5}$	H_2	H_3	$H_{3.5}$
d_3	$H_{3.5}$	$H_{2.5}$	$H_{3.5}$	H_4	$H_{3.5}$	$H_{2.5}$	H_2	$H_{2.5}$	H_2
d_4	H_4	H_3	H_2	H_2	H_3	$H_{2.5}$	H_2	$H_{2.5}$	H_2

决策者	指标								
	C_{10}	C_{11}	C_{12}	C_{13}	C_{14}	C_{15}	C_{16}	C_{17}	C_{18}
d_1	$H_{3.5}$	H_3	H_3	$H_{3.5}$	H_3	H_3	H_4	H_2	$H_{2.5}$
d_2	H_3	$H_{2.5}$	H_3	$H_{2.5}$	H_2	$H_{3.5}$	H_2	H_3	H_2
d_3	H_4	H_2	H_3	H_2	H_3	H_4	H_2	H_3	H_2
d_4	$H_{2.5}$	$H_{2.5}$	$H_{3.5}$	$H_{2.5}$	H_2	$H_{3.5}$	$H_{2.5}$	H_2	$H_{2.5}$

依据主、客观赋权方法，计算出大学科技城协同创新风险指标权重如下：

$w_i=\{0.060\ 2, 0.072\ 3, 0.024\ 1, 0.084\ 3, 0.036\ 1, 0.096\ 4, 0.048\ 2, 0.072\ 3, 0.024\ 1, 0.060\ 2, 0.036\ 1, 0.036\ 1, 0.084\ 3, 0.060\ 2, 0.036\ 1, 0.060\ 2, 0.036\ 1, 0.072\ 3\}$

采用基于证据推理的协同创新风险评估方法，计算项目风险指标值 θ。

$$\theta=\lambda\theta_{\min}+(1-\lambda)\theta_{\max}$$

式中，风险态度因子 $\lambda=0.5$，计算可得到：$\theta=H_{2.8}$。

通过对目前风险状态的评估,得到综合风险综合影响值为 $H_{2.8}$,根据风险评判标准,$H_1 < \theta < H_3$。

由此可知,目前风险影响值虽然在接受范围内,不需要启动危机管理,但需要采取风险处理措施与行动,对当前风险进行处理。

9.7.3 大学科技城协同创新风险预警

在开展3.0 m天井钻机协同创新项目风险预警前,先对神经网络进行训练,以获得良好的预警模型。将大学科技城已成功产业化的多个协同创新项目的经验数据,作为神经网络的学习样本,通过样本学习,训练得到具有良好经验的神经网络预警模型。定期启用风险预警模型对未来风险进行预测,以便及时采取措施,有效预防和处理风险。

专家给出了协同创新项目指标的风险评价值,如表9-7所示,利用指标评值和训练好的神经网络预警模型,即可预测研发阶段未来一段时间的风险值。

表9-7 决策者给出的风险预警指标评价值

决策者	指标								
	C_1	C_2	C_3	C_4	C_5	C_6	C_7	C_8	C_9
d_1	$H_{3.5}$	$H_{2.5}$	H_3	$H_{3.5}$	H_4	$H_{2.5}$	H_3	$H_{2.5}$	H_4
d_2	H_3	H_2	H_3	$H_{2.5}$	H_2	$H_{3.5}$	H_3	H_3	H_2
d_3	H_4	H_2	H_4	$H_{2.5}$	$H_{2.5}$	$H_{3.5}$	$H_{2.5}$	$H_{2.5}$	H_4
d_4	$H_{2.5}$	H_2	H_4	H_2	H_2	$H_{3.5}$	H_2	H_2	$H_{3.5}$

决策者	指标								
	C_{10}	C_{11}	C_{12}	C_{13}	C_{14}	C_{15}	C_{16}	C_{17}	C_{18}
d_1	H_3	$H_{2.5}$	H_4	$H_{3.5}$	H_3	$H_{3.5}$	H_3	H_3	H_3
d_2	H_3	H_2	$H_{3.5}$	H_2	H_2	H_3	H_4	H_2	H_4
d_3	$H_{3.5}$	$H_{2.5}$	$H_{3.5}$	H_2	$H_{2.5}$	H_4	H_2	H_2	$H_{3.5}$
d_4	$H_{2.5}$	H_2	$H_{3.5}$	$H_{2.5}$	H_2	$H_{3.5}$	H_2	H_2	$H_{2.5}$

通过采用风险预警模型,可计算得到该协同创新项目的风险预测值 θ_f,$\theta_f = H_{2.9}$。

根据预测结果与评判标准的比较,$H_1 < \theta_f < H_3$,可知无须马上采取行动,但需加强风险监测,并做好风险预防措施。

9.7.4 大学科技城协同创新项目风险处理

根据9.7.2节中计算所得的风险评估值与9.7.3节中计算所得的风险预警值,分别参考各风险评判标准,可知该项目存在风险,且需要采取风险处理措施。根据项目风险数据可知，风险指标值为确定性的二元语义值，无约束条件给出。因此，可采取基于确定性的风险处理方法。由风险指标评价值与模糊量化算子 Φ 确定的客观权重计算各指标下风险值，根据各指标风险值的大小，选择具有重要影响的风险指标，并进行有针对性的处理。

利用 OWA 算子对评估矩阵 V 中第 k 列的二元语义评估值进行集结，得到该项目指标 c_k 的综合指标值 z_k。结合风险指标权重 w_k，计算最终协同创新项目各风险指标集结值 r_k。

r_k={0.167 5, 0.431 3, 0.352 1, 0.113 5, 0.162 1, 0.132 5, 0.230 1, 0.112 3, 0.152 3, 0.162 7, 0.052 9, 0.053 1, 0.168 6, 0.132 7, 0.1397, 0.213 6, 0.132 1, 0.084 3}

本书取风险参考值 $\xi=0.2$，根据风险值 r_k 的大小进行排序并与 ξ 比较，可得 $C_2 \succ C_3 \succ C_{10} \succ C_{16} \succ C_7 > \xi=0.2$，由此，选择这5个风险指标进行分析处理。

(1) 新技术易模仿或替代 C_2。新技术被模仿与被替代所带来的风险较大，由于市场需求大，已知北京和常州等地有多家企业也在开发同类产品，如果研发周期太长，则进入市场就会面临激烈的市场竞争。因此，必须密切关注行业现有产品与竞争对手同类产品的研究进展，并加大投入，加快产品研发进度，尽快将产品研制成功，并投入市场，从而快速占领市场，避免激烈的市场竞争的可能性，真正让3.0 m天井钻机成为企业核心竞争产品。

(2) 财务能力 C_3。财务能力是协同创新活动顺利推进的重要保障，也是本项目风险较为突出的重要因素。由于协同创新项目需要投入大量资金，为确保项目顺利推进，需要湖南有色重型机械有限责任公司具备较强的财务能力，其中，重点要提升财务活动能力，主要包括筹资能力、投资能力、资金运用能力和分配能力，从而降低协同创新风险。

(3) 溢出效应 C_{10}。溢出效应风险主要体现出创新主体从自身利益出发，避免外部模仿者和竞争者的抢占创新收益。溢出效应主要来自两个方面：一是来自示范、模仿和传播；二是来自竞争。前者是技术信息差异的增函数，后者主要取决于主体企业与当地市场特征及相互影响。创新主体应正确面对溢出效应风险，要建立自身核心能力，加强知识产权保护，防止被外部竞争者非法仿制。

(4) 市场规模 C_{16}。3.0 m天井钻机作为新产品，由于还未投入市场，还需要做大量培育工作，以提升市场的认知度。作为成果转化主体湖南有色重型机器有限责任公司需要提前参与市场调研，积极与客户交流，参加专业展会，多途径宣传产品以提升市场规模。

(5) 沟通和交流 C_7。协同创新过程中的沟通与交流应作为一种长效机制加以贯彻，不仅让研发成员之间进行技术的沟通与交流，而且加强湖南有色重型机器有限责任公司与中南大学、长沙矿山研究院之间的沟通与交流，让技术研发与应用有效对接，降低因沟通与交流不足而引起的创新项目风险。

9.8 本章小结

大学科技城协同创新涉及多种创新主体、多种创新模式、多种创新环境，既存在内部风险，也面临外部风险。大学科技城创新主体在推进协同创新过程中，只有组建风控小组，构建风控体系，强化风险管控，精准识别风险，客观评估风险，提前预测风险，及时处置风险，才能有效管控风险，提高大学科技城协同创新效率和收益。

为有效探究大学科技城协同创新风险因素及其作用机理，以及评价、预测与管控方法，本章首先理顺了大学科技城协同创新风险管理流程，建立了风险评估标准，并通过比较分析几种协同创新风险识别方法的应用场景和优势劣势，将专家评审法确定为协同创新风险识别方法。然后，分析了技术风险、运营风险、人才风险和协同风险等内部风险，以及政策法律、市场环境、经济环境、自然环境和社会文化环境等外部风险，在此基础上针对协同创新所处不同阶段，构建了协同创新风险指标体系。接着，在比较分析多种赋权方法的基础上，确定了指标赋权法，构建了基于证据推理的二元语义风险评估方法和二元语义 BP 神经网络风险预警模型，对确定性风险和非确定性风险分别提出了风险处理办法和管理措施。最后，对岳麓山大学科技城企业——湖南有色重型机器有限责任公司的 3.0 m 天井钻机协同创新项目进行实证分析，借助所构建的指标体系与模型进行了风险评价与风险管理，针对已发生的和可能出现的风险，分别提出了处理办法和管控措施，实证分析结果验证了所构建的评价方法与理论模型科学有效，能较好地应用于大学科技城协同创新项目的风险评价与风险管理。

大学科技城协同创新风险评估与预测实证研究表明，我国大学科技城协同创新最大的风险是技术风险，如技术被替代，关键技术不能有效突破等风险，因此，在开展协同创新时，创新伙伴选择非常关键。其次是创新投入风险，协同创新需要高投入，如果创新主体自有资金不足，政府补贴和金融机构对协同创新支持力度不够，则容易导致协同创新不能按时有效推进。因此，一方面大学科技城应制定强有力的资金扶持政策，另一方面，创新主体在开展协同创新时，应尽量筹集足够的创新资金，避免创新资金不足导致的风险。另外，知识产权保护法律法规不健全，导致协同创新成果容易被模仿，以及协同创新主体之间沟通不顺，利益分配不合理，信息不对称等都是协同创新主要风险因素。大学科技城主体在开展协同创新过程中，应重点关注高风险因素和高风险环节，提前做好风险防控预案。

  本章虽然建立了大学科技城协同创新风险指标体系、评价方法和预警模型，能实现大学科技城协同创新风险管理，但是协同创新指标体系没有考虑到不同的协同创新模式，在实际应用过程中，指标体系和指标权重会有较大差别。另外，虽然提出了确定性风险和不确定性风险的处置策略和思路，但对如何有效处置风险、管控风险，还没有提出行之有效的具体措施，这些问题有待于继续深入研究。

第10章 大学科技城协同创新体系优化研究

大学科技城作为区域协同创新体系的重要载体,是推进创新型国家建设的重要组成部分,具有较强的辐射带动作用,能有效推动科技与经济的高质量发展。当前,我国在推进大学科技城建设过程中,尽管取得了可喜成绩,积累了丰富经验,但仍存在协同创新能力不强、协同创新效率不高、协同创新体系不完善等问题。因此,如何进一步优化大学科技城协同创新体系,创建良好的创新环境,有效提高协同创新能力,管控协同创新风险,提升协同创新效率和协同创新成果转化绩效,是大学科技城面临的主要问题。本章将系统分析大学科技城协同创新体系,阐释协同创新影响机理,剖析问题根源,提出大学科技城协同创新体系的优化路径。

10.1 大学科技城协同创新体系发展现状

当前,世界各国不断加大对大学科技城的建设投入,纷纷提供优惠的政策支持,努力营造良好的协同创新环境。在创新型国家建设的总体战略下,我国各级地方政府高度重视大学科技城等创新引领示范区的发展,提出了集聚科技人才和创新资源的发展战略,积极推动大学科技城的建设与发展,通过完善协同创新体系,增强核心竞争力,打造区域经济发展的强大内生动力源,将大学科技城建设成为区域科技进步和经济发展的引领者。政策体系既是大学科技城协同创新体系的重要组成部分,也是优化完善大学科技城协同创新体系的重要工具和有效手段,因此,将重点分析我国大学科技城协同创新体系的演化发展,梳理我国与大学科技城协同创新体系相关的政策措施。

10.1.1 大学科技城协同创新体系

协同创新是大学科技城技术创新的重要模式。大学科技城协同创新体系是一个有机创新生态系统,由多个相互关联的子系统组成,不仅包括高校、科研院所、企业、政府和中介机构等子系统,也包括技术创新、产业发展、创新平台、中介服务和人才培养等构成的子系统,还包括文化环境、市场环境、基础设施和政策环境等子系统，这些子系统相互影响、相互促进、相互耦合，是不可分割的有机整体。

从主体构成来看，大学科技城协同创新体系一般是由高校、科研院所、企业、政府和中介机构等主体共同组成的创新系统，各相关主体之间又形成相对独立的子系统。各子系统内部主体，以及子系统之间通过分工协作，实现要素流动与资源共享。参与大学科技城协同创新的主体众多，区域内各主体的产权关系、管理层级和利益诉求各不相同，且不断变化，而主体又是区域内产业、经济、功能、空间等要素的载体，相互交叉融合。同时，大学科技城协同创新网络也与当地区域环境有效叠加。因此，大学科技城协同创新体系是一个复杂的创新系统。大学科技城协同创新体系详见图10-1。

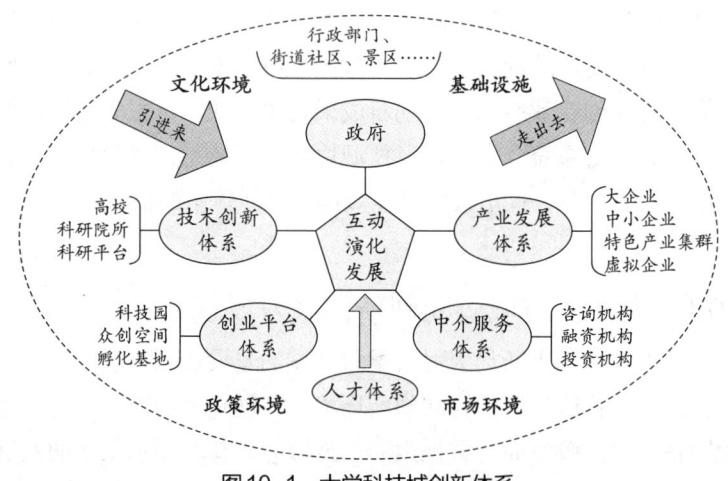

图10-1 大学科技城创新体系

从功能服务来看，大学科技城协同创新体系包括技术创新、产业发展、创新平台、中介服务和人才培养等子系统。其中，技术创新是大学科技城的基本功能、发展动力和发展路径。企业、高校和科研院所是协同创新的重要主体，大学科技城的主要职能是培育创新企业、释放创新活力、激发创新潜力。产业发展是目标，主要通过搭建完善的孵化平台，营造良好的协同创新环境，促进创新主体协同发展，推进创新成果转化并实现其市场价值；产业发展既要依托已有产业基础，又要重视创新成果的孵化，还要结合大学科技城资源条件，培育和壮大特色产业及产业集群。借助互联网、大数据和云计算等技术，突破行政区域限制，推动协同创新成果向更大范围拓展，真正把大学科技城打造成技术创新的策源地和产业发展的孵化地。人才培育、创业平台和中介机构服务于协同创新和产业转化，是大学科技城发展的重要基础支撑,是技术创新和产业转化的催化剂,是大学科技城管理机构支持的重要对象。政府是创新系统的引导者和创新秩序的维护者,是产业政策、人才政策、科技政策和创新创业政策的制定者和执行监管者。同时,区域整体规划、基础设施完善和环境优化等都离不开政府的主导和参与。

构成大学科技城协同创新体系的子系统分工协同,相互作用、相互关联、相互耦合,实现要素流动和资源共享。各系统之间的协同度不断由失衡到协调,又由协调到失衡,不断螺旋向上发展。同时,要素和资源在子系统之间、创新体系与外部环境之间进行交换、流动,也不断从失衡到平衡,平衡到失衡往复运行,从而推动大学科技城协同创新体系不断优化完善。

10.1.2 大学科技城协同创新政策梳理

1. 宏观视角:国家相关政策梳理

当前我国经济发展模式正处于资源经济向知识经济转型的初始阶段,创新模式也正由传统的线性创新向非线性创新转变,以及传统的闭合式自主创新向开放式协同创新转变。政策制度是引导和推动协同创新发展的重要工具,也是大学科技城协同创新体系的重要组成部分。近年来,我国政府在加快创新型国家建设过程中,制定了系列促进创新发展的政策,并积极推动政策的落实,有效优化了创新环境,提升了创新能力和创新水平。为全面分析我国大学科技城协同创新体系宏观政策环境子系统的运行状况,对我国改革开放以来,与创新发展、大学科技园和大学科技城有关的政策制度颁布与实践情况,按"十一五"前、"十一五"、"十二五"和"十三五"四个时期,进行系统梳理。

(1)"十一五"前(1985—2006)的政策梳理。早在1989年,时任国务院总理李鹏在《政府工作报告》就提出实施"火炬"计划,目的是要大力促进高技术成果的商品化和产业化。1995年,全国科学技术大会全面部署了国家科技工作,科技进步上升到了一个战略高度。1999年8月,为支持发展高等学校科技园区,培育一批知识和智力密集、具有市场竞争优势的高新技术企业,推进产学研实施,促进科技与经济的发展,我国颁布了《中共中央、国务院关于加强技术创新,发展高科技,实现产业化的决定》;同年12月,科技部、教育部发布的《关于组织开展大学科技园建设试点的通知》提出了大学科技园建设的必要性和原则,推选10个左右首批试点的大学科技园,通过试点积累经验,快速稳健扩大推广范围。同时,国务院还成立了专门的组织领导机构,加大对科技教育工作的指导,提高了科教的财政支持力度，大力推进改革，加快构建国家创新体系，重点解决科技创新与经济发展不匹配的问题，促进科技成果转化和人才流动。2004年，教育部和科技部联合颁布了《关于进一步推进国家大学科技园建设与发展的意见》，进一步明确了大学科技园的发展思路与建设目标，这些政策的出台，有效促进了我国大学科技园的快速发展。在国家政策支持下，2005年，全年研究与试验发展经费支出2 367亿元，比2004年增长20.4%，占国内生产总值的1.30%。全年国家安排了288项科技攻关计划课题和911项"863"计划课题。新建国家工程研究中心19个。国家认定企业技术中心达到361家。全年受理国内外专利申请47.6万件。神舟六号载人航天飞行取得圆满成功，标志着我国在一些重要科技领域达到世界先进水平。

表10-1 "十一五"前出台的主要相关政策

时间	政策名称	发布机构	主要内容	目的
1999年8月	关于加强技术创新，发展高科技，实现产业化的决定	中共中央、国务院	通过深化改革，从根本上形成有利于科技成果转化的体制和机制，加强技术创新，发展高科技，实现产业化	发挥科技第一生产力的强大作用，努力提高国民经济整体素质，增强综合国力，把我国社会主义现代化建设事业推向前进
1999年9月	关于开展大学科技园建设试点的通知	科技部、教育部	明确了推动大学科技园建设的必要性和原则，首批推选10个左右有较好工作基础的大学科技园进行试点，在积累经验的基础上逐步推广	为进一步深化科技、教育体制改革，加快高新技术产业化进程，推动大学科技园在新形势下更快更好地发展
2004年12月	关于进一步推进国家大学科技园建设与发展的意见	科技部、教育部	深入实施"科教兴国"战略，深化科技、教育体制改革，推动科技、教育与经济紧密结合，坚持走产学研结合的道路，积极推进世界一流大学和高水平研究型大学建设，加快科技成果转化和高新技术产业化进程，推动国家大学科技园建设与发展	为进一步贯彻落实党的十六大、十六届三中、四中全会精神和《中共中央、国务院关于加强技术创新，发展高科技，实现产业化的决定》，深入实施科教兴国战略；加快国家大学科技园建设与发展

这一时期，大学科技园已得到各级政府的重视，不少大学科技园已初见成效，取得了较大成绩。截至2005年，入驻国家大学科技园的企业总数已经达到了6 075家。其中，高新技术企业有1 746家，由高校师生自办的企业数量达到了1 110家。国家大学科技园有各类服务机构数达到了595家。

2005年企业总收入为271.9亿元，工业总产值为201.1亿元。

(2) "十一五"期间(2006—2010)的政策梳理。"十一五"期间，我国出台了系列中长期创新政策，包括《关于实施科技规划纲要增强自主创新能力的决定》《国家中长期科学和技术发展规划纲要(2006—2020年)》《关于印发实施〈国家中长期科学和技术发展规划纲要(2006—2020年)〉若干配套政策的通知》《中华人民共和国科学技术进步法》《国家中长期人才发展规划纲要(2010—2020年)》等，具体内容详见表10-2。这些政策的出台为我国创新发展指明了方向，确立了原则。"十一五"期间，企业技术创新主体地位得以增强，在国家科技成果奖获奖项目中，68%的项目由企业牵头或参与完成。产学研融合发展日渐紧密，产业技术创新联盟建设效果明显，搭建了数控机床高速精密化、汽车轻量化、半导体照明、杂交水稻等56个联盟。战略性新兴产业和多数重点振兴产业均布局了创新联盟，聚集了1 100多家行业龙头企业、重点高校和科研机构。区域协同创新体系建设步伐加快，北京中关村、武汉东湖国家自主创新示范区建设取得初步成效。建设了一批国防科技生产基地和军口国家重点实验室，军民融合项目研发和技术转化活动不断推进。技术创新中介服务体系不断拓展和完善，全国69家大学科技园(城)已成为我国技术转移和成果转化的重要载体。

"十一五"期间，随着各项政策的相继出台、落地，政策效应也逐步显现，我国中央财政科技投入年均增速保持在20%以上，其中，2009年中央财政科技投入为1 512亿元，带动整个社会研发支出5 802亿元。2010年底，全国大学科技园(城)拥有自主支配场地814.5万平方米，入驻6 617家在孵企业，累计孵出企业4 364家。2010年，累计实现4 606项科技成果转化，在孵企业申请5 603项专利，其中发明专利2 333项。

(3) "十二五"期间(2011—2015)政策梳理。为进一步提升国家创新发展能力，"十二五"期间，我国围绕国家创新体系、高校创新能力、协同创新中心、区域创新改革试验、创新人才，以及创新保障体系建设等方面出台了相关政策，主要包括《关于印发国家中长期科技人才发展规划(2010—2020年)的通知》《关于印发国家大学科技园十二五发展规划纲要的通知》《关于深化科技体制改革加快国家创新体系建设的意见》《关于实施高等学校创新能力提升计划的意见》等，具体内容详见表10-3。在此期间，我国科技创新体制改革向纵深化迈进，市场导向的协同创新机制逐步完善，创新资源统筹协调能力进一步增强，企业技术创新的主体地位得以进一步提升，技术协同创新深入开展，全球顶尖科技人才、研发机构等优质创新资源快速向优势创新区域、产业等集聚整合。全社会创新创业生态不断优化，我

表10-2 "十一五"期间出台的主要相关政策

时间	政策名称	发布机构	主要内容	目的
2006年1月	关于实施科技规划纲要增强自主创新能力的决定	中共中央、国务院	创新体制机制,并从财税、金融、政府采购、知识产权保护、人才队伍建设等方面制定一系列政策措施,加强经济政策和科技政策的相互协调,形成激励自主创新的政策体系	抓住发展机遇期,增强自主创新能力,努力建设创新型国家
2006年2月	国家中长期科学和技术发展规划纲要(2006—2020年)	国务院	确定11个国民经济和社会发展的重点领域,并从中选择任务明确、有可能在近期获得突破的68项优先主题进行重点安排	旨在促进我国科技技术、国防事业、环境保护事业的创新发展
2006年2月	关于印发实施《国家中长期科学和技术发展规划纲要(2006—2020年)》若干配套政策的通知	国务院	涉及科技投入、税收激励、金融支持、政府采购、进一步消化吸收再创新、知识产权、人才队伍、教育与科普、科技创新基地与平台、加强统筹协调等方面的举措	营造激励自主创新的环境,推动企业成为技术创新的主体,努力建设创新型国家
2006年11月	国家大学科技园认定和管理办法	科学技术部、教育部	深化科技和教育体制改革,提高自主创新能力,加快科技成果转化和产业化,加强和规范国家大学科技园的建设和运行管理,明确国家大学科技园功能与定位、认定与管理	为落实《国家中长期科学和技术发展规划纲要(2006—2020年)》,全面推动国家大学科技园的快速健康发展,进一步加强和规范国家大学科技园的管理
2007年12月	中华人民共和国科学技术进步法	全国人大常委会	主要对科学研究、技术开发与科学技术应用,企业技术进步,科学技术成果开发与研究开发机构,科学技术人员,保障措施,法律责任等进行阐述	发挥科学技术第一生产力的作用,促进科学技术成果向现实生产力转化,推动科学技术为经济建设和社会发展服务
2010年6月	国家中长期人才发展规划纲要(2010—2020年)	中共中央、国务院	提出实施产学研合作培养创新人才政策。建立政府指导下,以企业为主体,市场为导向,多种形式的产学研教育联盟,通过建立科技创新平台,开展合作教育,共同实施重大项目等方式,培养高层次人才和创新团队	为实现全面建设小康社会奋斗目标提供坚强的人才保证和广泛的智力支持

表10-3 "十一五"期间出台的主要相关政策

时间	政策名称	发布机构	主要内容	目的
2011年7月	关于印发国家中长期科技人才发展规划（2010—2020年）的通知	科技部、人力资源和社会保障部、教育部、中国科学院、中国工程院等	明确了创新人才管理、培养开发、评价激励、流动配置以及培育创新文化环境等机制的改革思路	为加快建设人才强国，实现建设创新型国家和全面建设小康社会奋斗目标提供人才保证
2011年8月	关于印发国家大学科技园十二五发展规划纲要的通知	科学技术部、教育部	国家大学科技园要充分发挥依托高校的创新优势，围绕优势学科，促进技术转移和成果转化，推动高校师生的科技创业，提升服务能力，培育创新创业人才；集聚服务资源，面向区域经济发展的重点产业，加速创新要素对接和互动，促进产业集群、创新集群和战略性新兴产业的培育产业发展	为贯彻落实《国家中长期科学和技术发展规划纲要（2006—2020年）》《国家中长期人才发展规划纲要（2010—2020年）》《国家中长期教育改革和发展规划纲要（2010—2020年）》，进一步推动我国大学科技园在"十二五"期间的持续、健康发展
2012年3月	关于实施高等学校创新能力提升计划的意见	教育部、财政部	构建协同创新平台与模式，建立协同创新机制与体制	积极推动协同创新，促进高等教育与科技、经济、文化的有机结合，大力提升高等学校的创新能力，支撑创新型国家和人力资源强国建设
2012年9月	关于深化科技体制改革加快国家创新体系建设的意见	中共中央、国务院	强化企业技术创新主体地位，促进科技与经济紧密结合；加强统筹部署和协同创新，提高创新体系整体效能；改革科技管理体制，促进科技资源高效利用；完善人才发展机制，激发科技人员积极性和创造性；营造良好环境，为科技创新提供有力保障等	加快推进创新型国家建设，全面落实《国家中长期科学和技术发展规划纲要（2006—2020年）》

续表

时间	政策名称	发布机构	主要内容	目的
2014年4月	关于印发《2011协同创新中心建设发展规划》等三个文件的通知	教育部、财政部	发挥高校改革的主动性和创造性，切实落实各方面的政策支持措施，真抓实干，务求实效；积极联合国内外优势力量，广泛汇聚创新要素与资源，深入推动机制体制改革，努力营造协同创新的环境和氛围	进一步加强宏观指导，明确2011协同创新中心建设的指导思想、建设原则、重点任务、发展目标和领域布局，更有针对性地引导高校和地方协同创新中心的培育与组建
2015年3月	关于深化体制机制改革加快实施创新驱动发展战略的若干意见	中共中央、国务院	营造激励创新的公平竞争环境，建立技术创新市场导向机制，强化金融创新的功能，完善成果转化激励政策，构建更加高效的科研体系，创新培养、用好和吸引人才机制，推动形成深度融合的开放创新局面，加强创新政策统筹协调等9部分共30条	激发全社会创新活力和创造潜能，提升各要素的效率和效益，强化对接，增强科技创新对经济发展的贡献度，营造大众创业、万众创新的政策环境和制度环境
2015年9月	关于在部分区域系统推进全面创新改革试验的总体方案	中共中央办公厅、国务院办公厅	阐述了总体方案、总体要求、主要任务、试验布局、组织实施	为充分发挥一些区域在改革创新方面的示范带动作用
2016年7月	关于印发《关于充分发挥检察职能依法保障和促进科技创新的意见》的通知	最高人民检察院	加强知识产权的司法保护。积极发挥查办和预防职务犯罪职能，保障科技创新效益。准确把握法律政策界限，改进司法办案方式方法。综合发挥检察职能，提高服务科技创新的能力水平	为科研单位和科研人员营造良好创新环境，提供有力司法保障

国大学科技城(园)在促进创新创业发展中已显示出强劲作用。

2015年，我国全社会研究与试验发展经费支出达14 220亿元。发表的国际科技论文数量稳居世界第2位，被引数升至第4位。技术合同成交额达9 835亿元，国家综合创新能力跻身全球第18位。经济增长中的科技作用不断增强，科技进步贡献率由2010年的50.9%提升至2015年的55.3%。

(4)"十三五"期间(2016—2019年)政策梳理。"十三五"期间，为加快创新型国家的建设，我国更加重视发挥科技创新的引领作用，促进产业高质量发展。相对于"十一五"和"十二五"，"十三五"期间国家更多地从微观操作层面出台了系列政策，重点鼓励和支持原始创新，创新成果转化，以及加强基础学科建设与发展，如《关于建设第二批大众创业万众创新示范基地的实施意见》《关于抓好赋予科研机构和人员更大自主权有关文件贯彻落实工作的通知》《关于推进国家级经济技术开发区创新提升打造改革开放新高地的意见》等，具体内容详见表10-4。"十三五"期间，在创新政策的指引下，我国重点组织开展了一批前沿技术和关键核心技术的攻关，推进了科技创新2030年重大项目、国家重点研发计划等，取得了一批科技创新成果，如首次观测到三维量子霍尔效应、嫦娥四号登月、高速磁悬浮试验样车(600公里/时)等。同时，科技创新为产业高质量发展提供了新动能，大学科技城和高新区成为培育高新技术产业的核心载体，全国169个高新区生产总值达12万亿元，经济总量占全国的10%以上。我国高新技术企业达到22.5万家，科技型中小企业超过15.1万家。科技创新生态建设加快推进，建立了一批基础性的科技制度，优化科技评价体系和转移转化机制，完善科技、金融、产业和成果转化的通道。科技开放合作迈出新步伐，继续实施"一带一路"科技创新行动计划，推进科技人文交流、共建联合实验室、科技园区合作和技术转移等行动。

2019年，我国全社会研发支出达2.17万亿元，占GDP比重为2.19%，科技进步贡献率达到59.5%。据世界知识产权组织(WIPO)评估显示，我国创新指数位居世界第14位，整体创新能力大幅提升，创新型国家建设取得新进展。

综上所述，自"十一五"规划以来，我国多部门出台了数十部鼓励创新的政策文件，为国家创新发展提供了强有力的支持，取得了良好成效。有关部门颁布的科技创新政策与制度，其部分内容与条款涉及大学科技城(园)的规划与建设，对大学科技城的建设与发展有积极的促进作用，但具体针对大学科技城的政策制度还不多，仅在"十二五"期间出台了大学科技园规划纲要、大学科技园认定和管理办法，紧密结合大学科技城协同创

表10-4 "十三五"期间出台的主要创新政策

时间	政策名称	发布机构	主要内容	目的
2016年5月	国家创新驱动发展战略纲要	中共中央、国务院	既体现了产业技术体系创新、企业创新、万众创新等当前重点举措,也有几十年内创业、工作的远景式规划。同时是改革和发展的结合,全面部署安排重点任务的结合	今后一个时期实施好创新驱动战略进行系统谋划和全面部署,是我们落实战略的总体方案和路线图
2017年3月	关于支持和鼓励事业单位专业技术人员创新创业的指导意见	人力资源社会保障部	明确了支持和鼓励事业单位专技人员创新创业四种情形和支持鼓励的具体政策措施	发挥事业单位示范引导作用,激发高校、科研院所等事业科技人员创新活力和干事创业热情,促进人才在事业单位和企业间合理流动,营造有利于创新创业的政策和制度环境
2017年6月	关于建设第二批大众创业万众创新示范基地的通知	国务院办公厅	系统部署第二批大众创业万众创新示范基地建设工作	为更好推进大众创业万众创新,持续打造发展新引擎,突破阻碍创新创业发展的政策障碍,形成可复制可推广的创新创业模式和典型经验
2017年9月	关于推广支持创新相关改革举措的意见	国务院办公厅	推广涉及科技金融创新、创新创业政策环境、外籍人才引进、军民融合创新等4个方面共13项支持创新相关改革举措	为深入实施创新驱动发展战略,党中央、国务院确定在8个区域开展全面创新改革试验,推进相关改革举措先行先试,着力破除制约创新发展的体制机制障碍
2018年5月	关于坚持以习近平新时代中国特色社会主义思想为指导推进科技体制改革落实各项任务加快建设创新型国家的意见	中共科学技术部党组	强调要围绕推动高质量发展,落实打赢三大攻坚战,增强国家核心竞争力,实施人才强国战略,建设世界科技强国、促进区域协调发展战略等6条主线开展。加强宏观统筹和协同推进,抓好重大科技创新任务落实	确保机构改革工作顺利实施,强化科技部在实施创新驱动发展战略等方面的重要作用,深入推进各项科技创新重大任务落实,加快建设创新型国家

续 表

时间	政策名称	发布机构	主要内容	目的
2018年5月	关于进一步加强科研诚信建设的若干意见	中共中央办公厅、国务院办公厅	以推进科研诚信制度化建设为重点，以健全完善科研诚信工作机制为保障，坚持预防与惩治并举，坚持自律与监督并重，坚持全无禁区、全覆盖、零容忍，鼓励探索、宽容失败，严肃查处违背科研诚信要求的行为	着力打造共建共享共治的科研诚信建设新格局，营造诚实守信、追求真理、崇尚创新、勇攀高峰的良好氛围，为建设世界科技强国奠定坚实的社会文化基础
2018年9月	关于推动创新创业高质量发展打造"双创"升级版的意见	国务院	进一步优化创新创业环境，大幅降低创业成本，提升创业带动就业能力，增强科技创新引领作用，提升支撑平台服务能力，推动形成线上线下结合、产学研用协同、大中小企业融合的创新创业格局	为加快培育发展新动能，实现更充分就业和经济高质量发展提供坚实保障
2018年12月	关于抓好赋予科研机构和人员更大自主权有关文件贯彻落实工作的通知	国务院办公厅	明确赋予科研人员更大技术路线决策权，科研项目负责人可以根据项目需要，实行经费包干制，按规定自主组建科研团队，并结合项目实施进展情况进行相应调整	赋予科研机构和人员更大自主权，切实减轻科研人员负担，实现经费为人的创造性活动服务
2019年1月	关于推广第二批支持创新相关改革举措的通知	国务院办公厅	知识产权保护、科技成果转化激励、科技金融创新、军民深度融合、管理体制和创新创业等方面改革突破和可复制推广经验	着力推进构建与创新驱动发展要求相适应的新机制、新模式、新体制，深化简政放权、放管结合、优化服务改革，加快打造国际一流、公平竞争的营商环境，推动经济社会持续健康发展
2019年3月	关于促进国家大学科技园创新发展的指导意见	科技部、教育部	集成高端科技创新资源，推动科技成果转移转化，促进高校科技创业繁荣发展，构建开放发展格局，加强政策引导与支持，加强组织保障	为深入实施创新驱动发展战略，推进大众创业万众创新深入发展，激发高校创新主体的积极性和创造性，充分发挥好国家大学科技园的重要作用
2019年5月	关于推进国家级经济技术开发区创新提升打造改革开放新高地的意见	国务院	明确总体要求，提升开放型经济质量，赋予更大改革自主权，打造现代产业体系，完善对外合作平台功能，加强要素保障和资源集约利用	为构建国家级经济技术开发区开放发展新体制，发展更高层次的开放型经济，加快形成国际竞争新优势，充分发挥产业优势和制度优势，带动地区经济发展

新的政策文件则更少，缺乏对大学科技城协同创新的系统思考与整体规划，还不能有效指导我国大学科技城的科学有序发展。因此，要立足当前，面向长远，进一步完善大学科技城协同创新的宏观政策体系。

2. 中观视角：湖南省和长沙市相关政策梳理

岳麓山大学科技城是湖南创新资源与创新活动的聚集区和核心区。建设高水平的岳麓山大学科技城是湖南落实国家创新发展战略，加快建设创新型省份的重要举措，可为湖南实施"中部崛起"战略提供强大的科技支撑。自2015年湖南省委省政府提出规划建设岳麓山大学科技城以来，湖南省、长沙市和岳麓区分别出台了系列鼓励科技创新的政策制度，主要有：

(1)《湖南省人民政府办公厅关于支持岳麓山国家大学科技城发展的若干意见》(湘政办发〔2019〕65号)。该政策指出要做好发展规划，强化政策支持，引进创新人才、创新团队，推进"双一流"高校和学科建设，发展新技术、新产品、新材料和新应用，在产教融合制度和模式创新上形成引领和示范效应。提出要注重学科融合，充分依托科研院校云集、优质研发资源多的优势，支持企业加大自主创新和研发投入，推动本地高校科研成果就近就地转化，促进高科技企业和现代服务业发展。

(2) 湖南省人民政府办公厅关于印发《湖南创新型省份建设若干财政政策措施》的通知(湘政办发〔2019〕3号)。该政策措施提出要大力实施创新引领开放崛起战略，充分发挥财政政策和资金的带动引导作用，统筹科技创新资源，增强自主创新能力，高水平建设创新型省份。要积极培育发展面向市场的新型研发机构，支持龙头企业联合高校、科研院所，建立产业技术创新联盟；全面深化产教融合，支持高校、科研院所设立应用技术研究院。

(3) 湖南省人民政府关于印发《湖南创新型省份建设实施方案》的通知(湘政发〔2018〕35号)。该实施方案强调要加大高质量科技创新供给，加强基础研究和应用基础研究，加快重大科技攻关及应用；强化企业创新主体地位，完善以企业为主体的技术创新机制。聚焦推动产业创新发展，推动人工智能、大数据等现代信息技术和制造业深度融合。

(4) 湖南省人民政府办公厅关于印发《加快推进国防科技工业军民融合深度发展的若干政策措施》的通知(湘政办发〔2018〕26号)。该政策措施指出要采取促进军民协同创新和成果转化、支持军民融合产业发展、推进军民资源开放共享、推动国防科技工业深化改革、加大财政金融支持等五大措施，加快形成全要素、多领域、高效益的军民融合深度发展格局。同时也强调了要通过政策资金支持协同创新平台建设。

(5) 湖南省人民政府办公厅《关于加快推进产业园区改革和创新发展的实施意见》(湘政办发〔2018〕15号)。该实施意见提出要支持园区建设一批企业技术中心,在有条件的园区优先布局创新平台。鼓励园区加快发展众创空间、大学科技园、科技企业孵化器等创业服务平台,构建公共技术服务平台,设立专业发展基金,完善融资、咨询、培训、场所等创新服务,培育创新创业生态。支持以升促建,推动省级经济技术开发区、省级工业集中区转型省级高新技术产业开发区,有条件的省级高新技术产业开发区创建国家级高新技术产业开发区。

(6) 湖南省人民政府办公厅关于印发《深化制造业与互联网融合发展的若干政策措施》的通知(湘政办发〔2018〕79号)。该政策措施指出要围绕网络互联、标识解析、数据采集、工业互联网平台、工业大数据、安全保障等重点方向,引导和支持骨干企业牵头打造省级工业互联网建设与应用创新中心,开展产学研协同创新、技术攻关和人才培养,对创新中心建设予以支持。

(7) 长沙市委市政府对外公布"1+4"科技创新政策体系。"1+4"政策体系坚持顶层设计与政策落地相结合。"1"即《中共长沙市委长沙市人民政府关于建设国家科技创新中心的意见》。该政策措施以问题为导向,提出了诸多破解科技创新发展瓶颈的宏观性、指导性的见解和处理办法。"4"即贯彻落实该政策的相关配套措施。先期瞄准了扶持企业自主创新、加快科技平台建设、促进科技成果转化、深化科技金融结合4个关键点发力。

(8) 中共长沙市委长沙市人民政府关于印发《长沙市建设创新创业人才高地的若干措施》的通知(长发〔2017〕10号)。该政策从人才培育引进、创业创新支持,到机制体制改革、人才服务创新,推出近百个政策点,构建了一套吸引人才、培育人才、用好人才、激励人才、服务人才的完整链条。以机制体制改革来激发人才创新创业活力。统筹推进人才政策一体化、扶持资金规模化,促使人才政策集中发力、效应叠加。

(9) 长沙市岳麓山大学科技城建设工作领导小组办公室关于印发《岳麓山大学科技城建设三年行动计划(2017—2019年)》的通知(大科城办〔2017〕1号)。三年行动计划主要对岳麓山大学科技城进行了定位和明确了建设任务:围绕打造创新创业高地的目标,坚持以自主创新为策源、以成果转化为主线,以品质提升工程为引领、以合作共创工程为支撑,实现校区、城区、景区、园区"四位一体"发展,将大学科技城打造成全国领先的自主创新策源地、科技成果转化地和高端人才集聚地。

(10) 湖南省人民政府办公厅关于印发《湖南省发展众创空间推进大众

创新创业实施方案》的通知(湘政办发〔2015〕74号)。该实施方案提出要立足云计算、大数据等技术，建立湖南省创新创业信息共享平台，充分集成科技成果、人才、资金、机构和政策等信息，实现与现有科技资源及信息系统的有机衔接，实现线上线下紧密互动，资源共享，积极为创新创业主体提供创新服务，释放服务潜能。

综上，围绕落实国家创新政策和创新型省份建设，湖南省出台了多项鼓励创新发展的政策制度，为加快湖南创新发展提供了重要支撑。2015—2019年，在湖南省委省政府的高度重视下，出台了促进岳麓山大学科技城发展的若干意见，有效加快了大学科技城软硬件环境的建设，创新创业平台不断增加，科技创新能力不断增强。但岳麓山大学科技城还缺乏创新发展的纲要文件，也没有构建科学完整的政策体系，难以有效规范创新主体的创新行为，不能加快促进创新主体的资源共享，也不能充分激励主体间学科的协同发展。因此，各级政府应加快构建岳麓山大学科技城协同创新发展的多维政策体系。

3. 微观视角：岳麓山大学科技城相关政策梳理

为配置好岳麓山周边的创新资源，聚集更多创新要素，加快创新企业孵化和科技成果产业化，1999年长沙市岳麓区成立了岳麓山大学科技园，2006年湖南大学创建了湖南大学科技园，2008年中南大学成立了大学生创业园，2015年湖南省委省政府提出规划建设岳麓山大学科技城，2017年5月中南大学科技园总部基地项目动工建设。同时，自1999年以来，为调动广大师生参与创新创业的积极性，岳麓区政府、岳麓山大学科技园、中南大学和湖南大学等高校分别出台了鼓励科技创新和创新成果产业化的系列政策制度，积极引导科技创新，促进大学科技城的快速发展。

(1) 2020年，长沙市岳麓区出台了《长沙市岳麓区促进软件产业高质量发展的扶持办法》，对落户岳麓区的软件企业从办公场地购买、租赁、装修和物业管理等方面进行补助，对软件企业引进的创新人才，形成的创新成果给予奖励，并建立了专项投资资金和上市补助资金，鼓励软件企业加大创新投入，加快成果转化，培育软件企业做大做强。

(2) 2020年，岳麓山大学科技城管理委员会出台了《关于支持高校、科研院所科技成果就地转化的若干措施》，鼓励大学科技城高校、科研院所建设协同创新平台、科技成果转化平台和科技企业孵化器。对于被国家、省、市认定的创新平台、众创空间和孵化器给予资金资助和奖励。对在大学科技城创办的创新企业给予房租优惠和资金资助，如被认定为高新技术企业，大学科技城额外给予资金奖励。动态评估大学科技城科技成果孵化转化项目，对转化前景好的项目，以贷款贴息、无偿资助、资本金投入等方式给予经费支持。为创新成果转化企业在"双软认证""小巨人""高新技术企业"申报认定、知识产权、法律、财税等方面，提供免费辅导服务。为科技成果转化项目免费购买检验检测、知识产权和仪器共享等科技服务。通过以上措施鼓励高校、科研院所科技成果在岳麓山大学科技城就地孵化和产业化。

(3) 2011—2017年，湖南大学、中南大学等高校，出台了教学科研人员兼职与离岗创业管理办法，支持科技人才停薪留职，脱离本职岗位，以自主创业，或到校外企业、研究开发机构及其他组织兼职等方式，从事科技成果转化活动。经学校同意后，可在5年内保留停薪留职科技人员医疗、进修培训、职称评定等待遇。若遇学校工资调整，学校负责同步调整其档案工资。在规定期限内，停薪留职人员可回原单位竞聘上岗，在专业技术职务评聘时，经考核合格的视为完成原岗位相应的工作量，可正常参与学校原职称系列的评聘。

(4) 从2012年起，中南大学、湖南大学等高校先后出台了科技成果转化管理办法、知识产权管理办法、科技成果出资入股流程的暂行规定和技术成果股权及权益分配规定、知识产权(专利转让、实施许可)货币收益提取的具体操作办法，并根据政策运行情况，不断优化科技成果转化收益分配政策，以提升高校科技成果转化效率。为更好地促进科技成果就地就近转化，加快科技成果产业化进程，中南大学、湖南大学与当地政府合作，以"政府引导、学校牵头、校地共建、市场运作"模式，分别创建了中南大学科技园和湖南大学科技园。

(5) 中南大学、湖南大学等高校出台了大学生创新创业管理办法、创新创业园管理办法，鼓励在校、休学或者毕业5年内的学生入园创办企业。为引导和支持高校学生自主创业，打造创新创业的良好生态环境，促进创新成果转化，不仅为入驻大学生创业园的学生企业和工作室免费提供办公场所(包括桌椅在内的办公用品等设施设备)，还提供工商办理、税务登记和银行开户等相关证明材料和咨询服务。为鼓励学生创新创业，细化了修业年限规定，既可停学保留学籍到创新创业园创办企业，也允许利用业余时间创办企业，对修满规定学分者，可按时或延期毕业。

由此可见，岳麓区政府、岳麓山大学科技城管委会和城区高校出台了系列政策制度，支持科技人员和学生参与创新创业，鼓励将科技成果在大学科技城进行孵化和转化。然而，还缺少鼓励大学科技城的高校、科研院所之间共同开展协同创新的政策制度，还没有鼓励高校、科研院所的实验室、图书馆、工程中心、计算中心、网络中心和测试中心等对创新企业开放的政策制度,也没有建立高校教学、科研资源向大学科技城其他高校教师和学生开放的共享机制,以及互认学分、一卡通等制度和措施。岳麓山大学科技城也暂未出台鼓励企业创新创业的具体财政政策、金融政策、产业政策、人才政策,以及促进内部主体合作的政策,激励主体参与国际交流与合作的政策。

  大学科技城不同于一般的大学科技园、经济开发区和高新技术开发区,其辖区包括高校、科研院所、企业和中介服务机构等多种主体,在负责推动区域创新和经济发展的同时,还要承担城区规划、市政建设、公共服务和城市管理等其他职责,因此,大学科技城的建设与发展需要一个多层次多维度的政策体系作为保障。然而,目前我国具体针对大学科技城的政策制度还很不完善,如宏观、中观和微观层面均还缺少大学科技城纲领性政策文件,同时,直接与大学科技城相关的政策制度也很少,往往是涉及高新技术产业开发区、产学研、科技创新、产业转移、人才计划和创新型国家建设等,间接与大学科技城相关的政策。如何建立健全我国大学科技城的协同创新政策体系,聚集创新资源、转化创新成果、孵化创新创业企业,是我国各级政府面临的一项极为重要的任务。

10.1.3 大学科技城协同创新体系存在的主要问题

  我国大学科技城虽然起步较晚,但在国家相关政策鼓励与支持下,得到了长足发展,大学科技城的协同创新体系也逐步完善。但因各种条件的限制,以及多种因素的影响,我国大学科技城协同创新体系还存在不少问题。本节将对我国大学科技城存在的共性问题,同时结合岳麓山大学科技城的具体问题进行分析。

  1. 我国大学科技城协同创新共性问题分析

  目前我国大学科技城大都还处于成长发展期,与国外成熟的大学科技城相比,还有较大差距。从宏观视角分析梳理,我国大学科技城仍存在协同创新发展政策不够完善、区域分布不均衡、管理机制还未理顺等问题。

  (1) 政策体系不够完善。世界知名大学科技城均建立了完善的政策体系,如日本筑波大学科技城在建设之初就构建了健全的法律和管理体系,以及与之配套的系列政策措施。系统完整的政策体系,能为大学科技城的建设与发展提供法律依据和法治保障,有利于大学科技城的持续稳定健康发展。梳理我国十一五发展规划以来的相关政策制度,发现专门针对大学科技城建设与发展的政策制度很少,完整的法律与制度体系更是缺乏,具体表现为以下几个方面。一是还缺乏从国家层面出台关于大学科技城系统发展的纲领性文件。二是支持技术创新项目和创新平台的政策比较多，而鼓励协同创新发展的政策相对较少。三是规范协同创新项目实施的制度和政策缺乏。不同创新主体合作过程中存在大量障碍，如主体间的产权保护、审批流程、利益分配等问题，在没有制度保障的前提下，主体之间难以开展深度合作，因此，大多数协同创新往往停留在浅层次的合作。四是基础理论创新的政策支持力度不够。我国针对应用创新的鼓励政策较多，重视短期内形成经济效益，导致缺乏创新主体，也很少有创新人才愿意在基础理论创新上进行探索，从而形成了创新基础不坚实，关键技术依赖国外的局面。五是支持产业链和产业集群创新发展的力度不够。针对重点产业和龙头企业的支持政策比较多，具体针对产业链上下游中小微企业的扶持政策却很少。然而，这些中小微企业是促进产业链和产业集群发展的重要力量，但因还处于创新成果转化的初期阶段，盈利能力弱，导致人才引进难、融资难，从而制约了产业链和产业集群的健康发展。

(2) 区域分布不均衡。世界各国的大学科技城通常依托区域内高校和科研院所等丰富的创新资源建立，并发展壮大。从空间范围来看，我国创新资源在空间分布上，具有较大的不均衡性，整体呈现东部沿海、沿江等经济发达区域的创新资源丰富，而位于西北部的内陆省份创新人才、创新资源相对匮乏的分布状态。因此，黑龙江、内蒙古、宁夏等内陆省区市的大学科技城数量相对较少，同时创新能力、产业发展水平也相对落后。上海、北京、广东等经济发达地区，则不仅大学科技城密集度高，数量多，而且大学科技城创新能力强、优势产业多，集聚的产业发展水平也很高。

(3) 管理机制未理顺。我国大学科技城聚集了大量不同性质、不同规模的主体，主体的管理方式也各不相同，如高校通常由各级教育部门主管，国有企业和科研院所大部分由各级国资管理部门主管，行政办事机构大都由各级政府部门主管，同时，还存在大量民营企业、外资企业和民营高校等多种所有制形式的主体。由于创新主体的多样性，会存在多种管理体系，以及多头管理等情况，从而造成我国大学科技城管理机制未完全理顺，以及协同创新协调难度大的局面。

(4) 协同创新成果转化率不高。近年来，随着国家对科技创新的投入不断增加，我国高校与大学科技城的影响力也越来越大，学术论文和专利数量稳步增长，已稳居世界前列。虽然我国大学科技城的创新能力在不断增强，高校和科研院所创新成果的转化率也在不断提高，但到目前为止创新成果转化率仍不到10%，远低于欧美等发达国家的50%。大学科技城创新成果转化率远低于欧美的原因，主要有以下三点。一是我国高校的现有管理体系与评价机制对成果转化产生的社会贡献和经济价值的认可度低，制约了高校和科研人员的成果转化激情，如双一流高校与双一流专业的评定，以及高校老师的晋升，更多的依赖于论文、专利和奖励，而并太不关注创新成果的转化绩效，科研人员"不想转"的问题仍需进一步解决；二是企业创新主体地位有待进一步强化，大多数情况下，企业还没有真正成为协同创新的主体；三是我国大学科技城创新成果转化渠道还不太通畅，缺乏完善的天使投资、风险投资等投融资体系，使得大学科技城高校和研究院所不少有价值的创新成果被束之高阁，错过了最佳的产业化时机。

2. 岳麓山大学科技城协同创新问题剖析

我国大学科技城不仅存在全局问题、共性问题，因所处的环境不同，拥有的资源条件不一样，其协同创新体系也存在各种具体问题和个性问题。湖南省长沙市岳麓区于1999年成立岳麓山大学科技园，但因创新空间、资源，以及管理等多种因素影响，未能有效整合区域内的创新资源。为改变这一现状，2015年湖南省委省政府提出在原岳麓山大学科技园基础上，整合更多创新资源建设岳麓山大学科技城。然而，直到2017年4月才成立岳麓山大学科技城建设工作领导小组，2019年6月才成立岳麓山大学科技城推进委员会，2020年6月才正式成立岳麓山大学科技城管委会。由于岳麓山大学科技城成立时间不长，2015年以后才陆续出台了系列政策制度，其协同创新体系有待进一步优化完善。

(1) 协同创新环境不佳。虽然岳麓山大学科技城拥有大量创新资源，但是其发展历史相对较短，与经济发达地区的大学科技城还有较大差距，创新环境与协同创新的耦合度还有较大提升空间。

一是未出台支持大学科技城发展的系统性政策体系。2015年以来，湖南省、长沙市共出台了相关政策11项，其中有近9项是针对整个湖南省或者长沙市的，政策内容涉及创新型省份建设、人才引进政策和军民融合等方面，这些政策对科技城引进人才，开展创新创业，扶持企业成长有一定帮助，但针对性并不强。另外2项政策是具体针对大学科技城建设的，其中长沙市出台的《岳麓山大学科技城建设三年行动计划(2017—2019年)》，政策内容涉及市政、交通、学科、产业、技术和人才等，但是行动计划侧重于操作层面，没有考虑大学科技城的整体规划和长远发展，缺乏战略性和系统性。2019年出台的《湖南省人民政府办公厅关于支持岳麓山大学科技城发展的若干意见》以政策制度的形式明确了省政府对岳麓山大学科技城的发展定位和发展思路，可将其视为纲领性文件，然而湖南省、长沙市和岳麓区均未出台配套的政策制度，缺乏配套的政策制度措施予以支撑，近期内难以将省委省政府的决策思路推进落地。二是缺乏破除岳麓山大学科技城主体壁垒、鼓励资源共享的政策。由于大学科技城还大量存在主体壁垒、学科壁垒、区域壁垒等，教学、科研和人才等创新资源共享程度低，协同创新发展任务十分艰巨。目前，各主体的创新资源仅限于内部使用，缺乏对外共享的运行机制和制度保障。大学科技城内各主体之间的人才评定标准不统一，缺乏有序促进主体之间人才合理流动的机制，尤其是高校的人才向企业的流动难。三是协同创新氛围还不浓厚，部分主体对协同创新还存在误区。通过实地走访调查，了解到部分科研院所的技术与产品创新能力强，技术处于行业领先地位，但缺乏协同创新意愿和动力，同时也发现科研院所因缺少产业化人才，造成了先进技术和成果难以产业化。而对部分企业而言，通常认为高校科研人员更注重基础理论研究，不了解现场生产工艺，面向市场的研发能力弱，以及高水平专家要么要价高，要么缺少时间，因此企业往往放弃协同创新而采取自主创新。还有许多中小企业生存压力大，大部分资源配置在生产和销售上，无暇开展协同创新。四是协同创新公共平台少。岳麓山大学科技城还没有搭建协同创新主体交流与协作的平台，区域内行业组织少，各主体获取的信息不对称，缺乏良好的合作基础，彼此间的信任程度不高，担心协同创新成本过高，预期创新效果不理想，影响主体参与协同创新的积极性，导致主体间协同创新的频率低。

(2) 协同创新动力不够。在对岳麓山大学科技城创新主体进行调研和访谈时，了解到大学科技城主体的创新意愿不强，动力不够，协同创新的动力机制还有待进一步优化，主要表现为以下几个方面。一是协同创新外部动力不够。岳麓山大学科技城区内的高校等创新主体基本上为国有事业单位，科研人员的科研经费、工资和津贴都由财政列支，还不是市场主导的运行模式。因此，一方面没有激励创新主体参与协同创新的制度措施，另一方面，也没有促使创新主体开展协同创新的市场竞争压力。由于职称、人才称号等申报规则，大量科研人员更注重论文发表、专利申报，而科研成果到成果转化过程复杂，不确定性因素多，需要多元化的人才协同合作，愿意投入到成果转化和产业化中的科研人员并不多。二是协同创新内部动力不够。由于缺乏成果产业化人才，高校和科研院所难以将成果有效产业化，造成创新收益并不理想，短期内难以冲抵投入成本，不能充分发挥技术进步的推动作用，从而提升创新主体的市场竞争力。另外，岳麓山大学科技城的高校和科研院所，科研经费开支约束条件多，报账程序复杂，分散了科研人员大量时间和精力，降低了科研人员申报课题和开展协同创新的积极性。三是岳麓山大学科技城还没有出台鼓励企业与高校、科研院所开展协同创新的微观政策，从而造成企业和高校、科研院所合作动力不足。企业了解市场需求，掌握市场信息，却限于自身创新能力不足，不能及时开发出满足市场需求的技术和产品。而对外合作又难以找到创新能力强，且协同创新意愿强烈的高校和科研院所。四是协同创新约束机制有待完善。因政策制度不够健全，或执法人员素质等问题，使得侵权行为处罚不到位，投机行为成本低，导致企业愿意选择投机方式获取新技术，而不是积极主动参与协同创新；投机行为必然损害积极参与协同创新主体的利益，自然会削减其参与协同创新的动力。

（3）协同创新能力不强。岳麓山大学科技城拥有20多所大学、57个科研院所，具备了较好的创新条件和基础，但仍面临不少问题，严重制约其协同创新能力的提升。一是创新联盟和平台少。区域内主体还不多，产业体系暂未建立，以及大量中小企业与外部同行联系少，缺少建立跨组织的研发联盟，解决行业内的关键共性或基础性问题的能力不强。由于公共创新平台少，主体之间的信息开放和沟通不足，难以互通有无，导致高校大量科技创新资源闲置，创新平台和试验室对外开放度低。创新平台缺乏制约了成果转化和企业孵化，产业融合共享程度低、创业意愿不强、科技成果转化渠道单一，大量创新成果和专利技术停留在实验室，创新成果有效转化率低。二是引进和培育创新人才的体系不健全。协同创新能力最重要和最直接的因素是人才，当前具体业务领域的创新人才相对较多，而协同创新需要多专业多层级人才合作，既需要跨业务领域的复合型人才，也需要具有工匠精神的技能型人才，还需要懂经营的管理型人才，目前支撑协同创新发展的人才培育和引进机制尚未形成，中介机构提供的服务还难以满足协同创新的人才需求。三是缺少协同创新伙伴的评价机制和推荐平台。协同创新伙伴是协同创新的重要支撑，由于没有建立起科学的合作伙伴评价指标、评价方法和推荐平台，不能及时发现有不良记录的协同创新参与者，以及优秀的协同创新参与者，也不能全面了解协同创新伙伴的情况，也就难以选择到最佳的协同创新伙伴。同时，因没有及时披露协同创新的各种信息，不能形成鼓励优秀参与者，打击投机者的协同创新氛围，对创新主体选择协同创新伙伴也有较大影响。显然，缺乏合适的协同创新伙伴，将弱化大学科技城协同创新能力，从而影响协同创新的顺利推进。

（4）协同创新利益分配机制不优。利益分配机制直接影响各主体参与协同创新的积极性，从而影响协同创新绩效。从岳麓山大学科技城协同创新实践看，利益分配机制还不够完善。一是难以精确衡量创新主体对协同创新成果的贡献。协同创新活动本身具有不确定性，工作时间不足以衡量主体对协同创新的贡献，以及创新是一项非标准化的知识性服务，成果价值在创新之初又难以预估，因此，协同创新利益缺乏科学定量分配依据。二是协同创新主体信息不对称。各主体掌握的核心技术不同，由于信息不对称，参与主体难以全面准确了解协同创新项目和合作主体情况，因此，难以保障利益分配完全公正、公平。三是岳麓山大学科技城还没有构建协同创新主体利益分配的协同沟通渠道。一旦协同创新主体发生利益冲突，缺少第三方沟通渠道，主体利益诉求难以协调一致，从而影响协同创新积极性和效率。

(5) 协同创新风险管理难度大。岳麓山大学科技城协同创新成果转化成功率不高，绩效较低，一个主要原因是没有建立起良好的风险管控体系，无法对协同创新过程的风险实施有效管控。一是缺乏项目创新风险分担机制。由于协同创新的周期长、成本高、风险大，较多企业尤其是中小创新主体往往不敢轻易投入，或后续投入跟不上；只有少数创新主体愿意承担部分协同创新风险，但也不愿意或者无力承担全部风险，缺乏良好的协同创新风险分担机制，难以有效协同各主体共同推进具有较大风险的创新项目。二是化解协同创新人才风险能力弱。受区域环境和政策条件制约，大量应届毕业生选择前往广东、上海和北京发展，选择在湖南和长沙就业创业的比例较低。对中小型创新企业而言，普遍存在"招人难，留人更难"的问题。多数企业主要依靠自建创新团队，但现实中，创新团队建设滞后，创新人才储备和培养严重不足，承上启下的二次创新力量弱；同时各地频繁上演的创新人才争夺大战加剧了人才流失风险。由于创新主体认识问题，或者体制制约等因素影响，如何留住人才缺乏有效举措，都会影响到协同创新项目的顺利推进。三是管理风险。在岳麓山大学科技城主体实施协同创新过程中，许多创新主体的管理职能尚不健全，风险意识不强，不能有效识别风险，当风险发生后，难以及时有效处理风险，导致研发周期延长、费用增加、效益降低。因此，需组建一个由创新主体共同参与的风险管理机构和协同处理机制，以降低协同创新风险。

10.2 大学科技城协同创新体系优化路径

自改革开放以来，国家和各省区市都出台了系列扶持创新的政策制度，大学科技城作为创新的重要载体，在系列政策的扶持下，因地制宜建立了较为完善的协同创新体系，得到了快速发展，但仍存在创新政策不够完善、区域发展不平衡和管理机制未理顺等问题。优化大学科技城协同创新体系，关键是完善创新政策，从协同创新治理机制、协同创新服务体系、基础设施建设和基础研究等方面营造良好的协同创新氛围，完善协同创新环境，在此基础上，构建协同创新利益分配机制和风险防控机制，优化协同创新动力机制，提升协同创新能力、加速协同创新成果转化，从而有效提升协同创新效率，具体优化路径详见图10-2。

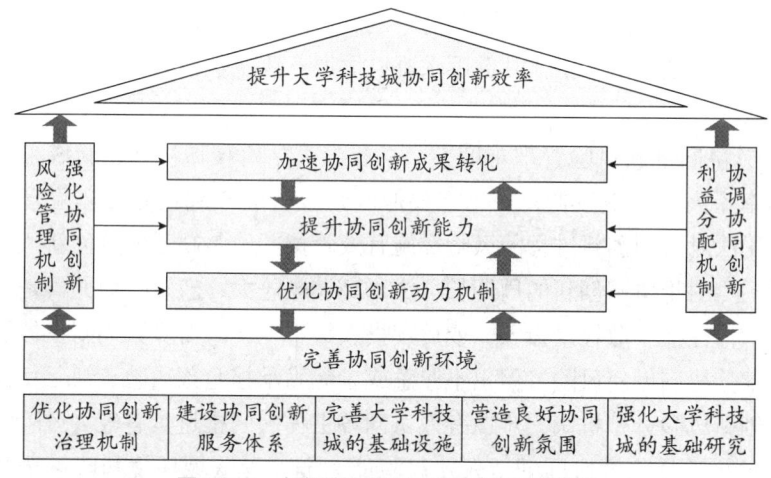

图10-2 大学科技城协同创新体系优化路径

10.2.1 我国大学科技城协同创新体系的主要优化路径

为落实创新型国家建设的战略方针，为有效优化我国大学科技城协同创新体系，提高我国自主创新能力，将重点从政策环境、区域平衡、管理提升等方面，探讨我国大学科技城协同创新体系的优化路径。

1. 完善协同创新政策体系，加快形成创新发展新格局

一是要完善国家政策制度，做好顶层设计，发挥好大学科技城作为国家创新战略实施载体的作用。从国家层面进一步制定大学科技城协同创新发展战略规划，降低对传统发展路径的依赖，推进大学科技城作为区域经济创新发展的重要引擎。二是要从推动大学科技城发展的多个维度出台各种具体政策，科学指导地方政府动态完善相关法规、政策和制度，以及具有可操作性的实施细则，充分发挥政府的调控和引导作用，指导大学科技城协同创新活动持续稳定有序发展。尤其是要制定和规范以市场拉动、创新风险担保、创新产品应用、人才流动、创新资源共享等方面的政策，激励创新主体积极参与协同创新活动。三是要完善法律法规，加大知识产权保护力度，打击侵权行为。通过有效解决协同创新中出现的利益分享、风

险分担、合作纠纷和知识产权保护等问题，增强创新主体间的互信，促进协同创新健康、有序发展。四是要出台政策，加强对原始创新的支持力度。通过政策和经费支持，鼓励创新主体和科研人员开展基础理论和关键核心技术方面的协同创新。实施财税优惠政策，促进协同创新成果的转移和扩散。五是要优化投融资政策制度，完善大学科技城协同创新的激励政策，切实提高创新主体与创新团队的积极性。六是要出台政策，鼓励创新主体加强产业链、产业集群存在的共性技术，或跨行业技术的研究，找到关键薄弱环节和卡脖子技术，快速弥补产业链和产业集群创新发展的不足，加快推动大学科技城形成以特色产业链和产业集群为主导的发展新格局。

2. 优化大学科技城区域布局，加快形成协同发展新局面

大学科技城往往依托具有丰富创新资源的高校和研究院所，然而，我国地域辽阔，存在高校资源东部、南部集中，而西部和北部相对稀少的分布局面。为合理配置创新资源，发挥好大学科技城的增长极作用和协同创新的溢出效应，应优化我国大学科技城在全国的布局，加快协同创新技术与成果向大学科技城周边区域辐射，从而更好地推动我国区域经济平衡发展。一是要从全国范围综合考虑，优化大学科技城的布局，鼓励西部地区整合创新资源，组建区域性的大学科技城，发挥好大学科技城在西部地区的创新引领作用。二是要发挥好我国区域合作经验优势，积极引导东南部大学科技城向西部和北部区域辐射，加强东西、南北地区大学科技城之间的经验交流，以及创新主体之间的协同创新，帮助西部和北部大学科技城提升创新能力，以及当地产业发展能力和水平。三是要加大政策资金支持力度，鼓励科技专项资金、风险资金和创业投资资金扶持西部、北部大学科技城的协同创新项目和创新创业企业，加快我国西部和北部大学科技城的建设。

3. 理顺大学科技城管理机制，加快形成协同创新新气象

为有效解决我国大学科技城普遍存在的主体沟通不畅，协同难，以及管理层级多，管理职能交叉重叠，指令不畅、效率不高等问题，应重点理顺大学科技城的管理体制机制。一是要构建科学的管理体系，建立规范的管理制度，规范行政管理与服务职能，避免行政命令和长官意志干预大学科技城的日常管理与运行。鼓励推行"政府引导，市场机制，企业运营"的发展模式，完善市场定价机制，推进创新资源按市场原则自由整合与共享，提高创新主体参与协同创新的主动性和积极性。二是要加快推进大学科技城协同创新服务平台和公共基础设施的建设。鼓励大学科技城主体利用服务平台，加强沟通交流，同时，大学科技城要提升管理水平，优化管

理模式,构建大学科技城主体的协同、沟通与交流机制,及时解决主体间的矛盾与冲突,更好地推进协同创新活动。三是要鼓励大学科技城创新主体共同组建相对稳定的、适度灵活的创新链、技术链,搭建共性技术、关键技术协同创新联盟,建立创新组织内部沟通机制,加强沟通交流,形成协同创新组织共建、共享、共治和共赢的新气象。

4. 共建产学研融合创新体系,加快营造成果转化新氛围

针对我国大学科技城协同创新成果转化率不高的问题,政府相关部门应及时出台相关政策措施,引导创新主体共同搭建协同创新成果转化服务平台,优化产学研深度融合的协同创新体系,加快总结和推广协同创新成果转化经验,更好地发挥企业在协同创新成果转化、产业化、资本化过程中的作用。

(1) 优化协同创新成果转移转化政策。一是完善考核制度与评价体系,提高协同创新成果转化业绩在高校和科研院所考核评级,以及科研人员职称评定中的作用;二是允许科研人员采取在职或离岗等形式,与企业合作,运用项目契约式、股权式、联盟式等多种协同创新模式,开展协同创新成果转化;三是对在大学科技城就地产业化的创新成果,全部返还缴纳税收的省市留存部分,对转移到省内其他区域的创新成果,由大学科技城按比例与产业化园区分享地方留存税收,鼓励大学科技城积极转化转移协同创新成果。

(2) 发挥企业主导作用,搭建成果转化服务平台。一是鼓励企业牵头与高校、科研院所组建新型研发机构、创新联合体、共性技术研发平台,加强前沿技术研究和产业应用,发挥企业在协同创新成果转化过程中的主导作用,让企业真正成为协同创新的投资主体、转化主体、生产主体和市场主体;二是依托企业、高校和科研院所建设面向产业发展需求的创新成果中试服务平台,并加大开放共享力度,让更多创新成果能通过中试服务平台,不断工程化和产业化;三是依托大学科技城建设面向产业发展需求的创新成果转化服务平台,探索协同创新成果协议定价交易、挂牌交易和拍卖等市场化定价机制和交易模式,吸引更多外部优势企业和科研机构参与协同创新成果转化转移,让交易主体能公平享受创新成果转化转移带来的收益。

(3) 完善金融服务体系,提升金融服务水平。大学科技城创新成果产业化,金融的催化剂功能,推动协同创新成果与金融的结合,加快协同创新成果转化。完善创新创业金融服务体系,广泛吸引社会资本参与创新创业;鼓励金融机构开展业务创新,拓宽高新技术企业融资渠道。一是充分

发挥大学科技城等政府产业基金的引导作用，激发企业和金融机构等商业投资基金的参与热情，成立各种创新成果转化专项基金，为创新成果转化提供多维度、多渠道资金支持。二是应引导金融机构创新信贷模式，逐步从现有有形固定资产担保模式向项目与产业发展能力评估模式转变，综合运用信用贷款、知识产权质押贷款等方式，为初创企业协同创新成果转化提供一揽子金融解决方案，解决大学科技城初创企业固定资产少，贷款难的问题；三是搭建多种股权融资平台，建立创新创业风险规避机制，既为创新创业企业上市创造有利条件，也为风险资本构建规范的进入与退出机制，从而不仅为创新创业企业拓展融资渠道，获得大量低成本产业化资金，还能使科研人员获得创新回报，激发科技创新与成果转化的热情。

10.2.2　岳麓山大学科技城协同创新体系优化路径

在优化完善岳麓山大学科技城协同创新体系过程中，既要针对存在的共性问题，采取有效措施，逐步有序予以解决；也要针对其存在的具体问题与不足，从完善发展环境、优化动力机制、提升协同创新能力、加快成果转化、优化利益分配机制和强化风险管理等方面着手解决，从而全面推进岳麓山大学科技城协同创新体系建设，实现各子系统的协同有序发展，有效提升协同创新能力与效率。

1. 完善协同创新环境

大学科技城创新环境与协同创新能力之间具有强关联关系。根据第四章岳麓山大学科技城2011—2018年创新环境与协同创新能力的耦合协调程度的分析结果可知，创新环境的优化完善，对协同创新意愿、协同创新能力的提升均具有显著的促进作用，并可进一步提升大学科技城及周边区域的产业发展质量和效率。岳麓山大学科技城应重点从治理机制、服务体系、基础设施、创新氛围等方面着手，优化完善协同创新环境，提升协同创新能力。

(1) 优化协同创新治理机制。通过借鉴国内外先进的大学科技城发展模式和治理经验，结合岳麓山大学科技城自身实际情况，完善组织架构、引进专业团队和探索合适的管理模式，从而健全大学科技城治理机制，提升监管水平，营造、优化创新环境。

①构建系统的政策体系。既要围绕大学科技城的长远发展和整体发展，也要满足大学科技城不同阶段的动态发展需求，构建一个稳定的又能动态适应未来发展的政策体系。首先，根据大学科技城的发展原则和愿景规划制定纲领性文件。其次，根据纲领性文件，结合大学科技城的发展阶

段,出台符合大学科技城当前发展阶段的人才、金融、知识产权保护、中介服务等方面的政策制度。最后,应动态评估大学科技城发展的政策效应,根据评估结果,进一步优化完善现有政策,如人才政策实施后人才引进的数量和质量评价、共享制度实施后资源的使用效率,以及内部人才流动情况等,以此作为政策体系动态优化的依据。

②构建科学组织架构。岳麓山大学科技城汇聚了中南大学、湖南大学、湖南师范大学等众多高校、科研院所和企业,普遍存在各自为政的现象,没有建立良性互动合作机制。为打破各主体之间的隔墙,应从更高行政层面成立高规格大学科技城决策委员会,负责大学科技城重大事项决策与统筹协调,决策委员会下设相对独立的大学科技城管理委员会,实行"政府引导、市场主导、高校和企业等主体共同参与"的管理模式,既能解决政府过度干预的弊端,又能规避高校、科研院所各自为政的问题,还能有效整合各主体的创新资源。

③创新管理体制机制。岳麓山大学科技城管委会可探索设立承担政府服务职能的部门,所设部门由高校、科研院所和企业派驻人员,负责创新服务、成果转化、人才引进和项目交流等工作。在大学科技城按照"一校一园"模式建立大学科技园、科研总部或双创基地,有效协助创新主体开展创新创业活动,加快促进成果转化。

④构建高效协调机制。建立健全省市合作、市区联动、部门协同的工作推进机制。建立联席会议制度,有效构建整体联动、无缝对接的工作格局。完善岳麓山大学科技城各主体之间的沟通平台,按照责权利相统一和市场化的原则,建立协调机制,由管委会定期牵头组织各利益主体沟通,形成有利于调动各主体积极性,发挥大学科技城整体优势,实现共同发展的协调机制。

(2)建设协同创新服务体系。为创新主体提供良好的协同创新服务是岳麓山大学科技城管委会的主要职责,只有通过优质的协同创新服务,切实解决影响协同创新和成果转化中的各种问题,才能消除创新主体的后顾之忧,确保其投入足够的人力、物力和财力,专注于协同创新活动与成果转化。

①提供创新资源共享服务。以构建科学的创新资源共享服务体系为目标导向,积极完善公共创新基础设施,鼓励中南大学、湖南大学等主体开放闲置的创新资源。制定创新资源开放共享制度,区域内各参与主体可享有协同创新伙伴的图书资源检索、试验检测分析、教育培训等服务。

②提升数字化服务水平。借助现代先进数字化工具,提升服务规模

和质量,支持岳麓山大学科技城推进创新资源中心、成果转化中心等功能性、平台性项目建设;打造集发布、展示、交易、孵化等服务功能于一体的创新要素信息平台,以及构建面向市场发布科研成果、技术需求的信息平台,并大力提升信息平台的影响力和服务水平。

③做强做优协同创新服务产业。要充分发挥岳麓山大学科技城创新资源优势,创新业务模式,推动设计、检测、研发、转化、资本、管理等各类服务主体的高质量发展,注重服务的专业化、信息化和国际化,为大学科技城协同创新主体提供高质量服务。

(3) 完善大学科技城基础设施。完备的试验条件、工作与生活环境等基础设施,不仅是促进岳麓山大学科技城协同创新能力的必要条件,还是吸引更多优秀创新企业和人才的基本条件,有利于营造良好的协同创新氛围。

①改善工作与生活环境。科学系统规划大学科技城的基础设施,充分发挥岳麓山大学科技城的区位优势,整合区域内创新资源。通过建设生态环境优美、基础设施完善、生产要素健全、生活品质高端的生态社区、智慧社区、文明社区,努力打造成"经济发达、文化繁荣、社会安定、环境优美"现代化的智慧之城,切实提高宜居度和舒适度,为创新主体和优秀人才提供良好的工作与生活环境。

②提供高质量的孵化场地。根据相关规划、入驻企业数量与规模的变化,以及转化成果数量与规模的变化,及时调整孵化场地供应。同时,应充分考虑协同创新主体的实际需求,完善孵化场地功能配套设施,为创新主体提供洽谈室、会议室、咖啡吧、书吧或培训室等场所,让协同创新伙伴更好地沟通交流。

③加快推进交通设施建设。通过改善岳麓山大学科技城硬件环境,吸引创新主体和人才的聚集。一方面可在大学科技城大力推行公共交通,控制社会车辆的通行,营造一个便捷、绿色的工作生活环境;另一方面从区域发展的层面进行规划,逐步打通核心区与周边高校、科研院所聚集区域的交通瓶颈,根据区域位置与交通状况,实现直通地铁、轻轨或快速公交,形成半小时交通圈,从而方便更多创新主体、更多创新资源的交流。

(4) 营造协同创新氛围。良好的协同创新氛围一方面能激发大学科技城现有主体的协同创新激情,另一方面能吸引更多的创新主体集聚。因此,各级政府和大学科技城管委会应努力营造良好的协同创新氛围。

①转变创新主体观念,积极参与协同创新。一是制定奖励政策。加大对协同创新项目与参与企业的资金扶持力度;二是建立惩罚机制。加大知识侵权和失信行为的监管与处罚;三是弘扬协同创新精神,树立协同创

新的典型。对取得协同创新重大成绩的主体和个人，不仅在物质上给予重奖，还要加大宣传力度，改变传统创新观念，提振主体参与协同创新的信心。

②转换政府角色，大力推进协同创新。各级政府和大学科技城管委会应积极转化角色，从协同创新的管理者逐步转变为支持者和服务方。营造有利于协同创新的环境，一是，不仅要强化对协同创新的法律保障，还要制定政策，加大协同创新的财政资金支持力度；二是要建立起科学合理的产业创新发展规划，通过规划引导主体积极参与协同创新；三是要创新管理部门的绩效考核方法。打破以往过分注重 GDP 的传统考核办法，建立健全以创新创业和高质量发展为导向的绩效考核体系，重点考核大学科技城技术创新、成果转化、企业孵化和创新人才队伍建设等方面的绩效。

③加强对外交流，建立开放互动关系。各级政府和管委会在制定和执行协同创新政策时，应考虑不同行业技术、不同组织、不同区域文化的差异，要促进不同行业、不同组织和不同区域的创新资源的融合。要辩证看待技术转移过程中的本地开花，外地结果现象；不仅要注重从世界各地吸引优秀的创新主体和人才，也要将本地的成果、技术和人才向最适合的区域辐射转移，重视与周边区域的协同创新。

④优化人才管理，打造优秀创新团队。当地政府应完善制度，鼓励合作，牵头主体要充分尊重和关心协同创新团队成员的利益和诉求，营造良好环境。建立科学的协同创新团队发展目标、合理的利益分配机制、高效的激励机制、协同创新的评价机制，以及团队成员的成长机制，增强团队的凝聚力、向心力和战斗力，从而打造优秀的创新团队。

2. 优化协同创新动力机制

动力机制是驱动大学科技城主体共同开展协同创新的无形力量，这种驱动力由来自内外部的多种因素组成。大学科技城不仅要营造良好的协同创新环境，还应构建一种有利于促进主体积极参与协同创新的内外部动力机制。

(1)协同创新外部动力机制优化。

①构建技术推动机制。技术进步是协同创新的重要推动力，岳麓山大学科技城应及时跟踪国内外基础理论与前沿技术的发展动态，通过加大创新投入，突破基础理论与共性关键技术的瓶颈，提升协同创新的基础能力。一是要建立技术动态信息平台，及时发布国内外各学科领域的研究进展，跟踪了解技术发展动态。二是鼓励行业龙头企业或产业链主导企业牵头组建协同创新团队或创新联盟组织，集中优势创新资源，对存在的共性

技术进行协同攻关，并树立协同创新典型，吸引更多主体参与，扩大协同创新主体数量。三是要夯实创新基础，各级政府和管委会应构建技术推动机制，引导创新主体由"跟随创新"向"引领创新"转变，逐步涉足部分关键技术的无人区，通过前沿技术引领创新主体向更高层次和更高水平的协同创新迈进。

②强化市场需求拉动机制。市场需求是大学科技城协同创新的原动力，市场需求拉动的前提是要打通市场与创新主体的信息通道。一是建立市场需求反馈机制。企业在产品销售、服务客户过程中，能直接了解到客户对技术和产品的需求，收集客户对产品、技术和服务的新需求，应由企业牵头针对市场需求快速组建创新团队。二是需求信息共享机制。发挥中介机构的专业信息服务作用，将中介机构引入协同创新团队中，负责与市场紧密对接，并全程共享需求信息，确保创新活动不偏离市场需求。三是通过行业协会或创新联盟等组织，提炼出行业和企业在生产和服务过程中急需的关键性技术难题，召集相关主体针对急需的关键性技术难题开展协同创新。

③建立政府支持机制。政府是协同创新的引导者和激励政策的制定者。一是充分发挥各级政府和管委会在协同创新中的纽带作用，积极提供有利于开展协同创新的公共设施、平台等软硬件环境，引导更多的创新主体参与协同创新。二是发挥政府政策的导向作用，调动各主体协同创新的意愿，对重大协同创新项目给予资金补助、税收减免、评奖支持等，促进更多的协同创新行为发生，从而实现更大的经济效益与社会效益。

(2) 协同创新内部动力机制优化。

①构建利益驱动机制。追求利益是创新主体进行创新活动的内在驱动力。一是要建立利益分配协调机制。重点考虑协同创新中技术和人才的作用，根据协同创新主体的贡献大小，明确利益分配比例。只有建立合理的利益分配协调机制，才能真正发挥利益驱动的作用。二是要建立利益动态调整机制。在协同创新过程中，协同创新伙伴的责权利要对等，对创新活动贡献度低，未按时按质完成协同创新任务的创新主体，要设计合理的利益调节机制，反之亦然。三是利益保护机制。要保护协同创新过程中所共享的知识和技术，在协同创新前签订协议，对不利于协同创新的行为进行约束，保护各创新主体的权益，防止知识和创新成果被盗用和侵占。

②建立协同创新激励机制。大学科技城协同创新活动的有效推进，不仅依赖于各参与主体，更需要依靠参与协同创新的人才，因此，应建立协同创新激励机制，对积极参与创新，为有效推进协同创新项目做出贡献的主体及创新人员进行激励。一是建立针对协同创新主体的激励措施。建立

协同创新主体考核评估体系，对积极参与协同创新，并取得良好创新业绩的主体进行奖励和政策倾斜。二是建立针对参与协同创新人员的激励措施。一方面应提前预算部分资金作为参与协同创新人才的奖励，另一方面应将创新成果产业化所获收益按一定比例作为人才的奖励。总言之，要通过合理激励，鼓励更多主体、更多创新人才，更积极主动地投入到协同创新活动中来。

③建立协同创新能力保障机制。一般而言，在实施协同创新前，创新主体会根据自身和合作伙伴的创新资源，如创新人才、资金投入、试验能力、信息资料等方面的了解，预测协同创新项目的成功概率，以决定是否开展协同创新。一旦启动协同创新活动，协同创新主体就需确保各自负责的创新资源按约定投入，从而才能确保协同创新按计划推进。一是要签订协同创新协议，明确各创新主体的权利和义务，明确责任，确保协同创新项目顺利推进。二是要保障创新资源的有效投入，如相关专业人才、仪器和场地等必要资源，特别是要避免创新人员的时间和精力投入不够等问题。三是要确保创新资源的互补性和合理性，避免因资源同质化而影响协同创新效率。通过构建协同创新能力保障机制，有效整合创新资源，提升创新伙伴参与协同创新的积极性，形成较强的协同创新能力。

3. 提升协同创新能力

与国内外发达地区大学科技城相比，岳麓山大学科技城还存在较大差距，需要大学科技城主体积极参与、共同配合，在创新平台、创新人才、创新投入、政策制度等多个方面改进、提升和完善。

(1) 打造协同创新平台。协同创新平台是当地科技创新能力的重要体现，各级政府和主管部门应给予全方位支持。通过建设协同创新平台，培育优势学科，增强岳麓山大学科技城协同创新能力。

①推进多元化的创新平台建设。坚持开放共享理念，通过"内联外引"，充分发挥高校、科研院所创新的引领作用，吸引国内外知名高校和科研院所共同参与创新平台建设。大力支持优势创新主体来大学科技城设立分支机构，推进院士实验室、国家工程中心、国际创新中心等建设，快速提升大学科技城的创新能力。

②强化企业作为市场主体的带动作用。企业是市场主体，尤其是行业龙头企业，具有较强的带动作用。围绕企业重大创新需求，由龙头企业主导协同创新平台建设，带动更多合作伙伴参与，共同攻克行业的共性关键技术，从而提升岳麓山大学科技城协同创新规模。

③发挥高校和科研院所的创新优势。充分发挥大学科技城高校和科研

院所的学科优势、技术优势和人才优势,以及增强其核心创新主体作用,充分释放创新动能;鼓励高校和科研院所围绕优势学科创建"双一流"高校和"双一流"学科,加强先进实验装置、科研设备和科研资料的投资力度,从而优化岳麓山大学科技城的协同创新资源。高校的学科要紧密对接湖南新兴优势产业链和长沙22条产业链,构建促进湖南省高新技术和产业发展的产学研协同创新中心。吸引国际知名高校到大学科技城开办分校、科研机构,定期举办高级别国际学术会议。加大支持大学科技城高校与企业协同,对接国家产教融合项目,在关键产业领域深化产教融合,增强校地、校企合作,提升高校服务区域经济社会发展能力。

(2)加快创新人才体系建设。人才是最具能动性的创新资源,是决定协同创新成败的最关键要素。因此,聚集优秀的创新人才是提升大学科技城协同创新能力的重要举措。

①优化引才聚才的政策环境。针对大学科技城创新主体的实际情况,了解高校、科研院所和企业对人才的需求情况,合理制定人才引进和培育的计划与政策,科学实施重点人才招引和培养工程。建立完善用才留才的服务体系,从薪酬待遇、能力培养、事业发展和家庭关怀等方面提供更多的支持,为创新人才提供优质服务和良好环境。

②加快人才队伍建设。针对岳麓山大学科技城现有人才现状,科学建立人才队伍发展目标,既要形成满足不同层级需要的人才团队,也要具有技能、科研、产业管理等不同人才队伍。要充分借助当地人才政策,引进和培养多层次、多学科和高技能的复合型人才,推进人才体系建设。同时还要根据协同创新与成果转化的要求,打破主体间的人才封闭格局,推动人才资源共享,优化人才的知识结构、年龄结构和能级结构,实现人才在学科、行业和主体间的合理流动和分布。

③鼓励跨区域组建创新团队。本着"不为所有,但为所用"的原则,采取柔性引进,或者项目合作等多种方式,吸引国内外的优秀人才到大学科技城组建创新团队。在引进国内外顶级协同创新团队的同时,兼顾"开放共享"的原则,鼓励创新主体"走出去",到世界各地组建创新团队,开展高质量的协同创新。对取得突破性技术创新和攻克重大技术难关的跨区域创新团队,要重奖人才团队,给予优厚待遇,驱动更多人才参与到协同创新团队。鼓励科技人员在职离岗创业。鼓励高等院校、科研院所制定相关制度与管理办法,允许科技人员在职离岗参与协同创新团队,跨专业跨主体整合创新人才,促进科技创新发展。

(3)建立科学的协同创新伙伴选择机制。创新伙伴是协同创新活动顺利推进的重要因素，在一定程度上，将决定协同创新项目的成败。因此大学科技城管委会和创新主体应共同努力，科学选择协同创新伙伴，整合各种优势创新资源，从而在更高层次、更深领域和更大范围开展协同创新。

①构建科学的创新伙伴评价方法。选择最合适的创新伙伴开展协同创新，有助于加快创新进度、提高创新效率、提升创新能力。要结合创新项目的实际情况，满足创新主体的需求，构建科学的协同创新评价指标，采用高效的协同创新伙伴评价模型，对潜在的创新伙伴进行综合评价，选择相容性好、创新资源互补性强、沟通畅通的最优合作伙伴。

②培育优势的创新主体。具有创新能力的主体是协同创新开展的前提。牵头主体要加强对潜在创新主体的交流和辅导，促进协同创新合作，并对协同创新活动进行监督与评价，以此遴选出一批创新能力强和信誉好的主体，为协同创新项目推进提供合适的备选伙伴。

③建立协同创新伙伴信息平台。要充分利用信息技术、网络技术和大数据技术，构建协同创新伙伴信息平台。将大学科技城各类创新主体、创新团队和创新平台立卡建档，记录协同创新伙伴行为和效果等信息，建立协同创新伙伴大数据。当主体有创新需求时，通过信息平台了解潜在伙伴信息，从而快速匹配创新伙伴，以此选择最为合适的协同创新伙伴，提升协同创新能力。

4. 加速协同创新成果转化

协同创新成果转化是协同创新活动的最后一个阶段，也是最终目的，协同创新能否取得良好的效果和效益，与协同创新成果转化密切相关。

(1)构建创新成果转化机制。协同创新成果能否有效转化，其成果转化机制影响最为突出。因此，岳麓山大学科技城管委会和创新主体应积极优化成果转化模式，构建协同创新成果转化机制，提高协同创新转化绩效。

①构建专业化的成果转化服务平台。高校、科研院所等创新主体主要从事科技创新，但由于此类主体精力的有限性和经验的局限性，并不擅长创新成果转化，因此，岳麓山大学科技城要构建对接创新成果转化的服务平台。由专业服务机构统一负责平台管理，提供成果转化服务。大学科技城管委会对平台服务能力进行考核评价，不断完善服务功能，优化服务质量与水平，提升协同创新成果转化效率。

②建立专业化创新成果交易平台。岳麓山大学科技城要建立成果转移转化交易平台，搜集科技城内外大量成果转移与转化信息，逐步完善市场化成果定价机制，通过专业化服务吸引更多成果的交易者。探索协同创新成果协议定价交易、挂牌交易和拍卖等市场化定价机制和交易模式，吸引

大量外部优势企业和科研机构参与协同创新成果转化,让交易主体能公平享受创新成果效益。通过多措并举,有效提高主体交易的活跃度,促进协同创新成果转移转化的效率和质量。

③完善创新成果转移转化政策。在打造岳麓山大学科技城创新成果转化服务和交易平台的同时,还要出台相关政策和制度,鼓励高校和科研院所建立与之适应的制度与管理办法,整合双创资源,发掘市场机遇,允许创新型人才和产业化人才,采取在职或离岗等形式,与具有互补资源的优秀伙伴合作,综合运用项目契约式、股权式、联盟式等多种协同创新合作模式,开展协同创新成果转化。实行税收补助政策。对就地产业化的科技成果,全部返还缴纳税收的省市留存部分;对转移到省内其他区域的技术,按比例与产业化所在园区分享地方留存税收。

(2) 提升金融服务水平。岳麓山大学科技城开展成果转化,应发挥好金融的催化剂功能,推动协同创新成果与金融的结合,加快协同创新成果转化。完善创新创业金融服务体系,广泛吸引社会资本参与创新创业;鼓励金融机构开展业务创新,简化质押融资流程,拓宽高新技术企业融资渠道。

①做大做优成果转化专项基金。以财政资金为主,社会资本为辅,要发挥好政府和大学科技城产业基金的引导作用,引导有投资意向的企业和商业投资基金参与,共同做大做优岳麓山大学科技城协同创新成果转化专项基金,为优质的创新成果转化提供稳定的发展资金。

②提升成果转化信贷支持能力。由于许多创新主体属于知识密集型企业,固定资产少,贷款难。岳麓山大学科技城要引导传统金融机构,创新信贷模式,简化流程,从企业现有资产担保模式向项目与产业发展能力评估模式转变,综合运用信用贷款、知识产权质押贷款等方式,为协同创新成果转化提供一揽子金融解决方案。

③促进创新成果与互联网金融深度融合。岳麓山大学科技城应借助大数据、区块链等新技术,构建创新成果与互联网金融融合新模式,规范创新成果转化融资平台的运行机制,为解决协同创新成果转化资金困难提供一种新思路。

(3) 完善产业链条。以产业链为载体,完善岳麓山大学科技城产业链条,带动协同创新成果转化。当前,由于信息不对称、知识产权保护难度大等诸多问题,产业龙头企业与配套企业进行协同创新的意愿不强。为改变这种不利的协同创新局面,政府宜以市场化为原则,加强政策引导,推进"延链""补链"与"强链"的协同创新项目实施,促进更多创新成果转化,衍生产业链新企业,调整当地产业结构,推动产业转型升级,不断完善产业链条。在此基础上,针对产业链关键环节,积极引导龙头企业联合配套企业,协同开展创新成果转化,突破产业发展"瓶颈",快速提升产业链核心竞争力,为大学科技城创造更大经济效益创造条件。

5. 优化协同创新利益协调机制

科学的利益协调机制有利于调动各创新主体的积极性,有利于降低协同创新风险,提高协同创新效益。协调机制要兼顾整体与个体利益,确保公平公正。

(1) 充分发挥政府协调作用。政策制度是政府调节协同创新主体积极性,更好地推动协同创新的工具。由于政府承担弥补市场不足,纠正市场功能缺陷的角色,其行为本身具有公益性和公正性,因此,政府可作为协同创新主体的独立第三方,在不同主体之间架起协调沟通桥梁。当协同创新中出现系统缺陷、市场失效、利益冲突等问题时,政府可根据市场原则,运用看得见的手进行调节。在深入推进协同创新的过程中,政府要发挥自身协调作用,避免政策制度导向失准,创新资源配置错位,影响协同创新稳健有序运行。

(2) 构建主体利益协调平台。一是由地方政府出资组建一批高水平的非营利性中介机构,比如,专业技术咨询机构、无形资产评估机构等,发挥专业机构的利益协调作用。二是构建以大数据为基础的协调信息服务平台。通过政府出资建立非营利性的信息平台,充分整合技术产权、企业资质、协同创新成员信誉评级等信息,定期更新数据,支持发起人、参与者进行相关信息检索和分析,为协同创新利益协调提供有效的决策参考,减少因信息不对称而造成的利益分配失衡。

(3) 建立协同创新内部沟通协调机制。在互信、平等、共享理念下构建岳麓山大学科技城协同创新内部日常性的沟通协调机制。一是建立规范的内部信息披露制度。及时准确披露协同创新项目进度、费用、人事等相关信息,增加运行的透明度,提高参与主体的信任度。二是建立沟通与协商渠道。定期召开会议,针对工作目标偏离、工作效率低、项目延滞等问题进行协商解决。通过参与决策、授权、强化绩效考核等方式,充分调动创新主体的积极性,完善工作协调方式,提高协同创新的运行效率。三是建立各主体共同参与协同创新的计划调整机制。由牵头主体召集合作伙伴共同制定创新计划,及时跟踪协同创新项目进展,针对项目实施中的困难,适度调整计划,以确保协同创新计划符合实际需要。四是根据专业互补和满足需求的原则,优化协同创新团队成员。依照团队成员实际贡献进行利益再分配。若利益分配难以协调,则允许成员有条件退出,吸引新成员加入，促进创新团队的优化重组，避免貌合神离及怠工现象。

(4) 优化协同创新主体内部的利益协调机制。由于多数协同创新项目挂名参与者为科研行政双肩挑式的领导，正是由于其历史业绩才获得参与协同创新的资格，但由于此类参与者行政事务繁忙，无法直接承担具体项目工作，需委托团队内部成员参与。而受托参与者往往能力难以匹配，也难以获得预期收益，团队内部易产生矛盾，进而影响到协同创新绩效。因此，这些主体应当从内部分配上保障实际参与人的利益，按照实际贡献高低进行二次分配；建立科学合理的绩效评价和奖惩机制，确保形成强有力的激励约束作用，有效推进协同创新工作。

(5) 改善政府资金资助方式。直接财政资助，如科研基金、重大专项、研发计划等，财政引导资金间接资助，如引导基金、引导专项等，是政府支持协同创新的两大资助模式。

① "递减式"财政引导资金资助。"递减式"引导资金资助是一种分期付款方式，是目前实施最多的协同创新合作剩余分配契约，也是当前政府支持协同创新活动的有效方式。要通过设置"递减式"引导基金，分阶段激励协同创新主体，一定程度上又可以控制政府投资风险。

② 以资本为纽带的投资引导基金资助。要充分激发社会创新活力，仅依靠政府的政策补偿性资金支持还不够，更要推动企业成为协同创新的投资主体。对协同创新牵头企业而言，收益分成契约较固定报酬契约资金压力更小，因而也是风险更小的协同创新方式。针对政府以资本参与的协同创新项目，要进一步下放创新成果的处置权，鼓励各类创新主体通过股权、期权、分红权等激励方式，充分调动科研人员参与协同创新的积极性。

6. 强化协同创新风险管理机制

协同创新本身具有不确定性，风险伴随创新全过程。岳麓山大学科技城创新主体应采取科学的方法预测协同创新风险，并及时处理，促进协同创新项目稳健实施，达到协同创新预期目标。

(1) 协同创新风险防范。风险防范是指在协同创新风险发生之前，通过预估协同创新活动中可能出现的风险事件并进行调整，进而有效防范协同创新中的风险。主要通过利用契约、管理模式和沟通机制等方式，提前应对协同创新风险，具体措施如下。

① 强化契约精神，严格履行协议。协同创新是一个开放过程，具有较多的不确定性，需要各主体遵守"利益共享、风险共担"原则签订合作协议。当协同创新主体出现利益冲突时，协议条款是创新主体维权的直接依据。显然，一旦协同创新主体违约，执行成本高，且执行效果又难以保证，故

更要强化契约精神，增强彼此信任，使得协同创新主体可以全身心投入到技术攻关中，全力实现预期的协同创新目标。

②建立沟通反馈机制，避免合作冲突。建立信息反馈渠道，确保市场和顾客能将协同创新项目技术和产品等信息，及时反馈给协同创新主体。完善主体交流沟通机制，让协同创新主体充分认识自身工作职责、目标使命，促进创新知识在协同主体间流动。明确协同创新成果知识产权归属，切实保证各主体利益，降低创新主体的知识转移风险。建立规范的知识产权价值评估体系，健全完善合作主体沟通协商机制，引入独立第三方机构对各主体投入的知识和资源进行评估，有效防止协同创新冲突风险发生。

③构建风险分担机制，防范合作风险。要避免和降低协同创新损失，实现稳定、可持续发展，协同创新主体必须预估风险，积极面对风险，并采取有效风险分担机制。在协同创新启动之前，一方面要约定各自责任和义务，另一方面也要预估可能风险，分层次、分阶段分解风险指标，明确风险责任。在各自风险管控范围内，更好监控各自所面临的风险，提前采取措施预防协同创新风险，确保协同创新项目顺利实施。

(2) 协同创新风险处理。协同创新风险处理是指对协同创新活动中面临的风险或未来可能发生的风险进行处理。根据风险评估值和预警值的大小，相应选择承受、规避、转移和降低的风险等处理措施。

由于风险的不确定性，当风险发生时，协同创新主体要及时评估风险，并根据风险评估结果，选择相应的风险处理措施。具体风险应对措施为：承受风险、规避风险、转移风险和降低风险。当风险的影响作用较小时，可以采取积极承受风险的措施，即承受风险的同时对风险进行监控，以免风险损失扩大；当风险损失超出承受范围时，优先考虑能否对风险进行规避，再考虑能否转移风险；若上述两种措施均无法使风险得到有效控制，则对风险指标进行优化，以此降低协同创新风险。

在协同创新活动实践中，应结合实际情况选择风险处理措施，具体根据协同创新主体、所处阶段和环境等因素，选择风险承受策略、风险规避策略、风险转移策略和风险降低策略中的一种或几种的组合，以有效降低协同创新中的风险损失。

10.3 本章小结

大学科技城协同创新体系是一个有机创新生态系统，由高校、科研院所、企业、政府和中介机构，以及文化环境、市场环境、基础设施和政策环境等多种子系统组成。大学科技城协同创新体系中的子系统既是完全独立的，也是相互影响、相互促进、相互耦合的，也是创新生态系统不可分割的有机组成部分。子系统之间分工协作，相互作用，相互促进，创新要素在系统之间流动和共享，实现协同创新生态系统的动态平衡。近年来，国家和各省区市均已出台系列创新政策，为创新型国家建设提供了良好的政策环境，同时也推动了大学科技城的建设与发展，并不断优化和完善了大学科技城协同创新体系。然而，各省区市的大学科技城协同创新体系仍存在许多共性问题和个性问题。

为优化大学科技城协同创新体系，更好地促进各子系统的有序协同发展，提升协同创新能力和效率，本章分析了大学科技城协同创新体系发展现状与存在的问题，探讨了优化大学科技城协同创新体系的具体措施。首先，详细分析了大学科技城协同创新体系的构成，以及各个子系统的分工、协同和作用机理；然后，从宏观、中观和微观视角分别梳理了近年各级政府出台的有关鼓励创新发展和建设大学科技城的政策制度；接着，分别分析了我国大学科技城协同创新体系存在的主要共性问题，以及岳麓山大学科技城协同创新体系存在的相关具体问题；最后，针对我国大学科技城协同创新体系所存在的政策体系不够完善、区域发展不平衡和管理机制未理顺等共性问题，从政策环境、区域平衡、管理提升等方面探讨我国大学科技城协同创新体系的优化路径；同时，也结合岳麓山大学科技城面临的具体问题，从完善发展政策、推进区域平衡发展、提升管理效率、改善创新环境、优化动力机制、提升协同创新能力、加快成果转化、优化利益分配机制和强化风险管理等方面，具体探讨了岳麓山大学科技城协同创新体系的优化路径与具体的对策措施，从而为有效提高大学科技城协同创新的质量与效率提供决策参考。

第 11 章 研究结论与展望

11.1 研究结论

大学科技城集聚了大量创新资源，创新氛围浓厚，创新创业活跃，是促进区域经济高质量发展的重要引擎。发达国家的大学科技城起步于20世纪50年代，大学科技城的成长既引领了全球的科技进步，也带动了当地科技与经济的快速发展，促进了经济繁荣。然而，我国大学科技城起步较晚，经验相对欠缺，仍存在协同创新氛围不浓、主体创新意愿不强、成果转化绩效不高和协同创新效率偏低等诸多问题，其创新能力和创新效率存在较大提升空间。为系统总结我国大学科技城在协同创新方面的成功经验，深入分析发展中的问题及引发问题的根源，对大学科技城协同创新理论与实证开展研究，这既有助于完善大学科技城协同创新理论体系，也有利于发挥我国大学科技城在科技创新与经济发展方面的引领与带动作用。本书首先详细分析了大学科技城协同创新的研究背景与研究现状，厘清了相关概念，梳理了相关理论，在此基础上，构建了大学科技城协同创新理论分析框架。然后，在实地调研了我国多个大学科技城，访谈了大学科技城和创新主体相关负责人和创新参与者的基础上，构建多种理论模型和方法，尝试从大学科技城协同创新能力提升机理出发，结合大学科技城协同创新三个阶段"创新准备、创新实施和成果转化"的特点，从协同创新环境、协同创新动力机制、协同创新伙伴选择、协同创新成果转化、协同创新效率评价和协同创新风险管理等方面开展了理论研究和实证分析，旨在较为全面、系统地揭示导致我国大学科技城协同创新能力不强和效率不高的根源，为提升大学科技城协同创新能力与效率提供指导。

在对我国大学科技城协同创新进行系统研究后，形成了以下主要结论。

（1）大学科技城管委会能通过制定和完善政策制度，营造良好的创新环境，聚集优质创新资源，从而提升协同创新能力；协同创新能力的提升，又有利于改善创新环境，吸引到更多的创新要素和创新主体，进一步提升协同创新能力。

为探索创新环境与协同创新能力的内在关系和作用机理，基于耦合协调度相关概念和理论，采取定性分析和定量研究相结合的方法进行了研究，研究结果表明：首先，政策环境、技术环境、经济环境和社会环境组成的创新环境对协同创新能力有较大影响。同时，协同创新能力又反作用于创新环境，即创新环境与协同创新能力具有较强的耦合关系，两者相互影响、相互依存、相互促进、共生发展。其次，协同创新环境是由政策、经济、社会和技术等子系统构成的复杂系统，协同创新环境与协同创新能力共同构成一个更为复杂的协同创新生态系统，两者相互依存、相互影响和相互促进，推动协同创新生态系统不断从低级向高级演化，从不平衡向平衡演变，政府的政策制度能引导创新环境子系统与协同创新能力子系统形成良性耦合条件下的正反馈循环，也能形成非良性耦合条件下的负反馈循环。最后，政府制定的协同创新政策与制度，目的是要引导创新环境子系统与协同创新能力子系统形成良性耦合关系，促使协同创新生态系统不断产生正反馈循环，向更高的形态发展。

(2) 大学科技城协同创新动力机制受多种因素影响，创新主体能否产生协同创新意愿与动力，既与内部动力因素相关，也和外部动力因素有关，政府可通过改善外部因素，形成有利于激发协同创新动力的环境。

基于演化博弈和动力系统相关概念和理论，采取定性分析和定量研究相结合的方法对大学科技城协同创新动力机制的作用机理进行了系统研究。大学科技城应制定良好的制度体系，认真履行监管职责，不断吸收外部资源、优化内部资源，主导建立良好的利益分配机制和全面的风险管控体系，营造有利于激发创新主体开展协同创新动力与意愿的环境。在市场竞争压力、市场需求拉动力和技术推动力等外部动力因素的作用下，激发主体的动力系统产生协同创新意愿，在战略协同、竞合博弈等协同创新内部动力的作用下，创新主体将积极参与协同创新，大学科技城协同创新规模将不断扩大、创新能力会不断加强、创新效率将不断提升、创新系统不断优化，协同创新水平也必将不断提升。由此可见，政府可通过完善政策环境、优化利益分配体系等措施构建良好的协同创新动力机制，形成良好的协同创新氛围。

(3) 创新伙伴是协同创新活动顺利推进最重要的因素，甚至将直接影响到协同创新项目能否取得成功。协同创新牵头主体可采用定量评价方法综合评价潜在伙伴的相容性、研发能力、技术方案和创新效果等方面的情况，以选择最佳的协同创新伙伴，从而提升协同创新效率。

合作创新伙伴选择是协同创新活动最关键的环节。为帮助创新主体选择最佳协同创新伙伴，应全面分析影响协同创新伙伴选择的关键因素，剖析其作用机理，通过问卷调查、理论分析和实证研究相结合的研究方法，对大学科技城创新主体选择协同创新伙伴进行全面深入研究。为此，首先，梳理了现有伙伴选择研究成果，详细分析了影响伙伴选择的影响因素，建立了包括主客观因素的指标体系，指标体系考虑了协同创新伙伴、专家、协同创新伙伴历史的创新项目以及合作者等不同信息来源，内容更加科学全面。然后，综合考虑协同创新伙伴选择实际情况，构建了基于主客观赋权和多源异构信息的大学科技城协同创新伙伴选择决策模型，采用实数、区间数和中智数等多源异质评价信息，能更好地拟合决策实际，评价更加客观准确。最后，应用所构建的指标体系和决策模型实证分析了岳麓山大学科技城协同创新项目的伙伴选择，验证了将主观准则权重和客观指标权重结合，能有效抑制主观赋权波动对排序结果的影响，具有更好的稳定性。

(4) 协同创新成果转化是参与主体获取创新收益，实现创新目标的重要环节。协同创新成果转化绩效，既与创新成果、成果供给方、转化实施方、管理方等内部因素有关，也与财政政策、中介服务、金融环境、文化环境等外部因素有关。

成果转化是大学科技城协同创新活动的最终环节，成果转化绩效是参与协同创新活动主体创新资源投入与创新收益情况的客观反映。协同创新成果转化是一个复杂的动态过程，转化效果不仅与合作契约类型有关，也与转化模式有关，还与转化过程的内外部因素有关。因此，在综合考虑协同创新契约类型与转化模式的同时，还要全面剖析创新主体和内外部因素对协同创新成果转化的影响机理和演化过程。科学构建大学科技城协同创新成果转化绩效评价指标体系和评价模型，客观评价成果转化绩效，有利于管理部门科学考评大学科技城协同创新开展情况，并找准影响协同创新成果转化的关键因素，采取相应的对策措施，改善成果转化条件与环境，从而提升大学科技城协同创新转化能力和水平，提高协同创新成果的转化绩效。研究表明基于熵权的 TOPSIS 模型能有效解决大学科技城协同创新成果转化绩效评价值的模糊性问题，实证结果验证了该方法的有效性和可行性。

(5) 大学科技城协同创新主体的创新资源具有资产专用性、资产专有性和相对重要性等特点。创新资源对合作剩余的创造和分配有着重要影响，剩余分配还与协同创新契约种类和契约环境有关，并直接影响协同创新的效率。其中，分期付款契约模式有较好的激励效果，可同时激发学研方和企业的积极性，其激励水平接近社会最优契约激励水平。

创新主体参与协同创新的目的是创造和分享合作剩余，而合作剩余的分配与合作模式、契约类型紧密相关，并直接影响到创新主体参与协同创新活动的积极性，最终影响协同创新效率。为深入剖析合作剩余的分配机制，根据大学科技城协同创新的几种合作模式，从两个方面进行了探讨。一是从委托—代理视角分析了协同创新主体的利益分配契约模式，剖析了协同创新合作剩余创造与分配的机理，探究了协同创新合作剩余的影响因素，论证了大学科技城环境下协同创新主体资产专用性、资产专有性，及其在协同创新过程中的相对重要性等因素，以及对协同创新合作剩余的创造和分配的具体影响。二是从契约经济学视角，通过实证分析阐释了契约环境、合作剩余分配契约等因素对大学科技城协同创新效率的影响机理。研究结果表明：分期付款契约模式有较好的激励效果，同时可激发学研方和企业的积极性，其激励水平接近社会最优契约激励水平。

(6) 大学科技城协同创新能否成功，受多种内外因素的影响。协同创新主体可通过构建大学科技城协同创新风险管理体系，加强风险识别、风险预警，强化风险管控，提高协同创新成功概率。

准确有效识别风险、评价风险、预警风险，并管控风险是协同创新成功的重要保障。为有效构建协同创新风险管控体系，首先，理顺了大学科技城协同创新风险管理流程，建立了风险判别标准和风险识别方法。然后，从内外部环境，分别识别出技术风险、运营风险、人才风险和协同风险等内部风险因素，以及政策法律、市场环境、经济环境、自然环境和社会文化环境等外部风险因素，构建了大学科技城协同创新风险指标体系。接着，针对大学科技城协同创新风险特点，提出了基于证据推理的二元语义风险评估和基于BP神经网络的风险预警的理论模型与方法。最后，实证分析验证了基于证据推理的二元语义风险评估模型和BP神经网络的风险预警模型，能满足语言信息环境下的风险评价与预警需要，得出的评价和预警结果可直观反映协同创新风险大小。研究表明风险评估与预计模型可为决策者提供定量科学的风险决策，可根据风险评估值或预测值采取相应的风险处理措施，有利于大学科技城协同创新风险防范与控制。

(7) 大学科技城协同创新体系是由创新环境、创新主体、创新要素等多个子系统组成的创新生态系统，各子系统相互影响，相互作用，相互耦合，具有强关联性。通过优化创新环境、完善利益协调机制、强化风险管控体系等优化措施，能促使大学科技城协同创新体系优化发展。

随着我国大学科技城规划、建设与发展的不断推进，大学科技城协同创新体系也在不断优化、完善和提升。但与世界一流大学科技城相比，我国大学科技城协同创新体系还有较大差距。为尽量缩小差距，加快优化大学科技城协同创新体系，首先厘清了大学科技城协同创新体系的概念、内涵、组成与运行机理。然后梳理了我国三个五年规划期间制定的相关政策制度，以把握我国大学科技城协同创新环境的真实状态。一方面，从宏观视角分析总结了我国大学科技城仍存在协同创新发展政策不够完善、区域分布不均衡、管理机制还未理顺等共性问题；另一方面，解剖了岳麓山大学科技城存在的协同创新环境不佳、动力机制不健全、协同创新能力还不强、成果转化率不高、利益分配机制不够完善、风险管理难度大等具体问题。最后，一方面从政策环境、区域平衡、管理提升等角度提出了优化我国大学科技城协同创新体系的总体思路；另一方面从优化创新环境，改善创新动力机制，优化协同创新利益分配机制，提升成果转化绩效，提高协同创新效率，管控协同创新风险等方面，提出了完善岳麓山大学科技城创新体系的具体举措。

11.2 不足与展望

本书在大学科技城协同创新理论分析框架的基础上，遵循大学科技城协同创新生命周期"创新准备—创新实施—成果转化"的演化过程，从协同创新环境优化、创新动力机制、伙伴评价选择、创新成果转化、创新效率和风险管理等方面，对我国大学科技城协同创新的发展进行了深入系统研究。但由于作者学识水平、研究时间等方面的限制，本书还存在以下不足：

(1) 在研究方法上，本书在研究协同创新环境、创新动力、伙伴选择、成果转化、创新效率和风险管理等问题时，采用了理论与实践相结合的方法，但在指标选取、实地调研及讨论分析过程中不可避免地带有主观性，可能会影响实证结果的真实性与可靠性。且随着时间的推移，又涌现了不少新的大学科技城，本书没有及时跟进新产生的数据，也没有对新的大学科技城和新的形态进行研究。

(2) 在具体研究过程中，虽探讨了大学科技城的发展模式，却未能深入探究大学科技城高质量发展的机理。给出了影响大学科技城协同创新能力提升和成果转化的因素，但未深入分析影响的微观机理。对大学科技城协同创新纵向发展进行了研究，但没有从空间视角研究大学科技城在全国的合理布局，及相互之间的协同关系。

尽管本书围绕大学科技城协同创新理论体系与优化路径展开了较为深入的研究，在理论分析、研究方法、框架构建等方面具有一定的前瞻性，能够在一定程度上揭示大学科技城协同创新能力与协同创新效率提升的复杂性,然而,本书所涉及的广度和深度均有待继续深入研究。

(1)本书未对国外大学科技城的演化发展规律进行深入研究。虽然探讨了大学科技城的源起、典型案例、发展模式,以及总结了发展启示,但未从多个维度探究大学科技城协同创新高质量发展的机理。因此,可从两个维度继续开展研究,一方面可从时间维度分析国内外大学科技城协同创新的历史演化规律,另一方面可从空间维度比较国内外大学科技城协同创新的发展差异,通过深度对比分析,科学总结得出大学科技城协同创新发展的经验和教训,为我国大学科技城协同创新的高质量发展提供指导与借鉴。

(2)本书对大学科技城协同创新进行了研究,但没有从国家视角研究大学科技城的区域布局,及相互之间的协同关系。如果缺乏对大学科技城进行合理规划,容易导致重复投资建设,造成创新资源的浪费和创新绩效低下。因此,未来可结合我国高校的空间区位信息与创新特色,对如何开展大学科技城的科学选址与合理布局,建设差异化的大学科技城进行研究。

(3)本研究给出了大学科技城协同创新发展的优化路径,其中也提出了加强信息化平台建设等具体举措。但就如何加强大学科技城信息化平台建设,推动大学科技城智能化和虚拟化发展,促进内部协同、对外开放和共享共赢,未进行深入研究。因此,亟须结合大学科技城的特点,搭建切合发展实际需要的信息化平台。

参考文献

◎ 埃弗雷特·罗杰斯，朱迪恩·拉森，等，1985.硅谷热[M].北京：经济科学出版社.

◎ 艾之涵，2015.法国索菲亚科学园区的发展对我国高新科技园区的启示[J].科技管理研究，35(22)：85-88.

◎ 安宁，王宏起，2008.国际典型大学科技园发展模式的比较研究[J].科技管理研究，(1)：67-69.

◎ 白俊红，等，2009.应用随机前沿模型评测中国区域研发创新效率[J].管理世界，（10）：51-61

◎ 包甜甜，王岩磊，李猛，等，2016.基于证据推理的多指标评价系统设计与实现[J].计算机工程与科学，38(6)：1269-1274.

◎ 曹斌，孙莉，侯天伟，2003.国内外大学科技园发展模式比较研究[J].科技管理研究(3)：90-93.

◎ 曹虹剑，李睿，贺正楚，2016.战略性新兴产业集群组织模块化升级研究[J].财经理论与实践，(2)：118-122.

◎ 曹辉，刘临，谢辉，等，2014.论大学科技园创新环境评价：以北京地区大学科技园为例[J].中国高校科技(07)：62-63.

◎ 曹兴，黄玲雁，2014.基于DEA的湖南省高技术产业创新效率研究[J].湖南工业大学学报，(5)：21-25

◎ 陈坚，2006.高新技术产业与金融的融合：美国硅谷模式的分析与启示[J].国际商务研究，(03)：36-40.

◎ 陈劲，阳银娟，2012.协同创新的理论基础与内涵[J].科学学研究，30(2)：161-164.

◎ 陈劲，张平，尹金荣，2001.中国大学科技园建园与运作模式的研究[J].研究与发展管理，13(6)：1-7.

◎ 陈静远，等，2005.中国大学科技园与英国科技园建设和管理模式的研究[J].科学学与科学技术管理，(8)：50-54.

◎ 陈俊良，刘新建，陈超，2011.基于语言决策矩阵的专家客观权重确定方法[J].系统工程与电子技术，(6)：1310-1316.

◎ 陈澎，2011.基于集群企业协同创新的思考[J].统计与决策，(07)：187-188.

◎ 陈平，2007. 从工业园区到创新基地：法国索菲亚科技园的启示 [J]. 科技进步与对策，(09)：195-198.

◎ 陈伟，张永超，马一博，等，2012. 基于 AHP-GEM-Shapley 值法的低碳技术创新联盟利益分配研究 [J]. 运筹与管理，(4)：220-226.

◎ 陈翁翔，林喜庆，2009. 科技园区创新模式比较与启示：基于硅谷、新竹和筑波创新模式的分析 [J]. 中国行政管理，(10)：113-115.

◎ 陈颐，2004. 我国大学科技园的建设与发展研究 [D]. 福州：福州大学．

◎ 陈妤凡，王开泳．武汉东湖新技术开发区产业创新与产业结构优化升级的耦合研究 [J]. 中国科学院大学学报，2018，35(5)：654-662.

◎ 成鹏飞，周向红，周志强，2018. 长株潭衡创建"中国制造2025"试点示范城市群的研究 [J]. 湖湘论坛，(3)：132-138.

◎ 成鹏飞，付浩，苏昌贵，等，2021. 国内外典型大学科技城的发展经验与启示 [J]. 湖南行政学院学报，(05)：76-84.

◎ 成鹏飞，付浩，姚又尹，等，2020. 区域环境与科技创新、科技成果转化耦合协调发展研究：以岳麓山大学科技城为例 [J]. 商学研究，27(04)：40-48.

◎ 成鹏飞，高阳，成小军，等，2007. 钢铁企业合作创新项目选择的模糊聚类分析 [J]. 系统工程，(03)：56-60.

◎ 成鹏飞，李松亮，谢力，等，2021. 大学科技城创新环境与协同创新能力耦合协调度评价研究 [J/OL]. 系统工程：1-10[2021-08-07].http：//kns.cnki.net/kcms/detail/43.1115.N.20210208.0843.002.html.

◎ 成鹏飞，刘念，王佳慧，等，2021. 区域创新与产业结构优化升级耦合协调机理及时空演化：以湖南省14个市州为例 [J]. 中国科技论坛，(09)：128-140.

◎ 成鹏飞，王懿，2019. 大学科技城政企学研协同创新三方演化博弈研究 [J]. 财经理论与实践，40(04)：145-150.

◎ 成鹏飞，吴玉婷，等，2018. 基于电子商务的大学生创新创业影响因素研究 [J]. 当代教育理论与实践，10(02)：31-35.

◎ 成鹏飞，周向红，2019. 湖南制造强省战略的主要问题、发展路径与对策 [J]. 湖南科技大学学报(社会科学版)，22(1)：175-184.

◎ 成鹏飞，周向红，任剑，2016. 制造企业合作技术创新的项目评价与风险管理 [M]. 西安交通大学出版社．

◎ 成鹏飞，周向红，唐新平，等，2006. 一种基于不确定语言的决策方法 [J]. 统计与决策，(24)：145-147.

◎ 程淑红，江锡军，2013. 国内科技城建设基准研究 [J]. 中国市场(43)：70-77.

◎ 崔歧恩，刘帅，钱士茹，2011. 我国大学科技园运行效率研究：基于 DEA 的实证分析 [J]. 科技进步与对策，28(21)：16-21.

◎ 崔雪，2016. 京津冀协同创新运行机制研究 [D]. 石家庄：河北经贸大学．

◎ 代建生，范波，2015. 基于纳什谈判的合作研发利益分配模型 [J]. 研究与发展管理，(2)：35-43.

◎ 党建民，杨玉兵，王玉珠，等，2017. 国家大学科技园空间扩散路径与运作机制：基于社会资本参与的视角 [J]. 中国高校科技 (11)：78-81.

◎ 党中楼，2008. 西安地区国家大学科技园发展模式及其实现路径 [J]. 理论导刊，(10)：108-109.

◎ 邱敏学，任晓华，2014. "透视"科技创新城 [N]. 光明日报，(016).

◎ 丁晖，2013. 区域产业创新与产业升级耦合机制研究 [D]. 南昌：江西财经大学．

◎ 丁明磊，郭以明，丁胄，2015. 基于国家大学科技园平台的高校协同创新能力研究 [J]. 科技视界，(05)：34-35，67.

◎ 董彪，王玉冬，2006. 基于 Nash 模型的产学研合作利益分配方法研究 [J]. 科技与管理，(4)：56-60.

◎ 董丞明，李红宇，2015. 大学科技园运行机制建设研究 [J]. 中国高校科技，(8)：86-87.

◎ 董海林，王英平，党建民，2018. 创新发展国家大学科技园服务平台：以中国矿业大学国家大学科技园为例 [J]. 中国高校科技，(06)：73-76.

◎ 董晓辉，2012. 军民融合：国家大学科技园发展模式的新探索 [J]. 科技与经济，25(4)：60-64.

◎ 杜海东，严中华，2009. 中国科技园区创新能力特征及其结构维度研究 [J]. 技术经济与管理研究，(3)：36-44.

◎ 杜洪涛，2009. 大学科技园公共技术服务平台理论研究评述 [J]. 中国高校科技与产业化，(06)：60-62.

◎ 杜洪涛，2014. 国家大学科技园建设和发展的政策研究 [J]. 中国行政管理，(6)：105-109.

◎ 杜晶，2006. 企业本质理论及其演进逻辑研究 [J]. 经济学家，(1)：115-120.

◎ 段美宇，2016. 山西科技创新城研发政策研究 [D]. 太原：山西大学．

◎ 樊霞，赵丹萍，何悦，2012. 企业产学研合作的创新效率及其影响因素研究 [J]. 科研管理，(02)：33-39.

◎ 樊长军，张馨，连宇江，等，2011. 基于德尔菲法的高校图书馆公共服务能力指标体系构建 [J]. 情报杂志，30(3)：97-100，169.

◎ 范德清，施祖麟，白洪烈，荣泳霖，2000. 我国大学科技产业的发展与制度创新 [J]. 清华大学学报 (哲学社会科学版)，(06)：22-26.

◎ 范德清，施祖麟，罗建北，安红平，罗茁，2000. 中国大学科技园建设中的几个问题 [J]. 科学学与科学技术管理，21(7)：4-7.

◎ 方芳，2017. 发达国家大学科技园建设经验及启示 [J]. 中国高校科技 (07)：61-62.

◎ 傅超，张泽辉，2017. 国内外科技创新中心发展经验借鉴与启示 [J]. 科技管理研究，37(23)：57-64.

◎ 傅家骥，1998. 技术创新学 [M]. 北京：清华大学出版社 .

◎ 高旻昱，曾刚，2019. 大学科技园对地方经济发展的影响 [J]. 中国高校科技,(Z1)：119-121.

◎ 高霞，2014. 我国产学研协同创新的研究脉络与现状评述 [J]. 科学管理研究，05：9-11.

◎ 高校科技产业调研组，2001. 来自中国大学科技产业的报告 [J]. 科学学与科学技术管理，(03)：11-14.

◎ 高校科技产业调研组，2016. 在深度合作中全面协同发展 [J]. 中国高等教育,(Z1)：11-13.

◎ 高阳，成鹏飞，周向红，张马林，2007. 钢铁企业合作创新探究 [J]. 科技进步与对策，(07)：115-118.

◎ 高镇光，2015. 三螺旋理论的协同创新机制的研究：中国高校科技园案例 [J]. 上海管理科学，37(03)：102-105.

◎ 葛淑娜，魏翠萍，2017. 基于二元语义的犹豫模糊语言决策方法 [J]. 运筹与管理，26(3)：108-114.

◎ 耿帅，2015. 基于群决策理论的非经营性政府投资项目决策模型研究 [D]. 北京：华北电力大学 .

◎ 顾朝林，赵令勋，等，1999. 中国高技术产业与园区 [M]. 北京：中信出版社 .

◎ 郭强，夏向阳，赵莉，2012. 高校科技成果转化影响因素及对策研究 [J]. 科技进步与对策，29(6)：151-153.

◎ 郭晓川，2001. 合作技术创新 [M]. 北京：经济管理出版社 .

◎ 国有资产监督管理委员会，2006. 中央企业全面风险管理指引 [Z].

◎ 哈肯，1984. 协同学引论 [M]. 徐锡申，等，译 . 北京：原子能出版社 .

◎ 哈肯 H，1989. 高等协同学 [M]. 郭治安，译 . 北京：科学出版社 .

◎ 韩晶，2010. 中国高技术产业创新效率研究 [J]. 科学学研究，(3)：467-472.

◎ 韩野，2003. 国外大学科技园发展模式的比较研究 [J]. 理论与改革，(1)：60-62.

- ◎ 韩依洲，2015. 产学研协同创新的组织模式和动力机制研究 [D]. 合肥：合肥工业大学.
- ◎ 郝胜华，2001. 美国对大学研究园提供的政府支持 [J]. 中国软科学，2：50-52.
- ◎ 郝晓明，2012. 沈阳国家大学科技城引领区域创新发展 [N]. 科技日报，(007).
- ◎ 何晋秋，章琰，2005. 大学科技园的功能定位 [J]. 中国高校科技与产业化，(8)：27-29.
- ◎ 何郁冰，2012. 产学研协同创新的理论模式 [J]. 科学学研究，(2)：164-174.
- ◎ 贺一堂，谢富纪，2020. 产学研协同创新的随机演化博弈分析 [J]. 管理评论，32(06)：150-162.
- ◎ 赫尔曼·哈肯，2005. 协同学：大自然构成的奥秘 [M]. 凌复华，译. 上海：上海译文出版社.
- ◎ 洪广欣，2008. 国内外大学科技园理论研究综述 [J]. 比较教育研究，30(12)：67-70.
- ◎ 侯鹏，刘思明，建兰宁，2014. 创新环境对中国区域创新能力的影响及地区差异研究 [J]. 经济问题探索，(11)：73-80.
- ◎ 胡宝贵，庞洁，2016. 企业技术创新效率与协同主体相关关系 [J]. 经济问题，(2)：74-79.
- ◎ 胡平，刘俊，李凌己，2004. 从大学与环境的互动博弈看大学科技园的功能 [J]. 清华大学教育研究，(06)：20-25.
- ◎ 胡小龙，2008. 合肥国家大学科技园发展战略探讨 [J]. 产业与科技论坛，7(11)：92-94.
- ◎ 胡涌，焦欣，2014. 基于大学科技园的中小企业协同创新体系及特征研究 [J]. 中国电力教育 (03)：211-213.
- ◎ 胡章，蔡震，2015. 深圳市自主创新驱动地区规划实践：以华为科技城片区规划为例 [J]. 上海城市规划，(02)：28-33.
- ◎ 黄波，孟卫东，李宇雨，2011. 基于双边激励的产学研合作最优利益分配方式 [J]. 管理科学学报，(7)：31-41.
- ◎ 黄东，2017. 新建本科高校创建地方大学科技园的可行性及其策略 [J]. 科技管理研究，(18)：77-82.
- ◎ 黄亲国，2006. 中国大学科技园的发展与对策研究 [D]. 厦门：厦门大学.
- ◎ 黄亲国，2007. 大学科技园的组织特性及功能分析 [J]. 研究与发展管理，(03)：113-118.
- ◎ 黄宇，2018. 国家大学科技园结构性优化研究 [J]. 中国高校科技，(Z1)：130-133.

◎ 姜昱汐，胡晓庆，林莉，2011. 大学科技园协同创新中政产学研的作用及收益分析 [J]. 现代教育管理，(8)：33-35.

◎ 蒋萌，苏振民，佘小颉，2012. 基于共生理论：BP 神经网络混合模型的工程联盟利益分配研究 [J]. 科技管理研究，(11)：234-237.

◎ 蒋言斌，勾瑞波，吴爱祥，2003. 国家大学科技园创新体系建构 [J]. 现代大学教育，(2)：94-99.

◎ 蒋媛媛，李雪增，2014. 不完全契约理论的脉络发展研究 [J]. 新疆师范大学学报，(04)：106-111.

◎ 解永庆，2018. 区域创新系统的空间组织模式研究：以杭州城西科创大走廊为例 [J]. 城市发展研究，25(11)：73-78，102.

◎ 金海燕，姚敬伟，2010. 大学科技园核心竞争力及现状研究 [J]. 中国高校科技与产业化，(3)：62-63.

◎ 金伟，付超，2009. 基于二元语义和 T-OWA 算子的阶段反馈式群决策模型 [J]. 合肥工业大学学报（社会科学版），23(6)：851-856.

◎ 金勇，李莉，2003. 我国大学科技园的发展和管理模式 [J]. 中国科技论坛 (3)：26-28.

◎ 卡斯特尔 M，霍尔 P，1998. 世界的高科技园区：21 世纪产业综合体的形成 [M]. 李鹏飞，等，译，北京：北京理工大学出版社．

◎ 雷俊霞，2015. 创意产业集群知识共享的创新策略研究 [J]. 管理世界，(05)：180-181.

◎ 李春梅，施建军，2002. 经济全球化背景下的大学科技园管理模式探讨 [J]. 科技进步与对策，(12)：21-23.

◎ 李翠娟，徐波，2009. 基于知识合作剩余的集群企业创新动力研究 [J]. 科学学与科学技术管理，(12)：76-79.

◎ 李翠娟，宣国良，2006. 基于 Shapley 值的企业知识合作剩余分配与协调 [J]. 上海交通大学学报，(4)：588-592.

◎ 李峰，2009. 大学科技产业的定位和作用探析 [J]. 华中农业大学学报（社会科学版），(03)：67-71.

◎ 李高扬，刘明广，2014. 产学研协同创新的演化博弈模型及策略分析 [J]. 科技管理研究，34(03)：197-203.

◎ 李和进，2013. 基于演化博弈论的供应链合作伙伴关系的最优策略研究 [D]. 杭州：浙江工业大学．

◎ 李建军，2002. 产学创新的平台：从硅谷到中关村 [M]. 南昌：江西高校出版社．

◎ 李林, 王艺, 黄冕, 胡芳, 2020. 政府介入与产学研协同创新运行机制选择关系研究 [J]. 科技进步与对策, 37(10): 11-20.

◎ 李林, 王永宁, 2006. 国家大学科技园管理运行模式及策略研究 [J]. 重庆大学学报(社会科学版), 11(5): 47-50.

◎ 李平, 1999. 中国大学科技园发展模式的比较 [J]. 科学学研究, (4): 90-95.

◎ 李杉杉, 高莹莹, 鲍志彦, 2018. 面向协同创新的知识产权服务联盟研究 [J]. 图书馆工作与研究, (03): 41-46.

◎ 李仕明, 韩春林, 杨鸿谟, 2002. 大学科技园的功能与定位 [J]. 研究与发展管理, (04): 77-80.

◎ 李松亮, 刘慕华, 成鹏飞, 2021. 大学科技城协同创新动态演化博弈研究 [J/OL]. 中国管理科学: 1-11[2021-08-07].https: //doi.org/10.16381/j.cnki.issn1003-207x.2020.1616.

◎ 李彤, 张强, 2010. 基于不满意度的 Selectope 解集研究以及在企业联盟收益分配中的应用 [J]. 中国管理科学, (3): 112-116.

◎ 李潇, 李国平, 2014. 基于不完全契约的生态补偿"敲竹杠"治理 [J]. 财贸研究, (06): 87-94.

◎ 李轶, 2016. 大学科技园产学研协同发展的策略 [J]. 中国高校科技, (11): 91-93.

◎ 李应博, 张继红, 2007. 大学科技园在国家自主创新中的作用机制探讨 [J]. 科学学与科学技术管理, (02): 21-27.

◎ 李永顺, 贾磊, 姜鹏, 2014. 大学科技园管理运行机制探究 [J]. 中国高校科技, (2): 109-111.

◎ 李宇, 2013. 嵌入大学科技园的紧密型产学研结合机制及区域创新驱动模式研究 [J]. 科技进步与对策, 30(01): 5-10.

◎ 李玥, 夏丹, 朱广华, 2013. 高新技术产业化的知识管理运行绩效评价指标体系 [J]. 统计与决策, (4): 21-24.

◎ 李钟文, 等, 2002. 硅谷优势: 创新与创业精神的栖息地 [M]. 北京: 人民出版社.

◎ 梁超, 2018. 基于扎根理论的协同创新演化路径与模式的探索性研究 [D]. 杭州: 杭州电子科技大学.

◎ 廖娟, 付丙海, 崔有祥, 谢富纪, 2015. 基于三螺旋理论的区域协同创新效率评价研究 [J]. 科技与经济, (3): 31-35.

◎ 廖训强, 2001. 试论"科学技术是第一生产力"对创办大学科技城的指导意义 [J]. 东莞理工学院学报, (01): 93-96.

◎ 林利剑, 滕堂伟, 2014. 世界一流科学园产城融合的分异、趋同及其启示: 以硅

◎ 谷与新竹科学工业园为例 [J]. 科技管理研究, 34(08)：33-37, 64.

◎ 林润辉, 谢宗晓, 丘东, 周常宝, 2014. 协同创新网络、法人资格与创新绩效：基于国家工程技术研究中心的实证研究 [J]. 中国软科学, 10：83-96.

◎ 刘德文, 张林, 田惠生, 2001. 陕西地区大学科技园"十五"发展思路的研究 [J]. 研究与发展管理, 13(6)：13-17.

◎ 刘凤华, 2013. 协同创新：地方大学科技创业园的平台共建 [J]. 大学教育, (17)：1-2, 5.

◎ 刘海涛, 邵冰, 2006. 促进科技成果转化的财政政策分析 [J]. 理论探讨, (3)：138-140.

◎ 刘继红, 方建中, 2016. 集群导向的大学科技园发展：理论逻辑、演化态势与优化策略 [J]. 江苏行政学院学报, (05)：42-47.

◎ 刘佳燕, 徐瑾, 2016. 全球化挑战下大学和城市的共生之路：来自英国的经验 [J]. 城市发展研究, 23(08)：68-75.

◎ 刘娟娟, 2011. 基于协同理论的高校科研管理探析 [J]. 技术与创新管理, 32(6)：598-601.

◎ 刘琴, 2017. 产学研协同创新合作过程的风险与防范 [J]. 石油科技论坛, 36(6)：20-24.

◎ 刘清海, 2012, 史本山. 研发外包契约选择：基于事后效率的研究 [J]. 软科学, (5)：136-140.

◎ 刘清海, 史本山, 2013. 技术转移效率及产权治理：基于不完全契约的视角 [J]. 工业技术经济, (01)：47-52

◎ 刘荣, 汪克夷, 2009. 企业合作创新集成风险管理研究 [J]. 科技管理研究, (10)：338-340.

◎ 刘戌峰, 艾时钟, 2015.IT 外包知识共享行为的演化博弈分析 [J]. 运筹与管理, 24(5)：82-90.

◎ 刘易斯·布兰斯科姆, 等, 2003. 知识产业化：美日两国大学与产业界之间的纽带 [M]. 尹宏毅, 苏竣, 译. 北京：新华出版社.

◎ 刘颖, 孟阳, 周宗凯, 2018. 我国大学科技园与高新区协同发展面临的问题及对策 [J]. 产业与科技论坛, 17(20)：14-15.

◎ 刘友金, 2004. 中小企业集群式创新 [M]. 北京：中国经济出版社：15.

◎ 卢亚楠, 张登银, 杨小进, 2016. 以平台协同提升大学科技园创新能力和服务能力：以南京邮电大学国家大学科技园为例 [J]. 统计与管理, (01)：115-116.

◎ 骆品亮, 余林徽, 2004. 我国产学研合作的制约因素及其政策研究 [J]. 上海管理科学，(6)：57-59.

◎ 吕海军，等，2005. 产学研合作创新研究述评及研究展望 [J]. 生产力研究，(4)：230-232.

◎ 吕雪晴，党建民，2016. 国家大学科技园协同创新服务体系建设研究 [J]. 技术经济与管理研究，(03)：39-42.

◎ 马仁锋，张海燕，袁新敏，2011. 大学科技园与地方全面融合发展案例解读 [J]. 科技进步与对策，28(03)：42-46.

◎ 马亚男，2008. 大学-企业基于知识共享的合作创新激励机制设计研究 [J]. 管理工程学报，(4)：36-39.

◎ 马永红，王展昭，2012. 区域创新系统与区域主导产业协同机理研究 [J]. 科技进步与对策，29(16)：25-29.

◎ 毛才盛，2012. 地方大学科技园单一产业创新集群动力学模型研究 [J]. 高等工程教育研究，(3)：108-112.

◎ 毛才盛，2013. 基于共生理论的大学科技园集群创新能力研究 [J]. 科技进步与对策，30(11)：60-64.

◎ 梅萌，2002. 大学科技园的创新职能与孵化体系 [J]. 求是，(8)：56-58.

◎ 孟祥林，曲伟，2014. 基于国际经验的我国大学科技园发展策略研究 [J]. 企业经济，(04)：155-160.

◎ 聂辉华，2011. 不完全契约理论的转变 [J]. 教学与研究，(01)：71-78.

◎ 聂辉华，2012. 最优农业契约与中国农业产业化模式 [J]. 经济学，(01)：313-330.

◎ 潘家栋，韩沈超，2019. 锚企业与科技新城共生模式研究：以阿里巴巴和杭州未来科技城为例 [J]. 科技进步与对策，36(5)：40-45.

◎ 庞继芳，宋鹏，2015. 基于模糊群决策与扩展 VIKOR 的多阶段供应商选择 [J]. 统计与决策，(13)：43-47.

◎ 彭纪生，2000. 中国技术协同创新论 [M]. 北京：中国经济出版社.

◎ 彭勇，2014. 群体事件演化及风险辨识研究 [D]. 昆明：云南师范大学.

◎ 戚湧，张明，丁刚，2013. 基于博弈论的协同创新主体资源共享策略研究 [J]. 中国软科学，(01)：149-154.

◎ 钱福良，2017. 大学科技园与地方科技园协同创新长效机制研究 [J]. 唯实(现代管理)，(03)：34-37.

◎ 钱颖一，肖梦，2000. 走出误区：经济学家论说硅谷模式 [M]. 北京：中国经济出版社.

◎ 钱振华，2011. 基于 DEA 的国家大学科技园创新绩效评价 [J]. 北京科技大学学报（社会科学版），27(2)：86-92.

◎ 曲伟，2016.高校科技园：基于博弈论的协同创新发展对策分析[J].实验室研究与探索，35(09)：239-245.

◎ 让－雅克·拉丰；大卫·马赫蒂摩，2002.激励理论委托－代理模型[M].陈志俊，等，译.北京：中国人民大学出版社，27-34.

◎ 任剑，成鹏飞，2018.湖南融入长江中游城市群发展的战略选择[J].武陵学刊，43(4)：25-34.

◎ 任剑，王坚强，成鹏飞，胡春华，2018.混合型广义犹豫模糊语言多准则群决策方法[J].计算机集成制造系统，24(9)：2367-2376.

◎ 任培民，赵树然，2008. 期权－博弈整体方法与产学研结合利益最优分配[J].科研管理，(6)：171-177.

◎ 任志祥，2018.大学科技园的发展历程及转型思考[J].中国高校科技，(11)：88-90.

◎ 阮传扬，2019.基于新型符号距离的犹豫模糊多属性决策方法[J].控制与决策，34(3)：620-627.

◎ 沙德春，2016.索菲亚科技园转型中的社会技术创新研究[J].科技管理研究，36(03)：14-19.

◎ 沙德春，王文亮，肖美丹，吴静，2016.科技园区转型升级的内在动力研究[J].中国软科学，(01)：146-153.

◎ 邵继红，王霞，2018.湖北科技型中小企业协同创新对策研究[J].中国集体经济，(23)：16-17.

◎ 沈海璐，2017.国家大学科技园协同创新服务体系建设研究[J].中小企业管理与科技（上旬刊），(10)：147-148.

◎ 沈元，2009.大学科技园盈利模式研究[D].哈尔滨：哈尔滨工程大学.

◎ 史国栋，2015.国外大学科技园的质态创新与启示[J].中国高等教育，(21)：59-61.

◎ 史磊，2015.新常态下我国大学科技园的功能定位及发展对策[J].中国高校科技，(11)：91-92.

◎ 苏华峰，2017.协同创新生态系统中科技成果转化模式研究[D].杭州：杭州电子科技大学.

◎ 苏志强，2013.从完全契约到不完全契约：不完全契约成因分析[J].山西农业大学学报，(09)：952-958.

◎ 苏州，2018.考虑技术溢出的产学研协同创新博弈研究[J].南京理工大学学报，

42(1)：120-125.

◎ 隋剑雄，林琪，2004.试论我国商业银行信贷风险预警系统的建立[J].金融论坛，(8)：44-49，63.

◎ 孙红霞，张强，2010. 基于联盟结构的模糊合作博弈的收益分配方案[J]. 运筹与管理，(5)：84-89

◎ 孙健慧，2016.国防工业协同创新系统研究[D].天津：天津大学.

◎ 孙健慧，赵黎明，2017.政府监管下产学研协同创新体系资源共享行为分析[J].科技管理研究，37(19)：22-30.

◎ 孙文豪，2016.科技城建设发展研究[D].成都：西华大学.

◎ 孙艳艳，张红，张敏，2020.日本筑波科学城创新生态系统构建模式研究[J].现代日本经济，39(03)：65-80.

◎ 孙宇，贾申利，2014.构建高效科研平台落实协同创新战略：澳大利亚MONASH大学科技平台的启示[J].实验技术与管理，31(12)：190-195.

◎ 谭睿璞，张文德，陈龙龙，2017.基于单值中智集VIKOR的应急群体决策方法[J].中国安全生产科学技术，13(2)：79-84.

◎ 檀小芳，朱星谕，吴陆生，梁燕，2013.大学科技园对区域经济发展的贡献评价指标体系初探[J].科技管理研究，33(16)：67-72.

◎ 唐家容，2017.中国科技城创新主体协同度与创新绩效关系研究[D].绵阳：西南科技大学.

◎ 佟欣，王冰，2014.大学科技园协同创新发展分析[J].中国高校科技，(10)：88-89.

◎ 万幼清，胡强，2015.产业集群协同创新的风险传导路径研究[J].管理世界,(09)：178-179.

◎ 万幼清，王云云，2014.产业集群协同创新的企业竞合关系研究[J].管理世界，(08)：175-176.

◎ 王飞绒，吕海萍，龚建立，2003.政府在产学研联合中的影响分析[J].中国科技论坛，(3)：65-69.

◎ 王国红，刘隽文，邢蕊，2015.竞合视角下中小企业协同创新行为的演化博弈模型研究[J].中国管理科学，23(S1)：662-666.

◎ 王宏起，于澎田，李玥，2015.大学科技园集成创新能力形成与演化机理研究[J].科技进步与对策，32(24)：29-33.

◎ 王洪立，赵锦桥，马善泉，等，2011.产学研视角下的大学科技园创新服务体系研究[J].科技管理研究，(9)：24-28.

◎ 王缉慈，陈平，马铭波，2010. 从创新集群的视角略论中国科技园的发展 [J]. 北京大学学报（自然科学版），46(01)：147-154.

◎ 王健，顾彦杰，林善浪，2008. 我国大学科技园的功能发展研究 [J]. 科技与经济，21(3)：32-35.

◎ 王江涛，2018. 基于三螺旋理论的大学科技园协同创新发展策略 [J]. 创新与创业教育，9(03)：62-64.

◎ 王婧静，2011. 珠江三角洲经济资源环境协调度评价与分析 [J]. 安徽农业科学，39(5)：2867-2869.

◎ 王娟茹，2002. 产学研合作模式探索 [J]. 科学管理研究，(1)：25-27.

◎ 王丽梅，2014. 集群内中小企业协同创新影响因素研究 [D]. 宁波：宁波大学.

◎ 王瑞鑫，李玲娟，2017. 产学研协同创新的理论框架研究 [J]. 科学管理研究，35(05)：17-21.

◎ 王书斌，徐盈之，2014. 大学科技园与地方高新园区协同创新的博弈分析 [J]. 大连理工大学学报（社会科学版），35(04)：78-83.

◎ 王水莲，李宝山，2009. 关于科技园区创新平台机制的系统思考 [J]. 科学学与科学技术管理，(1)：61-65.

◎ 王婷婷，2018. 产学研合作中的知识产权利益平衡与风险防范 [J]. 中国高校科技，(Z1)：44-45.

◎ 王耀德，艾志红，2015. 基于信号博弈的产学研协同创新的技术转移模型分析 [J]. 科技管理研究，35(12)：23-27.

◎ 王宇，2003. 国家大学科技园创新性管理机制探析 [J]. 哈尔滨学院学报，(6)：31-33.

◎ 王媛媛，张卉蕾，李菁，2017. 基于SWOT分析提升城市生态宜居度的建设路径研究：以沈阳国家大学科技城建设为例 [C].2017城市发展与规划论文集.

◎ 温卫娟，乔忠，2012. 基于动态协同理论的城市共同配送机理及特性研究 [J]. 山西财经大学学报，34(S1)：83-84，86.

◎ 文亮，肖美丹，吴静，王力斌，2016. 产学研协同创新生态机制影响因素研究 [J]. 技术经济与管理研究，(3)：34-38.

◎ 吴保根，高长春，2011. 基于SECI模型的大学科技园知识创新系统研究 [J]. 情报杂志，30(4)：71-75.

◎ 吴贵生，魏守华，2005. 区域科技发展与合肥科技城建设 [J]. 学术界，(01)：7-18.

◎ 吴佳惠，2018. 现代高校科技园协同发展模式创新研究 [J]. 中国高校科技，(5)：86-88.

◎ 吴洁, 车晓静, 盛永祥, 等, 2019. 基于三方演化博弈的政产学研协同创新机制研究 [J]. 中国管理科学, 27(1): 162-173.

◎ 吴林海, 2000. 中国科技园区域创新能力研究 [M]. 北京: 中国经济出版社.

◎ 吴林海, 2003. 科技园区研究: 一个新的理论分析框架 [J]. 科学管理研究, (5): 19-24.

◎ 吴敏, 聂秋平, 许永华, 曹卫华, 2010. 高炉煤气流分布性能可拓评价方法研究及其应用 [J]. 中南大学学报 (自然科学版), 41(3): 1001-1008.

◎ 吴平, 卫民, 2002. 大学科技园发展战略思想 [J]. 改革与战略, (9): 61-63.

◎ 吴平, 卫民堂, 徐海波, 2002. 科技园管理模式的比较与分析 [J]. 改革与战略, (Z3): 87-89.

◎ 吴延兵, 2008. 用 DEA 方法评测知识生产中的技术效率与技术进步 [J]. 数量经济技术经济研究, (7): 67-79.

◎ 吴悦, 顾新, 2012. 产学研协同创新的知识协同过程研究 [J]. 中国科技论坛, (10): 17-23.

◎ 吴悦, 李小平, 涂振洲, 顾新, 张莉, 2020. 知识流动视角下动态能力影响产学研协同创新过程的实证研究 [J]. 科技进步与对策, 37(08): 115-123.

◎ 西·昆斯, 1988. 剑桥现象: 高技术在大学城的发展 [M]. 郭碧坚, 等, 译. 北京: 科学技术文献出版社.

◎ 夏光, 屠梅曾, 2007. "三区联动" 的内涵、机制剖析及理论演进脉络 [J]. 科学学与科学技术管理 (9): 102-108.

◎ 项杨雪, 梅亮, 陈劲, 2014. 基于高校知识三角的产学研协同创新实证研究: 自组织视角 [J]. 管理工程学报, 28(03): 100-109, 99.

◎ 肖丁丁, 朱桂龙, 2013. 产学研合作创新效率及其影响因素的实证研究 [J]. 科研管理, 34(01): 11-18.

◎ 肖宛书, 2017. 沈阳国家大学科技城招商引资的问题及对策 [D]. 沈阳: 东北大学.

◎ 谢惠加, 2014. 产学研协同创新联盟的知识产权利益分享机制研究 [J]. 学术研究, (7): 58-62.

◎ 谢丽萍, 2000. 东莞建立大学科技城 [N]. 亚太经济时报, (B02).

◎ 谢璐琳, 张喆, 2014. 我国大学科技园管理中存在的问题及对策 [J]. 科教导刊, (2): 6-7, 11.

◎ 谢牧人, 罗新阳, 2012. 科技中介与区域技术创新能力提升: 基于 "全国技术创新工程示范城市" 绍兴的实证分析 [J]. 北方经济, (19): 69-72.

◎ 谢仁业, 2004. 从产、学、研合作到科、教、经互动: 教育、经济互动理论初

探 [J]. 理工高教研究, (1): 3-5.

◎ 徐建中, 赵伟峰, 王莉静, 2014. 基于博弈论的装备制造业协同创新系统主体间协同关系分析 [J]. 中国软科学, (07): 161-171.

◎ 徐进勇, 祝文明, 2018. 长沙科技城规划设计探析 [J]. 规划师, 34(07): 136-142.

◎ 徐井宏, 2003. 试论大学科技园的发展战略 [J]. 清华大学学报(哲学社会科学版), 18(1): 28-41.

◎ 徐珺, 张云伟, 2019. 从科技园迈向科技城的"三大战略"转向 [J]. 科技管理研究, 39(07): 49-55.

◎ 徐梦周, 胡青, 2018. 城市创新区的形成基础与建设路径: 基于杭州实践的观察 [J]. 治理研究, 34(06): 63-68.

◎ 徐细雄, 2012. 参照点契约理论: 不完全契约理论的行为与实验拓展 [J]. 外国经济与管理, (11): 52-60.

◎ 徐小钦, 罗林, 石磊, 2005. 我国大学科技园运行模式研究 [J]. 科技管理研究, (9): 109-112.

◎ 徐晔, 陶长琪, 丁晖, 2015. 区域产业创新与产业升级耦合的实证研究: 以珠三角地区为例 [J]. 科研管理, 36(4): 109-117.

◎ 徐则荣, 2015. 区域协同创新理论述评 [M]. 程恩富, 胡乐明, 等, 外国经济学说与中国研究报告: 187-195.

◎ 许合先, 2006. 大学科技园创新文化及其构建 [J]. 科技管理研究, (9): 135-136.

◎ 许珂, 耿成轩, 2018. 制度环境与战略性新兴产业创新能力发展研究 [J]. 技术经济与管理研究, (10): 106-111.

◎ 薛捷, 张振刚, 2007. 科技园区的创新链、价值链及创新支持体系建设 [J]. 科技进步与对策, (12): 58-61.

◎ 闫青, 徐庆, 2009. 基于自主创新体系的大学科技园发展模式分析 [J]. 科技管理研究, (1): 18-20.

◎ 阎光才, 2003. 斯坦福的硅谷与硅谷中的斯坦福 [J]. 教育发展研究, (9): 87-91.

◎ 颜晓燕, 邹琳, 2018. 科技协同创新体内部控制质量优化路径: 基于风险管理视角 [J]. 企业经济, (7): 106-110.

◎ 杨菲, 2018. 企业知识积累与企业创新关系研究 [D]. 西安: 西北大学.

◎ 杨静, 2017. 大学科技园在高科技企业孵化运营中的优化研究 [J]. 创新科技, (11): 63-65.

◎ 杨娟娟, 2017. 大学科技园运行模式新探 [J]. 中国高校科技, (8): 81-82.

◎ 杨栩, 于渤, 2012. 中国科技成果转化模式的选择研究 [J]. 学习与探索, (8):

106-108.

◎ 杨雪锋，徐周芳，2017. 科技新城产城融合的区位类型、路径选择及政策支持 [J]. 学习与实践，(04)：14-22.

◎ 杨雪津，2016. 演化博弈视角下国家工作人员与企业人员的腐败行为生成机制研究 [D]. 福州：福州大学.

◎ 杨屹，张林，章晓明，等，2005. 国内外大学科技园发展模式的比较研究 [J]. 技术与创新管理，26(5)：52-58.

◎ 杨忠泰，2002. 社会化：我国大学科技产业快速发展的根本出路 [J]. 理论导刊，(07)：51-52.

◎ 叶伟巍，梅亮，李文，等，2014. 协同创新的动态机制与激励政策：基于复杂系统理论视角 [J]. 管理世界，(06)：79-91.

◎ 易秋平，曾祥炎，2014. 基于契约经济学的产业集群治理目标及影响因素研究 [J]. 对外经贸，(11)：55-58.

◎ 于澎田，2012. 大学科技园集成创新能力培育路径与发展机制研究 [D]. 哈尔滨：哈尔滨理工大学.

◎ 于娱，施琴芬，2013. 产学研协同创新中知识共享的微分对策模型 [J]. 中国管理科学，21(S2)：684-690.

◎ 余维新，熊文明，魏奇锋，等，2018. 关系产权、知识溢出与产学研协同创新的稳定性研究 [J]. 软科学，32(12)：24-28.

◎ 负兆恒，潘锡杨，夏保华，2016. 创新型都市圈协同创新体系理论框架研究 [J]. 城市发展研究，23(1)：34-39.

◎ 袁科峰，张晓霞，2015. 集群式供应链战略联盟系统耦合协调度研究 [J]. 牡丹江师范学院学报(哲学社会科学版)，(2)：20-22.

◎ 袁玮，2015. 基于城市可持续发展环境下的大学科技园研究 [D]. 南京：东南大学.

◎ 袁晓辉，2014. 创新驱动的科技城规划研究 [D]. 北京：清华大学.

◎ 袁晓辉，张悦，邵磊，等，2018. 怀柔科学城科学发展规划思路 [J]. 城市与区域规划研究，10(3)：175-193.

◎ 袁宇，关涛，闫相斌，等，2014. 基于混合VIKOR方法的供应商选择决策模型 [J]. 控制与决策，29(3)：551-560.

◎ 袁宇翔，梁龙武，付智，等，2017. 区域创新能力发展的环境耦合协同效应 [J]. 科技管理研究，37(5)：9-14.

◎ 曾德明，朱丹，彭盾，等，2007. 技术标准联盟成员的谈判与联盟治理结构研究 [J]. 中国软科学，(3)：16-21.

- 曾建国，2003. 论国家大学科技园与大学、高新区、大学科技产业和地方政府的关系 [J]. 科技成果纵横，(06)：16-17，24.
- 曾卫勇，2008. 大学科技园运作模式研究：以华中科技大学科技园为例 [J]. 高等教育研究，29(8)：53-59.
- 曾祥炎，刘友金，2016. 企业竞合关系及其对协同创新效率的影响 [J]. 湖湘论坛，(6)：99-102.
- 曾祥炎，2015. 基于合作生产视角的政府与市场关系再定义 [J]. 中国特色社会主义研究，(5)：42-47.
- 曾祥炎，曾小明，2018. 区域人力资本、资源集聚能力与城市蔓延 [J]. 湖南科技大学学报(社会科学版)，21(3)：62-70.
- 曾祥炎，林木西，2011. 中国产权制度与经济绩效关系研究述评 [J]. 经济评论，(6)：145-150.
- 曾祥炎，刘友金，2013. 基于价值创新链的协同创新：三阶段演化及其作用 [J]. 科技进步与对策，30(20)：20-24.
- 曾祥炎，刘友金，2014. 基于地域产业承载系统适配性的"产－城"互动规律研究：兼论中西部地区新型城镇化对策 [J]. 区域经济评论，(1)：48-54.
- 曾祥炎，刘友金，凌志鹏，2016. 剩余分配契约与集群企业产学研协同创新效率 [J]. 系统工程，34(6)：78-83.
- 曾祥炎，易秋平，2016. 基于技术生态位的集群企业协同创新组织模式研究：以湖南省工程机械产业集群为例 [J]. 湖南财政经济学院学报，32(5)：86-94.
- 张芳儒，2016. 职业院校类大学科技园发展战略的研究与实践 [J]. 中国职业技术教育，(35)：72-75.
- 张光辉，2017."双创"背景下如何推进河南省大学科技园协同发展 [J]. 中国市场，(33)：30-31.
- 张鸿雁，乔富强，2016. 浅谈大学科技园创新服务能力的提升与优化 [J]. 中国高校科技，(11)：87-90.
- 张华，2016. 协同创新、知识溢出的演化博弈机制研究 [J]. 中国管理科学，24(2)：92-99.
- 张雷，2003. 国外科技园运行模式对我国大学科技园发展的启示 [J]. 东北大学学报(社科版)，(3)：193-195.
- 张李志，2016. 大学科技园产学研协同创新动因及效度研究 [J]. 河南科学，34(8)：1394-1400.
- 张妙燕，2009. 科技园区创新能力的评价指标体系及其应用 [J]. 技术经济与管理研究，(2)：43-45.

◎ 张荣，刘思峰，刘斌，2007. 基于离差最大化客观赋权法的一般性算法 [J]. 统计与决策，(24)：29-31.

◎ 张铁男，陈娟，2010. 基于区域创新理论的大学科技园孵化模式研究 [J]. 科学学与科学技术管理，31(08)：138-142.

◎ 张铁男，陈娟，2011. 基于三螺旋模型的大学科技园孵化模式研究 [J]. 情报杂志，30(2)：66-71.

◎ 张帏，成九雁，高建，等，2009. 我国大学科技园最新发展动态、评价及建议：以中关村地区为例 [J]. 研究与发展管理，21(1)：97-101.

◎ 张艺，许治，朱桂龙，2018. 协同创新的内涵、层次与框架 [J]. 科技进步与对策，35(18)：20-28.

◎ 张银岭，张兴中，姚明华，等，2019. 推进省级农科院国际合作的思考与建议：以湖北省农业科学院为例 [J]. 农业科技管理，38(1)：15-18，41.

◎ 张占斌，2019. 变压力为动力加快推动经济高质量发展 [N]. 辽宁日报，(005).

◎ 张长征，惠调艳，2006. 大学科技园运行机制规划的初步探讨 [J]. 科学技术管理，(9)：37-39.

◎ 张振刚，盛勇，欧晨，2019. 基于FAHP-CEEMDAN的指标权重确定方法 [J]. 统计与决策，(2)：79-83.

◎ 张卓群，2014. 大学科技城的创建模式与科技成果的集成化研究 [A].Information Engineering Research Institute, USA. Proceedings of 2014 4th International Conferenceon Applied Social Science(ICASS2014V54)[C].Information Engineering Research Institute, USA：智能信息技术应用学会．

◎ 章利华，黄思杰，刘涛，2015. 农业高校校办产业服务农业产业化新模式探索：以南京农业大学科技产业联盟为例 [J]. 中国高校科技，(06)：95-96.

◎ 章凌云，2013. 基于本征向量和TOPSIS的工程施工综合评标法研究 [J]. 工程管理学报，27(5)：78-82.

◎ 赵东霞，郭书男，周维，2016. 国外大学科技园"官产学"协同创新模式比较研究：三螺旋理论的视角 [J]. 中国高教研究，(11)：89-94.

◎ 赵东霞，张璟，2014. 基于三螺旋理论的官产学协同创新机制探究 [J]. 高教论坛，(12)：45-48.

◎ 赵继新，郑强国，董艳辉，2014. 基于德尔菲法的区域文化创意产业竞争力评价体系研究 [J]. 经济研究导刊，(25)：53-56，97.

◎ 赵黎明，张海波，孙健慧，2015. 基于改进突变级数法的大学科技园绩效评价 [J].

科技管理研究，35(20)：73-77.
◎ 赵西萍，李徽，郑玮，2005. 大学科技园的运行机制研究 [J]. 高教探索，(5)：46-49.
◎ 赵旭，2013. 产业哲学视域下的大学科技城科技转化功能探析 [D]. 沈阳：东北大学.
◎ 赵旭，2013. 大学科技城科技成果转化模式的选择与实现 [J]. 理论月刊，(01)：119-123.
◎ 赵艳华，2014. 大学科技园对区域经济发展影响的关系模型与实证：基于三元参与理论的改进 [J]. 科学管理研究，32(06)：64-67.
◎ 赵增耀，章小波，沈能，2015. 区域协同创新效率的多维溢出效应 [J]. 中国工业经济，(1)：32-44.
◎ 郑锷，2009. 我国大学科技园管理体制和运行机制问题初探 [J]. 当代教育论坛，(11)：105-106.
◎ 郑帆帆，2009. 浅谈大学科技园的建设 [J]. 技术与市场，16(4)：79-80.
◎ 郑双怡，邹德文，2003. 大学科技园建设存在的问题及对策研究 [J]. 中国民族大学学报（人文社会科学版），23(5)：154-156.
◎ 郑艳民，张言彩，2014. 创新环境对校企协同创新作用的实证分析 [J]. 技术经济，33(05)：46-49，117.
◎ 郑英宁，朱玉春，2001. 高等农业院校大学科技园的功能、模式及运行机制 [J]. 西北农林大学报，(4)：21-23.
◎ 中国企业信用发展报告（2018）[C]. 中国企业改革与发展研究会，2018：52.
◎ 钟洪，李超玲，2006. 大学科技园性质解读与发展战略研究 [J]. 科技管理研究，(03)：5-8.
◎ 钟坚，2001. 世界硅谷模式的制度分析 [M]. 北京：中国社会科学出版社.
◎ 钟书华，2004. 科技园区管理 [M]. 北京：科学出版社.
◎ 周光礼，宋小舟，2016. 区域知识创新中心：大学的新模式：武汉未来科技城的案例研究 [J]. 高等工程教育研究，(06)：16-24.
◎ 周寄中，薛刚，2002. 技术创新风险管理的分类与识别 [J]. 科学学研究，20(2)：221-224.
◎ 周青，梁超，2017. 创新网络视角下产学研协同创新演化过程：基于绿色制药协同创新中心的案例研究 [J]. 科技管理研究，37(23)：200-206.
◎ 周绍东，王立胜，2019. 现代化经济体系：生产力、生产方式与生产关系的协同整体 [J]. 中国高校社会科学，(1)：94-100，158.
◎ 周向红，成鹏飞，周建华，2019. 创新驱动下大学科技城发展问题与对策研究：以岳麓山大学科技城为例 [J]. 湖南财政经济学院学报，35(2)：6.

◎ 周向红，李丹萍，成鹏飞，等，2021. 面向云制造协同创新伙伴选择的多源异构 VIKOR 群决策方法 [J/OL]. 计算机集成制造系统：1-15[2021-08-07].http://kns.cnki.net/kcms/detail/11.5946.TP.20201203.1439.017.html.

◎ 周英豪，2010. 中美高科技园区发展模式比较及启示：以中关村和硅谷为例 [J]. 企业经济，(03)：111-113.

◎ 周正，尹玲娜，蔡兵，2013. 我国产学研协同创新动力机制研究 [J]. 软科学，27(7)：52-56.

◎ 朱北意，2006. 国家大学科技园运作模式及机制之分析 [J]. 技术与创新管理，27(3)：44-47.

◎ 朱宏涛，2019. 基于 CAS 理论的战略性新兴产业集群协同创新动力机制演化及提升策略研究 [J]. 商业经济，(01)：67-69，89.

◎ 朱佩娟，2017. 推进岳麓山大学科技城创新发展 [J]. 新湘评论，(15)：41-42.

◎ 资武成，罗新星，陆小成，2009. 基于三螺旋理论的产学研创新集群模式研究 [J]. 科技进步与对策，26(06)：5-8.

◎ A.V. BRUNO, TYEBJEE T.T, 1984. A model of venture capitalist investment activity[J]. Journal of Management Science(30):1051-1056.

◎ ALCHIAN A.DEMSETZ H, 1972. Production, information costs, and economic organization[J]. The American Economic Review(62):777-795.

◎ ANNALEE SAXENIAN, 1994. Lessons from Silicon Vally[J].Technology Review(7):44.

◎ ANSOFF H, 1987.Corporate strategy[M].Revised edition, New York: McGraw Hill Book Company. 35-83.

◎ ANTTIROIKO A V, 2016. City-as-a-platform: The rise of participatory innovation platforms in Finnish cities[J]. Sustainability 8(9): 922.

◎ BATTESE G E., COELLI T J, 1995. A model for technical inefficiency effects in a stochastic frontier production function for panel data[J].Empirical Economics(20): 325-332.

◎ CHEN JIN, YIN HUI, XIE FANG, et al, 2014. The evolutionary game simulation on industry-academy-research cooperation in collaborative innovation[J]. Science & Technology Progress & Policy31(5):1-6

◎ CHESBROUGH HENRY, 2003. Open Innovation: The New Imperative for Creating and Profiting from Technology [M]. Harvard Business School Press.

◎ CHIANG-PING CHEN ETC, 2010.R&D Efficiency and National Innovation System: An International Comparison Using the Distance Function Approach.Bulletin of

Economic Research.

◎ COASE R H, 1988. The Nature of the Firm[J] . Journal of law, Economics and Organization, (4):3-17.

◎ COLLIER A, GRAY B J, AHN M J, 2011. Enablers and barriers to university and high technology SME partnerships [J]. Small Enterprise Research, 18(1):2-18.

◎ COMMITTEE OF SPONSORING ORGANIZATION OF THE TREADWAY COMMISSION.COSO, 2004. enterprise risk management integrated framework: application techniques[M].Committee of Sponsoring Organizations of the Treadway Commission, 16-34.

◎ COOKE, P, 1992. Regional Innovation Systems: Competitive Regulation in the New Europe[J]. Geoforum, (23):365-382.

◎ CORSTEN, H, 1987. Technology transfer from universities to small and medium-sized enterprises [J].Technovation, (6):57-68.

◎ DANIEL. F, 1994. University-related science parks-"seedbeds" or "enclaves" of innovation?[J]. Technovation, 14(2):93-110.

◎ DEMIRKAN H, SPOHRER J C, DONOFRIO N, 2016. Collaborative Innovation[M]. The Palgrave Encyclopedia of Strategic Management.

◎ DÍEZ-VIAL I, FERNÁNDEZ-OLMOS M, 2015. Knowledge spillovers in science and technology parks: how can firms benefit most?[J]. The Journal of Technology Transfer, 40(1): 70-84.

◎ DÍEZ-VIAL I, MONTORO-SÁNCHEZ Á, 2016. How knowledge links with universities may foster innovation: The case of a science park[J]. Technovation, 50: 41-52.

◎ DUBEY P, WEBER R J, 1988. Probabilistic values for games[C]. In: Roth AE(ed) The Shapley values: essays in honor of Lloyd S. Shapley. Cambridge University Press, Cambridge, 101-119.

◎ ETZKOWITZ H, ZHOU C, 2017. The triple helix: University–industry–government innovation and entrepreneurship[M]. Routledge.

◎ ETZKOWITZ, H, LEYDESDORFF, L, 2000. The Dynamics of Innovation: From National Systems and 'Mode 2' to a Triple Helix of University-Industry-Government Relations[J]. Research Policy, 29(2), 109-123.

◎ FIAZ M, 2013. An empirical study of university-industry R&D collaboration in China: Implications for technology in society[J]. Technology in Society, 35(3): 191-202.

◎ FREEMAN C, 1991.Networks of innovators: A synthesis of research issues[J]. Research Policy, (20):10-15.

◎ FRIEDMAN D, 1991. Evolutionary games in economics [J]. Econometria, 59 (3)：637-0666.

◎ GIACHI S, FERNÁNDEZ-ESQUINAS M, 2018. Organisational Innovations for Science-Industry Interactions: The Emergence of Collaborative Research Centres in Spanish Regional Innovation Systems[M]. Resilience and Regional Dynamics. Springer, Cham, 151-170.

◎ GONZÁLEZ-PERNÍA J L, PARRILLI M D, PEÑA-LEGAZKUE I, 2015. STI–DUI learning modes, firm–university collaboration and innovation[J]. The Journal of Technology Transfer, 40(3): 475-492.

◎ HAKEN H, 1984. The Science of Structure: Synergetics [M]. New York: Van Nostrand Reinhold.

◎ HANNAN M T. FREEMAN J H, 1977.The population ecology of organization [J]. American Journal of sociology, (82):929-964.

◎ HANS LOFSTEN et al, 2001. Science Park in Sweden-industrial renewal and development?[J]. R&D Management 31, 3.

◎ HOBBS K G, LINK A N, SCOTT J T, 2017. Science and technology parks: an annotated and analytical literature review[J]. The Journal of Technology Transfer, 42(4): 957-976.

◎ IAIONE C, 2016. The CO-City: Sharing, Collaborating, Cooperating, and Commoning in the City[J]. American Journal of Economics and Sociology, 75(2): 415-455.

◎ JOHN SARGENT & LINDA MATTHEWS, 2014. Latin American Universities and Technology Commercialization, Latin American Business Review, 15(02), 167-190.

◎ LEE S, LEE H, 2017. Performance Evaluation of Collaborative Research in Government Research Institutes[J]. Journal of Korean Institute of Industrial Engineers, 43(3): 154-163.

◎ LIEW M S, SHAHDAN T N T, LIM E S, 2012. Strategic and tactical approaches on university-industry collaboration[J]. Procedia-Social and Behavioral Science, 56(3): 405-409.

◎ LOET LEYDESDORFF, 2003. The mutual information of university-industry-government relations:an indicator of the triple helix dynamics[J]. Scientometrics, 58(2):445-467.

◎ MAE PHILLIPS, SU-ANN, AND HENRY WAI-CHUNG YEUNG, 2003. A Place for R&D? The Singapore Science Park[J]. Urban Studies, 40(4): 707–732.

◎ MALECKI E J, NIJAKAMP P, 1988. Technology and Regional Development: Some Thoughts and Policy[J].Journal of Environment and Planning C (6):383.

◎ MARTIN GROEGER. Sillicon Valley as the Nucleus of the Modern Way of Computing. http://www.silicon-valley-story.de/sv/toc.html.

◎ MASSEY I, 1990. Technology and regional development policy: A review of Japan's Technopolis Program[J].Regional Studies, 4(1):41-53.

◎ MICHAEL E.PORTER, 1990. The Competitive Advantage of Nations[M].New York: The Free Press, 117.

◎ MICHAEL R, 2003. The strategic equivalence of rent-seeking, innovation and patent-race games[J].Games and Economic Behavior, 44(2):217-226.

◎ MOHAMMAD S KHORSHEED & MOHAMMAD A AL-FAWZAN, 2014. Fostering university–industry collaboration in Saudi Arabia through technology innovation center s, Innovation, 16(02), 224-237.

◎ PETER G, 2005. Swarm Creativity: Competitive Advantage Through Collaborative Innovation Networks. ISBN 0-19-530412-8.

◎ PHILLIMORE J, 1999. Beyond the linear view of innovation in science park evaluation analysis of western Australian technology park[J].Technovation (19):673-680.

◎ RAJEEV K GOEL, 2002. On Contracting for Uncertain R & D[J].Managerial and Decision Economics, 99-106.

◎ ROLAND W SCHMITT, 2011. Conflict or synergy: university-industry research relations [J]. Accountability in Research(5):251-254.

◎ SCHMIDT S, BALESTRIN A, MACHADO R E, et al, 2016. Collaborative R&D and project results within Brazilian incubators and science parks[J]. International Journal of Entrepreneurship and Small Business, 27(1): 1-18.

◎ SCHOT, J.W, 1994. & Hoogma, R. & Elzen, B. Strategies for shifting technological systems[J]. The case of the Automobile System, (10): 1060-1076.

◎ SCHUMPETER J, 1934. The Theory of Economic Development[M]. Cambridge, Massachusetts: Cambridge Harvard University Press.

◎ SHANTHA LIYANAGE, 1995. Breeding innovation clusters through collaborative research networks[J]. Technovation. 15(9):553-567

◎ STUART, T.E. & PODOLNY, J.M, 1996. Local search and the evolution of technological capabilities[J]. Strategic Management Journal, (1):21-38

◎ TORFING J, 2016. Collaborative innovation in the public sector[M]. Georgetown University Press.

◎ BERGHE L, GUILD P D, 2008. The strategic value of new university technology and

◎ its impact on exclusivity of licensing transactions: An empirical study[J]. Journal of Technology Transfer, 33(1):91-103.

◎ ÁNGELA ROCÍO VÁSQUEZ-URRIAGO, BARGE-GIL A , RICO A M, 2016. Science and technology parks and cooperation for innovation: Empirical evidence from Spain[J]. Research Policy, 45(1): 137-147.

◎ VERSPAGEN B, DUYSTERS G, 2004. The small world of strategic technology alliances[J]. Technovation:24 (7) : 563-571

◎ WALLIS, J.&NORTH, D, 1986. "Measuring the Transaction Sector in the American Economy, 1870–1970", In Engerman, Stanley L. and Gallman, Robert E. eds. Long-Term Factors in American Economic Growth[M].Chicago: University of Chicago Press, 95-161.

◎ WESTHEAD P., BATSTONE S, 1998. Perceived benefits of a managed science park location[J].Entrepreneurship & Regional Development, 35(12):2197-2219.

◎ MIYATA Y, 2000. An empirical analysis of innovative activity of universities in the United States[J]. Technovation, 20(8):413-425.

附 录

附录1 大学科技城协同创新伙伴评价指标第一轮专家咨询问卷

尊敬的专家：

非常感谢您对本次咨询的支持，并在百忙之中抽空填写问卷！

课题组正在开展"大学科技城协同创新伙伴选择"的研究。协同创新伙伴选择是开展协同创新重要的一环，在一定程度上，决定协同创新的成败。在开展协同创新过程中，主导创新主体因对伙伴的相容性、创新能力和研发条件等情况了解不深，而导致协同创新成本增加，甚至创新失败。本研究的目的是利用 Delphi 法筛选协同创新伙伴评价指标，构建大学科技城协同创新伙伴评价指标体系，由此建立大学科技城协同创新伙伴选择模型，协助创新主体选择最佳协同创新伙伴，提升大学科技城协同创新效率和创新水平，降低协同创新失败风险。

本研究预计进行两轮专家咨询调研。本次调研主要是初步确定协同创新伙伴选择的一级评价指标和二级评价指标。

问卷共分为三部分：第一部分是专家基本信息表，第二部分为协同创新伙伴选择的一级评价指标专家调研表，第三部分为协同创新伙伴选择的二级评价指标专家调研表。

第一部分 专家一般情况调查表

专家基本情况调查表

姓名		年龄		职务	
从业年限		职称		学历	
联系电话		邮箱		担任导师□硕导□博导	
单位名称		部门		通信地址	
从事研究领域（可多选）		□产业经济　□技术经济　□项目管理　□信息经济 □企业管理　□技术研发　□技术应用　□其他			

第二部分 第一轮一级评价指标专家意见表

下表内容为我们在研究中初步确定的协同创新伙伴选择一级评价指标，各项指标按重要程度分为七个等级，分别为7(很重要)、6(重要)、5(比较重要)、4(一般重要)、3(比较不重要)、2(不重要)、1(很不重要)。请在表格"未填写"的空白处依据指标的重要程度打分，并给出相应的判断依据、影响程度，以及对该条目的熟悉程度。若您对该条目有其他意见、建议或疑问，请填写在专家修改意见框内。谢谢！

一级指标	重要程度							专家修改意见
	很重要	重要	比较重要	一般重要	比较不重要	不重要	很不重要	
	7	6	5	4	3	2	1	
相容性								
创新能力								
技术方案								
创新效果								

第三部分 第一轮二级评价指标专家意见表

下表内容为我们在研究中初步确定的协同创新伙伴选择二级评价指标，各项指标按重要程度分为七个等级，分别为7(很重要)、6(重要)、5(比较重要)、4(一般重要)、3(比较不重要)、2(不重要)、1(很不重要)。请在表格"未填写"的空白处依据指标的重要程度打分，并给出相应的判断依据、影响程度，以及对该条目的熟悉程度。若您对该条目有其他意见、建议或疑问，请填写在专家修改意见框内。谢谢！

协同创新伙伴选择一级评价指标	条目判断的主要依据及影响程度									条目熟悉程度				专家修改意见
	理论依据				实践经验				国内外资料					
	大	中	小	无	大	中	小	无	大	中	小	无		
	3	2	1	0	3	2	1	0	3	2	1	0		
													很熟悉	熟悉	一般	不熟悉	很不熟悉
													5	4	3	2	1

一级指标	二级指标	重要程度							条目判断的主要依据及影响程度											条目熟悉程度					专家修改意见
		很重要	重要	比较重要	一般重要	比较不重要	不重要	很不重要	理论依据				实践经验				国内外资料				很熟悉	熟悉	一般	不熟悉	很不熟悉	
									大	中	小	无	大	中	小	无	大	中	小	无						
		7	6	5	4	3	2	1	3	2	1	0	3	2	1	0	3	2	1	0	5	4	3	2	1	
相容性	互补适宜度																									
	营运政策适宜度																									
	相对规模适宜度																									
	交流便利性																									
	距离便利性																									
	人员投入																									
	技术水平																									
	创新资源																									
研发能力	研发设备																									
	协同能力																									
	熟练程度																									
	管理制度																									
	伙伴信誉																									
	知识共享																									

续表

一级指标	二级指标	重要程度							条目判断的主要依据及影响程度													条目熟悉程度					专家修改意见
		很重要	重要	比较重要	一般重要	比较不重要	不重要	很不重要	理论依据				实践经验				国内外资料				很熟悉	熟悉	一般	不熟悉	很不熟悉	
									大	中	小	无	大	中	小	无	大	中	小	无						
		7	6	5	4	3	2	1	3	2	1	0	3	2	1	0	3	2	1	0	5	4	3	2	1	
技术方案	资金投入																									
	创新周期																									
	技术难易程度																									
	技术要素成熟性																									
	研发技术的结构																									
创新效果	创新成功概率																									
	技术可用性																									
	技术可靠性																									
	技术被替代概率																									
	成功投放盈利可能性																									
	产品投放市场时间																									
	预计市场占有率																									
	技术掌握难易程度																									
	技术易模仿性																									

附录2 大学科技城协同创新伙伴评价指标第二轮专家咨询问卷

尊敬的专家：

由衷感谢您在第一轮调查中给予的指导和帮助，并在百忙之中抽空参与填写第二轮咨询问卷！

我们已对专家们在第一轮问卷调查中所提出的宝贵意见进行了归纳整理、统计汇总，根据第一轮的统计结果，结合各位专家提出的意见和建议，维持一级指标不变，删除了二级指标中的"距离便利性""人员投入""知识共享""技术要素成熟性""研发技术的结构"和"技术的易模仿性"。

现将依据专家意见修正后的专家咨询问卷发送给您，恳请您再次提出宝贵意见和建议。本轮问卷填写要求与第一轮相同，此处不再赘述。

第一部分 专家一般情况调查表

专家基本情况调查表

姓名		年龄		职务		
从业年限		职称		学历		
联系电话		邮箱		担任导师	□硕导	□博导
单位名称		部门		通信地址		
从事研究领域（可多选）	□产业经济 □企业管理	□技术经济 □技术研发	□项目管理 □技术应用	□信息经济 □其他		

第二部分 第二轮二级评价指标专家意见表

下表内容为我们在研究中初步确定的协同创新伙伴选择一级评价指标，各项指标按重要程度分为七个等级，分别为7（很重要）、6（重要）、5（比较重要）、4（一般重要）、3（比较不重要）、2（不重要）、1（很不重要），请在表格"未填写"的空白处依据该指标的重要程度打分，并给出相应的判断依据、影响程度，以及对该条目的熟悉程度。若您对该条目有其他意见、建议或疑问，请填写在专家修改意见框内。谢谢！

一级指标	二级指标	重要程度							专家修改意见
		很重要 7	重要 6	比较重要 5	一般重要 4	比较不重要 3	不重要 2	很不重要 1	
相容性	互补适宜程度								
	营运政策适宜程度								
	相对规模适宜程度								

续 表

一级指标	二级指标	重要程度							专家修改意见
		很重要	重要	比较重要	一般重要	比较不重要	不重要	很不重要	
		7	6	5	4	3	2	1	
相容性	交流便利性								
	技术水平								
	创新资源								
	研发设备								
	协同能力								
	熟练程度								
	管理制度								
	伙伴信誉								
技术方案	资金投入								
	创新周期								
	技术难易程度								
	创新成功概率								
创新效果	技术可用性								
	技术可靠性								
	技术被替代概率								
	成功盈利可能性								
	产品投放市场的时间								
	预计市场占有率								
	技术掌握难易程度								

第三部分　专家选择指标重要性的判断依据调查表

条目判断的主要依据及影响程度是指您对所给指标重要性分值的依据，从理论依据、实践经验、国内外资料三个方面分别给出对您做出该判断的影响程度（大、中、小、无），并给出您对该研究条目的熟悉程度分值。

研究问题	条目判断的主要依据及影响程度											条目熟悉程度				
	理论依据				实践经验				国内外资料				很熟悉	熟悉	一般	不熟悉	很不熟悉
	大	中	小	无	大	中	小	无	大	中	小	无					
	3	2	1	0	3	2	1	0	3	2	1	0	5	4	3	2	1
协同创新伙伴选择																	

附录3　大学科技城协同创新项目"投入—产出"效率调研

尊敬的专家：

非常感谢您对本次咨询的支持，并在百忙之中抽空填写问卷！

课题组正在开展"大学科技城协同创新利益分配与效率"的研究。为了解不同契约关系下，大学科技城协同创新合作剩余形成与利益分配方式，以及对协同创新效率的影响情况，特进行问卷调查，以收集相关数据。

问卷共分为四部分：第一部分是被调研企业概况，第二部分是协同创新情况调查问卷，第三部分是大学科技城协同创新项目利益分配方式调研统计表，第四部分为大学科技城协同创新项目"投入—产出"效率分析调研表。（注：该问卷问答部分可以以聊天方式进行，由研究小组成员代为填写。第三部分和第四部分不需要被调研企业填写，供研究人员统计分析使用。）

1. 企业概况

企业名称：

企业所属行业：

企业地址：

	企业名称	企业所属行业	企业地址
合作伙伴			
合作方的技术相似程度	1.□ 10%　2.□ 20%　3.□ 30%　4.□ 40%　5.□ 50% 6.□ 60%　7.□ 70%　8.□ 80%　9.□ 90%　10.□ 100%		

2. 协同创新调查问卷

(1) 协同创新项目名称：＿＿＿＿＿＿＿＿＿＿＿＿＿

(2) 贵公司是协同创新发起方？　（A）□是　（B）□否

(3) 主要采用哪些协同创新模式？（可多选）

　　（A）□资金入股　（B）□技术入股　（C）□共同研发　（D）□其他＿＿＿＿

(4) 您认为哪种协同创新方式更好？

　　（A）□资金入股更好　（B）□技术入股更好

　　（C）□共同研发更好　（D）□其他＿＿＿＿＿＿＿＿＿

(5) 协同创新组织模式选择的衡量标准是什么？

　　（A）□有利于技术研究　　（B）□有利于降低成本

（C）□有利于提升企业形象　（D）□有利于获得更多资源

（E）□其他_____

(6) 当前协同创新组织模式的优缺点是什么？

　　（A）结构　□不合理　□合理　　（B）研发周期　□长　□适中　□短

　　（C）资金成本　□高　□适中　□低　（D）研究风险　□大　□适中　□小

　　（E）□其他_____

(7) 协同创新组织模式是否还有改进的空间？

　　（A）□无　（B）□有　值得改进的方面：_____

(8) 协同创新过程出现了哪些矛盾？

　　（A）□资金投入比例　（B）□技术分享

　　（C）□利益分成比例　（D）□其他_____

(9) 主要的协同创新利益分配方式是怎样的？

_____

(10) 最近一次协同创新的绩效考核方式是什么样的？

_____

(11) 参与协同创新主体的利益分配比：_____

(12) 贵企业在最近一次协同创新中是否有技术优势

　　（A）□是　（B）□否

(13) 贵企业在最近一次协同创新中的技术投入占比

　　（A）□10%　（B）□20%　（C）□30%　（D）□40%　（E）□50%

　　（F）□60%　（G）□70%　（H）□80%　（I）□90%　（J）□100%

(14) 贵企业在最近一次协同创新中是否有一定的资本优势

　　（A）□是　（B）□否

(15) 贵企业在最近一次协同创新中资本投入的占比

　　（A）□10%　（B）□20%　（C）□30%　（D）□40%　（E）□50%

　　（F）□60%　（G）□70%　（H）□80%　（I）□90%　（J）□100%

(16) 贵企业在最近一次协同创新中对合作伙伴的依赖程度

　　（A）□10%　（B）□20%　（C）□30%　（D）□40%　（E）□50%

　　（F）□60%　（G）□70%　（H）□80%　（I）□90%　（J）□100%

(17) 在最近一次协同创新中技术占比对收益分配的影响程度

（A）□10%　（B）□20%　（C）□30%　（D）□40%　（E）□50%

（F）□60%　（G）□70%　（H）□80%　（I）□90%　（J）100%

(18) 在最近一次协同创新中资本占比对收益分配的影响程度

（A）□10%　（B）□20%　（C）□30%　（D）□40%　（E）□50%

（F）□60%　（G）□70%　（H）□80%　（I）□90%　（J）100%

(19) 在最近一次协同创新中绩效考核结果对收益分配的影响程度

（A）□10%　（B）□20%　（C）□30%　（D）□40%　（E）□50%

（F）□60%　（G）□70%　（H）□80%　（I）□90%　（J）100%

(20) 贵公司若退出此次协同创新，哪方损失更大？

（A）□己方　（B）□合作方

(21) 相关单位是否有继续合作的想法？

（A）□是　（B）□否

(22) 该分配方式的优缺点是什么？

3. 大学科技城协同创新项目利益分配方式调研统计表

序号	项目名称	参与单位	各参与单位的投资比例	协同类型	利益分配方式
1					
2					
3					
4					
5					
6					
7					
8					

说明：协同类型包括：龙头企业+龙头企业+研究机构(包括大学与科研院所)，龙头企业+供应链企业+研究机构，龙头企业+中小企业+研究机构，中小企业+中小企业+研究机构，龙头企业+研究机构，中小企业+研究机构，龙头企业+龙头企业，龙头企业+供应链企业，龙头企业+中小企业，中小企业+中小企业。利益分配方式包括：产品收益分成，研发外包，团队入驻，并购，综合性质。

4. 大学科技城协同创新项目"投入—产出"效率分析调研表

序号	项目名称	研发支出额与研发人员数	企业技术开发仪器设备原值	专利申请数与授权数	完成的新产品新技术、新工艺的开发项目数	新产品销售收入	产品与技术出口创汇额
1							
2							
3							
4							
5							
6							
7							
8							
9							
10							

附录4　大学科技城协同创新风险评价指标调查问卷

尊敬的专家：

非常感谢您对本次问卷调查的支持，并在百忙之中抽空填写问卷！

我们正在开展"大学科技城协同创新风险管理研究"的课题。大学科技城的企业、高校、科研院所、政府等主体发挥各自优势，开展协同创新活动，其创新活动能否取得预期效果，取决于创新主体能否及时对协同创新过程中的风险进行管理，如能否精准识别风险，以及客观对风险进行评估，并采取行之有效的风险处理措施。因此，为了针对大学科技城协同创新过程中的风险管理进行研究，制定出大学科技城协同创新风险指标体系，特进行问卷调查，以收集相关数据。

您的参与，将是推进本课题研究的最大助力，最后，再次感谢您的支持。

大学科技城协同创新风险管理研究课题组
二〇一八年九月二十五日

大学科技城协同创新风险指标调查表

（请根据您的实际情况在"□"内打钩或在相应栏目内直接填写有关内容）

第一部分　基本资料调查

您的性别：□男　□女

您的年龄：□20～30岁　□31～40岁　□41～50岁　□51岁以上

您的学历：□专科及以下　□本科　□硕士　□博士及以上

您所参与完成的项目数量为：□0个　□1～2个　□3～5个　□6～8个
　　　　　　　　　　　　　　□8个以上

您从事项目管理相关工作年限为：□1年以下　□1～2年　□3～5年　□5年以上

您所在的企业或单位以协同创新模式实施过创新项目吗？□是　□否

如果是，请标明存在协同创新项目数量：□1～2个　□3～5个　□6个以上

您所供职的单位类型：□国企　□民企　□外企　□大学　□研究所

您在企业的职位是：

您在项目中经常负责的工作是：

第二部分　大学科技城协同创新风险指标调查表

2-1 您认为以下技术风险因素的重要程度为：

0为很不重要；1为不很重要；2为一般；3为比较重要；4为很重要	0	1	2	3	4
1. 新技术成熟度					
2. 新技术易模仿或替代					
3. 新技术与生产能力相容性					
4. 技术前景不确定					

5. 您认为的其他重要因素（请注明）：

2-2 您认为以下运营风险因素的重要程度为：

0为很不重要；1为不很重要；2为一般；3为比较重要；4为很重要	0	1	2	3	4
1. 财务能力					
2. 管理能力					

3. 您认为的其他重要因素（请注明）：

2-3 您认为以下人才风险因素的重要程度为：

0为很不重要；1为不很重要；2为一般；3为比较重要；4为很重要	0	1	2	3	4
1. 人才流失的可能性					
2. 人才结构的合理性					
3. 人才引进和培养不力					

4. 您认为的其他重要因素（请注明）：

2-4 您认为以下协同风险因素的重要程度为：

0 为很不重要；1 为不很重要；2 为一般；3 为比较重要；4 为很重要	0	1	2	3	4
1. 经营理念差异					
2. 溢出效益					
3. 信用问题					
4. 沟通与交流					
5. 技术的一致性					
6. 利益分配的合理性					
7. 资源配置的合理性					

8. 您认为的其他重要因素（请注明）：

2-5 您认为以下政策法律环境风险因素的重要程度为：

0 为很不重要；1 为不很重要；2 为一般；3 为比较重要；4 为很重要	0	1	2	3	4
1. 政策的稳定性					
2. 政策的科学性和合理性					
3. 政策制定和实施的滞后性					

4. 您认为的其他重要因素（请注明）：

2-6 您认为以下市场环境风险因素的重要程度为：

0 为很不重要；1 为不很重要；2 为一般；3 为比较重要；4 为很重要	0	1	2	3	4
1. 市场规模不确定					
2. 产品市场前景不确定					
3. 市场成长速度不确定					
4. 市场竞争激烈程度的不确定					

5. 您认为的其他重要因素（请注明）：

2-7 您认为以下自然环境风险因素的重要程度为：

0 为很不重要；1 为不很重要；2 为一般；3 为比较重要；4 为很重要	0	1	2	3	4
1. 地理位置					
2. 自然条件					
3. 自然资源					

4. 您认为的其他重要因素（请注明）：

2-8 您认为以下经济环境风险因素的重要程度为：

0为很不重要；1为不很重要；2为一般；3为比较重要；4为很重要	0	1	2	3	4
1. 用工成本与物价水平					
2. 经济发展状况					
3. 金融市场的不稳定性					
4. 您认为的其他重要因素（请注明）：					

2-9 您认为以下社会文化环境风险因素的重要程度为：

0为很不重要；1为不很重要；2为一般；3为比较重要；4为很重要	0	1	2	3	4
1. 风俗习惯					
2. 社会风尚					
3. 宗教信仰					
4. 文化教育					
5. 价值观					
6. 您认为的其他重要因素（请注明）：					